한중법학회 학술총서 제2권

중국
경쟁법

中国竞争法 ──────────── 박제현

박영사

추천사

이 책은 중국경쟁법에 관한 체계적인 해설서이다.

중국은 1989년부터 개혁과 개방을 추진하면서 1992년에는 사회주의 계획경제에서 사회주의 시장경제로 체제를 전환하기로 하고, 시장경제가 정상적으로 작동할 수 있도록 하기 위하여 2008년에는 반독점법을 도입하여 시행하고 있다.

중국경쟁법은 반독점법과 반부정당경쟁법으로 구성되어 있는데, 그 핵심인 반독점법의 도입은 두 가지 관점에서 세계적인 주목을 받고 있다. 하나는 중국은 국토가 넓고 인구가 많아서 그 법률의 효력이 미치는 범위가 아주 넓기 때문이다. 둘은 반독점법은 원래 자본주의 시장경제에서 형성·발전되어 온 법제인데, 그러한 법제가 사회주의 체제를 유지하고 있는 중국에서도 제대로 실현될 수 있는지가 궁금했기 때문이다. 그런데 중국에서 지난 10여 년간 동법을 집행한 경험에 비추어 보면, 반독점법이 사회주의 체제에서도 어느 정도 실효성을 거두고 있다는 것을 알 수 있다.

그러나 외국인의 입장에서 중국경쟁법을 제대로 이해하기는 매우 어려운 일이다. 왜냐하면 이를 위해서는 경쟁법의 이론과 실무를 정확히 파악하고 있어야 할 뿐만 아니라, 중국의 경제체제나 경제현실에 대하여 깊이 이해하고 있어야 하는데, 그것이 결코 쉽지 않은 일이기 때문이다. 이러한 관점에서 보면, 이 책의 저자인 박제현 박사는 우리나라에서 중국경쟁법을 가장 잘 이해할 수 있는 조건을 갖춘 분이라고 할 수 있다. 그는 한국 공정거래위원회에서 26년간 경쟁법의 집행에 참여한 경험을 가지고 중국인민대학에 가서 중국경쟁법을 연구하여 법학박사 학위를 취득한 후 귀국하여 공정위에 근무하다가, 중국경쟁법에 대한 깊은 애정을 가지고 다시 주중한국대사관에 참사관(공정거래관)으로 파견되어 현지에 진출해 있는 한국 기업들의 애로사항을 해소하기 위하여 노력한 경험을 가지고 있기 때문이다.

　이와 같이 저자는 오랫동안 한국 경쟁법의 집행에 참여한 경험을 토대로 하여, 직접 중국에 가서 중국경쟁법의 이론과 실무를 연구하고 실제로 경험한 사례들을 종합적으로 정리하여 이 책에 수록하였기 때문에, 이 책은 중국경쟁법에 관한 이론과 실무를 가장 정확하고 알기 쉽게 서술한 훌륭한 저서라고 판단된다. 이에 필자는 중국경쟁법에 관심을 가지고 있는 학계ㆍ실무계 및 기업계의 모든 분들에게 이 책을 강력히 추천하며, 필독을 권하는 바이다.

2020. 5.

서울대 법학전문대학원 명예교수

권 오 승

책을 펴내며

중국경쟁법은 2008년 8월 반독점법을 시행한 후, 약 12년의 짧은 시간에도 불구하고 눈부신 발전을 거듭하고 있다. 특히, 2018년 3월 기존의 3개 부처 분담체제에서 독립기구인 시장관리총국으로 새롭게 출범함에 따라 그동안 집행과정에서 제기된 문제점을 보완하여 관련 제도를 개선하는 한편, 적극적이고 강력하게 법 집행을 추진하고 있다. 최근에는 중국 정부가 사회주의 시장경제체제의 발전과 경제의 질적 고도성장을 촉진하는 데 있어 전략적 가치로서 경쟁정책의 기초지위를 강조하고 있으며, 창의와 혁신을 촉진하고 각종 행정규제를 완화하기 위하여 범정부 차원에서 행정독점행위에 대한 규제강화와 신설규제를 억제하는 공정경쟁 심사제도를 도입하여 중점 추진하고 있다. 이러한 지속적인 제도보완과 강력한 법 집행 및 다양한 국제교류를 통하여 사회주의 시장경제체제에 적합한 중국 특유의 경쟁법 영역을 구축해 감으로써 이제는 미국·EU와 함께 세계 경쟁법 영역의 3대 핵심축으로 자리할 정도로 발전해 가고 있다. 이에 따라 교역 등 여러 분야에서 우리 경제에 심대한 영향을 미치고 있으며, 정치·사회·문화적으로도 우리와 밀접한 관계에 있는 현실을 고려할 때, 중국경쟁법에 대한 체계적인 이해와 연구의 중요성은 갈수록 높아지고 있다.

그동안 중국경쟁법에 대하여는 저자가 소개한 『알기 쉬운 중국경쟁법(簡明中国竞争法, 2011년)』을 비롯하여 약간의 책들이 출판되어 있으나, 오래되고 일부 분야에 국한되어 현 제도를 이해하기에는 일정한 한계가 있다고 생각합니다. 따라서 저자는 국비 유학으로 중국인민대학에서 중국경쟁법에 입문한 이래 축적한 전문지식과 주중한국대사관에서 초대 공정거래관으로 근무하면서 체험한 실무경험을 토대로 그동안 연구해 온 자료를 모아 중국경쟁법을 제대로 이해할 수 있는 기본서를 만들어보고자 하는 소망으로 본 책을 집필하게 되었습니다.

　이 책은 중국경쟁법의 핵심인 반독점법과 반부정당경쟁법의 내용을 위주로 하되, 경쟁법과 밀접한 관련이 있는 가격법 등 유관법규의 내용을 포함하여 현행의 경쟁법 관련 제도를 종합하여 "경쟁법 총론, 6개의 행위 유형(즉, 독점협의·시지 남용행위·경영자집중·지재권남용행위·행정독점행위·부당한 경쟁행위), 전담기구 및 집행" 분야로 나누어 체계적으로 기술하고자 하였습니다. 특히, 기업 등에서 실무적으로 유용하게 활용할 수 있도록 관련 제도 및 이용 절차 등을 상세히 설명하였으며, 그동안의 주요 집행사례를 영역별로 분석하여 소개함으로써 관련 제도에 대한 이해도를 높이고자 노력하였습니다. 모쪼록 이 책이 중국경쟁법을 연구하는 학계·법조계뿐만 아니라 중국 관련 사업을 영위하는 우리 기업에 미력하나마 작은 보탬이 될 수 있기를 바랍니다.

　한편, 행위 유형 중 독점행위와 부당한 경쟁행위는 "법규 체계·전담조직·집행 절차 및 법률책임 등(이하 법률책임 등이라 함)"에서 상당한 차이가 있다. 따라서 저자는 기술의 편의상 독점행위와 관련한 '법률책임 등'은 제8장(전담기구 및 집행)에서 일괄 기술하고, 부당한 경쟁행위와 관련한 '법률책임 등'에 대해서는 제6장(부당한 경쟁행위)에서 기술하였다. 아울러 가격법상의 부당한 가격행위에 대해서는 중국에서 경쟁법 영역이 아닌 경제법의 영역으로 분류하고 있어 본 책에서도 별도 행위 유형으로 분류하지 않고 경쟁법 총론에서 개괄적으로 설명하였음을 참고하시기 바랍니다.

　이제 막상 원고를 마치고 세상에 그 모습을 내보이려 하니, 아쉬움과 두려움이 교차하게 됩니다. 그동안 나름대로 열정과 많은 시간을 들여서 집필에 진력하였으나 저자의 학식과 능력 부족으로 애초 목표에는 크게 못 미치는 상태에서 책을 출간하게 되었습니다. 독자 여러분의 넓은 아량을 구하면서, 미흡한 부분에 대해서는 앞으로 계속 보완하고 발전시켜 보다 좋은 책으로 거듭날 수 있기를 기대해 봅니다.

끝으로 이 책이 출판될 수 있도록 많은 조언과 직접적인 도움을 준 공정거래위원회의 박종배 과장, 주중한국대사관의 정희은 공정거래관, 박영사의 조성호 이사·심성보 편집위원에게 깊은 감사를 드립니다. 아울러 평소 격려와 성원을 보내주신 지도교수 吳宏伟 老师, 박귀찬 국가과학기술인력개발원장, 엠디엠 문주현 회장, 한중법학회 구본민 회장, 고려대학교 이황 교수(ICR센터장), 북경국연컨설팅 김덕현 박사, 인하대학교 정영진 교수, 한신회계법인 김태호 박사, 중국남개대학 陈兵 교수, 중국사회과학원 金善明 박사에게도 감사의 말씀을 전합니다. 그리고 저자가 약 38년간 공직생활을 하는 동안 어려운 경제 여건 속에서도 항시 이해하고 격려해주며 화목하고 행복한 가정을 가꾸어 주신 모친과 사랑하는 아내, 바르고 착하게 잘 자라준 세 자녀(정은, 가람휘, 한결)에게도 이 기회를 빌려 고마운 마음을 전합니다.

2020년 5월 관악산 자락에서

박제현

차 례

제 1 장 중국경쟁법 총론

제1절 경쟁법의 의의 및 기본원칙 ··· 3

　1. 경쟁법의 개념 및 범주 ··· 3

　2. 경쟁법의 기본원칙 ··· 4

　　2.1. 경쟁 주체의 평등한 경쟁 지위 보호의 원칙 ··················· 5

　　2.2. 자유롭고 공정한 경쟁의 유지 보호 원칙 ······················· 5

　　　2.2.1. 자유경쟁 보호의 원칙／6

　　　2.2.2. 공정경쟁 보호의 원칙／6

　　2.3. 사회 전체이익 우선의 원칙 ·· 7

제2절 경쟁법의 역할 및 지위 ··· 8

　1. 경쟁법의 역할 ··· 8

　2. 경쟁법의 지위 및 유관법과의 관계 ······································· 9

　　2.1. 경쟁법의 지위 ·· 9

　　2.2. 유관법(相关法)과의 관계 ·· 10

　　　2.2.1 경쟁법과 가격법／10

　　　2.2.2. 경쟁법과 지식재산권법／13

　　　2.2.3. 경쟁법과 광고법／15

　　　2.2.4. 경쟁법과 계약법／15

제3절 중국경쟁법의 도입과 발전 ·· 16

　1. 경쟁법 도입 배경 및 추진과정 ·· 16

　2. 경쟁법의 제정 및 개정 ·· 17

　　2.1. 반부정당경쟁법 ·· 17

　　　2.1.1. 반부정당경쟁법의 제정／17

　　　2.1.2. 반부정당경쟁법의 개정／18

　　2.2. 반독점법 ·· 20

　　　2.2.1. 반독점법의 제정／20

　　　2.2.2. 반독점법의 개정 추진／22

제4절 경쟁법의 적용대상 ·· 25

　1. 경영자 ··· 25

　　1.1. 일반상사기업 ·· 26

　　1.2. 특수기업 ·· 27

　　1.3. 개인 ·· 28

　2. 경영자단체 ·· 28

　3. 국무원 이외의 행정주체 ··· 28

　　3.1 국무원 이외의 행정기관 ·· 29

　　3.2. 법률·법규가 권한을 부여한 조직 ·· 30

제 2 장 독점협의

제1절 독점협의 개관 ··· 34

　1. 독점협의의 의의 ··· 34

　　1.1. 독점협의의 개념 ··· 34

　　1.2. 독점협의의 구성요건 ·· 34

　　　　1.2.1. 독점협의의 실행 주체/34

　　　　1.2.2. 독점협의의 표현형식/35

　　　　1.2.3. 독점협의의 경쟁제한효과/35

　　2. 독점협의의 법률규제 ·· 35

　　　2.1. 독점협의의 규제모델 ··· 35

　　　2.2. 독점협의의 분석원칙 ··· 36

　　　2.3. 독점협의의 유형 ··· 39

제2절　수평적 독점협의(橫向垄断协议) ·· 39

　　1. 수평적 독점협의의 의의 ·· 39

　　2. 수평적 독점협의의 유형 ·· 40

　　　2.1. 가격의 고정 또는 변경(固定或变更价格) ······················· 40

　　　2.2. 생산·판매 수량의 제한(限制生产销售数量) ···················· 44

　　　2.3. 시장 분할(分割市场) ·· 45

　　　2.4. 신기술(제품) 구매 또는 개발 제한(限制购买或者开发新技术与新商品)
　　　　 ·· 45

　　　2.5. 공동의 거래 거절(联合抵制交易) ···································· 45

　　　2.6. 입찰 담합(串通招投标) ··· 46

　　　　2.6.1. 입찰자 간의 입찰 담합행위(串通投标行为)/47

　　　　2.6.2. 입찰자와 발주자 사이의 상호 결탁행위(相互勾结行为)/47

　　　2.7. 기타 독점협의(其他垄断协议) ·· 47

제3절　수직적 독점협의(纵向垄断协议) ·· 48

　　1. 수직적 독점협의의 의의 ·· 48

　　2. 재판매가격 유지행위(维持转售价格行为) ································ 49

　　　2.1. 재판매가격 유지행위의 의의 ··· 49

　　　2.2. 재판매가격 유지행위의 유형 ··· 50

제4절　경영자단체의 독점협의(行业协会垄断协议) ····························· 55

1. 경영자단체 독점협의의 의의 ·· 55

2. 경영자단체 독점협의의 법률규제 ······································ 55

   2.1. 경영자단체 독점협의의 규제모델 ································ 55

   2.2. 경영자단체 독점협의의 금지유형 ································ 56

   2.3. 경영자단체 독점협의의 적용면제 여부 등 ···················· 57

제5절 적용면제 및 자진신고자 감면제도 ·································· 58

1. 적용면제제도 ·· 58

   1.1. 적용면제 요건 및 유형 ·· 58

   1.2. 적용면제 입증책임 ·· 59

   1.3. 적용면제 인정 및 후속 처리 ···································· 60

2. 자진신고자 감면제도 ·· 60

   2.1. 자진신고자 감면제도의 의의 ···································· 60

   2.2. 자진신고자 감면 절차 및 감면기준 ···························· 61

제 3 장 시장지배적 지위 남용행위

제1절 시장지배적 지위의 인정 ··· 65

1. 관련 시장의 획정(界定相关市场) ·· 65

   1.1. 관련 시장의 의미 ··· 66

      1.1.1. 상품시장/66

      1.1.2. 지역시장/68

      1.1.3. 시간시장/69

      1.1.4. 기술시장/70

   1.2. 관련시장의 획정 방법 ··· 71

      1.2.1. 대체성 분석/71

      1.2.2. 가상적 독점사업자 테스트 분석 방법/72

2. 시장지배적 지위 여부의 판단(认定) ··· 74

　2.1. 시장지배적 지위의 개념 ··· 74

　2.2. 시장지배적 지위의 형태 ··· 75

　2.3. 시장지배적 지위의 판단 ··· 75

　　2.3.1. 시장지배적 지위의 인정기준(认定标准)/75

　　2.3.2. 시장지배적 지위의 추정/78

제2절　시장지배적 지위 남용행위의 규제유형 ··· 80

1. 시지 남용행위의 의의 ··· 80

　1.1. 법률규제 형식 및 유형 ··· 80

　1.2. 위법성 판단 고려 요소 ··· 80

2. 시지 남용행위의 유형 및 판단기준 ··· 81

　2.1. 독점적 가격 설정행위 ·· 81

　　2.1.1. 독점적 가격 설정행위의 의미/81

　　2.1.2. 위법성 판단기준/81

　2.2. 약탈적 가격 설정행위 ·· 83

　　2.2.1. 약탈적 가격 설정행위의 의미/83

　　2.2.2. 위법성 판단기준/83

　2.3. 거래 거절 ·· 84

　　2.3.1. 거래 거절의 의미/84

　　2.3.2. 위법성 판단기준/85

　　2.3.3. 필수설비의 사용 거절/85

　2.4. 거래 제한 ·· 86

　　2.4.1. 거래 제한의 의미/86

　　2.4.2. 위법성 판단기준/86

　2.5. 끼워팔기 또는 불합리한 거래조건의 부가 ·· 86

　　2.5.1. 끼워팔기/87

　　2.5.2. 불합리한 거래조건 부가/87

　　2.5.3. 위법성 판단기준/87

2.6. 차별대우 ··· 88

    2.6.1. 차별대우의 의미/88

    2.6.2. 위법성 판단기준/89

2.7. 기타 시지 남용행위 ··· 89

2.8. 공용사업경영자의 남용행위 ·· 89

제 4 장 경영자집중

제1절 경영자집중제도 개관 ··· 95

1. 경영자집중의 의의 ·· 95

  1.1. 경영자집중의 개념 및 지배권의 판단 ····································· 95

  1.2. 경영자집중의 기능 및 유형 ··· 97

  1.3. 중국 경영자집중제도의 주요 특징 ·· 97

    1.3.1. 상담제도/97

    1.3.2. 간이심사제도/98

    1.3.3. 제한조치협의제도/98

    1.3.4. 산업정책의 고려/98

    1.3.5. 관련 부처 또는 업계 의견 중시/99

    1.3.6. 국가안전심사제도의 채택/99

2. 경영자집중 심사 및 그 후속 절차 ··· 100

  2.1. 신고(申报) ··· 100

  2.2. 입안(立案) ··· 100

  2.3. 반독점심사(反垄断审查) ·· 100

  2.4. 제한조치 협의(协商) 및 결정 ·· 101

  2.5. 시정조치의 이행 또는 불복 ··· 101

제2절 경영자집중 신고제도 ··· 101

1. 신고기준 ·· 101

   1.1. 사전신고제도 ·· 101

   1.2. 신고기준 ·· 102

   1.3. 신고 제외대상 ··· 103

   1.4. 신고매출액 계산기준 ··· 103

      1.4.1. 일반업종의 매출액 계산기준/103

      1.4.2. 금융업종의 매출액 계산기준/105

2. 신고 의무 및 신고서류 ·· 106

   2.1. 신고 의무자 ··· 106

   2.2. 신고 시한 ·· 107

   2.3. 신고서류 ··· 107

      2.3.1. 신고서류의 제출/107

      2.3.2. 신고서류의 보정 등/109

3. 신고 수리 및 철회 ·· 110

   3.1. 신고 수리 ·· 110

   3.2. 신고의 철회 ··· 110

제3절   경영자집중 심사제도 ··· 112

1. 간이심사 ··· 112

   1.1. 간이심사 적용기준 ·· 112

      1.1.1. 간이심사 적용대상/112

      1.1.2. 간이심사 적용제외대상/113

      1.1.3. 간이심사 인정철회/114

   1.2. 간이심사 절차 및 신고서류 ····································· 114

      1.2.1. 간이심사 절차/114

      1.2.2. 간이심사 신고서류/115

2. 일반심사 ··· 116

   2.1. 심사 절차 ·· 116

   2.2. 경쟁제한성 판단 ··· 117

2.2.1. 단독효과 또는 협조 효과 등/118

2.2.2. 시장점유율 및 시장지배력/118

2.2.3. 시장집중도/119

2.2.4. 진입장벽 증대 효과/119

2.2.5. 기술진보에 미치는 영향/120

2.2.6. 소비자 이익 또는 다른 경영자에게 미치는 영향/120

2.2.7. 국민경제 발전에 미치는 영향/121

2.2.8. 공공이익 등에 미치는 영향/121

2.3. 예외인정(豁免) ·· 121

2.4. 당사자 항변 및 이해관계자 의견수렴 ······························· 122

2.5. 제한조치 협의 ··· 123

2.5.1. '경쟁을 배제 · 제한하는 효과' 제기/123

2.5.2. 제한조건 부가건의(附条件建议)/124

2.5.3. 제한조건 협의 및 평가/124

2.6. 심사 결정 ·· 125

제4절 제한조건의 이행관리 ·· 138

1. 제한조건 부가조치의 이행 — 매각 ····································· 138

1.1. 매각대상 및 매각기준 ·· 138

1.1.1. 매각대상/138

1.1.2. 매각방식 및 매수인의 조건/139

1.2. 매각 절차 ·· 139

1.3. 매각의무자의 의무 ··· 140

1.4. 수탁자의 요건 및 직무 ·· 141

1.5. 제한조건의 변경 및 해제 ··· 142

2. 이행 감독 및 후속 처리 ·· 142

제5절 미신고 경영자집중에 대한 조사처리 ·························· 143

1. 조사대상 ·· 143

2. 조사처리 절차 ·· 144

2.1. 조사개시 ··· 144

2.2. 입안 및 통지 ·· 144

2.3. 신고 의무자의 관련 서류 제출 ····································· 145

2.4. 기초조사(初步调查) ·· 145

2.5. 심층조사(进一步调查) ·· 145

2.6. 조사 결과 사전 고지 및 항변 ······································ 146

2.7. 시정조치 ··· 146

제6절　국가안전심사 ·· 148

1. 국가안전심사의 의의 ·· 148

1.1. 국가안전심사 도입 배경 ··· 148

1.2. 국가안전심사 발전단계 ·· 148

1.3. 국가안전심사의 적용대상 ··· 149

1.3.1. 인수대상 분야／150

1.3.2. 인수방식／150

2. 국가안전심사체계 ·· 151

2.1. 안전심사 주관기관과 주요 직무 ·································· 151

2.2. 안전심사 내용 ··· 151

2.3. 안전심사 절차 ··· 152

2.3.1. 안전심사 신청／152

2.3.2. 국가안전심사／153

2.3.3. 심사 결과 통지 및 후속 조치／154

제 5 장　지식재산권 남용행위

제1절　지식재산권 남용행위 개관 ··· 159

1. 반독점과 지식재산권 보호 ··· 159

2. 지재권남용행위의 의미와 분석 ·· 160

  2.1. 지재권남용행위의 의미 ··· 160

  2.2. 지재권남용행위의 분석원칙 ·· 161

  2.3. 지재권남용행위 분석 절차(分析思路) ································ 162

  2.4. 관련 시장(相关市场)의 획정 ··· 163

    2.4.1. 상품시장/163

    2.4.2. 기술시장/164

    2.4.3. 지역시장/164

  2.5. 경쟁에 미치는 영향 분석 ··· 164

    2.5.1. 관련 시장의 경쟁상황 평가/164

    2.5.2. 구체적 행위에 대한 분석/165

제2절 지식재산권 남용행위의 유형 ·· 165

1. 지식재산권 관련 독점협의 ··· 166

  1.1. 독점협의 세부 유형 ··· 166

    1.1.1. 공동연구개발/166

    1.1.2. 상호실시허락/167

    1.1.3. 독점적인 그랜트 백/167

    1.1.4. 이의제기 금지조항/168

    1.1.5. 표준 제정/168

    1.1.6. 기타제한/169

  1.2. 안전지대의 설정 ·· 169

    1.2.1. 안전지대의 의의 및 적용대상/169

    1.2.2. 안전지대 적용요건/170

2. 지식재산권 관련 시장지배적 지위 남용행위 ························· 171

  2.1. 지식재산권 관련 시장지배적 지위의 인정 ······················· 171

  2.2. 지식재산권 관련 시장지배적 지위 남용행위의 유형 ·········· 172

    2.2.1. 불공정한 고가의 지식재산권 허가/172

2.2.2. 필수설비에 대한 지재권 허가 거절/173

2.2.3. 지식재산권과 관련한 거래 제한/174

2.2.4. 지식재산권과 관련한 끼워팔기/174

2.2.5 지식재산권과 관련한 불합리한 제한조건의 부가/175

2.2.6 지식재산권과 관련된 차별대우/175

3. 지식재산권 관련 경영자집중 ·· 176

3.1. 지식재산권 관련 경영자집중의 유형 ······················· 176

3.2. 지식재산권 관련 경영자집중심사 ··························· 176

3.3. 지식재산권 관련 제한조건 부가 ····························· 177

3.3.1. 구조적 조건부가/177

3.3.2. 행태적 조건부가/177

3.3.3. 혼합적 조건부가/178

4. 지식재산권 관련 특수유형의 독점행위 ························· 178

4.1. 특허 풀(专利联营) 관련 독점행위 ·························· 178

4.1.1. 특허 풀의 의의/178

4.1.2. 특허 풀의 경쟁제한효과 분석/179

4.1.3. 특허 풀 관련 독점행위의 유형/179

4.2. 표준 필수특허 관련 독점행위 ······························· 180

4.2.1. 표준 필수특허와 FRAND 조건/180

4.2.2. 표준 필수특허 관련 독점행위의 유형/180

4.3. 저작권집단관리조직 관련 독점행위 ························· 182

제 6 장 행정독점행위

제1절 행정독점행위 개관 ·· 195

1. 행정독점행위의 의의 ··· 195

2. 행정독점행위의 특징 ··· 196

3. 행정독점행위의 폐해 ·· 197

3.1. 행정독점행위의 경제적 폐해 ···························· 198

3.2. 행정독점행위의 정치적 폐해 ···························· 198

제2절 행정독점행위의 유형 ·· 198

1. 구체적 행정독점행위 ·· 199

1.1. 거래 제한 ·· 199

1.2. 지역봉쇄 ·· 200

1.3. 입찰 제한 ·· 201

1.4. 시장진입 제한 ·· 201

1.5. 독점행위 강제 ·· 202

2. 추상적 행정독점행위 ·· 202

제3절 행정독점행위에 대한 법률규제 ······························ 208

1. 안건의 관할범위 ·· 208

2. 행정독점행위에 대한 조사처리 ····································· 209

2.1. 입안 및 조사 ·· 209

2.2. 행정독점행위 여부 판단 ····································· 210

2.2.1. 주체의 행위 여부/210

2.2.2. 행정권력 남용행위 여부/211

2.2.3. 경쟁제한효과 여부/211

2.3. 행정처리 건의 ·· 211

2.4. 조사종결 ·· 211

2.5. 보고 및 등록 ·· 212

3. 법률규제의 실효성 여부 ·· 212

제4절 공정경쟁 심사제도 ·· 213

1. 도입 배경 및 의의 ·· 213

2. 심사대상 및 심사기준 ·· 215

  2.1. 심사대상 ··· 215
  2.2. 심사기준 ··· 215
       2.2.1. 시장진입 및 퇴출 기준／215
       2.2.2. 상품 및 요소의 자유로운 이동 기준／216
       2.2.3. 생산경영비용에 영향을 미치는 기준／217
       2.2.4. 생산경영행위에 영향을 미치는 기준／217
       2.2.5. 기타 기준(兜底条款)／218
  2.3. 적용 예외 ··· 218
3. 심사체계 및 절차 ··· 219
  3.1. 심사 및 감독체계 ··· 219
  3.2. 미심사 시 법률책임 ··· 220
  3.3. 심사방식 및 심사 절차 ······································· 220
4. 경쟁영향평가 — 제3자평가 ··· 221
  4.1. 적용 범위 및 평가내용 ······································· 222
  4.2. 평가기관 ··· 223
  4.3. 평가 절차 및 방법 ··· 223
  4.4. 평가 결과의 운용 ··· 224

제 7 장   부당한 경쟁행위

제1절 부당한 경쟁행위 개관 ··· 227
 1. 부당한 경쟁행위의 의의 ··· 227
 2. 부당한 경쟁행위의 적용대상 ··· 228
 3. 부당한 경쟁행위에 대한 집행체계 및 처리 절차 ················· 229
   3.1. 집행체계 ··· 229
   3.2. 사건의 조사처리 절차 ··· 230

제2절 시장혼동행위 ·· 230

1. 시장혼동행위의 의미 ·· 230

2. 시장혼동행위의 종류 ·· 231

　2.1. 객체성 표지(客体性标志) 행위 ·· 232

　2.2. 주체성 표지(主体性标志) 행위 ·· 232

　2.3. 인터넷표지(互联网标志) 행위 ·· 232

　2.4. 기타 표지(其他标志) 행위 ·· 233

3. 시장혼동행위의 판단 ·· 233

　3.1. 공통요건 ·· 233

　3.2. 행위 유형별 요건 ·· 234

　　3.2.1. 객체성 표지(客体性标志) 행위／234

　　3.2.2. 주체성 표지(主体性标志) 행위／235

　　3.2.3. 인터넷표지(互联网标志) 행위／235

　　3.2.4. 기타 표지(其他标志) 행위／236

4. 상표법 등 타법률의 적용 여부 ·· 236

제3절 허위 또는 오도성 상업 홍보행위 ·· 237

1. 허위 또는 오도성 상업 홍보행위의 의의 ·· 237

　1.1. 허위 또는 오도성 상업 홍보의 의미 ·· 237

　1.2. 시장혼동행위(市场混淆行为)와의 차이 ·· 238

　　1.2.1. 손해대상(损害对象)의 차이／238

　　1.2.2. 정보전달 수단의 차이／239

　　1.2.3. 홍보형식의 차이／239

2. 허위 또는 오도성 상업 홍보행위의 규제유형 ······································ 239

　2.1. 경영자 자신이 직접 상업 홍보를 하는 경우 ······························ 240

　2.2. 다른 경영자의 상업 홍보를 돕는 경우 ·· 240

3. 허위 또는 오도성 상업 홍보행위의 판단 ·· 240

　3.1. 허위홍보의 판단 ·· 240

　　　3.1.1 표현(表述)하는 상황이 진실과 다른 경우/240

　　　3.1.2. 과학적인 결론을 위배한 경우/241

　　　3.1.3. 데이터(数据)가 진실하지 않은 경우/241

　　　3.1.4. 공리 또는 관련 지식을 왜곡하는 경우/241

　　3.2. 오도성 상업 홍보의 판단 ······································· 241

제4절 상업적 비방 행위 ·· 244

　1. 상업적 비방 행위의 의의 ·· 244

　　1.1. 상업적 비방 행위의 개념 ··· 244

　　1.2. 상업적 비방 행위의 주요 특징 ·································· 245

　2. 상업적 비방 행위의 판단 ·· 245

　3. 다른 부당한 경쟁행위와의 관계 ····································· 246

　　3.1. 상업적 비방 행위와 허위 또는 오도성 상업 홍보행위 ········ 246

　　3.2. 상업적 비방 행위와 허위표시행위 ····························· 246

제5절 상업뇌물 행위 ·· 247

　1. 상업뇌물 행위의 의의 ·· 247

　2. 상업뇌물 행위의 판단 ·· 248

　　2.1. 상업뇌물 행위의 주체 요건 ······································ 248

　　　2.1.1. 상업뇌물의 제공 주체/249

　　　2.1.2. 상업뇌물의 수수 주체/249

　　2.2. 상업뇌물 행위의 목적 요건 ······································ 250

　　2.3. 상업뇌물 행위의 수단 및 방식 요건 ·························· 250

　3. 다른 유사 행위와의 관계 ·· 251

　　3.1. 리베이트와 상업뇌물의 관계 ···································· 251

　　3.2. 할인과 상업뇌물의 관계 ··· 252

　　3.3. 리베이트와 할인의 차이 ··· 252

　　3.4. 수수료와 상업뇌물의 관계 ······································ 253

　　3.5. 증정과 상업뇌물의 관계 ··· 254

제6절 부당한 경품제공 판매행위 ·· 256

　1. 경품제공 판매행위의 의미 ··· 256

　2. 부당한 경품제공 판매행위의 유형 ··· 256

　　2.1. 불명확한 경품정보 제공행위 ··· 257

　　2.2. 기만성 경품제공 판매행위 ··· 257

　　2.3. 거액경품제공 판매행위 ··· 258

제7절 상업비밀 침해행위 ·· 258

　1. 상업비밀의 의의 ·· 258

　　1.1. 상업비밀의 의미 ··· 258

　　1.2. 상업비밀의 구성요건 ·· 259

　　　1.2.1. 비밀성／259

　　　1.2.2. 상업 가치성／260

　　　1.2.3. 보안성／261

　2. 상업비밀 침해행위에 대한 법률규제 ··· 262

　　2.1. 상업비밀 침해행위 판단요건 ··· 262

　　　2.1.1. 주체요건／262

　　　2.1.2. 주관요건／263

　　　2.1.3. 행위요건／263

　　2.2. 상업비밀 침해행위의 세부유형 ··· 263

　　2.3. 상업비밀 침해행위에 대한 구제조치 ··· 264

제8절 인터넷상의 부당한 경쟁행위 ··· 266

　1. 인터넷상의 부당한 경쟁행위의 의의 ··· 266

　2. 인터넷상의 부당한 경쟁행위의 규제유형 ·· 267

　　2.1. 인터넷 접속(网络链接) 중의 부당한 경쟁행위 ······························· 268

　　　2.1.1. 고객접속방해／268

　　　2.1.2. DNS 접속방해／268

2.1.3. 인터넷서비스 운용업체의 접속방해／268

2.2. 사용자 의사에 반하는 인터넷상의 부당한 경쟁행위 ······················ 269

2.3. 악의적인 비호환행위 ··· 270

2.4. 기타 정상 운영 방해행위 ·· 271

제9절 부당한 경쟁행위에 대한 법률책임 ·· 271

1. 행정 책임 ··· 271

1.1. 시장혼동행위 ·· 272

1.2. 허위 또는 오도성 상업 홍보행위 ·· 272

1.3. 상업적 비방 행위 ·· 273

1.4. 상업뇌물 행위 ·· 273

1.5. 부당한 경품제공 판매행위 ·· 273

1.6. 상업비밀 침해행위 ·· 274

1.7. 인터넷상의 부당한 경쟁행위 ·· 274

2. 민사책임 ·· 275

2.1. 민사책임의 의의 ··· 275

2.2. 손해배상액의 계산 ·· 275

2.3. 상업비밀 침해행위 등에 대한 피해구제 ···································· 276

2.3.1. 징벌적 손해배상제 및 정액 배상제의 도입／276

2.3.2. 권리자의 입증책임 완화／276

3. 형사책임 ·· 277

3.1. 상업비밀침해죄(侵犯商业秘密罪) ·· 278

3.2. 상업신용 및 상품명성 훼손죄(损害商业信誉·商品声誉罪) ········· 278

3.3. 허위광고죄(虚假广告罪) ··· 279

3.4. 상업뇌물죄(商业贿赂罪) ··· 279

제8장 전담기구 및 집행

제1절 전담기구 ·· 283

　1. 반독점위원회 ·· 284

　　1.1. 위원회의 성격 및 주요 기능 ·· 284

　　　1.1.1. 지도 기능／284

　　　1.1.2. 조직 기능／284

　　　1.1.3. 조정 기능／285

　　1.2. 위원회의 구성 및 운영 ·· 285

　　　1.2.1. 위원회의 구성／285

　　　1.2.2. 위원회의 운영／285

　　　1.2.3. 전문가 자문그룹의 운영／286

　　　1.2.4. 안건 제청 및 비밀준수 의무／287

　2. 반독점법집행기구 ·· 287

　　2.1. 3개 부처 분담체제 ·· 287

　　2.2. 통합집행기구(시장관리총국)의 출범 ·· 288

　　　2.2.1. 주요 기능 및 편제／289

　　　2.2.2. 경쟁법 관련 업무의 분장／290

　　　2.2.3. 주요 권한 및 의무／292

　　　2.2.4. 집행체계·안건 관할범위 및 관리 감독／292

　　　2.2.5. 정보공개／295

　　2.3. 중국 경쟁당국의 특성 및 향후 과제 ·· 295

　　　2.3.1. 반독점위원회／296

　　　2.3.2. 시장관리총국／296

제2절 독점행위 집행 절차 ·· 297

　1. 일반절차 ·· 297

　　1.1. 안건의 인지 ·· 297

  1.2. 안건조사착수(立案) ··· 298

  1.3. 조사 및 증거수집(调查取证) ··· 298

    1.3.1. 조사공무원의 주요 의무 및 권한／298

    1.3.2. 피조사자의 권리와 의무／299

    1.3.3. 위탁조사 및 협조／300

  1.4. 안건심의(案件审核) ··· 301

  1.5. 보고 및 당사자 사전고지 ·· 301

  1.6. 안건 심사 및 처벌의 결정 ··· 302

  1.7. 행정처벌결정서 송달 ·· 303

  1.8. 불복절차 ·· 303

  1.9. 집행 ·· 304

 2. 특수절차 ··· 304

  2.1. 경영자 승낙제도 ·· 304

    2.1.1. 조사 중지 신청(中止调查申请) 및 적용제외대상／305

    2.1.2. 조사 중지 결정(决定中止调查)／306

    2.1.3. 이행관리(조사종결 또는 조사 재개)／306

  2.2. 청문회(听证会) ··· 308

    2.2.1. 청문회 신청 및 조직／308

    2.2.2. 청문회 개최(举行听证) 및 보고／308

제3절 역외적용과 적용제외 ··· 309

 1. 역외적용제도 ··· 309

 2. 적용제외제도 ··· 310

  2.1. 국유경제의 특정 업종(特定行业) ·· 310

  2.2. 지식재산권의 정당한 행사 ··· 311

  2.3. 농업생산 경영활동 ··· 311

제4절 법률책임 ··· 312

 1. 행정책임 ··· 313

1.1. 독점행위 ··· 313
   1.1.1. 시정조치의 유형/313
   1.1.2. 과징금 부과 고려요인/314
1.2. 행정독점행위 ··· 315
1.3. 조사방해행위(妨碍调查行为) ··························· 315
2. 민사책임 ··· 315
3. 형사책임 ··· 317
  3.1. 독점행위 ··· 317
  3.2. 조사방해행위 등 ··· 317

부   록 ··· 319
찾아보기 ··· 327

한중 경쟁법제 비교표

구 분	중 국	한 국
관련 법률	○ 반독점법(독점행위, 행정독점행위) ○ 반부정당경쟁법(부당한 경쟁행위) ○ 입찰법(입찰담합) 등	○ 공정거래법
전담기구 (중앙) (지방)	○ 반독점위원회(자문기구) ○ 시장관리총국(독임제 중앙행정기관) ○ 성급 또는 현급 시장관리부서	○ 공정거래위원회 (합의제독립규제위원회) ○ 지방사무소
규제유형	○ 독점협의(垄断协议)	○ 부당한 공동행위
	－ 수평적 독점협의(横向垄断协议)	
	－ 수직적 독점협의(纵向垄断协议)	○ 재판매가격 유지행위
	－ 경영자단체 독점협의(行业协会垄断协议)	○ 사업자단체 공동행위
	* 핵심카르텔(核心卡特尔)	* 경성카르텔
	* 관서제도(宽大或宽恕制度)	* 자진신고자 감면제도
	○ 시지 남용행위(滥用市场支配地位行为)	○ 시지 남용행위
	○ 경영자집중(经营者集中)	○ 기업결합
	* 경영자집중 반독점심사(反垄断审查)	* 기업결합 심사
	* 간이안건심사(简易案件审查)	* 간이심사
	* 제한조건 부가 협의(附条件协商)	* 동의의결
	* 박리(剥离)	* 매각
	* 비준(批准)	* 승인
	* 미신고 경영자집중(未依法申报经营者集中)	* 미신고 기업결합
	○ 지재권 남용행위(滥用知识产权行为)	○ 지재권 남용행위
	* 교차허가(交叉许可)	* 상호실시허락
	* 특허 공동경영(专利池或专利联营)	* 특허 풀(Patent Pool)
	* 독점성 회수(独占性的回授)	* 독점적 그랜트 백
	* 필수시설(必须设施)	* 필수설비
	* 공정하고 합리적이며 비차별적인 원칙 (公平 · 合理 · 无歧视原则)	* FRAND 조건
	○ 행정독점행위(行政性垄断行为)	○ 규제완화제도
	○ 공정경쟁 심사제도(公平竞争审查制度)	

	○ 부당한 경쟁행위(不正当竞争行为)	○ 불공정거래행위
	* 시장혼동행위(市场混淆行为)	○ 부당한 표시·광고행위
	* 허위 또는 오도성 상업 홍보 (虚假或者引人误解的商业宣传)	
	* 상업적 비방 행위(商业诽谤行为)	
	* 상업뇌물 행위(商业贿赂行为)	* 리베이트(rebate) 제공
	* 부당한 경품제공 판매행위 (不正当有奖销售行为)	* (구 부당한 경품류 제공)
	* 상업비밀 침해행위(侵犯商业秘密行为)	○ 영업비밀침해(기술유용)
	* 인터넷상의 부당한 경쟁행위 (互联网不正当竞争行为)	* (부당한 인터넷 광고)
사건처리 절차 등	○ 안건(案件)	○ 사건
	○ 입안(立案)	○ 사건심사착수보고
	○ 비안(备案)	○ 등록 또는 보고
	○ 위법성 인정(认定)	○ 위법성 판단
	○ 경영자 승낙제도(经营者承诺制度)	○ 동의의결
	○ 안건심의(案件审核)·심사 결정(审查决定)	○ 사건 심리·의결
	○ 행정처벌 고지서(行政处罚告知书)	○ 심사보고서
	○ 청문회(听证)	—
	○ 행정처벌결정서(行政处罚决定书)	○ 의결서
	○ 행정 재심의(行政复议)	○ 이의신청
	○ 행정소송(行政诉讼)	○ 행정소송
	○ 안전항규칙(安全港规则)	○ 안전지대
	○ 면제(豁免)	○ 예외인정
	○ 거증책임(举证责任)	○ 입증책임
	○ 적용제외(适用除外)	○ 적용제외
	○ 경영자(经营者)	○ 사업자
	○ 단위(单位)	○ 기관·단체·법인·기업 등
	○ 개체공상호(个体工商户)	○ 자영업자, 개인사업자
	○ 경영자단체(经营者团体或行业协会)	○ 사업자단체
	○ 영업액(营业额)	○ 매출액
	○ 영업집조(营业执照)	○ 영업등록증
	○ 부문규장(部门规章)	○ 부령의 고시·지침 등
	○ 장정(章程)	○ 정관

중국경쟁법 총론
(中国竞争法总论)

제1절 경쟁법의 의의 및 기본원칙

제2절 경쟁법의 역할 및 지위

제3절 중국경쟁법의 도입과 발전

제4절 경쟁법의 적용대상

중국경쟁법 총론
(中国竞争法总论)

제1절   경쟁법의 의의 및 기본원칙

1. 경쟁법의 개념 및 범주

　경쟁법은 "시장의 경쟁행위를 규범하고, 자유롭고 공정한 시장의 경쟁 질서를 유지 보호함을 기본 내용으로 하는 법률규범의 총칭"[1]이다. 이러한 경쟁법은 거의 모든 경제영역 및 경제활동의 본질과 관련되는 법률제도인 동시에 근본적으로 국가 전체의 시장구조 및 시장 질서를 유지하고, 경쟁시스템의 작용이 정상적으로 발휘될 수 있도록 함으로써 경제의 건강한 발전을 보장하는 역할을 한다.[2] 이러한 의미에서 경쟁법은 경제 헌법으로 불리기도 한다.

　경쟁법의 개념은 광의의 개념과 협의의 개념으로 분류할 수 있는데, 그중 광의의 경쟁법은 반독점법과 반부정당경쟁법의 양 분야를 포함하나, 협의의 경쟁법은 단지 반독점법의 영역만을 의미하며, 반부정당경쟁법의 영역은 그 범주에 포함하지 않고

1　王先林 著, 竞争法学(第三版), 中国人民大学出版社, 2018年 8月, p. 24.
2　徐孟洲·孟雁北 共著, 竞争法(第三版), 中国人民大学出版社, 2018年 6月, p. 37.

있다. 중국의 학계에서는 일반적으로 광의의 개념을 채택하여 경쟁법(竞争法)의 범주를 『반독점법(反垄断法)』과 『반부정당경쟁법(反不正当竞争法)』의 소관 영역을 모두 포함하고 있다. 그 주요 유형으로는 독점협의(즉, 카르텔), 시지 남용행위, 지재권 남용행위, 경영자집중(즉, 기업결합), 행정독점행위, 부당한 경쟁행위(즉, 불공정거래행위)로 분류하고 있다. 그리고 반독점법이 규율하고 있는 독점행위의 개념을 다시 경제적 독점행위와 행정적 독점행위로 분류하기도 하는데, 그중 전자는 "독점협의, 시지 남용행위, 지재권남용행위, 경영자집중행위"를 의미하며, 후자는 행정독점행위를 의미하고 있다.

한편, 우리나라의 공정거래위원회 소관 업무와 직간접으로 관련되는 가격법(价格法), 광고법(广告法), 소비자권익보호법(消费者权益保护法), 계약법(合同法), 입찰법(招标投标法), 가맹사업제도(商业特许经营) 등은 경제법[3]의 범주에 포함하고 있다.

따라서 저자는 중국경쟁법(中国竞争法)의 범주를 『반독점법(反垄断法)』과 『반부정당경쟁법(反不正当竞争法)』이 규정하고 있는 행위를 중심으로 저술하고자 한다.

경쟁법 관련 소관법률 및 행위 유형

소관법률	행위 유형
반독점법	◦ 경제독점행위 - 독점협의, 시지 남용, 지재권 남용, 경영자집중 ◦ 행정독점행위
반부정당경쟁법	◦ 부당한 경쟁행위

2. 경쟁법의 기본원칙

경쟁법의 기본원칙이란 "국가가 시장경쟁행위를 관리·감독하는 기본목표 및 가치 판단기준을 구현하는 기본 규칙"[4]을 의미하는데, 이는 "경쟁법의 기본정신을 집약적으로 구현하고, 경쟁법이 추구하는 다원화된 목표를 고도의 개괄적이고 구체적

---

3 중국의 경제법 범주에는 크게 공공경제관리법 분야와 경제 활동법 분야로 구분할 수 있다. 그중 전자에는 계획 및 산업정책법, 재정법, 세법, 금융법, 증권 및 선물거래법, 공상 행정 관리법, 품질 및 기술감독법, 회계 및 감사법 등이 있으며, 후자에는 입찰법, 계약법, 경쟁법, 대외무역 관련 법, 소비자 관련 법이 있다[史际春 主编, 经济法(第三版), 2017年3月, 中国人民大学出版社 参照].
4 王先林 著, 竞争法学(第三版), 中国人民大学出版社, 2018年 8月, p. 31.

인 경쟁법률 제도 속에 구현한 것이며, 경쟁법 이론의 중요한 구성 부분"[5]이 되고 있다. 이러한 경쟁법의 기본원칙에 대하여 중국의 학계에서는 다양한 관점이 존재하지만, 일반적으로 "경쟁 주체의 평등한 경쟁 지위 보호의 원칙(保护竞争主体平等竞争地位的原则), 자유롭고 공정한 경쟁의 유지 보호 원칙(维护自由公平竞争的原则), 사회 전체이익 우선의 원칙(社会整体利益优先原则)"을 들 수가 있다.

2.1. 경쟁 주체의 평등한 경쟁 지위 보호의 원칙

시장참여자인 경영자의 법률상의 지위는 평등하다. 이는 각 경쟁의 주체 모두가 시장에서의 경제 활동을 영위하는 데 있어 평등한 권리를 향유하고 평등하게 의무를 부담한다는 의미이다. 이처럼 경쟁 주체의 평등한 경쟁 지위는 공정하고 자유로우며 유효한 경쟁을 할 수 있는 기본조건이 되고 있다.

이러한 경쟁법의 평등원칙은 구체적으로 다음과 같이 표현되고 있다. ① 차별적인 조치 및 수단을 이용하여 경쟁 주체를 경쟁 범위 밖으로 배제할 수 없으며, 특정한 경쟁 주체에게 특별한 우대를 부여함으로써 그에게 시장경쟁에서 이유 없이 우위를 점하게 할 수 없다. ② 국가는 평등한 경쟁 조건 및 환경을 조성하여 경영자에 대한 법률보호 및 적용, 구제경로 및 수단을 모두 동일하게 부여하여야 한다. ③ 평등한 경쟁을 훼손하는 행위를 방지 및 제재하여야 한다.[6]

2.2. 자유롭고 공정한 경쟁의 유지 보호 원칙

자유경쟁과 공정경쟁의 원칙은 상호 보완적(相辅相成)이며, 불가분의 밀접한 관계(不可截然分开)를 맺고 있는데, 시장경제 시스템이 정상적으로 작동하기 위해서는 경쟁 주체 간의 자유롭고 공정한 시장경쟁이 필수적으로 확보되어야 한다. 이러한 자유롭고 공정한 경쟁의 유지 보호 원칙은 경쟁법의 기본정신으로서 시장경제의 기본이념이자 항구적으로 지향해야 할 가치이다. 따라서 이 원칙은 경쟁법의 입법목적에 반영되어 있을 뿐만 아니라 그 집행과정에서도 중요한 적법성 여부의 판단기준이 되고 있다.

---

5 徐孟洲·孟雁北 共著, 竞争法(第三版), 中国人民大学出版社, 2018年 6月, p. 30.
6 徐孟洲·孟雁北 共著, 竞争法(第三版), 中国人民大学出版社, 2018年 6月, p. 31.

2.2.1. 자유경쟁 보호의 원칙

자유경쟁(自由竞争)은 경쟁 주체가 국가의 법률·법규 및 정책허가의 범위 내에서 각종의 합법적인 수단 및 방법으로서 자기의 자유로운 의향에 따라 각종 경쟁 활동에 종사하며, 타인으로부터 불법적인 간여 및 제한을 받지 않을 권리가 있음을 의미한다. 이에 대한 경쟁법상의 자유경쟁의 보호 원칙은 국가가 자유경쟁을 격려 및 보호하며, 각종의 경쟁제한행위를 제재하는 것을 의미한다. 이러한 자유경쟁 보호의 원칙은 "경쟁 주체, 국가관리"의 두 가지 관점에서 살펴볼 수가 있다.[7]

(1) 경쟁 주체의 관점

경쟁 주체의 관점에서 볼 때, 자유경쟁은 경쟁 주체가 다음 요건을 충족하여야 한다. 즉, ① 의사표시의 충분한 자유와 각종 법률이 금지하지 않는 수단 및 방법으로 경쟁에 종사할 자유를 반드시 향유하여야 하며, ② 자유롭게 경쟁의 결과를 향유 또는 부담하여야 한다.

(2) 국가관리의 관점

국가관리의 관점에서 볼 때, 자유경쟁은 다음 요건이 충족되어야 한다. ① 국가는 경쟁 주체가 시장에 진·출입하는 데 있어서의 장애 및 번거로운 절차(烦琐程序)를 감소 및 제거하여야 하며, 각종 인위적이고 불법적인 방해(非法干扰)를 배제함으로써 경쟁 주체에게 하나의 자유경쟁의 환경 및 분위기를 조성(创造)해 주어야 한다. ② 국가는 각종의 불법적인 독점 및 경쟁을 억제하는 행위를 제한하거나 금지하여야 한다. ③ 국가는 각종 조치를 채택하여 경쟁 주체의 자유경쟁을 격려함으로써 관련 시장에서 충분한 경쟁 주체 및 경쟁상품이 시장경쟁에 참여할 수 있는 환경을 조성하여야 한다.

2.2.2. 공정경쟁 보호의 원칙

공정한 경쟁(公平竞争)은 경쟁 주체가 공정한 시장 조건에서 법률 또는 상업 도덕에 부합하는 수단이나 방법으로 자유경쟁을 진행하여 그 경제이익의 최대화를 실현

---

7 徐孟洲·孟雁北 共著, 竞争法(第三版), 中國人民大學出版社, 2018年 6月, pp. 31~32.

함으로써 각 경쟁 주체가 경쟁 활동 과정에서 모두가 공정하고 합리적인 대우를 받는 것을 의미한다. 이러한 공정경쟁원칙은 거시적이고 미시적인 양 측면에서 공통으로 요구되며, 국가의 공공이익과 경쟁 주체 각각의 경제적 권익을 함께 고려하여 구현되어야 한다.[8]

이에 대한 경쟁법상의 공정경쟁 보호의 원칙은 "시장경쟁의 주체 간에 경쟁의 기회가 균등하게 제공되며, 경쟁 조건이 평등하고 경쟁하는 수단이 정당할 뿐만 아니라, 모든 시장참여자에게 차별 없는 공정한 법률적용이 보장"되어야 한다는 것을 의미하고 있다. 이 원칙은 현행의 『반독점법』 및 『반부정당경쟁법』의 제정목적(즉, 시장에서의 공정한 경쟁의 보호), 시장지배적 지위의 경영자에 대한 각종 제한성 규정 등에서 구체적으로 구현되고 있다.

2.3. 사회 전체이익 우선의 원칙

사회 전체이익(社会整体利益)[9]의 개념은 일반적으로 "이익의 주체가 사회이며, 여기서 전체란 사회이익이 발생하는 체제(机制)를 의미하며, 그 사회 전체이익은 유효하게 국부적 이익이나 지방의 이익과는 상호 구별될 수 있으며, 국가이익은 사회 전체이익과 동등"하다는 의미를 지니고 있다. 이러한 사회 전체이익 우선의 원칙은 주로 "입법목적, 적용 범위, 집행기준" 세 가지 관점에서 살펴볼 수가 있다.[10]

① 입법목적 측면에서 볼 때, 경쟁법은 경쟁자 간의 관계를 적법하게 처리하고 경쟁자의 합법적인 권익을 유지 보호해야 할 뿐만 아니라, 광범한 이익 관계(예, 소비자 후생, 국가 경제의 전체적인 발전 등)를 동시에 고려하여야 한다.

② 적용 범위 측면에서 볼 때, 경쟁법은 모종의 특정 영역의 경우 적용할 수 없음을 의미한다. 즉, 일부 자유경쟁에서는 효익을 가져올 수 없는 영역(예, 공공제품, 국가 안전과 관계되는 제품, 도덕적 구속이 강하게 요구되는 자유 직업 등)에서는 사회 전체이익의 수요에 기반(出于)하여 경쟁법은 이를 반영하여 적용제외제도 또는 합리성 원칙을

---

8 徐孟洲·孟雁北 共著, 竞争法(第三版), 中国人民大学出版社, 2018年 6月, p. 32.
9 중국의 각종 법률 법규 중 사회 전체이익에 대한 명문 규정은 없으나, 이와 유사한 "공공이익, 사회이익, 사회공공이익, 국가 전체이익" 등의 개념은 헌법과 민법총칙을 비롯한 다수의 관련 법률에서 규정하고 있는데, 이들 개념의 기본적인 함의는 사회의 전체적인 이익을 의미하고 있다.
10 徐孟洲·孟雁北 共著, 竞争法(第三版), 中国人民大学出版社, 2018年 6月, pp. 33~34.

통하여 균형이 유지될 수 있도록 디자인되어야 한다.

③ 집행기준 측면에서 볼 때, 이 원칙은 경쟁법 적용상 행위효과 판단(衡量行为)에 대한 합법성 기준 중의 한 요소가 되고 있다. 그 예로『반독점법』제28조는 사회전체이익 우선의 원칙을 구현하고 있다. 즉, "경영자집중이 경쟁을 배제·제한할 가능성이 있는 경우라도, 그 집중이 경쟁에 미치는 긍정적인 효과가 경쟁을 제한하는 부정적인 효과보다 크거나, 사회공공이익에 부합한 경우"에는 그 예외를 인정할 수 있도록 규정하고 있다.

제2절 경쟁법의 역할 및 지위

1. 경쟁법의 역할

경쟁법은 공정하고 자유로운 경쟁 질서를 유지 보호하며, 경영자의 합법적인 이익을 보장할 뿐만 아니라, 경쟁제한행위를 제지하는 동시에 시장 활력을 유지하며, 경제 민주화를 증진하는 역할을 한다. 그 구체적인 주요 역할을 살펴보면 다음과 같다.[11]

첫째, 경쟁법은 시장경제에서 경쟁의 순기능(积极作用)은 발휘될 수 있도록 보장하는 반면에 경쟁의 역기능(消极作用)은 제약 및 규제함으로써 경제 발전의 추진과 사회생산력의 발전을 촉진하는 역할을 한다.

둘째, 경쟁법은 독점행위 또는 경쟁제한행위를 엄격히 규제하는 한편, 부당한 경쟁행위에 대한 유효한 제재를 통하여 공정하고 자유로운 경쟁질서를 유지 보호함으로써 시장조절기능의 정상적인 운영을 보장하는 역할을 한다.

셋째, 시장경제체제에서 경쟁법은 경쟁제한행위와 부당한 경쟁행위에 대한 규제를 통하여 공정한 경쟁을 촉진하는 동시에 소비자의 올바른 선택권을 보장하여 소비자에게 저렴하고 우량한 상품과 서비스를 제공함으로써 소비자의 권익을 직간접으로 보호하는 역할을 한다.

넷째, 경쟁법은 공정하고 자유로운 경쟁을 촉진함으로써 사회의 공공이익을 보호

---

11 徐孟洲·孟雁北 共著, 竞争法(第三版), 中国人民大学出版社, 2018年 6月, pp. 35~37.

하고, 기술진보 및 국민경제의 안정적인 성장(稳步增长)을 촉진하는 동시에 국제무역의 건강한 발전을 촉진하는 역할을 한다.

2. 경쟁법의 지위 및 유관법과의 관계

2.1. 경쟁법의 지위

경쟁법의 지위(地位)는 경쟁법이 법률체계 중 처하는 위치 및 그와 관련된 법률과의 관계를 의미하는데, 한 국가의 법률체계에서 경쟁법의 지위는 관점에 따라 다르게 볼 수 있다. 이에 대해, 중국의 학계에서는 경쟁법을 경제법의 중요한 구성 부분으로 공동 인식하고 있으며, 최고 입법기관에서도 이러한 관점을 명확히 인정(肯定)하고 있다. 즉, 현재의 경제법은 헌법의 통솔하에 중국의 법률체계 중 하나의 독립된 법률 분야에 속하지만, 경쟁법은 독립분야의 법을 형성하는 경제법 체계의 주요한 구성 부분 중의 하나이다. 따라서 경제법을 구성하는 하나의 분야로서의 경쟁법은 외부적으로는 민·상법 등 다른 법률 분야와 구별되며, 내부적으로는 경제법의 다른 구성 분야와 상호 구별되는 동시에 상호 연계되어 있다. 아울러 경쟁법은 균형된 조화(平衡协调)·사회 본위(社会本位)·실질적인 공정 등 경제법의 기본원칙 및 이념을 전형적으로 구현하고 있으며, 가장 기본적인 시장 운영시스템인 경쟁시스템(竞争机制)이 시장경제 조건에서 정상적으로 역할을 발휘하게 하는 하나의 기본적인 법률제도로 인식되고 있다.[12] 그리고 경제법은 "하나의 독립된 법률 분야로서 공법과 사법이 서로 융합된 법이며, 사회 전체이익을 기본(本位)으로 하는 법인 동시에 사회의 실질적인 공평을 추구하며, 사회의 지속 가능한 발전(社会可持续发展)을 촉진하는 법이다."[13] 그 법률규범 체계는 크게 시장규제법(市场规制法)과 거시조정법(宏观调控法)으로 분류할 수 있는데, 경쟁법은 양자 중 시장규제법에 속하며, 시장규제법 중 선도적이고 핵심적인 역할을 하는 중요한 지위를 점유한 것으로 이해되고 있다.

한편, 중국 정부는 당 중앙의 중대 결정(重大决策)에 따라 경쟁정책의 기초지위(竞争政策基础地位)를 강화[14]하고 있으며, 경쟁정책이 사회주의 시장경제체제의 신속한

---

12 王先林 著, 竞争法学(第三版), 中国人民大学出版社, 2018年 8月, p. 29.

13 徐孟洲·孟雁北 共著, 竞争法(第三版), 中国人民大学出版社, 2018年 6月, p. 37.

14 시장관리총국이 2020.1.2. 공표한 『반독점법 개정 초안(의견수렴안)』 제1장 총칙 제4조에 "국가는 경쟁정책의 기초지위를 강화"한다는 내용을 추가하였다. 즉, 국가는 <u>경쟁정책의 기초적 지위를 강화하고,</u>

완성(完善)과 경제의 질적 고도성장을 촉진하는 데 있어 아주 중요한 전략적 가치(战略意义)를 지니는 것으로 평가하고 있다. 이에 따라 경쟁정책을 총괄하는 반독점법 집행기구는 당 중앙결정의 관철을 위하여 통일적 사고(认识)·정책연구·제도개선·개혁혁신 및 종합시책 면에서 다양한 실천방안을 모색할 뿐만 아니라, 경쟁정책의 과학성·맞춤성(针对性) 및 유효성을 제고 하는 데 진력하고 있으며, 경쟁정책의 정착(落实落地)을 강력히 추진하고 있다.[15]

2.2. 유관법(相关法)과의 관계

2.2.1 경쟁법과 가격법

『가격법(中华人民共和国价格法, 简称为价格法)』은 경제법의 중요한 일부분으로서 우리나라의 구 『물가 안정 및 공정거래에 관한 법률』과 유사한 기능을 수행하고 있다. 이 법은 제8회 전국인민대표대회 상무위원회 제29차 회의의 심의를 거쳐 1997.12.29.에 통과·공포되어 1998.5.1.부터 시행되고 있다. 총 7장 48개 조문으로 구성되어 있는데, 제1장 총칙·제2장 경영자의 가격 행위·제3장 정부의 가격 결정행위(定价行为)·제4장 가격의 전체적인 수준의 조정·제5장 가격 감독 검사·제6장 법률책임·제7장 부칙으로 이루어져 있다.

이러한 『가격법』은 가격수준 및 가격 행위에 대한 규제를 목적으로 하고 있어, 거시조정법과 시장규제법의 특징을 모두 지니고 있다.[16] 그중 거시조정역할은 주로 물가의 전체적인 수준을 통제하고 부정(恶性)적인 통화팽창을 방지하며, 경제 총량의 조정을 통하여 경제구조의 최적화 및 경제 총량(예, 화폐 총량·재정수지·외환 수지 등)의 균형을 실현함으로써 주요 상품가격의 기본적인 안정을 유지하는 데에 있다.[17]

『가격법』의 시장규제역할은 주로 시장의 가격 행위를 규제함으로써 시장의 가격

사회주의 시장경제에 적합(相适应)한 경쟁규칙을 제정·실시하며, 거시적인 조정을 완전(完善)하게 하고, 통일·개방·경쟁적이며 질서 있는 시장체계를 확립한다.

15 吴振国：致力公平竞争服务改革发展 ─ 2019年反垄断工作综述(中国市场监管报, 2020.2.20.).

16 이 법 제1조는 "가격 행위를 규범하고, 가격이 자원을 합리적으로 배분하는 작용을 발휘하며, 시장가격의 전체적인 수준을 안정시켜 소비자와 경영자의 합법적인 권익을 보호하고 사회주의 시장경제의 건강한 발전을 촉진"함을 그 제정목적으로 하고 있다.

17 徐孟洲·孟雁北 共著, 竞争法(第三版), 中国人民大学出版社, 2018年 6月, p. 38.

이 공정하고 유효한 경쟁을 통하여 형성될 수 있도록 보장하는 데 있다. 따라서 시장가격 행위에 대한 규제는 필연적으로 『반독점법』 및 『반부정당경쟁법』과의 교차가 발생한다. 특히, 후술하는 『가격법』이 규정하고 있는 '부당한 가격 행위' 중 일부 내용은 『반독점법』상의 가격독점행위(价格垄断行为)와 중복되는 측면이 있다. 그중 가격독점행위(즉, 가격 관련 독점협의·시지 남용행위 및 행정독점행위)에 대해서는 『반가격독점규정(反价格垄断规定)』 등 관련 규정에 의거 반독점법을 우선 적용하여 처리하고 있다.

　시장의 가격 행위 중 경쟁법 영역과 관련된 부당한 가격 행위(不正当价格行为)에 대해서는 『가격법』 제14조에서 총 8가지의 위반유형을 규정하고 있다. 그 구체적인 위반유형 및 시정조치 내용은 다음과 같다.

(1) 부당한 가격 행위의 유형

① 가격담합행위

　가격담합(相互串通, 操纵市场价格)이란 상호 결탁을 통해 시장가격을 조정하여 상품가격을 비교적 큰 폭으로 인상케 함으로써 다른 경영자 또는 소비자의 합법적인 권익을 침해하는 행위를 의미한다. 여기서 경영자(经营者)란 상품의 생산·경영에 종사하거나 유상의 서비스를 제공하는 법인·기타 조직 및 개인을 의미한다.

② 부당 염매행위

　부당 염매(低价倾销)란 법에 의거 신선한 상품·계절상품·재고상품 등의 상품을 가격 인하 처리하는 경우를 제외하고, 경쟁사업자를 배제하거나 시장을 독점하기 위해 원가보다 낮은 가격으로 덤핑판매(倾销)함으로써 정상적인 생산경영 질서를 교란(扰乱)하여 국가이익 또는 다른 경영자의 합법적인 권익을 침해하는 행위를 의미한다.

③ 가격선동행위

　가격선동(哄抬价格)이란 가격 인상정보를 날조·유포하거나 투기 상인들이 고의로 사재기 또는 다른 수단을 이용하여 앞다투어 가격을 부추김으로써 상품가격의 급속·과도한 인상을 추진하는 행위를 의미한다.

　그 구체적인 유형은 다음과 같다. ⓐ 가격 인상정보를 날조·유포하여 시장의 가격 질서를 교란하는 행위, ⓑ 생산하여 자가사용하는 경우 이외에 가격주관부서의 경고(告诫)에도 불구하고 계속하여 사재기함으로써, 시장의 공급 부족(供应紧张)과

가격의 이상 변동(波动)을 발생하는 상품을 정상적인 비축 수량 또는 비축 주기를
초과하여 대량으로 사재기(囤积)하는 경우, ⓒ 다른 수단을 이용하여 고의로 앞다
투어 가격을 부추기어(哄抬价格), 상품가격의 급속·과도한 인상을 추진하는 행위이
다.[18]

④ 가격 기만행위

가격 기만(价格欺诈; 诱骗)이란 허위 또는 사람을 오인하게 하는 가격 수단을 이용
하여 소비자 또는 다른 경영자를 기만(诱骗)하여 그와 거래하도록 하는 행위를 의미
한다.

⑤ 가격 차별행위

가격 차별(价格歧视)이란 동일한 상품 또는 서비스를 제공하면서 동등한 거래조건
을 구비한 다른 경영자에 대해 가격을 차별하는 행위를 의미한다.

⑥ 변형적인 가격조정행위

변형적인 가격 조정(变相提高或压低价格)이란 등급을 높이거나 낮추는 등의 수단
을 채택하여 상품을 판매·구매하거나 서비스를 제공함으로써 변형적으로 가격을 올
리거나(变相涨价) 낮추는 행위를 의미한다. 즉, 표면적으로는 가격 변동이 없지만 실
제로는 가격을 올리는 각종 행위를 말한다.

⑦ 폭리 도모행위

폭리 도모(牟取暴利)란 법률이나 법규의 규정을 위반하여 폭리를 도모하는 행위를
의미한다.

⑧ 기타 부당한 가격 행위

이는 법률·행정 법규가 금지하는 기타 부당한 가격 행위를 의미하며, 재판매가격
유지행위[19] 등이 여기에 속한다고 볼 수 있다.

(2) 부당한 가격 행위에 대한 시정조치

부당한 가격 행위(不正当价格行为)에 대해서는 해당 경영자에게 시정명령(责令改
正)·위법소득의 몰수조치(没收违法所得)를 하며, 위법소득 5배 이하의 과징금을 병

---

18 『가격위법행위행정처벌규정(价格违法行为行政处罚规定, 2019.3.13. 재공포, 이하 **가격행위처벌규정**
      이라 함)』 제6조.
19 구『가격독점행위규정』제5조는 재판매가격유지행위(转售价格)를 금지하였다. 즉, 경영자는 시장지배
      적 지위를 이용하여 중개상(经销商)에게 상품을 제공하면서 그가 재판매하는 가격(转售价格)을 제한
      하도록 강제할 수 없다.

과할 수 있다. 다만, 위법소득이 없는 경우에는 경고 조치하며, 위반유형에 따라 차등하여 최고 500만元까지의 과징금을 병과할 수 있다. 다만, 사안이 중대한 경우에는 영업정지 및 개선명령(責令停業整頓[20]) 또는 시장관리기관이 영업등록증(营业执照)을 취소(吊销)한다.

그중 위법소득이 없는 경우의 부당한 가격 행위에 대한 유형별 과징금 부과기준은 다음과 같다. ① 가격담합의 경우에는 10만元~100만元(단, 사안이 비교적 중한 경우에는 100만元~500만元), ② 부당 염매·가격차별행위의 경우에는 10만元~100만元, ③ 가격선동의 경우에는 5만元~50만元(단, 사안이 비교적 중한 경우에는 50만元~300만元), ④ 가격기만 행위의 경우에는 5만元~50만元, ⑤ 변형적인 가격조정의 경우에는 2만元~20만元이다.

한편, 경영자가 정부 가격주관부서의 부당한 가격 행위 결정에 불복할 경우 먼저 행정 재심의를 신청하고, 행정 재심의 결정에 불복할 경우 인민법원에 소송을 제기할 수 있다(가격행위처벌규정 제20조).

2.2.2. 경쟁법과 지식재산권법

지식재산권법(知识产权法)은 지식재산권을 확인하고 보호하는 법률로서 주로 특허법(专利法)·상표법(商标法)·저작권법(著作权法) 및 상업비밀법(商业秘密法)을 포함하고 있다. 이러한 지식재산권법은 경쟁법과 상호 보충적으로 적용되고 있으며, 시장에서의 경쟁을 촉진하고 소비자의 복리를 증진하는 측면에서 양자는 공통된 목표를 지니고 있다.

이러한 경쟁법과 지식재산권법의 보충적(补充性)·규제적(规制性) 적용 문제는 "상업표지혼동행위, 상업비밀 침해행위, 지재권남용행위" 측면에서 살펴볼 수가 있다.

(1) 상업표지혼동행위

상업표지혼동행위(商业标志混淆行为)의 경우, 『반부정당경쟁법』이 보충적으로 적용될 수 있다. 이 법은 경영자 간에 공정한 경쟁의 시각에서 지재권을 침해한 행위(즉, 오인성 상업표지 혼동행위)에 대해 규제를 하고 있다. 이는 다시 『상표법』에 대한 보충적 적용과 『저작권법』에 대한 보충적 적용으로 분류할 수 있다.

---

[20] 停业整顿是停止生产经营进行整改, 整改到位后, 经检查合格后, 再恢复生产经营。

그중 『상표법』에 대한 보충적 적용은 주로 "상표법의 적용대상인 유명상표(驰名
商标)가 아닌 저명상표(知名商标)"[21]의 오인성 상업표지 혼동행위에 이 법 제6조가
보충적으로 적용될 수 있다. 『저작권법』에 대한 보충적 적용은 저작권법이 단지 작
품의 내용 및 표현형식만을 보호하기 때문에 그 보호 대상이 아닌 '경영영역에서의
작품의 명칭이나 성명권'에 대한 오인성 상업표지 혼동행위의 경우, 같은 법 제6조
가 보충적으로 적용될 수 있다.

(2) 상업비밀 침해행위

비특허기술(非专利技术)·미등록 저명상품(知名商品) 등의 경우, 『반부정당경쟁
법』 제9조가 규정한 '상업비밀 침해행위'를 보충적으로 적용할 수 있다. 즉, "상업비
밀의 양태는 일일이 열거할 방법이 없어 대다수 국가의 상업비밀법률은 단지 개괄적
으로 규정하는 방법을 채택하여 상업비밀의 구성요건을 확정하기 때문에 그 보호 대
상이 아닌 ① 비특허기술에 속하는 상업비밀(商业秘密)과, ② 특허 및 상표등록을
신청하지 않은 저명상품(知名商标) 또는 서비스의 특유한 상업적 외관 설계(商业外观
设计)"[22]에 대해서는 지식재산권법 조정범위의 부족을 보충하여 상업비밀 침해행위
로 인정하여 보충적으로 적용할 수 있다.

(3) 지재권남용행위

지재권남용행위에 대해서는 『반독점법』을 규제적으로 적용할 수 있다. 지식재산
권은 지식재산권자를 보호하기 위하여 부여한 일종의 법정 독점권이므로 그 권리의
행사는 전유성(专有性) 및 배타성(排他性)을 지니고 있다. 따라서 반독점법은 원칙적
으로 지식재산권의 정당한 행사에 대해서는 이를 적용할 수 없으나, 경영자가 지식
재산권을 남용하여 경쟁을 배제·제한할 경우, 『반독점법』 제55조에 의거 지재권남
용행위로 규제할 수 있다.

---

21 유명상표(驰名商标)는 법률이 규정한 조건 및 절차에 따라 인정되므로 저명상표 대비 상대적인 안정성
   을 지니고 있다. 유명상표는 상표법에 근원을 두고 있으며, 그 권리의 핵심은 재산적 배타권(财产性排
   他权)을 포함한다. 반면에 저명상표(知名商标)는 소비자의 인식 정도를 반영한 객관적인 사실에 의거
   확인되고, 경쟁법에 근원을 두고 있으며, 그 권리의 핵심은 경쟁적 배타권(竞争性排他权)을 포함한다.
   이러한 저명상표는 등록된 상표와 미등록된 상표 2가지 종류가 있다.
22 刘继峰·刘丹 共著, 竞争法学, 中国政法大学出版社, 2018年8月, p. 18.

2.2.3. 경쟁법과 광고법

광고는 광고법(广告法)과『반부정당경쟁법』의 공통적인 규제 대상이다. 그중 오인성 광고(误导性广告)와 허위광고(虚假广告)는 양 법을 모두 위반한 행위로서 모두가 제재 또는 금지하는 대상이 되고 있다. 위와 같이 양 법은 입법상 상호 결부(结合)되고, 상호 교차(交叉)되는 부분도 있으나, 제재 대상 등 여러 측면에서 서로 다른 내용을 규정하고 있다. 그중 일부 중복되는 행위에 대해서는 관련 법의 개정을 통해 그 적용 범위를 명확히 하고 있으며, 법 집행과정에서 상호 보완적으로 적용되고 있다.

이러한『반부정당경쟁법』과『광고법』의 주요 차이점은 다음과 같다. ① 위법성 판단에 있어, 전자는 시장 주체(市场主体)의 부당한 경쟁행위 여부를 기준으로 하나, 후자는 그 행위 자체의 부당성을 기준으로 한다. ② 그 밖에도 양자는 입법목적·임무·대상·적용 범위(法域) 등에서 완전히 다른 내용을 규정하고 있다.

2.2.4. 경쟁법과 계약법

전통 계약법에서 당사자의 지위는 평등하였으나, 독점경제 출현 후 야기된 거래당사자 간의 경제 능력의 차이로 경제상의 종속관계를 초래하여 당사자 간에 대등한 권리·의무를 누릴 수 없게 되었다. 이는 주로 계약체결능력(缔约能力)의 불평등(예, 대기업과 중소기업 간 등), 쌍방 간의 권리·의무의 불평등(예, 계약내용상 가격차별·배타적 조건 등 일방적인 구속조항의 설정), 계약이행 중의 불평등으로 나타나고 있다.

이러한 불평등 관계(不对等关系)는 전통 계약법의 원칙 및 제도의 적용환경을 바꾸게 되었을 뿐만 아니라, 그에 대한 적응성 조정을 요구하게 되었다. 그 결과, 계약의 자유에 상응한 제한조건(즉, 계약은 법률을 위반하고 제3자의 권리를 침해할 수 없음)이 부가되었다. 아울러 계약의 무효 사유에 '의사표시에 하자가 있는 경우 외에, 공공이익을 위반한 경우'가 추가되었다. 이에 따라 계약 무효의 원인 중 경쟁법에 의거 조정된 계약의 효력과 관련되는 사항은 ① 법률·행정 법규를 위반한 경우와 ② 사회공공이익을 위반한 경우로 분류할 수 있는데, 그 적용 조건은 후자가 종종 전자를 보충하고 있다.[23]

---

23 刘继峰·刘丹 共著, 竞争法学, 中国政法大学出版社, 2018年 8月, p. 22.

한편, 경쟁법 관련 법률·행정 법규를 위반하여 무효가 된 계약은 카르텔 협의·
재판매가격 제한 협의·상업적 뇌물과 관련한 계약 등을 들 수가 있다.

제3절 중국경쟁법의 도입과 발전

1. 경쟁법 도입 배경 및 추진과정

중국은 1978년 개혁개방 이후 초기에는 경제 발전을 신속히 추진하기 위하여 정
부 주도형의 경제발전정책을 채택하였으나, 1990년대부터는 계획경제(计划经济)를
사회주의 시장경제(社会主义市场经济)체제로 전환하기 시작하였다. 이에 따라 경제
운영방식을 기존의 정부 주도형(政府主导型)에서 시장주도형(市场主导型)으로 전환
하게 되었다. 아울러 개혁개방의 확대 및 시장경제체제로의 지속적인 발전은 중국
정부의 관료나 학자들로부터 법률 수단에 의한 시장조절기능으로서의 경쟁체제에
대한 중요성을 점차 인식하는 계기가 되었다. 특히, 중국이 1987년에 개최된 '부당
경쟁 금지 국제세미나(反不正当竞争国际研讨会)'를 계기로 "산업재산권보호를 위한
파리협약(保护工业产权巴黎公约)"의 회원국이 됨에 따라 공약사항 중의 하나인 "부
당한 경쟁행위 금지 의무"를 조속히 이행해야 하는 점도 경쟁법의 도입을 촉진하게
되었다. 이러한 환경변화에 따라 중국 정부에서도 일련의 경쟁 정책을 채택하는 한
편 경쟁법의 제정에 착수하게 되었다.

1987년 국무원은 부당한 경쟁행위(不正当竞争行为)를 규율할 수 있는 법률을 제정
하기 위해 국무원법제국(国务院法制局)이 주관하고, 구 국가공상행정관리총국(国家
工商行政管理总局, 이하 '공상총국'으로 약칭함) 등 7개 부처가 참여하여 "독점금지 및
부당한 경쟁조례(禁止垄断和不正当竞争条例)"를 최초로 입안하였다. 그러나 그 후 반
독점법의 제정은 시기상조라는 중국 내부의 비판 기류가 형성되는 등 입법환경이 변
화됨에 따라 부득이 반부정당경쟁법(反不正当竞争法)과 반독점법(反垄断法)을 각각
분리하여 제정하기로 입법계획이 변경되었다. 이처럼 경쟁법의 제정방식을 분리식
입법모형(分立式立法模式)으로 채택함에 따라 1991년 말 「부당경쟁 금지법(制止不正
当竞争法)」이 전국인민대표대회 상무위원회(全国人民代表大会常务委员会, 이하 전인대

상무위로 약칭함)의 입법계획에 정식으로 포함되었다.[24]

2. 경쟁법의 제정 및 개정

2.1. 반부정당경쟁법

2.1.1. 반부정당경쟁법의 제정

공상총국은 전인대 상무위의 입법계획에 따라 1992년 초에 초안작업반(起草小组)을 구성하여 반부정당경쟁법 의견수렴안(反不正当竞争法征求意见稿)을 입안하였다. 그 후 1992년 5월 전문가 토론회(专家论证会)개최 등 각계의 의견을 수렴한 뒤, 1992년 10월 국무원 상무회의(国务院商务会议)의 심의를 거쳐 반부정당경쟁법초안 (反不正当竞争法草案)을 마련하여 1993년 6월 전인대 상무위에 심의를 요청하였다. 그 후 수차례의 수정과 심의를 거쳐 1993년 9월 2일 제8회 전인대 상무위 제3차 회의에서 『반부정당경쟁법(中华人民共和国反不正当竞争法, 简称为反不正当竞争法)』이 정식 통과되어 1993년 12월 1일부터 시행하게 되었다.

이 법은 총 5장(즉, 총칙, 부당한 경쟁행위, 감독·검사, 법률책임, 부칙), 33개 조문으로 구성되었다. 그중 부당한 경쟁행위(不正当竞争行为)는 부당한 거래행위(不正当交易行为)와 일부 독점 또는 경쟁제한행위(独占或者限制竞争行为)로 분류할 수 있다. 전자는 부당한 표시·광고행위(不正当表示·广告行为), 상업뇌물행위(商业贿赂行为), 상업비밀 침해행위(侵犯商业秘密行为), 부당한 염매행위(不当亏本销售行为), 끼워팔기 또는 구속 조건부 거래행위(搭售商品或附条件的交易行为), 부당한 경품 판매행위(不正当有奖销售行为), 총 6가지 유형이다. 후자는 공용기업의 경쟁제한행위(公用企业限制竞争的行为), 행정독점행위(行政垄断行为), 입찰담합행위(串通招投标行为), 총 3가지 유형이다. 이처럼 『반부정당경쟁법』은 당시 반독점법이 제정되지 않은 중국의 입법 상황을 반영하여 일부 독점행위나 경쟁제한행위를 함께 규율하였다. 따라서 우리나라의 『독점규제 및 공정거래에 관한 법률(이하 '공정거래법'으로 약칭함)』 제23조가 규정하고 있는 불공정거래행위보다는 넓은 개념이다.

---

24 박제현, 중국의 반부정당경쟁법(反不正当竞争法)에 대한 고찰, 한중법학회, 중국법연구 제9집, 2008.6월, pp. 176~177.

이러한 『반부정당경쟁법』의 제정은 당시 중국이 종합적이고 완전한 의미의 경쟁법 체계를 갖추지는 못하였지만, 전문적이고 통일된 경쟁법 제도가 정식으로 마련되었다는 점에서 그 의미는 크다고 할 것이다.

2.1.2. 반부정당경쟁법의 개정

『반부정당경쟁법』은 제정 이후 2차례의 개정이 이루어졌다. 개정 후, 현행 신법(2019.4.25.부터 시행)은 총 5장, 33개 조문으로 구성되어 있다. 그 주요 내용은 제1장 총칙, 제2장 부당한 경쟁행위, 제3장 부당한 경쟁행위 혐의에 대한 조사, 제4장 법률책임, 제5장 부칙으로 이루어져 있다.

개정 중 제1차 개정은 이 법 시행 후, 시장경제의 발전에 따라 공정한 경쟁을 저해하는 새로운 현상 또는 법 적용상의 문제가 출현하게 되고, 『반독점법』 시행 및 광고법의 개정(2015.4.24.) 후 법률상의 중복문제 등이 제기됨에 따라 이를 반영하고자 2017.11.4. 제12회 전인대 상무위 제30차 회의의 심의를 거쳐 수정(안)이 통과되어 2018.1.1.부터 시행되었다. 이 법의 개정에 따라 기존의 "행정독점행위·허위광고행위·입찰 담합행위" 등이 삭제되어 그동안 제기되던 법률 중복문제가 해소되었다.

제2차 개정(2019.4.25.)은 중국 정부의 지식재산권 보호 강화방침에 따라 부당한 경쟁행위 중 상업비밀 침해행위에 대한 "피해구제 범위의 확대, 권리자의 입증책임 완화, 징벌적 손해배상제 도입" 등의 내용이 추가 또는 새로이 반영되었다.

그동안의 주요 개정내용을 살펴보면 다음과 같다.

(1) 개념 보완 및 적용대상의 확대

경영자 정의에서 영리성을 삭제[25]함으로써 그 적용대상이 확대되었으며, 『반독점법』에서 규정하는 경영자의 개념과도 기본적으로 일치하게 되었다. 또한, 시장혼동행위(市場混淆行爲)의 상업표지 범위를 확대하였고, 상업뇌물행위에 대한 목적성(즉, 거래 기회 및 경쟁우세 쟁취) 명시 및 수뢰자 범위 한정 등을 통하여 정상적인 시장경쟁행위와의 경계를 명확히 하였다.

아울러 전자상거래영역의 홍보와 관련한 금지행위의 유형에 "경영자가 허위거래

---

25 구법은 제2조 제3항에서 경영자의 정의를 "상품경영 또는 영리성 서비스에 종사하는 법인·기타 경제조직 및 개인"으로 규정하였다.

등을 조직하는 방식을 통하여 다른 경영자의 허위 또는 오도성 상업 홍보행위를 돕는 행위"를 신설하였다. 이에 따라 전자상거래과정에서 제기되는 신용조작(刷单炒信)·악평 삭제 행위와 인터넷 댓글(网络水军)·전문 악평(职业差评师) 등을 하는 불법 경영자에 대한 법적 규제가 모두 가능하게 되었다.

(2) 지식재산권 보호 강화

혁신성장과 기업경쟁력의 핵심요소인 지식재산권 보호를 강화하고 대중 창업과 만인 혁신의 사회경영환경(大众创业, 万众创新社会营商环境)을 조성하고자 2차례의 개정을 통해 지재권 형식의 하나인 상업비밀보호제도를 대폭 강화하였다. 그 구체적인 내용은 다음과 같다. ① 상업비밀 보호 범위를 확대하였다. 즉, 상업비밀에 대한 정의를 보완하여 소위 '영리성'을 삭제함으로써 실패한 실험 결과나 설계도 등도 상업비밀의 보호 대상이 되었다. ② 법률보호 및 권리침해에 대한 행정구제역량(救济力度)을 현저히 제고하였다. 즉, 권리자가 채택해야 하는 비밀 보호조치를 상응한 수준으로 완화함으로써 침해행위에 대한 피해구제를 편리하게 하였고, 직원 등이 참여하는 상업비밀침해 문제를 보완하였으며, 상업비밀 침해행위에 대한 과징금 부과 한도를 최고 500만元으로 대폭 상향 조정하였다. ③ 타인의 상업비밀 침해행위를 교사·유혹·돕는 행위를 새로운 금지유형으로 신설함으로써 피해구제 범위를 확대하였으며, 권리자의 입증책임 완화, 손실액의 최대 5배까지의 징벌적 손해배상제를 도입하였다.

(3) 인터넷 분야의 부당한 경쟁행위 규제 신설

최근 들어 인터넷 기술의 발달과 다양한 상업모델이 출현함에 따라 인터넷 영역에서의 부당한 경쟁행위와 관련한 분쟁이 계속하여 증가하고 있다. 이러한 수요를 반영하여 신법은 인터넷 영역 특유의 부당한 경쟁행위를 규제하고자 전문규정을 신설하였다. 이에 따라 경영자가 인터넷을 이용한 경영활동 과정에서 기술 수단을 이용하여 사용자의 선택에 영향을 미치거나 다른 방식을 통하여 다른 경영자가 합법적으로 제공하는 인터넷 상품 또는 서비스의 정상 운영을 방해 또는 훼손하는 "링크 삽입 또는 강제연결행위" 등과 같은 새로운 유형의 부당한 경쟁행위에 대해서도 행정적인 제재가 가능하게 되었다.

(4) 집행력 강화

부당한 경쟁행위에 대한 행정제재 수준을 강화하여 과징금 부과상한액을 기존의 20만元 이하에서 최고 500만元 이하로 대폭 상향 조정하였다. 아울러 조사권을 강화하여 조사를 거절 또는 방해하는 경우의 법률책임을 명확히 규정하였으며, 부당한 경쟁행위에 대한 조사 시 관련 자료의 압류 및 은행 계좌 조회권을 새로이 부여하였다.

아울러 신용사회의 정착과 준법의식을 고취하고자 감독검사부서에서 건전한 경영자 신용관리체계를 수립하여 관련 규정에 의거 경영자의 위법행위정보를 즉시 사회에 공시토록 명시하고 있다.

(5) 반독점법 등 타 법률과의 정합성 제고

신법에서는 구법에서 규정한 "입찰담합행위(串通招标投标行为)·끼워 팔기(搭售商品)" 등 6종의 부당한 경쟁행위[26]를 삭제함으로써 그동안 제기되었던 『반독점법』과의 중복적용 문제를 해소하였다. 그 밖에도 '시장혼동행위'의 유형 중 상표 권리침해(商标侵权)와 관련되는 "타인의 등록상표 사칭행위"와 "상품의 품질에 대하여 소비자를 오해(误解)하게 하는 허위표시행위[27]"를 삭제하고, "허위홍보가 허위광고에 속한 경우 광고법을 적용"하게 함으로써 『상표법(商标法)』, 『상품품질법(产品质量法)』 및 『광고법(广告法)』과의 유기적인 연계를 실현하였다.

2.2. 반독점법

2.2.1. 반독점법의 제정

중국은 비교적 오랫동안 계획경제체제를 채택하였기 때문에 시장경제에 대한 부정적인 태도와 국가독점을 추앙(推崇)하는 입장이 견지되어 반독점법의 입법이 늦어

---

26 이는 끼워 팔기(搭售商品), 구속조건부거래행위(附条件的交易行为), 입찰담합행위(串通招标投标行为), 부당한 염매행위(低于成本价销售行为), 공용기업의 경쟁제한행위(公用企业限制竞争的行为), 행정독점행위(行政垄断行为)이다.

27 신법은 성질상 일종의 "허위 또는 사람을 오해하게 하는 상업홍보(宣传)행위"에 속하는 "상품의 인증표지, 우량표지 등의 품질 표지를 위조·도용하거나 원산지를 위조함으로써 상품의 품질에 대하여 사람을 오해하게 하는 허위표시행위"를 삭제하여 양자의 교차 중복문제를 해결함으로써 시장혼동행위가 더 논리(逻辑)적으로 분명해지고 내용 면에서도 통일성이 제고되게 되었다.

지게 되었다. 따라서 반독점법의 제정 이전에는 규범성 문건 등을 통하여 행정독점행위·가격독점을 비롯한 독점행위 및 경쟁제한행위 등에 대한 규제가 이루어졌다. 그 대표적인 규정으로는 1980년 10월 국무원이 공표한 구『사회주의 경쟁의 전개 및 보호에 관한 규정(关于开展和保护社会主义竞争的暂行规定)』, 1986년 국무원이 공표한 구『기업개혁 심화 및 기업 활력 증진에 관한 약간의 규정(关于深化企业改革增强企业活力的若干规定)』, 1987년 국무원이 공표한『가격관리조례(价格管理条例)』·『광고관리 조례(广告管理条例)』및『기술계약법(技术合同法)』, 1989년 구 국가경제체제개혁위원회(国家经济体制改革委员会) 등 부처 공동으로 공표한『기업합병에 관한 방법(关于企业兼并的暂行办法)』등이 있다.

그러나 이러한 단편적인 개별 법규 및 규범성 문건 위주의 독점행위 규제는 한계가 있어 통일되고 종합적인 성격의 반독점법 제정 필요성이 제기되었다. 또한, 사회주의 시장경제체제의 건립 및 발전에 따라 독점행위를 예방하고 제지하며, 시장경쟁을 유지 보호하기 위해서는 반독점법을 신속하게 제정해야 한다는 시장경제발전의 객관적이고 현실적인 요구를 반영할 필요가 있어 입법이 본격 추진되게 되었다.

그 구체적인 입법 과정을 살펴보면 다음과 같다. 1994년 및 1998년 전인대 상무위 입법계획에 반독점법의 제정이 연속적으로 포함되었다. 이에 따라 1999년 구 국가경제무역위원회(国家经济贸易委员会)와 구 공상총국(工商总局)이 공동(联合)으로 반독점법 대강(大纲) 의견수렴안을 제출하였으며, 2001년 10월에는 반독점법 의견수렴안을 제출하였다. 그 후 2004년에는 국무원의 입법계획에, 2005년에는 재차 전인대 상무위의 입법계획에 반독점법이 각각 포함되게 되었다. 그리고 2006년 국무원 상무 회의(常务会议)는 토론을 거쳐 원칙적으로 반독점법 초안을 통과시키되, 좀 더 수정한 후 국무원이 전인대 상무위에 심의를 요청(提请)하도록 결정하였다.[28]

그 후 세 차례의 반독점법 초안심의를 거쳐 2007.8.30. 제10회 전인대 상무위 제29차 회의에서『중화인민공화국 반독점법(中华人民共和国反垄断法, 주석령 제68호, 이하 반독점법으로 약칭함)』이 정식으로 통과되어 공표됨으로써 2008.8.1.부터 시행하게 되었다. 이 법은 총 8장, 57개 조문으로 이루어져 있다. 즉, 제1장 총칙, 제2장 독점협의, 제3장 시장지배적 지위 남용행위, 제4장 경영자집중, 제5장 행정 권력을 남용하여 경쟁을 배제하거나 제한하는 행위(이하 행정독점행위로 약칭함), 제6장 독점행위

---

28 孟雁北 著, 反垄断法(第二版), 北京大学出版社, 2017年 2月, pp. 61~62.

협의에 대한 조사, 제7장 법률책임, 제8장 부칙으로 구성되어 있다.

이러한 『반독점법』의 제정 및 실시는 중국이 비로소 기본적인 반독점 법률체계가 확립되었음을 상징하는 의미를 지니고 있으며, 이미 시행 중인 『반부정당경쟁법』과 함께 시장경제체제를 규율하는 종합적이고 완전한 의미의 경쟁법 규범 체계를 갖추었다는 점에서 그 역사적 의미가 크다.

2.2.2. 반독점법의 개정 추진

시장관리총국은 "국무원의 2015년도 입법업무계획(国务院2015年立法工作计划) 및 2018년 제13차 전인대 상무위의 입법계획(十三届全国人大常委会立法规划)"에 의거, 반독점법 시행 12주년을 맞아 2020.1.2. 『반독점법 개정 초안(의견수렴안)[反垄断法修订草案(征求意见稿)]』을 공표하여 의견수렴 및 개정 절차[29]를 진행하고 있다. 이 개정 초안은 그동안의 집행 경험과 국내외 경제 환경의 변화와 정부의 정책목표 및 반독점법집행기구의 통합 등 제도변화를 반영하여 기존의 법률체계(총 8장, 4대 위반 유형)를 그대로 유지하면서도 기존 조항의 일부 수정뿐만 아니라 전체 조문이 증가(현행 57개 → 64개)하는 큰 폭의 수정내용을 담고 있다. 그 주요 내용은 다음과 같다.[30]

(1) 경쟁법 지위의 강화

총칙 부분에서 입법목적에 '혁신 장려'를 추가하고, 경쟁 정책의 기초적 지위를 강화하였으며, 공정경쟁 심사제도를 법제화하여 정부 행정행위를 규범하고 경쟁제한적인 정책 조치의 시행을 방지함으로써 반독점법의 경제 헌법으로서 지위를 강화

---

29 입법법(立法法) 및 관련 법률의 규정에 따르면, 입법 절차(법률 수정 포함)는 통상적으로 다음 3단계를 거치게 된다. ① 관련 부처에서 수정 초안(즉, 건의 초안)을 마련하여 국무원 법제부서(즉, 사법부)에 제출한다. ② 사법부는 사회 각계의 의견을 종합하여 심의(审议) 후, 새로운 건의 초안(建议草案)을 마련하여 국무원 입법부서에 제출한다. ③ 국무원 상무 회의(国务院常务会议)에서 심의·통과 후, 전국인민대표대회(全国人民代表大会, 이하 전인대로 약칭함)의 입법부서(즉, 全国人大常委会法制工作委员的经济法室)에 건의 초안을 제출한다. 그 후 관련 부서에서 다시 전인대에 제출할 심의안(审议的版本)을 마련하여 전인대 또는 그 상무위원회(常务委员会)의 심의(단, 상무위원회의 법률심의는 최소 3회를 원칙으로 함)를 거쳐·통과되면, 국가 주석이 서명·공포하게 된다.

30 ① 시장관리총국의 반독점법 개정 초안(의견수렴안)에 대한 공개의견수렴공고[市场监管总局就反垄断法修订草案(公开征求意见稿)公开征求意见的公告, 2020.1.2.], ② 반독점법 개정 초안 변호사 실무 평술[反垄断法修订草案律师实务评述：6大方面＋18处调整(原文：邓志松 戴健民, 反垄断实务评论 1/6, 2020.1.6.)] 참조.

하였다.

(2) 독점협의 규제체계의 조정 및 규제 대상 확대

독점협의 규제체계를 조정하여 기존에 분리 규정하던 수평적 독점협의와 수직적 독점협의(재판매가격 유지행위; RPM) 조항을 유지하면서, 양자를 포괄하는 독점협의 정의조항을 단독으로 별도규정하고, 독점협의 규제대상에 "다른 경영자가 독점협의를 하도록 조직 · 협조(帮助)하는 경영자"를 포함함으로써 독점협의를 하는데 주요 역할을 하는 조직자와 협조자(軸輻協议[31])에 대한 법 적용이 가능하게 되었다.

(3) 경영자집중 규범 체계의 조정 및 효율성 제고

기존에 관련 규정 또는 정책성 문건에서 규정하던 경영자집중 신고 심사제도의 주요 내용을 법에 명시하였으며, 그동안 집행과정에서 제기된 문제를 법에 반영함으로써 집행의 효율성을 제고하였다. 그 주요 내용은 다음과 같다. ① 경영자집중의 핵심 개념인 지배권(控制权)의 정의를 신설하였다. ② 신고기준을 경제발전수준 · 업계 규모 등에 맞게 적시에 탄력적으로 조정할 수 있도록 그 제정기관을 국무원에서 국무원 반독점법집행기구(즉, 시장관리총국)로 변경하였다. ③ 경영자집중 심사 기간 정지제도(停表制度)를 신설하여 집행의 효율성을 제고하였다. 그 세부 기준은 다음과 같다. ⓐ 신고인의 신청 또는 동의가 있는 경우, ⓑ 경영자가 시장관리총국의 요구에 따라 자료를 보정하는 경우, ⓒ 시장관리총국과 경영자가 제한조건 부가방안(附加限制性条件建议)에 대해 협상을 진행하는 경우이다. ④ 심사 결정 후, 경영자가 제공한 자료가 허위 · 부정확하여 재심사가 필요한 경우, 원래의 심사 결정을 취소할 수 있는 근거를 신설하였다. ⑤ 신고기준에 미달하는 경영자집중이라 하더라도 경쟁 제한성이 있는 경우, 조사할 수 있는 근거를 신설하였다.

(4) 법 집행의 실효성 제고

반독점 업무의 집행 절차 등을 개선함으로써 법 집행의 실효성을 제고하였다. 즉, ① 중앙의 반독점법집행기구(즉, 시장관리총국)는 그 권한을 위임한 31개의 성급 시장관리부서 외에 별도의 지방출장소(派出机构)를 설치할 수 있는 근거를 신설하였다.

---

[31] 경쟁 관계에 있는 기업들이 중간에서 매개 역할을 하는 다른 경영자와의 의사전달을 통해 최종적으로 협의에 도달하는 수평적 독점협의(즉, 軸輻協议; Hub And Spoke)를 의미한다. 이 경우, 다른 경영자가 협조자에 해당한다.

② 경성카르텔(가격고정, 수량 제한, 시장 분할)에 대하여는 『독점협의 금지 규정(禁止垄断协议暂行规定)』에 의거 경영자 승낙제도(经营者承诺制度; 우리나라의 동의의결제도와 유사함)의 적용대상에서 제외하였는데, 그 내용을 법에 반영하였다. ③ 현재는 행정독점행위에 대해, 반독점법집행기구는 관련 상급 기관에 그 처리를 건의만 할 수 있으나, 개정 초안은 직접 시정명령을 할 수 있는 근거를 신설하고, 행정독점행위 조사에 대한 관련 행정기관의 협조 의무(예, 자료제공·이행 결과 보고 등)를 명시하였다. ④ 반독점법집행기구가 독점혐의에 대한 조사를 진행할 때, 필요한 경우에는 공안기관의 협조를 받을 수 있는 근거를 신설하였다.

(5) 위법행위에 대한 처벌 강화

독점행위에 대한 형사책임 부과, 행정독점행위에 대한 직접적인 시정조치 부과 및 일부 위법행위에 대한 과징금 부과 한도를 상향 조정함으로써 반독점법 위반행위에 대한 처벌을 강화하였다. 즉, ① 현재는 절차적 위법행위(즉, 조사방해 등 공무집행 방해죄[妨害公务罪])와 공무원의 독직죄 및 상업비밀침해죄에 대해서만 형사책임을 부과할 수 있지만, 개정 초안은 실체적 위법행위인 독점행위에 대해서도 그 행위가 범죄를 구성할 경우 형사책임을 추궁[32]할 수 있는 근거를 명시하였다. ② 일부 위법행위에 대한 과징금 부과 한도를 상향 조정하였다. 즉, ⓐ 독점협의를 하였으나 그 행위를 실행하지 않는 경우, 과징금 부과 한도를 50만元에서 5,000만元으로, ⓑ 경영자단체(行业协会)가 독점협의를 달성하도록 조직한 경우 50만元에서 500만元으로, ⓒ 경영자집중 관련 위법행위에 대한 과징금 부과 한도를 종전의 50만元에서 다른 독점행위와 같은 수준인 직전 회계연도 매출액의 10% 이하로 상향 조정하였다. 그 적용대상은 다음과 같다. (i) 신고대상이지만 미신고하고 집중을 실시한 경우, (ii) 신고 후 미승인 상태에서 집중을 실시한 경우, (iii) 제한조건 부가결정을 위반한 경우, (iv) 경영자집중 금지결정을 위반하여 집중을 실시한 경우이다. ③ 조사방해의 경우, 과징금 부과 한도를 개인에 대해서는 현행의 10만元에서 100만元으로, 단위에 대해서는 현행의 100만元에서 직전 회계연도 매출액의 1% 또는 매출액이 없거나 계산이 곤란한 경우 500만元으로 각각 상향하였다.

---

32 참고로 중국은 엄격한 형법전 주의(刑法典主义)를 채택하고 있어 반독점법 개정만으로는 새로운 죄명을 신설할 수 없는바, 향후 형법전에 그 죄명을 규정하여야 실질적인 형사책임을 부과할 수 있다.

(6) 인터넷 산업의 발전 및 사생활 보호 인식 반영

신경제의 주축인 인터넷 산업의 발전에 부응하고, 『사이버 안전법(网络安全法)』의 시행 및 국민의 사생활 보호에 대한 인식의 변화를 반영하였다. 즉, ① 인터넷 영역 경영자의 시장지배적 지위 여부를 판단할 때에는 일반적인 요소 외에 네트워크 효과 (网络效应)·규모의 경제(规模经济)·고착효과(锁定效应; lock-in effect)·관련 데이터의 장악 및 처리능력 등의 요소를 고려하도록 명시하였다. ② 반독점법집행기구 및 그 공무원의 준수 의무에 기존의 직무상 알게 된 상업비밀 외에 사생활 정보에 대한 비밀 보호 의무를 추가하였다.

제4절 경쟁법의 적용대상

경쟁 주체(竞争主体)는 경쟁 법률관계의 주체를 의미하는데, 경쟁의 권리·의무의 주체라고도 칭할 수 있다. 즉, 경쟁 법률관계의 참가자는 경쟁 법률관계에서 권리의 향유자(享受者) 및 의무의 부담자(承担者)이다.[33] 이러한 경쟁 주체는 ① 전형적인 경쟁 주체인 경영자와 ② 비전형적인 경쟁 주체인 ⓐ 경영자단체(行业协会), ⓑ 중앙 정부 이외에 행정 권력을 남용하여 시장경쟁을 배제·제한하는 행정기관 및 법률·법규가 권한을 부여(授权)한 기타 조직으로 분류할 수 있다. 따라서 경영자 및 비전형 경쟁 주체 모두가 경쟁법의 적용대상이 된다.

1. 경영자

경영자(经营者)는 우리나라의 공정거래법에서 규정하는 사업자와 유사한 개념으로서 시장경제 활동에서 가장 중요한 주체이자 경쟁법 규범의 가장 중요한 경쟁 주체가 되고 있다. 이러한 경영자에 대한 개념 정의는 「반부정당경쟁법」과 「반독점법」에 명확히 정의하고 있다. 그중 『반부정당경쟁법』 제2조 제3항은 "경영자란 상품의 생산·경영에 종사하거나 서비스를 제공하는 자연인·법인 및 비법인조직"으로 규정

---

33 徐孟洲·孟雁北 共著, 竞争法(第三版), 中国人民大学出版社, 2018年 6月, pp. 65~66.

하고 있다. 그리고 『반독점법』 제12조 제1항은 경영자란 "상품의 생산·경영에 종사하거나 서비스를 제공하는 자연인·법인 및 기타 조직"으로 규정하고 있다. 따라서 경영자 여부의 판단은 그가 종사하는 생산경영 또는 제공하는 서비스의 영리 목적 추구 여부나, 그 조직의 법률형식이 아닌 그 조직의 경제활동 참여 여부에 따라 결정되는 것으로 이해되고 있다.

  그 구체적인 유형으로는 일반상사기업(普通商事企業), 특수기업(特殊企業)과 개인(个人)으로 분류할 수 있다.

1.1. 일반상사기업

  일반상사기업(普通商事企業)은 통상적으로 경쟁성과 영리성을 지니는 기업으로서 주로 회사기업(公司企業), 조합기업(合伙企業), 개인독자기업(个人独资企业), 외상투자기업(外商投资企業) 등으로 분류할 수 있다.[34]

  그중 회사기업(公司企業)은 회사(公司), 즉 기업법인(企業法人)을 의미하는데, 독립된 법인재산을 보유하고, 법인의 재산권을 향유한다. 그 유형으로는 유한회사(有限責任公司)와 주식회사(股份有限公司)가 있다.[35]

  조합기업(合伙企業)은 자연인·법인 및 기타 조직이 『조합기업법(合伙企業法)』에 의거, 중국의 역내에서 설립한 일반조합기업과 유한조합기업을 의미한다. 그중 일반조합기업(普通合伙企業)은 일반조합원으로 구성되며, 조합원이 조합기업의 채무에 대해서 무한 연대책임(无限连带责任)을 부담한다. 반면에 유한조합기업(有限合伙企業)은 일반조합원과 유한조합원으로 구성되며, 일반조합원은 조합기업의 채무에 대하여 무한 연대책임을 부담하나, 유한조합원은 자신의 출자금액(认缴的出资额)에 한(限)하여 조합기업의 채무를 부담한다.[36]

  개인독자기업(个人独资企業)이란 『개인독자기업법(个人独资企業法)』에 의거 중국에서 1인 투자자가 투자하여 설립하는 기업으로서 그 재산은 개인소유가 되며, 투자

---

34 徐孟洲·孟雁北 共著, 竞争法(第三版), 中国人民大学出版社, 2018年 6月, pp. 68~69.

35 중국 회사법(公司法)상 원문은 유한책임회사(有限責任公司)이나, 우리나라 상법상의 유한책임회사 (287조의2 이하)보다는 유한회사(543조 이하)에 가까운 기업형태이다. 한편, 중국 회사법은 우리 상법 과는 달리 합명회사나 합자회사에 관한 규정을 두고 있지 않다. 회사기업의 유형에서도 우리나라와 달 리 유한회사가 주식회사보다 훨씬 많다.

36 조합기업법(中华人民共和国合伙企业法, 2006.8.27. 수정, 2007.6.1. 시행) 제2조.

자는 그 개인의 전부 재산으로 기업채무에 대하여 무한책임을 지는 경영 실체를 의미한다. 이와 유사한 개념으로 자영업자(个体工商户)가 있다. "양자는 모두 자연인이 단독으로 영위하는 기업이라는 점에는 차이가 없으나, 개인독자기업은 일정 규모의 조직과 인원 및 영업 설비를 갖춰야 한다는 점에서 자영업자와 구별된다(8조)."[37]

외상투자기업(外商投资企业)이란 "외국 투자자가 전부 또는 일부를 투자하여 중국 법률에 의거 중국 역내에서 등기등록을 거쳐 설립한 기업"[38]을 의미한다. 이러한 외상투자기업에는 중외합자경영기업(中外合资经营企业), 중외합작경영기업(中外合作经营企业), 외자기업(外资企业) 등이 있다.

1.2. 특수기업

특수기업(特殊企业)이란 특별법·전문법규 또는 행정명령에 의거 설립 및 운영되는 기업을 의미한다. 예를 들면, 국무원이 결정하여 설립된 정책성 은행, 특수상품 또는 특수 업종을 경영하는 기업 등이 여기에 속한다. 이들은 법에 의거 정책성 경영에 종사하거나, 일정한 관리 직능을 수행(承担)하거나, 군수산업(军工)·우주 비행(航天) 등 국가 경제와 국민 생활(国计民生)에 관계되는 중요한 활동에 종사한다.

이러한 특수기업의 주요 활동영역은 다음과 같다. ① 정책적 경영이나 경영 중에 일정한 정부 또는 공공 관리 직능을 부담하는 영역(예, 정책성 은행, 각급 지방정부가 특별히 설치한 국유투자회사 또는 지주회사 등),[39] ② 비경쟁성의 합법적인 독점영역(예, 석유채굴 및 수송, 철로, 우주 비행, 군수산업, 우정사업, 조폐, 담배 등), ③ 경쟁성 영역 및 공용사업의 특허 경영(特许经营)[예, 전력·전신·항공·철로 및 수륙(水陆) 여객 운수·도시 공공교통 등 공용사업], ④ 국유농장·삼림농장(林场)·병단 건설(建设兵团) 등 구역(社区)·지역성·행정기관 조직성(政权组织性)을 지니는 모종의 경영영역, ⑤ 특수 임무의 완성을 위해 설립된 특수기업 또는 법인이다.[40]

---

37 김건식·정영진 편저, 중국회사법, 박영사, 2018년 2월, p. 12.
38 외상투자법(中华人民共和国外商投资法, 2019.3.15. 의결, 2020.1.1. 시행) 제2조 제3항.
39 이러한 영역의 특수기업으로는 중앙은행, 각종 정책성 대출 및 담보를 제공하는 정부 은행, 국유지주회사 등이 있다.
40 徐孟洲·孟雁北 共著, 竞争法(第三版), 中国人民大学出版社, 2018年 6月, p. 70.

1.3. 개인

개인이 경제 활동에 참여할 때는 경영자가 될 수 있다. 그 주요 유형으로는 특정 직업인(特定职业者), 자영업자(个体工商户), 농촌의 도급경영인(农村承包经营户) 및 기타 경제 활동에 참여하는 개인이 있다.

그중 특정 직업인에는 변호사, 공인회계사(注册会计师), 의사, 건축사 등이 있다. 기타 경제 활동에 참여하는 개인으로는 단위(单位)의 상업비밀을 침해한 회사직원, 상업뇌물을 수수한 경영자의 법정대표인 또는 담당자(具体经办人), 영업허가 없이 경영활동을 하는 개인 등이 있다.

2. 경영자단체

경영자단체(经营者团体)는 경쟁 주체 중에서 비전형 경쟁 주체에 속하는데, 그 대표적인 유형으로는 업계협회(行业协会)[41]가 있다. 업계협회란 "동일 업계의 공동이익을 목적으로 동항의 경영자에게 각종 서비스를 제공하는 사업을 주요 대상으로 하며, 정부의 감독하에 자주적인 행위를 준칙으로 제정하여 비정부기구(非官方机构)의 민간활동을 하는 방식의 비영리법인조직"[42]을 의미한다.

이러한 업계협회가 경쟁에 미치는 영향은 양면성이 있다. 즉, 자유경쟁을 촉진하고 공정한 경쟁을 유지 보호하는 측면이 있지만, 업계동맹(行业同盟)의 결성을 통하여 경쟁을 제한하는 측면도 있다. 후자의 대표적인 유형으로는 관련 상품 또는 서비스의 가격을 결의하고 이를 소속 회원에게 준수하도록 강요하는 소위 가격경쟁을 제한하는 행위가 있다.

3. 국무원 이외의 행정주체

행정주체(行政主体)란 행정 권력을 가지고 자기의 명의로 행정권을 행사할 수 있

---

[41] 원문상으로는 업계 또는 업종별 관련 협회를 의미하나, 저자는 기술의 편의상 경영자단체 또는 업계협회로 혼용해서 사용한다.

[42] 徐孟洲·孟雁北 共著, 竞争法(第三版), 中国人民大学出版社, 2018年 6月, p. 72.

으며, 행정상대방의 권리와 의무에 영향을 미치는 행정행위를 하고, 그로부터 파생되는 상응한 법률책임을 독립적으로 부담할 수 있는 사회조직을 의미한다.[43]

일반적으로 행정주체는 경쟁법의 적용대상에 속하지 아니하나, 행정기관과 그 권한을 위임(授权)받은 단위(单位[44]; 즉, 기관·단체·법인·기업 등을 의미함)가 행정독점 또는 경쟁제한행위를 한 경우, 경쟁법 규제의 대상인 행정독점행위의 주체가 된다. 이러한 비전형 경쟁 주체의 행정주체로는 국무원 이외에 행정 권력을 남용하여 시장 경쟁을 배제·제한하는 행정기관 및 법률·법규가 권한을 부여한 기타 조직이 여기에 속하게 된다. 이는『반독점법』제8조가 규정한 행정독점의 적용대상인 "행정기관 및 법률·법규가 권한을 부여한 공공사무 관리 직능을 지니는 조직"과 기본적으로 같은 의미를 지니고 있다.

3.1 국무원 이외의 행정기관

행정기관은 헌법 및 관련 조직법의 규정에 의거 설치되어 국가의 행정직권(行政职权)을 행사하며, 국가의 각 행정사무에 대하여 조직·관리·감독 및 지휘를 담당하는 국가기관을 의미한다. 이는 행정기관의 직권 관할범위에 따라 중앙행정기관과 지방 행정기관으로 분류할 수 있다.[45]

그중 중앙행정기관은 그 관할구역 및 사무 범위가 전국에 관련되는 행정기관을 의미하는데, 국무원을 비롯하여 국무원을 구성하는 각 부처(国务院组成部分)·국무원 직속 기구(예, 국가세무총국 등) 및 국무원의 부(위)가 관리하는 국가국(国家局)을 포함하고 있다. 그중 국가의 최고행정기관인 국무원이 실시하는 독점은 행정독점이 아닌 국가독점의 범주에 속하는 적법행위(合法行为)로 보아 반독점법의 규제 대상에서 제외하고 있다.

지방행정기관은 활동 범위 및 관장업무가 국가의 일정한 행정구역 범위 내로 국한되는 행정기관을 의미하는데, 지방의 각급 인민 정부와 그 직능부서(职能部门) 및 파출 기관(派出机关)을 포함하고 있다.

---

43 徐孟洲·孟雁北 共著, 竞争法(第三版), 中国人民大学出版社, 2018年 6月, p. 74.
44 ① 单位性质是指机关、团体、法人、企业等非自然人的实体或其下属部门的性质, 是用来区分工薪阶层上班的地方的类别关系。② 一般单位性质有事业单位,国企,民营,上市公司之类的这些都算单位性质.
45 徐孟洲·孟雁北 共著, 竞争法(第三版), 中国人民大学出版社, 2018年 6月, p. 76.

3.2. 법률·법규가 권한을 부여한 조직

법률·법규가 권한을 부여(授权)한 조직이란 법률·법규에 의거 권한을 위임받아 특정한 행정 직능을 행사하는 비국가 기관 조직을 의미한다. 그 주요 유형으로는 행정기구, 특수기업(예, 공용기업·금융기업·행정적 전문회사), 사업부서, 사회단체, 기타 조직으로 분류할 수 있다.[46]

그중 행정기구란 국가행정기관이 행정관리의 수요에 따라 설치하는 각종 행정사무를 구체적으로 처리 및 취급(承办)하는 내부조직·파출 조직 및 임시조직을 의미한다. 이러한 행정기구는 독립된 편제와 재정경비를 구비하지 않으며, 일반적으로 행정주체의 자격을 지니지 않고, 단지 소재 행정기관의 명의로 대외적인 행정행위만을 실시할 수 있다.

사업부서(事业单位)란 모종의 전문적 활동에 종사하면서 영리를 목적으로 하지 아니하며, 경비의 전부 또는 일부를 국가재정에서 지급하는 단위를 의미한다. 그리고 기타 조직은 상술한 사회조직 이외에 기층의 대중성 자치조직(基层群众性自治组织)을 의미하는데, 여기에는 주민위원회(居民委员会), 촌민위원회 등이 있다.

---

46 徐孟洲·孟雁北 共著, 竞争法(第三版), 中国人民大学出版社, 2018年 6月, p. 77.

독점협의

(垄断协议)

제1절 독점협의 개관

제2절 수평적 독점협의

제3절 수직적 독점협의

제4절 경영자단체의 독점협의

제5절 적용면제 및 자진신고자 감면제도

독점협의
(垄断协议)

독점협의란 중국의 『반독점법(이하 법이라 함)[1]』에서 사용하고 있는 독특한 개념으로서 EU 및 독일에서 지칭하는 "경쟁을 제한하는 협의"[2]와 가장 유사한 표현이다. 비록 각국의 경쟁법에서 사용하는 독점협의에 대한 개념에는 차이가 있으나, 그 표현하는 의미는 기본적으로 일치한다. 일반적으로 독점협의란 카르텔 또는 부당한 공동행위를 의미하는데, 둘 또는 둘 이상의 경영자가 협의·결정 또는 기타 일치된 협동행위를 통하여 공동으로 특정 시장에서의 경쟁을 배제·제한하는 행위를 의미한다. 다만, 중국의 반독점법이 규정하는 독점협의는 우리나라의 부당한 공동행위에 해당하는 수평적 독점협의(横向垄断协议)와 재판매가격 유지행위에 해당하는 수직적 독점협의(纵向垄断协议)를 모두 포함하는 넓은 개념으로 사용되고 있다.

---

1 다만, 문장에 따라 기술의 편의상 반독점법과 법(단, 제7장 부당한 경쟁행위는 제외함)이란 용어를 혼용해서 사용한다.
2 王先林 著, 竞争法学(第三版), 中国人民大学出版社, 2018年 8月, p. 218.

제1절 독점협의 개관

1. 독점협의의 의의

1.1. 독점협의의 개념

독점협의(垄断协议)란 통상 카르텔 또는 부당한 공동행위라고도 칭하는데, "경쟁을 배제·제한하는 협의(协议)·결정(决定) 또는 기타 협동행위(其他协同行为)"를 의미한다(법 제13조 제2항). 이는 '경쟁을 배제·제한'하는 의미의 독점과 '협의(协议)·결정(决定) 또는 기타 협동행위'를 의미하는 협의가 혼합된 개념이다. 여기서 "협의 또는 결정은 서면·구두 등의 형식으로 이루어지며, 기타 협동행위는 경영자 간에 비록 협의 또는 결정을 명확히 체결(订立)하지는 않은 경우라도 실질적으로 일치된 협조행위가 존재하는 것을 의미한다."[3]

이러한 기타 협동행위를 인정하기 위해서는 다음 요소를 고려하여야 한다. 즉, ⓐ 경영자의 시장 행위가 일치성을 구비하는지 여부, ⓑ 경영자 간에 의사연락 또는 정보교류를 진행하였는지 여부, ⓒ 경영자가 행위의 일치성에 대하여 합리적인 해석을 할 수 있는지 여부, ⓓ 관련 시장의 시장구조·경쟁상황·시장변화 등의 상황이다(독점협의규정 제6조)."

1.2. 독점협의의 구성요건

상술한 독점협의의 개념 정의에서 유추할 수 있듯이 독점협의의 구성요건은 "실행 주체·표현형식·경쟁제한효과" 세 가지 측면에서 살펴볼 수가 있다.[4]

1.2.1. 독점협의의 실행 주체

독점협의의 구성 주체는 둘 또는 둘 이상의 독립 경영자이다. 즉, 단일 경영자는 협의를 형성하거나 연합하여 일치된 행위를 할 수 없다. 다만, 단일 경영자들이 단체 형식으로 결성(出現)하는 연합조직을 매개로 하여 쉽게 행위자 간의 의견 일치를 볼

---

3 『**독점협의금지규정**(禁止垄断协议暂行规定, 2019.6.26. 공표, 2019.9.1. 시행, 이하 **독점협의규정**이라 함)』제5조.
4 王先林 著, 竞争法学(第三版), 中国人民大学出版社, 2018年 8月, pp. 219~220.

수 있다. 따라서 대다수 국가에서는 경영자단체나 주주총회의 결정을 경영자 간의 협의로 보고 있다.

1.2.2. 독점협의의 표현형식

독점협의의 구성은 당사자 간의 모종 형식의 공모가 있어야 한다. 그 구체적인 표현형식에는 협의·결정(또는 결의) 또는 기타 일치된 협동행위가 있다. 그중 ① 협의(协议)란 둘 또는 둘 이상의 경영자가 서면 또는 구두 협의의 형식을 통하여 경쟁을 제한하는 행위에 대한 의견 일치에 도달(达成)하는 것을 의미한다. ② 결정(决定或决议)이란 기업집단·경영자단체 또는 기타 형식의 기업연합체가 결의의 형식(서면 또는 구두형식을 모두 포함)을 통해 그 구성기업에 대해 공동으로 경쟁을 제한하는 행위를 실시토록 요구하는 것을 말한다. ③ 기타 일치된 협동행위(协同行为)란 기업 사이에 비록 시장 행위 면에서 협의나 결의는 존재하지 않으나 상호 묵시적(心照不宜)으로 협조적·공통적인 시장 행위를 실시하여 시장경쟁을 제한하는 목적을 달성하는 것을 말한다. 다만, 공모관계가 인정되기 위해서는 둘 또는 둘 이상의 경영자가 그들의 활동을 제한하는 의사연락이 존재하고, 이러한 의사연락에 기초하여 일치된 행동이 형성되어야 한다.

1.2.3. 독점협의의 경쟁제한효과

독점협의의 구성은 경쟁을 제한하는 목적을 가지거나 경쟁을 제한하는 효과가 발생하여야 한다. 독점협의의 실행은 참가 경영자 간의 경쟁을 제한하거나, 이들을 제외한 다른 경영자의 거래를 제한하게 된다. 이러한 경쟁제한성이 독점협의가 달성하고자 하는 목적일 뿐만 아니라 독점협의 실행의 필연적인 부작용(后果)이기도 하다.

2. 독점협의의 법률규제

2.1. 독점협의의 규제모델

각국의 반독점법은 모두 독점협의에 대해 비교적 엄격한 규제조치를 채택하고 있다. 이러한 독점협의의 규제방식에는 그 금지유형의 열거 여부에 따라 다음과 같이 분류할 수 있다. ① (비열거형) 독점협의에 대해 원칙적이거나 일반적인 금지규정만을 두고, 독점협의의 종류에 대해서는 열거 또는 예시적 규정을 두지 않는 방식이다. 그 대표적인 입법사례로는 미국의 『서먼법(Sherman Act)』, 독일의 『경쟁제한방지법(GWB)』 등이 있다. ② (열거형) 독점협의의 종류를 예시 또는 열거하는 방식이다. 이 방식은 다시 두 가지 형태로 세분할 수 있다. ⓐ 정의성 규정(定义性规范) 중에 독점협의의 종류를 예시하는 방식이다. 그 대표적인 입법사례로는 일본의 독점금지법, 대만의 공정거래법 등이 있다. ⓑ 일반적인 금지규정과 세부 유형을 열거하는 규정을 함께 두는 방식이다. 그 대표적인 입법사례로는 우리나라의 공정거래법과 EU 및 일부 회원국의 경쟁법 규정이 여기에 속한다.

중국 『반독점법』상의 독점협의 규제모델(规制模式)은 열거형 입법방식에 속하나, 정의성 규정과 세부금지유형을 열거하는 규정을 함께 혼합한 형태이다. 즉, 법 제13조 제2항은 독점협의에 대한 정의 규정으로서, 독점협의(垄断协议)를 "경쟁을 배제·제한하는 협의(协议)·결정(决定) 또는 기타 협동행위(其他协同行为)"로 규정하고 있다. 아울러 이 법 제13조 제1항과 제14조는 수평적 독점협의와 수직적 독점협의로 구분하여 양자의 구체적인 금지유형에 대해 각각 열거하는 동시에 보충적 조항(즉, 기타 독점협의)을 함께 규정하고 있다. 그중 수평적 독점협의에 대해서는 "가격의 고정 또는 변경, 수량 제한, 시장 분할, 신기술(제품) 구매 또는 개발의 제한, 공동의 거래 거절, 기타 독점협의", 총 6가지 유형을 명시하고 있으며, 수직적 독점협의에 대해서는 "제3자에게 재판매하는 상품(转售商品)의 가격을 고정하는 행위, 제3자에게 재판매하는 상품의 최저가격을 한정하는 행위, 기타 독점협의", 총 3가지 유형을 명시하고 있다.

2.2. 독점협의의 분석원칙

경영자 간의 협의·결정 또는 기타 협동행위가 반독점법이 금지하고 있는 독점협의에 해당하는가는 그 행위의 경쟁제한성 여부가 판단의 기준이 되고 있다. 이러한 경쟁제한성 여부를 판단하는 법 원리 중의 하나가 미국의 연방대법원의 판례를 통해 발전하게 된 당연위법의 원칙(本身违法原则, 或称为当然违法原则; rule of per se illegal)과 합리의 원칙(合理原则; rule of reason)인데, 오늘날까지 세계 각국이 반독점법을 적용하는 과정에서 보편적으로 사용하는 독점협의의 중요한 규제원칙이 되고 있다.

그중 당연위법의 원칙이란 그 행위가 발생할 경우, 일정한 요건만 충족되면 구체적인 정황에 근거한 분석 및 판단 절차 없이 법에 의거 바로 위법성이 인정되는 것을 말한다. "현재 미국 법원과 학계에서 가장 널리 인정되고 있는 기본적인 당연위법 적용 기준은 당해 공동행위의 경쟁제한성이 노골적(naked restraint)인 것인가 아니면 부수적(ancillary restraint)인 것인가이다. 이에 따르면 적나라한 가격고정·입찰담합·경쟁사업자간 시장(고객)분할과 같은 경성카르텔 행위들이 당연위법의 대상이 된다."[5] 반면에 합리의 원칙이란 어떤 행위의 외형이 존재하더라도 그 자체만으로 위법성을 인정하지 않고, 경영자의 의도·그 행위의 속성 및 경쟁제한효과 등을 종합적으로 고찰한 후 위법성 여부를 판단하는 것을 의미한다.

그동안의 미국 및 EU 등의 집행 경험에 비추어 볼 때, "가격고정, 입찰 담합, 수량 제한, 시장(地域) 분할"과 같은 경성카르텔(核心卡特尔)의 경우, 어떤 상황이든 간에 모두 시장경쟁을 저해하고 소비자 이익을 훼손할 수 있어 보편적으로 '당연위법의 원칙'의 적용대상이고, 그 밖의 연성카르텔 및 수직 카르텔에 대해서는 합리의 원칙을 적용하는 게 일반적인 흐름이었다.

다만, 최근에는 경성카르텔에 대해서도 합리의 원칙에 따른 위법성 판단을 거치는 사례가 있는 등 전반적인 흐름은 종래의 당연위법의 원칙의 적용대상이 축소되는 현상이 나타나고 있다. 현재 미국 법원이 당연위법의 원칙과 합리의 원칙을 적용하는 방식은 다음과 같이 요약할 수 있다. ① (당연위법) 늘 혹은 거의 늘 가격을 올리거나 생산량을 줄이는 경향이 있는 행위인 경우에는 당연위법을 적용한다. ② (약식 당연입법) 경쟁제한성이 있는지 피상적 심사를 한 후 피고가 당연위법을 배척하도록 그럴듯한 효율성 항변을 하도록 하는데 그 항변이 증거에 의하여 뒷받침되지 못하면 위법으로 판정한다. ③ (약식 합리원칙) 원고가 피고들이 시장지배력이 있다는 것을 입증하는 책임을 지고 만약 입증하지 못하면 합법으로 종결하는 방법이다. ④ (전면적 합리원칙) 부수적 제한으로서 시장지배력과 경쟁제한의 우려가 있는 경우 전면적인 시장분석을 실시하게 된다. 경제분석의 결과로 반경쟁효과가 추정되면 피고가 정당성에 대한 입증책임을 지는데, 합리적 제한이면 합법으로 판정하고, 그 제한이 필요 이상의 제한이면 위법으로 판단한다.[6]

중국의 경우, 입법상 독점협의에 대한 적용원칙이 규정되어 있지 않다. 학계에서

---

5   한철수 저, 공정거래법(시장과 법원리), 공정경쟁연합회, 2017.10.25.(증보판), p. 267.
6   한철수 저, 공정거래법(시장과 법원리), 공정경쟁연합회, 2017.10.25.(증보판), pp. 273~274.

는 그 견해가 상반[7]되지만, 그중 법 제15조가 규정하고 있는 적용면제제도를 제13조가 규정하는 수평적 독점협의와 제14조가 규정하는 수직적 독점협의에 대해 모두 통일적으로 적용된다는 견해(즉, 목적성 조항으로 해석)에 따를 경우, 이는 적용면제 사실의 증명과 동시에 경쟁제한효과 평가를 전제로 한다는 점에서 "법 집행 및 사법상 엄격한 의미에서의 당연위법 문제없이 최소한 법정 적용면제요건을 고려하여 모두 합리적인 분석을 진행할 필요"[8]가 있는 것으로 보고 있다.

▌ 적용사례 분석[9]

독점협의 규제원칙의 적용에 대해, 반독점법집행기구는 명확한 입장을 표명하지 않고 있다. 따라서 일부 사례의 경우, 수직적 독점협의(특히, 재판매가격 유지행위)에 대한 위법성을 판단할 때, 당연위법의 원칙(严格禁止＋豁免)을 적용하여 그 행위를 한 사실이 인정되고 적용면제 사유에 부합되지 않으면 위법으로 판단하였다.[10] 그러나 이에 대해 사법기관은 합리의 원칙을 적용하여 RPM의 위법성 여부를 판단하였다. 즉, 법원은 독점협의란 "경쟁을 배제·제한하는 협의·결정 또는 기타 협동행위"를 의미하는바, 독점협의에 속하는 최저가 RPM도 반드시 경쟁을 배제·제한하는 효과(이하 경쟁제한효과라 함)를 구비해야 비로소 독점협의로 인정되는 것으로 판단하였다. 따라서 원고가 그 위법성을 판단할 때에는 단순히 피고의 RPM 행위 사실뿐만 아니라 그 행위로 인한 경쟁제한효과를 동시에 입증하여야 하는 것으로 보고 있다.

실례로 중국 최초의 행정소송 사례인 해남유태회사의 독점안건(海南裕泰公司垄断案)의 경우, 구 해남성물가국(原海南省物价局)은 2017.2.28. 당사자의 재판매가격 유지행위에 대해 당연위법의 원칙을 적용, 20만元의 과징금을 부과하였다. 그러나 당사자가 이에 불복, 해구시 중급인민법원(海口市中级人民法院)에 행정소송을 제기하였으며, 법원은 당사자의 경영 규모 및 시장점유율 등을 고려할 때, 경쟁제한효과가 없어 독점협의를 구성하지 않는 것으로 판단하여

---

7 『반독점법』제15조를 목적성 조항으로 보는 견해와 제13조 및 제14조와 다른 별개의 행위 유형으로 보는 견해가 있다. 그중 전자에 따르면 적용면제를 인정할 때 사실 증명과 효율성 증명이 필요하게 되어 합리의 원칙이 적용되나, 후자를 따르게 되면 단지 사실 증명만 필요하게 되어 제13조 및 제14조는 당연위법의 원칙을 적용하게 되고, 제15조는 합리의 원칙이 적용된다(刘继峰 著, 竞争法学(第三版), 北京大学出版社, 2018年 7月, p. 133).

8 王先林 著, 竞争法学(第三版), 中国人民大学出版社, 2018年 8月, pp. 219~220.

9 转售价格维持行为合法性的行政与司法判定标准 — 解读最高院驳回海南裕泰再审裁定(百度, 竞争法与商业战略, 2019.7.16.).

10 2019年6月, 市场监管总局查处某汽车公司的固定或限制最低转售价格(RPM)行为。2017年, 上海查处了伊士曼品牌航空涡轮润滑油、捷波朗品牌耳机RPM案, 江苏查处了江苏百胜电子有限公司(VIVO手机江苏总经销)RPM案。以上案件,从总局到地方执法机关在对RPM的行政处罚决定中, 采取的均是本身违法认定方法, 即依据《反垄断法》第十四条直接推定行为的违法性。最为典型的便是国内第一起原告胜诉的反垄断民事诉讼案件 — 锐邦公司诉强生制药案。

> 그 행정처벌 결정을 취소하도록 판결하였다. 그 후, 구 해남성물가국이 불복하여 해남성 고급인
> 민법원 항고(2심) 및 최고인민법원에 재심 신청을 하였으나, 법원은 2018.12.18. 원고의 신청을
> 기각하였다.

2.3. 독점협의의 유형

독점협의는 참여한 경영자 간의 상호관계에서 볼 때, 수평적 독점협의와 수직적 독점협의로 분류할 수 있으며, 참여하는 경영자의 의사표현형식에 따라 협의·결의·기타 협동행위(즉, 묵시적인 행위의 일치) 등으로 구분할 수 있다.

『반독점법』은 독점협의를 우리나라의 부당한 공동행위에 해당하는 수평적 독점협의와 재판매가격 유지행위에 해당하는 수직적 독점협의로 분류하고 있으며, 수평적 독점협의의 일종인 경영자단체의 독점협의를 별도 규정하고 있다. 반면에 『독점협의 규정』은 수평적 독점협의와 수직적 독점협의의 구분 없이, 수평적 독점협의에 속하는 "가격고정, 수량 제한, 시장 분할, 공동의 거래 거절, 새로운 기술(설비)의 제한" 행위와 수직적 독점협의에 속하는 재판매가격 유지행위, 기타 독점협의 및 경영자단체의 독점협의로 분류하여 총 8가지 유형을 열거하고 있다. 다만, 필자는 이 규정에서 별도 명시하고 있지 않은 입찰 담합행위의 경우에는 가격고정행위(즉, 가격담합)에 속하기도 하지만 그 적용법률이 『반독점법』이 아닌 『입찰법』이고, 그 성격이 일반적인 가격담합과는 차이가 있는 점을 고려하여 기술의 편의상 수평적 독점협의의 별도 유형으로 설명하고자 한다.

제2절 수평적 독점협의(橫向壟斷協議)

1. 수평적 독점협의의 의의

수평적 독점협의(橫向壟斷協議)는 우리나라의 부당한 공동행위에 해당하는데, 경쟁 관계에 있는 경영자 간의 독점협의를 의미한다. 즉, 동일 유형의 상품을 생산 또는 판매하거나 동일류의 서비스를 제공하여 상호 직접적인 경쟁 관계에 있는 둘 또

는 둘 이상의 경영자(예, 제조업체 사이, 도매업체 사이, 소매업체 사이 등)가 공모를 통하여 경쟁을 제한하는 행위를 실시하는 것을 말한다. 여기서 경영자란 "상품의 생산·경영에 종사하거나 서비스를 제공하는 자연인·법인 및 기타조직을 의미한다(법 제12조 제1항)."

이러한 수평적 독점협의의 구성요건은 다음과 같다. ① 행위 주체는 생산 또는 판매과정에서 직·간접으로 경쟁 관계에 있는 경영자이며, 동시에 경영자단체도 포함된다. ② 행위 주체가 경쟁제한행위에 종사하는 고의성(故意)이 있어야 한다. 즉, 행위 주체가 그 행위가 가져올 수 있는 경쟁을 배제·제한하는 부작용(后果)을 명확히 알면서도 그러한 부작용의 발생을 희망 또는 방임하는 경우이다. ③ 행위 주체가 구두·서면 또는 기타 방식으로 협약(协议)을 체결하거나 기타 공모행위를 실시하여 시장의 경쟁을 실질적으로 훼손하거나 제한한 경우이다.[11]

2. 수평적 독점협의의 유형

수평적 독점협의는 "가격고정, 수량 제한, 시장 분할, 공동의 거래 거절, 새로운 기술(설비)의 제한, 입찰 담합, 기타 독점협의"로 세분할 수 있다.

2.1. 가격의 고정 또는 변경(固定或变更价格)

이는 가격고정(固定价格)으로 약칭하기도 하는데, 경쟁 관계에 있는 경영자가 상품 또는 서비스(이하 "상품"으로 통칭함) 가격을 고정 또는 변경하는 독점협의를 의미한다. 일반적으로 가격경쟁은 경영자 간에 가장 중요하면서도 기본적인 경쟁방식인데, 경영자들이 독점협의를 통하여 상품의 가격을 고정 또는 변경할 경우, 이는 정상적인 가격경쟁을 제한함으로써 자원 배분의 왜곡을 초래하거나 소비자의 선택 기회를 박탈하여 불합리한 가격을 부담하게 하는 등 국가의 전체적인 경제이익을 훼손하는 폐해가 나타나게 된다. 따라서 반독점법집행기구는 가격담합행위에 대해서는 가장 엄중한 반경쟁행위로 판단하여 엄격하게 제재하고 있다.

이러한 가격고정행위의 구체적인 유형은 다음과 같다. ① 가격수준, 가격의 변동 폭, 이윤 수준 또는 할인·수수료 등 기타 비용을 고정 또는 변경하는 행위, ② 가격

---

11 徐孟洲·孟雁北 共著, 竞争法(第三版), 中国人民大学出版社, 2018年 6月, p. 130.

을 계산하는 근거가 되는 표준공식의 채택을 약정하는 행위, ③ 협의에 참여하는 경영자의 자주적인 가격결정권을 제한하는 행위, ④ 기타 방식을 통하여 가격을 고정 또는 변경하는 행위이다(독점협의규정 제7조).

◤ 〈 사례 1 〉 절강성 보험업계의 가격담합사건[12]

1. 법 위반 사실

국가발전개혁위원회(이하 발개위로 약칭함)는 조사한 결과, 절강성(浙江省) 보험업계가 신차보험 할인율 및 상업 차량 보험 대리 수수료 등을 담합한 사실을 인정하였다. 그 구체적인 위반 사실은 다음과 같다.

① (자율공약 협의) 절강성 보험업협회(保险行业协会; 이하 협회로 약칭함)는 2009년 이래 23개 성급의 재산보험회사와 수차 회의를 소집(集体开会)하여 협상을 통해 '절강성차량보험업계자율공약(浙江省机动车辆保险行业自律公约; 이하 자율공약으로 약칭함)' 및 그 실시세칙을 토론하여 수정하였다.

② (상업차량보험요율 협의) 협회는 2009.7.22. 항주에서 절강성 각 재산보험회사와 차량보험전문위원회회의(车险专业委员会会议; 이하 전문회의로 약칭함)를 조직 개최하여 신차 및 고급브랜드차량의 보험료율(新车和高档车费率)문제를 토론한 후, 신차보험료율조정계수(新车费率调整系数; 즉, 할인율)를 약정하였다.

③ (상업차량보험대리수수료) 협회는 2009.5.8. 항주시(杭州市)에서 절강성 내의 각 재산보험회사 최고경영자회의(总经理高峰会议)를 조직 개최하여 2008년도 차량보험시장점유율에 의거 상업차량보험대리수수료를 토론하여 약정(예, 시장점유율이 4%를 초과한 회사는 상업차량보험대리수수료가 15%를 초과할 수 없음)하였다. 이에 근거하여 "자율공약 보충약정(浙保行协秘[2009]52号)"을 작성하여 각 보험회사에 인쇄ㆍ배포하였으며, 위약한 회사에 대해서는 매회 2~4만元의 위약금을 부과하고, 자율공약이행보증금(自律公约履约保证金)에서 이를 삭감하도록 규정하였다. 아울러 협회는 2010.5.5. 항주시에서 전문회의를 개최하여 일부 회사의 수수료 조정문제를 협의ㆍ결정(즉, 6등급으로 분류하여 수수료를 최저 7%~최고 12%까지 차등함)하였으며, 회의 후 상업차량보험수수료기준(商业车险手续费标准)을 조정하도록 독촉하였다.

2. 위법성 판단

『반독점법』 제2장 제13조는 경쟁 관계에 있는 경영자가 독점협의(즉, 수평카르텔)를 하는 것을 금지하고 있으며, 그 세부 유형의 하나로 '상품 또는 서비스가격을 고정 또는 변경하는 행위(즉, 가격담합)'를 규정하고 있다. 또한, 같은 법 제16조는 "경영자단체는 본 업계의 경영자

---

12 박제현, "중국, 최근의 반독점사건 사례분석", 공정경쟁연합회, 경쟁저널 제177호, 2014.11월호[(原文) 浙江保险业被罚1.1亿 发改委认定保险业协会是垄断行为组织者(百度, 2014.9.4.) 등].

를 조직하여 본 장에서 금지하는 독점협의에 종사할 수 없다"라고 규정하고 있다. 따라서 협회가 보험료율 등을 합의 및 실행한 행위는 같은 법 제16조가 규정한 경영자단체의 독점협의에 해당하며, 관련 재산보험회사의 동 행위는 같은 법 제13조가 규정한 독점협의(즉, 수평카르텔)에 각각 해당한다.

한편, 보험업계 중 미국의 이보(利宝)보험회사의 절강지점(分公司) 등 9개 회사의 경우에는 독점협의에 참여하지 않아 법에 의거 조사를 중지하였다.

3. 시정조치 : 과징금 부과

같은 법 제46조에 의하면, 경영자가 이 법의 규정을 위반하여 독점협의를 하고, 이를 실행하는 경우, 반독점법집행기구는 위법행위의 중지명령·위법소득의 몰수조치를 취하며, 전년도 매출액의 1%~10% 이하의 과징금을 병과한다. (중략) 다만, 경영자가 주도적으로 반독점법집행기구에 독점협의 관련 정황을 보고하고, 중요한 증거를 제공한 경우, 반독점법집행기구는 이를 고려하여 당해 경영자에 대한 처벌을 감경 또는 면제할 수 있다. 경영자단체가 이 법의 규정을 위반하여 본 업계의 경영자를 조직하여 독점협의를 한 경우, 반독점법집행기구는 50만元 이하의 과징금을 부과할 수 있다. (후략)

또한, 『반가격독점행위법집행절차규정(反价格垄断行政執法程序規定, 이하 독점행위절차규정이라 함)』 제14조에 의하면, 경영자가 주도적으로 정부가격주관부문에 가격독점협의를 한 관련 정황을 보고하고, 중요한 증거를 제공한 경우, 정부가격주관부문은 이를 고려하여 당해 경영자에 대한 처벌을 감경하거나 면제할 수 있다. 단, 중요한 증거란 정부가격주관부문이 가격독점협의를 인정하는 데 중요한 역할을 하는 증거를 의미한다. 감경비율은 첫 번째 신고자는 처벌을 면제할 수 있고, 두 번째 신고자는 50% 이상, 기타 신고자는 50% 이하의 감경처벌을 각각 받을 수 있다."

따라서 발개위는 같은 법 제46조와 독점행위절차규정 제14조에 의거, 보험협회에 대해서는 본 가격독점협의의 주 책임자(즉, 주요 계획자이며, 조직자)인 점을 고려하여 법정 최고액인 50만元을 부과하였고, 부차적인 책임이 있는 관련 21개 재산보험회사에 대해서는 그 책임이 비교적 가벼운 점을 고려하여 전년도 상업차량보험매출액의 1%에 해당하는 과징금을 각각 부과하여 총 1억 1,020만元(약 182.18억원)의 과징금을 부과하였다. 다만, 그중 3개사는 선후로 독점협의 관련 정황을 주도적으로 보고하고, 중요증거를 제공한 점을 고려하여 그 처벌을 면제하거나 감경하였다.

한편, 부과된 과징금은 행정처벌결정서를 받은 날부터 15일 이내에 국고에 납부해야 하며, 만약 당사자가 그 기한이 지나서도 과징금을 납부하지 않은 경우에는 매일 과징금액의 3/100이 이행강제금으로 부과된다.

▶〈사례 2〉 일본 스미토모 등 12개사의 자동차부품 가격담합사건◀

1. 법 위반 사실 및 위법성 판단

가. 자동차부품 가격담합

2000.1월~2010.2월까지 일본의 자동차부품 생산기업인 히타치(日立; HITACHI) 등 8개사는 경쟁을 감소시켜 가장 유리한 가격으로 자동차 제조업체의 부품을 주문받기 위하여 일본에서 자주 양자 또는 다자회담을 진행하고, 상호 가격을 협의하여 여러 차례 주문가격을 합의하고 실행하였으며, 이들 제품을 2013년 말까지 중국 시장에 계속하여 공급하였다. 그중 중국 시장에 관련되는 제품은 시동기(起动机) · 교류발전기(交流发电机) · 공기조절밸브(节气阀体; 스르틀 바디) · 전기배선(线束; 와이어하니스) 등 13종이며, 이들 제품은 혼다(本田; Honda) 등 유명브랜드의 20여 차종에 사용되었다.

따라서 발개위는 히타치 등 8개 자동차부품회사가 부품가격을 합의하고 실행한 행위는 같은 법 제13조가 규정한 독점협의(가격 카르텔)에 해당한다고 판단하고, 이러한 가격담합행위는 시장에서의 경쟁을 배제 · 제한하였을 뿐만 아니라 중국의 자동차 부품과 완성차 및 베어링 가격에 부당한 영향을 미쳤으며, 하류 제조업체의 합법적인 권익과 중국 소비자의 이익을 침해한 것으로 판단하였다.

나. 베어링 가격담합

일본의 베어링 생산기업인 니혼세이코(精工; NSK.LTD.) 등 4개사는 2000년~2011.6월까지 일본에서 아시아연구회, 상해에서 수출시장회의를 각각 조직 · 소집하여 아시아지역 및 중국 시장의 베어링가격 인상방침 · 가격 인상 시기 및 인상 폭을 논의하고, 가격인상정보를 교환하였다. 또한, 당사자는 중국 내에서 베어링을 판매할 때, 상술한 회의에서 공동 협상한 가격이나 상호 교환한 가격 인상정보에 의거 가격을 인상하였다.

따라서 발개위는 니혼세이코 등 4개 베어링생산업체가 베어링 가격을 합의하고 실행한 행위는 같은 법 제13조가 규정한 독점협의(가격 카르텔)에 해당한다고 판단하고, 이러한 가격담합행위는 시장에서의 경쟁을 배제 · 제한하였을 뿐만 아니라, 중국의 자동차 부품과 완성차 및 베어링 가격에 부당한 영향을 미쳤으며, 하류제조업체의 합법적인 권익과 중국 소비자의 이익을 침해한 것으로 판단하였다.

2. 시정조치

가. 과징금 부과

발개위는 같은 법 제46조 및 독점행위절차규정 제14조에 의거, 자동차부품 가격담합행위에 대해서는 과징금 8억 3,196억元, 베어링가격담합행위에 대해서는 과징금 4억 344억元을 각각 부과하여 총 12억 354억元(약 2,053억원)의 과징금을 부과하였다. 그 부과 사유 및 세부 내력은 다음과 같다. ① (가중 · 감경사유) 당사자가 여러 차례 가격독점협의(즉, 가격담합행위)를 합의 및 실행하였고, 위법행위 지속기간이 10년을 초과하였으며, 위법상황이 엄중한 점을 고려하여 가중처벌하였다. 다만, 주도적으로 중요증거자료를 제공한 관련 당사자에 대해서는 그 처벌을 감경하거나 면제하였다. ② (과징금 부과내력) 발개위는 당사자의 자진신고 여부, 사안의 경중을 고려하여 다음과 같이 과징금을 면제·감경하거나 차등 부과하였다.

(1) 자동차부품 가격담합

① (면제) 첫 번째로 독점협의 관련 정황을 주도적으로 보고하고 중요증거를 제공한 히타치(日立; HITACHI)에 대해서는 그 처벌을 면제하였다. ② (감경) 두 번째로 독점협의 관련 정황을 주도적으로 보고하고 중요증거를 제공한 덴소(电装; DENSO)에 대해서는 전년도 매출액의 4%의 과징금을 부과하였다. ③ (합의 제품 수량별 차등) 단지 한 가지 제품에 대해 합의한 야자키(矢崎; YAZAKI) 등 3개사에 대해서는 전년도 매출액의 6%, 두 가지 이상 제품에 대해 합의한 아이산(爱三; Asian Indus) 등 3개사에 대해서는 전년도 매출액의 8%에 해당하는 과징금을 각각 부과하였다.

(2) 베어링 가격담합

① (면제) 첫 번째로 독점협의 관련 정황을 주도적으로 보고하고 중요증거를 제공한 NACHI(不二越)에 대해서는 그 처벌을 면제하였다. ② (감경) 두 번째로 독점협의 관련 정황을 주도적으로 보고하고 중국시장과 관련한 모든 증거와 매출 자료를 제공한 니혼세이코(精工; NSK.LTD.)에 대해서는 전년도 매출액의 4%의 과징금을 부과하였다. ③ (중도탈퇴) 2006년 9월 아시아연구회에서 탈퇴하였으나 중국수출시장회의에 계속 참가한 NTN에 대해서는 전년도 매출액의 6%의 과징금을 부과하였다. ④ (주도자) 중국 시장에 대한 수출시장회의 소집을 전문적으로 주도·제의한 JTEKT(捷太格特)에 대해서는 전년도 매출액의 8%의 과징금을 부과하였다.

나. 기타 관련 업계의 개선조치

관련 기업은 시정조치 외에 모두 다음과 같은 개선조치방안을 제출하였다. ① 중국법률에 의거 판매정책 및 판매행위를 즉각 개선한다. ② 회사 전체 구성원을 대상으로 반독점교육을 실시하고, 사원들의 행위가 중국법률에 부합하도록 조치한다. ③ 실제 행동을 채택하여 과거 위법행위의 부작용을 제거하고, 주도적으로 경쟁 질서를 유지 보호하며, 그 혜택이 소비자에게 미치도록 한다.

2.2. 생산·판매 수량의 제한(限制生产销售数量)

이는 '수량 제한(限制数量)' 또는 '수량 고정(固定数量)'으로 약칭하는데, 경쟁 관계에 있는 경영자가 상품의 생산량 또는 판매량을 제한하는 독점협의를 의미한다. 그 세부 유형은 다음과 같다. ① 생산량 제한·생산량 고정·생산 중지 등의 방식으로 상품의 생산량을 제한하거나, 특정 품종·모델상품(型号商品)의 생산량을 제한하는 행위, ② 상품의 출하량(投放量) 등을 제한하는 방식으로 상품의 판매량을 제한하거나, 특정 품종·모델상품의 판매량을 제한하는 행위, ③ 기타 방식을 통하여 상품의 생산량 또는 판매량을 제한하는 행위이다(독점협의규정 제8조).

2.3. 시장 분할(分割市场)

시장은 판매단계(销售环节)에 따라 원재료시장과 판매시장으로 구분할 수 있는데, 시장 분할(分割或划分市场)이란 "경쟁 관계에 있는 경영자가 판매시장 또는 원재료 구매시장을 분할하는 독점협의"(법 제13조 제1항 제3호)를 의미한다. 여기서 원재료는 경영자가 생산 경영에 필수적인 기술 및 서비스를 포함한다. 이러한 시장 분할행위의 주요 방식으로는 지역의 분할뿐만 아니라 고객의 유형·상품의 종류 등에 근거한 다양한 형태의 시장 분할이 있다.

그 세부 유형은 다음과 같다. ① 상품의 판매지역·시장점유율·판매대상·판매수입·판매이윤 또는 판매상품의 종류·수량·시간을 분할하는 행위, ② 원료·반제품(半成品)·부품(零部件)·관련 설비 등 원재료의 구매지역·종류·수량·시간 또는 공급상을 분할하는 행위, ③ 기타 방식을 통하여 판매시장 또는 원재료 구매시장을 분할하는 행위이다(독점협의규정 제9조).

2.4. 신기술(제품) 구매 또는 개발 제한(限制购买或者开发新技术与新商品)

이는 '혁신(创新)의 제한' 또는 '신기술(상품) 제한(限制新技术/产品)'으로 약칭하는데, 경쟁 관계에 있는 경영자가 신기술 또는 신설비의 구매를 제한하거나, 신기술 또는 신제품의 개발을 제한하는 독점협의를 의미한다. 그 세부 유형은 다음과 같다. ① 신기술 또는 신 공예(新工艺)의 구매나 사용을 제한하는 행위, ② 신설비 또는 신제품의 구매·임차·사용을 제한하는 행위, ③ 신기술·신 공예·신제품의 투자나 연구개발을 제한하는 행위, ④ 신기술·신 공예·신설비·신제품의 사용을 거절하는 행위, ⑤ 기타 방식을 통하여 신기술 또는 신설비의 구매를 제한하거나, 신기술·신제품의 개발을 제한하는 행위이다(독점협의규정 제10조).

2.5. 공동의 거래 거절(联合抵制交易)

공동의 거래 거절(联合抵制交易, 又称为集体拒绝交易)이란 경쟁 관계에 있는 경영자가 연합하여 거래를 거절하는 독점협의를 의미한다. 그 구체적인 유형은 다음과 같다. ① 특정 경영자에 대한 상품의 공급 또는 판매를 연합하여 거절하는 행위, ② 특정 경영자의 상품에 대한 구매 또는 판매를 연합하여 거절하는 행위, ③ 특정 경영자가 그와 경쟁 관계에 있는 경영자와는 거래할 수 없도록 공동으로 제한하는 행위, ④ 기타 방식을 통하여 공동으로 거래를 거절하는 행위이다(독점협의규정 제11조).

2.6. 입찰 담합(串通招投标)

입찰 담합(串通招投标)이란 발주자(招标者)와 입찰자(投标者) 사이 또는 입찰자와 입찰자 간에 부당한 수단을 채택하여 입찰 사항에 대해 공모(串通)하여 경쟁상대를 배제하거나 발주자의 이익을 손상(损害)하는 행위를 의미한다. 그중 입찰자 상호 간의 입찰 담합행위는 수평적 독점협의에 속하지만, 발주자와 입찰자 간의 직접적인 입찰 담합행위는 수직적 독점협의에 속하게 된다.[13] 이러한 입찰 담합행위는 독점협의의 일종으로서 자유롭고 공정한 경쟁시스템을 심각하게 파괴하는 행위로서 각국의 반독점법이 엄격히 규제하고 있다.

다만, 중국의 경우에는『반독점법』이 아닌『입찰법(招标投标法)』에 의거 규제하고 있으며, 그 적용대상도 우리나라와 달리 발주자와 입찰자 간의 공모행위를 포함하고 있다. 즉,『입찰법』제32조에 의하면, 입찰자가 입찰가격(投标报价)을 상호 공모하거나 다른 입찰자의 공정한 경쟁을 배제함으로써 발주자 또는 다른 입찰자의 합법적인 권익을 손상하여서는 아니 되며, 입찰자가 발주자와 공모 입찰하여 국가이익·사회공공이익 또는 타인의 합법적인 권익을 침해하여서는 아니 된다. 또한, 입찰자가 발주자 또는 심사위원회 위원(评标委员会成员)에게 뇌물을 주는 수단으로 낙찰(中标)을 도모할 수 없다. 여기서 발주자(招标人)는 입찰 항목을 제시하고 입찰을 진행하는 법인 또는 기타조직을 말하며, 입찰자(投标人)는 입찰에 응하여 입찰 경쟁에 참여하는 법인 또는 기타조직을 의미한다. 그중 법에 의거 입찰하는 과학연구과제(科研项目)에 개인의 입찰 참여를 허락한 경우, 입찰한 개인은 관련 입찰자의 규정을 적용한다.

이러한 입찰 담합행위는 입찰자 간의 입찰 담합행위(串通投标行为)와 입찰자와 발주자 사이의 상호 결탁행위(相互勾结行为)가 있다. 그 구체적인 금지유형은 다음과 같다.[14]

---

13 王先林 著, 竞争法学(第三版), 中国人民大学出版社, 2018年 8月, p. 230.
14 王先林 著, 竞争法学(第三版), 中国人民大学出版社, 2018年 8月, p. 231.

2.6.1. 입찰자 간의 입찰 담합행위(串通投标行为)

입찰자 상호 간에는 다음과 같은 입찰 담합행위(串通投标行为)에 종사하여서는 아니 된다. ① 입찰자 간에 상호약정하여 입찰가격을 함께 높이거나 낮추는 행위, ② 입찰자 간에 상호약정하여 입찰 항목별로 교대로 높은 가격대(高价位) 또는 낮은 가격대(低价位)로 낙찰을 받는 행위, ③ 입찰자 간에 먼저 내부적인 가격경쟁을 진행하여 낙찰자(中标者)를 내정한 후, 입찰에 참여하는 경우, ④ 입찰자 간의 기타 입찰 담합행위이다.

2.6.2. 입찰자와 발주자 사이의 상호 결탁행위(相互勾结行为)

입찰자와 발주자는 상호 결탁하여 다음과 같이 경쟁상대와의 공정한 경쟁을 배제하는 행위를 실시하여서는 아니 된다. ① 발주자가 공개적으로 개찰(开标)하기 전에 입찰문서를 개봉(开启标书)하여 다른 입찰자에게 입찰상황을 알려 주거나, 입찰참여자가 입찰문서를 교체(撤换标书)하여 입찰가격을 변경(更改报价)하도록 협조하는 행위, ② 발주자가 입찰자에게 최저 입찰가격(标底)을 누설하는 행위, ③ 입찰자와 발주자가 입찰 시 입찰가격을 낮거나 높게 협의하여 결정(商定)하고, 낙찰 후 입찰자 또는 발주자에게 다시 추가로 보상(额外补偿)하는 행위, ④ 발주자가 사전에 낙찰자를 내정하고 낙찰자를 확정할 때, 이에 따라 취사선택을 결정하는 행위, ⑤ 발주자와 입찰자 사이의 기타 입찰 담합행위이다.

2.7. 기타 독점협의(其他垄断协议)

『반독점법』은 반독점법집행기구가 향후 집행과정에서 새로이 제기될 수 있는 카르텔의 다양하고 복잡한 상황 등에 신축적으로 대응할 필요가 있는 점을 고려하여 독점협의의 구체적인 개별유형을 열거하는 동시에 기타 유형을 별도조항으로 규정하고 있다. 이는 '국무원 반독점법집행기구(즉, 시장관리총국)가 인정하는 기타 독점협의(이하 기타 독점협의라 함)'[15]를 의미하는데, 법상 열거된 수평적 독점협의와 수직적 독점협의의 세부 유형을 보충하는 성격(兜底条款)을 지니고 있다.

이러한 기타 독점협의는 '수평적 독점협의의 세부 유형(즉, 가격고정 등 5종)과 수직

---

15 법 제13조(수평적 독점협의) 제1항 제6호 및 제14조(수직적 독점협의) 제3호.

적 독점협의의 세부 유형(즉, 재판매가격 유지행위)에 속하지 아니하는 기타 협의·결정
또는 협동행위'로서 경쟁을 배제·제한하는 사실을 입증할 증거가 있는 경우, 독점협
의로 인정되어 금지된다. 다만, 독점협의규정 제13조는 수평적 독점협의의 기타 독점
협의와 수직적 독점협의의 기타 독점협의를 구분하지 않고, 양자를 기타 독점협의로
통칭하고 있다. 따라서 저자는 이러한 점을 고려하여 기술의 편의상 본 유형을 수평
적 독점협의에 함께 기술하고자 한다.

　한편, 기타 독점협의에 대한 인정[16]은 시장관리총국이 담당(負責)하는데, 이 경우
고려할 요소는 다음과 같다. ① 경영자가 합의(协议)를 달성하거나 실행한 사실, ②
시장의 경쟁상황, ③ 경영자의 관련 시장에서의 시장점유율과 그가 시장에 미치는
통제력, ④ 협의가 상품의 가격·수량·품질 등에 미치는 영향, ⑤ 협의가 시장진입
또는 기술진보 등에 미치는 영향, ⑥ 협의가 소비자 또는 다른 경영자에게 미치는
영향, ⑦ 독점협의 인정과 관련한 기타 요소이다(독점협의규정 제13조 제2항).

제3절　수직적 독점협의(纵向垄断协议)

1. 수직적 독점협의의 의의

　수직적 독점협의(纵向垄断协议, 也称为垂直限制协议)란 비경쟁자 간의 연합행위로
서 "동일 산업에서 거래단계가 다르고 매매 관계에 있는 둘 또는 둘 이상의 경영자
(예, 제조업체와 도매업체 사이, 도매업체와 소매업체 사이 등)가 공모를 통하여 경쟁을 제
한하는 행위를 실시"[17]하는 것을 말한다.

　이러한 수직적 독점협의는 크게 가격 관련 수직적 독점협의와 비가격 관련 수직적
독점협의로 구분할 수 있다. 그중 전자는 재판매가격 유지협의(维持转售价格协议)를
의미하고, 후자는 독자거래 협의(独家交易协议)와 조건부가 협의(附加条件协议)로 세
분할 수 있다. 그중 반독점법집행기구가 중점 규제하는 유형은 재판매가격 유지행위

16　독점협의 인정과 관련하여 '기타 독점협의에 대한 안전지대(安全港) 요건'을 명시하자는 의견이 독점협
　　의규정 입안과정에서 제기되었으나, 반독점법상 안전지대의 시장점유율 요소 등에 대한 근거가 부족한
　　점을 고려하여 규정에 반영되지 않았다.
17　王先林 著, 竞争法学(第三版), 中国人民大学出版社, 2018年 8月, p. 222.

(维持转销价格行为)이다.

그 구체적인 세부 유형은 다음과 같다. ① (재판매가격 유지협의) 이는 공급업체 (供应商)와 판매업체(销售商)가 고객에게 재판매하는 상품의 가격을 정하는 협의를 의미한다. 그 유형으로는 고정가격 유지행위, 최저가격 유지(最低限价) 및 최고가격 유지(最高限价)행위가 있다. ② (독자거래 협의) 이는 배타적 거래 협의라고도 칭하는데, 거래상대방이 당사자의 경쟁상대와 거래하지 않는 조건으로 "ⓐ 공급업체가 판매상에게 특정 지역에서의 독점적(独家)인 상품 판매를 약정하거나, ⓑ 판매상이 재판매에 사용하는 상품을 단지 그 공급업체로부터만 구매하기로 동의하는 협의, ⓒ 양 당사자가 상술한 ⓐ와 ⓑ의 조건(约束)을 상호 승낙하는 협의"를 포함한다. ③ (조건부가 협의) 이는 공급업체가 판매상과 거래할 때, 거래상대방에게 거래와 무관한 부가의무(예, 특정한 판매지역·판매경로·상품 또는 기술의 끼워팔기 등을 규정)를 승낙하도록 요구하는 거래조건의 협의이다.[18]

다만, 『반독점법』 제14조는 경영자와 거래상대방이 독점협의를 하는 소위 '수직적 독점협의'를 금지하면서, 그 세부 유형으로서 재판매가격 유지행위와 기타 독점협의를 규정하고 있다. 즉, ① 제3자에게 재판매하는 상품의 가격을 고정하는 행위, ② 제3자에게 재판매하는 상품의 최저가격을 한정하는 행위, ③ 기타 독점협의를 열거하고 있다. 그러나 독점협의규정 제12조는 "경영자와 거래상대방이 상품가격에 대하여 독점협의"를 하는 행위만을 금지함으로써 그 적용대상을 가격 관련 수직적 독점협의로 국한하고, 그 세부 유형도 3종의 재판매가격 유지행위만을 열거하고 있다. 따라서 수직적 독점협의는 사실상 재판매가격 유지행위만을 지칭하는 것으로 볼 수 있다.

2. 재판매가격 유지행위(维持转售价格行为)

2.1. 재판매가격 유지행위의 의의

재판매가격 유지행위(维持转售价格行为; resale price maintenance, RPM)란 경영자가 상품을 판매하면서 거래상대방에 대하여 그 상품을 재판매하는 거래단계별 가격(예, 도매가격, 소매가격)을 미리 정하여 그 가격대로 판매토록 강요하는 행위를 의미한다.

---

[18] 王先林 著, 竞争法学(第三版), 中国人民大学出版社, 2018年 8月, p. 222.

이처럼 재판매가격 유지행위 역시 가격 관련 독점협의의 일종이지만, 수평적 독점협의에 속하는 가격고정행위와 다른 점은 행위 주체 간에 경쟁 관계가 존재하지 않으며, 동일시장이 아닌 상·하류 거래단계(예, 제조업체가 도매상에 대하여 실시하거나, 도매상이 소매상에 대하여 실시)에서 이루어지는 행위라는 것이다.

이러한 재판매가격 유지행위의 구성요건은 다음과 같다. ① (행위 주체) 재판매가격 유지행위의 주체는 경쟁 관계가 존재하지 않고 거래단계가 다른 각자의 독립된 경영자이다. 예를 들면, 제조업체와 도매업체 사이, 도매업체와 소매업체 사이를 의미한다. ② (강제성) 경영자가 거래상대방에 대하여 재판매가격을 유지하기 위한 실효성이 있는 구속력을 가져야 한다. 즉, 서면계약의 체결 등을 통하여 재판매가격을 위반할 경우 공급중단·거래계약의 해지·보조금 삭감·리베이트(rebate) 축소 등의 수단을 통하여 거래상대방의 의사에 반하여 실질적으로 강요한 사실이 입증되어야 한다. ③ (경쟁제한성) 재판매가격 유지행위로 인하여 시장에서의 경쟁을 배제·제한하는 효과가 있어야 한다. 다만, 이 요건에 대해서는 "제1절 2.2. 독점협의의 분석 원칙"에서 설명한 바와 같이 그에 대한 견해가 엇갈리고 있다.

한편, 우리가 유의할 사항은 『반독점법』은 수직적 독점협의인 재판매가격 유지행위에 대해, 수평적 독점협의와 동일한 수준으로 엄격히 규율하고 있으며, 실제 집행 과정에서도 수평적 독점협의에 속하는 가격고정행위와 같은 수준의 과징금을 부과하는 등 아주 엄격한 제재조치를 취하고 있다는 점이다.

2.2. 재판매가격 유지행위의 유형

재판매가격 유지행위는 "재판매가격의 구체적인 모습을 기준으로 최저가격제, 지정가격제, 최고가격제 등으로 분류할 수 있다. 그중 최저가격제는 재판매가격 유지체제가 가동하는 일반적인 모습이고, 지정가격제는 구체적으로 특정한 가격을 재판매업자에게 제시하는 유형이다. 또한, 일정한 가격대를 설정하여 최저판매가와 최고판매가를 동시에 제시할 수도 있고, 판매가격의 제시에 갈음하여 마진율이나 할인율을 제시하는 것도 이에 준한다."[19] 재판매가격 유지행위에 대해, 독점협의규정 제12조는 상품가격에 대한 독점협의를 금지하면서, 그 세부 유형으로서 "재판매하는 상품의 가격 고정행위(즉, 지정가격제), 재판매하는 상품의 최저가격 유지행위(즉, 최저가

---

19 정호열, 경제법(전정 제5판), 박영사, p. 460.

격제), 기타 재판매가격 유지행위"를 규정하고 있다. 그 구체적인 내용은 다음과 같다. ① (재판매하는 상품의 가격 고정행위) 제3자에게 재판매하는 상품(转售商品)의 가격수준·가격변동 폭·이윤 수준 또는 할인·수수료 등 기타 비용을 고정하는 행위, ② (재판매하는 상품의 최저가격 유지행위) 제3자에게 재판매하는 상품의 최저가격을 한정하거나, 가격변동 폭·이윤 수준 또는 할인·수수료 등 기타 비용의 한정을 통하여 제3자에게 재판매하는 상품의 최저가격을 한정하는 행위, ③ (기타 재판매가격 유지행위) 기타 방식을 통하여 재판매하는 상품의 가격을 고정하거나 재판매하는 상품의 최저가격을 한정하는 행위이다.

한편, 재판매하는 상품의 최고가격 유지행위에 대해서는 명확한 규정이 없으나, 소비자 이익에 부합하는 것으로 보아 금지대상에서 원칙적으로 제외하고 있다.

〈사례 1〉 茅台와 五糧液酒판매회사의 재판매가격 유지행위 건

사천성 발개위와 귀주성 물가국은 중국의 유명한 고급백주 국유기업인 茅台(MAO TAI)와 五糧液(WU LIANG YE)판매회사가 그 "중개상에게 최저판매가격을 유지하도록 강요한 행위"에 대해 2013.2.22. 총 4.49억元(약 780.4억원)의 과징금을 부과하였다. 이는 반독점법집행기구가 '수직적 독점협의'에 대해 『반독점법』을 적용하여 처벌한 첫 번째 사례이다.

1. 법 위반 사실 및 위법성 판단
가. 五糧液(WU LIANG YE)
宜賓五糧液(YI BIN WU LIANG YE)판매회사(이하 五糧液)는 관련 시장에서의 우세한 지위를 이용하여 계약서 약정·가격관리 및 통제·판매지역 감독·상벌심사·단말기 통제 등의 방식을 통해 전국의 중개상에 대해 제3자에게 재판매하는 白酒(BAI JIU)상품의 최저가격을 제한하였으며, 중개상과 그 판매가격을 합의하여 실행함으로써 시장에서의 경쟁을 배제 및 제한하였으며, 소비자의 합법적인 권익을 침해하였다. 그 구체적인 법 위반 사실은 다음과 같다. ① 2009년부터 서면 또는 네트워크형식을 통해 전국의 3,200여 독립법인자격을 갖춘 중개상과 협의하여 제3자에게 재판매하는 五糧液의 최저가격을 한정하였으며, 최저가격을 지키지 않는 중개상에 대해서는 업무 제한·협정계획에서 제외·보증금 및 시장 유지비용의 삭감·벌금부과 등의 방식을 통해 제재하였다. ② 2011년에는 규정한 가격보다 낮은 가격으로 그 상품을 판매한 사천의 한 대형슈퍼마켓에 대해 공급중단조치를 취함으로써 그 후로는 이를 위반하지 못하도록 강제하였다. ③ 2012.12월에는 회사가 통보한 "영업 정책에 의거 이를 위반하여 낮은 가격·판매지역 및 유통경로를 벗어나 판매한 북경·천진·산동 등 11개 성시의 14개 중개상에 대해 보증금 삭감(즉, 위약금 부과)·시장 유지비용 삭감 등의 조치를 취하였다.

따라서 사천성 발개위는 당사자의 행위가 이 법 제14조(수직적 독점협의)가 금지하고 있는 '재판매하는 상품의 최저가격 제한행위(이하 최저가격제)'에 해당한다고 판단하였다. 그 행위가 초래한 경쟁제한효과는 다음과 같다.

五糧液가 백주(白酒)선도 기업으로서 매우 높은 브랜드 효과와 소비자 충성도를 향유하면서 최저가격제를 실행함으로써 시장의 공정한 경쟁을 저해하고, 경제운용의 효율성 저하 및 소비자의 합법적인 권익을 침해하는 등 여러 방면에서 부정적인 영향을 초래하였다. 즉, ① 동일 브랜드 내의 각 중개상 간의 가격 경쟁을 배제하였다. 五糧液가 백주를 재판매하는 최적의 가격을 제한함으로써 브랜드 내부의 경쟁을 제한하였을 뿐만 아니라, 일련의 엄격한 감독과 심사 및 상벌 조치를 채택함으로써 중개상 간의 가격경쟁을 배제하였으며, 경제 운영의 효율을 저해하였다. ② 백주의 다른 브랜드 간의 경쟁을 제한하였다. 즉, 五糧液의 가격독점행위는 업계 내에서 부정적인 시범 효과를 초래하여 다른 경쟁브랜드도 이를 추종하게 하여 중개상에 대해 유사한 제한과 처벌을 하기 시작함으로써 경쟁을 더욱 제한하고 그 피해가 확대되었다. ③ 소비자의 이익을 침해하였다. 즉, 五糧液는 중국의 짙은 향기 유형의 백주 시장에서 중요한 지위를 점유하고 있고, 그 상품에 대한 대체 가능성도 낮기때문에 최저가격을 설정함으로써 소비자가 낮은 가격으로 상품을 구매할 기회(즉, 소비자의 선택)를 심각하게 제한하였다.

나. 茅台(MAO TAI JIU)

貴州省茅台酒(MAO TAI JIU)판매회사(이하 茅台)는 2012년 이래 계약서 약정을 통해 전국의 중개상이 제3자에게 재판매하는 茅台酒의 최저가격을 제한하였고, 중개상과 茅台酒 판매가격을 합의하여 실행함으로써 시장에서의 경쟁을 배제 및 제한하였으며, 소비자의 이익을 침해하였다. 특히, 2012.12월 상순 동 제품가격이 하락하는 추세를 보이자 가격을 안정시키기 위해 중개상에 대해 최저소매가격을 정하여 통보하고, 이를 위반하여 낮은 가격과 판매지역을 벗어나 판매한 6개 중개상에 대해 보증금 삭감 등의 엄중한 제재조치를 채택하였다.

따라서 귀주성 물가국은 茅台의 행위가 이 법 제14조(수직 독점협의)가 금지하고 있는 최저가격제에 해당한다고 판단하였다.

2. 조사 협조 및 자진 시정 여부

五糧液는 반독점법집행기구의 조사에 적극적으로 협조하였을 뿐만 아니라 신속하게 위법행위 시정사항을 대외에 공표하였으며, 중개상에 대한 제재조치를 취소하고, 삭감한 보증금이나 시장 유지비용을 반환 조치하는 한편, 법률요구에 따라 위법행위를 시정하였다.

茅台 역시 조사에 적극적으로 협조하였으며, 위법하게 삭감한 보증금을 자발적으로 반환 조치하는 한편, 법률요구에 따라 즉시 위법행위를 철저히 시정(즉, 관련 영업 정책의 즉각 폐지 등)하였다.

3. 시정조치 : 과징금 부과

반독점법집행기구는 상술한 행위에 대해, 같은 법 제46조 및 독점행위절차규정 제14조에 의거, 당사자 모두가 조사과정에서 적극적으로 협조하였고, 즉시 위법행위를 자발적으로 시정한 점 등을 고려, 감경조치하여 직전 회계연도 매출액의 1%에 해당하는 금액을 과징금으로 부과하였다.

〈사례 2〉 폭스바겐 등 자동차 중개상의 재판매가격 유지행위 건

1. 조사 배경 및 대상
중국 소비자들은 그동안 고급 수입 자동차업체의 차량 및 부품가격이 외국에서 판매되는 제품대비 지나치게 비싸다는 불만을 끊임없이 제기해 왔다. 따라서 발개위는 자동차 시장의 경쟁 질서를 유지 보호하고 소비자들의 합법적인 권익을 보호하고자 자동차(완성차) 및 부품에 대한 반독점 조사를 2011년 말부터 시작하였다. 그 조사대상은 10여 개의 수입 자동차업체(특히, 고급 호화브랜드) · 관련 중개상 · 부품업체와 정비업체를 포함하였다.

2. 법 위반 사실
가. 폭스바겐
YIQI—DAZHONG(一汽—大众)판매유한책임회사(이하 폭스바겐) 소속의 AUDI(奥迪) 판매사업부는 2012년 이래 수차례 성내의 10개 AUDI 중개상과 완성차(整车) 판매 및 정비(维修) 서비스가격을 협의하고, 중개상을 소집하여 "무한지역 AUDI가격제한표(奥迪限价表), 화중지역가격방안보증서(价格方案保证书)" 등에 서명하는 형식으로 가격 독점협의를 협의하고 실행하였다. 아울러 2013년 이래 "화중지역 하북성 AUDI 표준가격(奥迪标准价格)의 엄격한 집행체계통지", "호북성 판촉 관리규정(服务营销管理规定)"을 직접 하달하고, 경쟁질서규범팀 등을 설립하는 형식으로 회사의 가격관리조치를 감독 · 독촉하였다.

한편, 무한시의 일부 10개 AUDI중개상(이하 중개상)은 상술한 독점협의에 참여한 것 외에도 무한중개상가격동맹표(经销商同盟价格表), 회의록(会议纪要)에 서명하는 등의 형식을 통해 완성차판매가격을 협의하고 실행하였다.

나. 크라이슬러
CHRYSLER(克莱斯勒)는 2012년부터 2014년까지 자동차를 판매하는 과정에서 중개상과 재판매가격을 유지하는 조항을 포함한 위탁판매협약(经销协议)을 체결하였으며, 재판매가격 유지내용을 포함하는 상무 정책을 발표하였다. 아울러 제조업자가 건의한 소매가격보다 낮은 가격으로 판매한 중개상에 대해서는 격려금(返利)을 삭감하거나 벌금 등을 부과하는 등의 형식으로 처벌하는 한편, 전체 중개상에 이를 통보하였으며, 실제 거래가격이 도매가격보다 낮거나 조금 높은 중개상에 대해서는 자원 배분 동결(즉, 일부 인기차종모델에 대한 딜러공급을 일시적으로 연기) 또는 견본 차량 배치 일시 연기 등의 조치를 통한 처벌을 하였다.

한편, 크라이슬러 상해지역의 3개 중개상은 2014.4.25. 회사 회의실에서 회의를 소집하여 "크라이슬러 · JEEP · Dodge 브랜드 차량의 정비(品牌车辆维修保养) 등 관련 가격을 통일 규범화한 협상 양해각서"를 체결하였으며, 같은 도시 판매상의 정비 시간(保养工时) · 부품

가격, 도색가격(做漆价格) 및 시행 시간에 대해 통일적으로 약정을 하고, 회의 후 이를 실행하였다.

3. 위법성 판단

발개위 소속 호북성(湖北省) 물가국은 폭스바겐 등이 중개상에 대해 제3자에게 재판매하는 완성차 판매가격 및 판매 후 정비가격을 통제하여 하류 경영자의 가격결정권을 박탈·간섭하였고, 완성차 및 부품의 판매가격을 높게 유지함으로써 완성차 및 부품시장의 정상적인 경쟁질서를 배제·제한하였으며, 소비자권익을 침해한 것으로 판단하였다.

따라서 이러한 행위는 『반독점법』 제14조가 규정한 "재판매하는 상품의 가격 고정행위, 재판매하는 상품의 최저가격 제한행위에 해당하며, 중개상의 행위는 같은 법 제13조가 규정한 수평적 카르텔 중 "상품가격을 고정하거나 변경하는 행위"에 해당한다고 판단하였다.

4. 시정조치 : 과징금 부과 등

가. 과징금 부과

(1) 폭스바겐

호북성(湖北省) 물가국은 폭스바겐이 완성차 판매 및 정비 서비스가격을 협의하고 실행하는 과정에서 명확히 주도 및 촉진하는 작용을 하였으며, 각 중개상은 종속 지위에 있는 점을 고려하여 같은 법 제46조 ·『행정처벌법(行政处罚法)』제27조 및 독점행위절차규정 제14조에 의거, 폭스바겐에 대해서는 전년도 관련 매출액의 6%, 중개상 중 7개사에 대해서는 각각 전년도 관련 매출액의 1~2%에 해당하는 과징금을 부과하였으며, 자발적으로 독점협의 관련 정황을 보고하고 중요증거를 제공한 회사들에 대해서는 그 처벌을 면제하거나 감경하여 총 2,996만元(약 50억 6천만원)의 과징금을 부과하였다.

(2) 크라이슬러

상해시물가국은 같은 법 제46조 등에 의거, 크라이슬러에 대해서는 전년도 관련 매출액의 3%, 중개상 중 주도업체(起到组织作用)에 대해서는 전년도 관련 매출액의 6%, 기타 2개 업체에 대해서는 전년도 관련 매출액의 4%를 각각 과징금으로 부과하여 총 214만元(약 3억 6,180만원)의 과징금을 부과하였다.

나. 기타 관련 업계의 개선조치

폭스바겐·크라이슬러 및 관련 중개상 모두는 이미 위법행위 중지 및 개선조치를 취하였다. 즉, 당사자들은 부속품 판매경로(零配件销售渠道) 제한 완화, 관련 제품가격의 인하, 위법계약 폐지 또는 위탁 판매협약·영업 정책(营销政策)의 수정, 중개상에 대한 위약금 반환 등의 조치를 시행하였다. 그 밖에 다른 업체들의 경우 자진 시정 및 관련 제품의 가격을 인하하였다.

제4절　경영자단체의 독점협의(行業協会壟断协议)

1. 경영자단체 독점협의의 의의

경영자단체의 독점협의란 경영자단체가 당해 업계의 경영자를 조직하여 독점협의에 종사하는 것을 말한다. 여기서 "경영자단체(行業协会)란 동종 업계의 경제조직 및 개인으로 조직되어 업종 서비스 및 자율관리 직능을 행사하는 각종 협회 · 학회 · 상회 · 연합회 · 촉진회 등 사회단체 법인(社会团体法人)을 의미한다(독점협의규정 제14조 제2항)."

이러한 경영자단체의 독점행위는 하나의 비영리성 법률 주체의 명의하에 단독 또는 그 회원사와 공동으로 이루어지는데, 경영자의 독점행위 대비 그 행위의 방식 면에서 더욱 은밀해지고, 행위의 내용 면에서 훨씬 복잡하다. 그 유형은 실시 주체의 수 및 실시행위의 내용에 따라 다음과 같이 분류할 수 있다. 그중 ① 실시 주체의 수에 의하면, 3가지 유형인 ⓐ 경영자단체 단독으로 실시하는 독점행위, ⓑ 리더(领导) 회원사가 경영자단체를 이용하여 실시하는 독점행위, ⓒ 경영자단체와 회원사가 공동으로 하는 독점행위로 나눌 수 있다. ② 실시행위의 내용에 의하면, ⓐ 결의 등의 형식을 통하여 직접 실시하는 독점행위와 ⓑ 특정한 서비스를 제공하는 형식을 통하여 간접 실시하는 독점행위로 나눌 수 있다. 그중 전자는 가격고정 등과 같은 경영자 간의 독점협의와 유사한 형식으로 실시하나, 후자는 표준인증 및 정보교환 등의 방식을 통하여 실시하는 독점행위이다.[20]

2. 경영자단체 독점협의의 법률규제

2.1. 경영자단체 독점협의의 규제모델

경영자단체가 실시하는 독점협의의 잠재적인 위험성을 고려하여 대다수 국가는 이를 반독점법의 규제대상에 포함하고 있다. 그러나 이를 구체적으로 규제하는 방식에는 약간의 차이가 있다. 그 규제방식은 사법판례형과 법률규율형의 2가지 유형으로 분류할 수 있다. ① (사법판례형) 이는 경영자단체에 대한 별도의 규정을 두지

20　王先林 著, 竞争法学(第三版), 中国人民大学出版社, 2018年 8月, p. 232.

않고, 사법판례의 방식을 통해 경영자단체의 주체적 지위를 확립한 경우로서 미국이 대표적인 예이다. 즉, 미국의 성문법에는 경영자단체의 주체적 지위를 명확히 규정하고 있지 않다. 다만, 연방대법원이 근 100년에 걸쳐 각종 전형적인 판례를 통해 경영자단체의 반 경쟁행위를 규제하는 원칙 및 고려할 구체적인 요소를 확립하였다. ② (법률규율형) 이는 입법 중에 경영자단체를 반독점법의 규범 대상에 명확히 규정한 경우로서 우리나라를 비롯한 독일 및 일본이 대표적인 예이다. 법률규율형은 다시 ⓐ 경영자단체의 경쟁제한행위와 일반 경영자의 독점행위를 함께 규정하는 방식(예, 독일·대만)과 ⓑ 별도의 장(专章)을 두어 경영자단체의 반 경쟁행위에 대해 구체적으로 규정하는 방식(예, 한국·일본)이 있다.[21]

한편, 경영자단체의 독점협의에 대한 위법성 인정은 일반적으로 독점협의의 기본 분석 방법을 적용하되, 그 행위의 성질 등을 종합적으로 고려하여 판단하고 있다.

2.2. 경영자단체 독점협의의 금지유형

경영자단체의 독점협의에 대해, 『반독점법』은 법률규율형 규제방식을 채택하되, 제1장(총칙)에서 원칙성 의무조항과 제2장(독점협의)에서 구체적 금지조항을 각각 규정하고 있다. 그중 ① (원칙성 의무조항) 제1장(총칙) 제11조는 경영자단체의 기본적인 의무사항을 규정하고 있다. 즉, 경영자단체는 업계의 자율을 강화하고, 본 업계의 경영자가 법에 의거 경쟁하도록 지도하며, 시장의 경쟁 질서를 유지 보호하여야 한다. ② (구체적 금지조항) 제2장(독점협의) 제16조는 경영자단체의 독점협의 금지사항을 규정하고 있다. 즉, 경영자단체는 본 업계의 경영자를 조직하여 본 장에서 금지하는 독점행위(즉, 독점협의)에 종사할 수 없다. 따라서 경영자단체는 경영자에게 적용되는 제13조(수평적 독점협의)와 제14조(수직적 독점협의) 규정에서 각각 열거하고 있는 가격고정 등의 모든 종류의 독점협의를 하여서는 아니 된다.

아울러 독점협의규정 제14조 제1항은 경영자단체가 종사하여서는 아니 되는 '경영자단체 금지행위'를 규정하고 있다. 즉, ① 경쟁을 배제·제한하는 내용을 함유하는 경영자단체의 정관(章程[22])·규칙·결정·통지·표준 등을 제정하거나 공표하는

---

21 王先林 著, 竞争法学(第三版), 中国人民大学出版社, 2018年 8月, p. 233.

22 章程是组织、社团经特定的程序制定的关于组织规程和办事规则的规范性文书，是一种根本性的规章制度。章程与规则的关系类似于宪法和法律。

행위, ② 본 업계의 경영자를 소집하거나 조직 또는 조장(推动)하여 경쟁을 배제·제한하는 내용을 함유하는 합의(协议)·결의·기요(纪要)·비망록 등을 채택(达成)하는 행위, ③ 기타 본 업계의 경영자를 조직하여 독점협의를 하거나 실행하는 행위이다.

2.3. 경영자단체 독점협의의 적용면제 여부 등

경영자단체의 독점협의에 대해, 이 법 제15조(적용면제)의 적용 여부가 논란이 될 수 있다. 다만, 학계에서는 적용면제 규정(豁免规定)에 그 근거가 없으나 "입법 의도 및 경영자단체의 성질에 비추어 볼 때, 적용되는 것으로 보고 있다."[23]

한편, 경영자가 경영자단체의 독점협의에 참여한 경우에는 경영자단체에 대한 처벌 외에 해당 경영자에 대해서도 과징금 부과 등 별도의 상응한 행정조치가 부과될 수 있다. 실례로 "절강성 차량보험업 협회(浙江省保险行业协会)의 수평적 가격 독점협의 안건(2014.9.4.)"에 대해, 국가발전개혁위원회는 자동차 상업보험의 고정보험요율 할인 폭(固定保险费率折扣幅度)을 제한하는 가격담합행위를 계획하고 주도한 본 협회에 대해서는 법정 최고액인 50만元의 과징금을 부과하였으며, 여기에 참여한 23개 재산보험회사에 대해서는 피동적으로 단순 추종하여 그 책임이 경미한 점 등을 고려하여 전년도 상업 차량 보험(商业车险) 매출액의 1%에 해당하는 법정 최저액의 과징금을 각각 부과하여, 총 1.1억元(약 182억원)의 과징금을 부과하였다.[24]

▌〈 사례 〉 화물운송협회의 경영자단체 독점협의에 대한 건[25] ◢

1. 법 위반 사실 및 위법성 판단

안휘성(安徽省) 화물운송협회(淮南市货运商会, 이하 협회라 함)는 보험업계의 '화물차량 보험 수수료 반환 비율 인하방침'에 대응하기 위하여 회원사들을 소집하여 2016.7.1.회의를 개최하였다. 협회는 동 회의에서 회원사들의 표결을 거쳐 5개 보험회사를 선정한 후, 그 5개 보험회사와 기존 보험 수수료 반환 비율을 변경하지 않는 계약을 체결하기로 하고, 그 외의 보험회사와 계약을 체결할 경우 벌금을 부과하기로 결의하였다.

다만, 협회 결정 후, 회원사들은 상술한 5개사 이외의 보험회사와 보험계약을 체결하기도 하

---

23 王先林 著, 竞争法学(第三版), 中国人民大学出版社, 2018年 8月, p. 234.

24 이 사례의 자세한 내용은 상술한 "제2절 2.1.항목 <사례 1> 절강성 보험업계의 가격담합사건"을 참고 하시기 바랍니다.

25 安徽省工商行政管理局行政处罚决定书(皖工商竞争处字〔2017〕1号, 2017.12.29.).

고, 계약상 보험 수수료 반환 비율을 각각 다르게 약정하여 실제로는 협회 결정사항이 그대로
실행되지는 않았다.

따라서 안휘성 공상행정국은 그 행위가 『반독점법』 제13조 제1항 제5호 및 제16조가 규정한
"경영자단체가 본 업계의 경영자를 조직하여 제2장에서 금지하는 독점행위" 중에서 '공동으
로 거래를 거절(联合抵制交易)'하는 독점협의에 종사한 것으로 판단하였다.

2. 시정조치

안휘성 공상행정국은 당사자가 조사에 충분히 협조하고, 위법사항을 자진 시정한 점을 고려
하여 같은 법 제46조 제3항에 의거, 당사자에게 10만元의 과징금을 부과하였다.

제5절   적용면제 및 자진신고자 감면제도

1. 적용면제제도

1.1. 적용면제 요건 및 유형

독점협의 적용면제제도(豁免制度)란 반독점법이 응당 금지하거나 제한하는 모종의
독점협의에 대해, 법률에 근거한 인가나 법정절차에 따른 인가를 통하여 그 행위의
합법성이 인정되어 제지받지 아니하거나 행위 주체의 법률책임을 추궁하지 않는 제
도이다.[26] 이러한 적용면제제도는 국가이익 또는 사회공공이익을 유지 보호하기 위
하여 각국의 반독점법에서 채택하고 있는데, 그 입법방식이나 적용요건은 각국의 정
치경제발전상황이나 산업정책 등에 따라 다소 차이가 있는 것으로 나타나고 있다.
중국의 경우, 『반독점법』 제15조에 적용면제유형을 열거하는 방식으로 독점협의 적
용면제제도를 규정하고 있다. 즉, 경영자가 조사받는 독점협의에 대해, 적용면제 유
형 중 어느 하나에 속하는 것을 증명할 수 있는 경우, 수평적 독점협의와 수직적 독
점협의의 금지규정을 적용치 아니한다.

그 구체적인 적용면제 유형은 다음과 같다. ① (연구개발) 기술개량(改进) 또는
신제품을 연구 개발하기 위한 경우, ② (표준화 또는 전문화) 제품의 품질향상 · 원
가 인하 · 효율 증진을 위하여 제품의 규격 또는 표준을 통일하거나 전문화된 분업을

---

26 徐孟洲 · 孟雁北 共著, 竞争法(第三版), 中国人民大学出版社, 2018年 6月, p. 143.

실행한 경우, ③ (중소기업 경쟁력 강화) 중소경영자의 경영효율을 높이고 중소경영자의 경쟁력을 강화(增强)하기 위한 경우, ④ (공공이익 실현) 에너지 절약·환경보호·재난구조(救灾救助) 등 사회공공이익을 실현하기 위한 경우, ⑤ (불황극복) 경제 불경기로 인한 판매량의 심각한 하락 또는 현저한 과잉생산을 완화하기 위한 경우, ⑥ (수출입 협력) 대외무역 및 대외 경제협력에서의 정당한 이익을 보장하기 위한 경우, ⑦ (기타) 기타 법률 및 국무원이 규정하는 경우이다.

1.2. 적용면제 입증책임

독점협의에 대한 적용면제는 일반적으로 그 독점협의가 경쟁에 영향을 미치지 아니하거나, 그 독점협의로 인한 경제적 효과가 경쟁제한으로 인한 폐해보다 큰 경우에 적용되고 있다. 이러한 독점협의 금지규정의 적용면제 여부에 대해, 반독점법은 그 입증책임(举证责任)[27]을 경영자에게 부과하고 있다. 특히, 그 적용대상 중 상술한 제①항에서 제⑤항까지의 유형에 대해서는 '부합되는 사실 증명(事实证明)' 외에, '부정적 효과의 제한'과 '효율성 증명(效率证明)'의 요건을 동시에 요구하고 있어 상대적으로 엄격한 경영자 입증책임제도(举证责任倒置制度)를 채택하고 있다.

즉, 경영자는 그 독점협의가 법정요건 중 어느 하나에 해당한다는 사실을 입증(즉, 부합 사실의 증명)하여야 하며, 동시에 "그 독점협의가 ⓐ (부정적 효과의 제한) 관련 시장의 경쟁을 심각하게 제한할 수 없다는 사실과 ⓑ (효율성 증명) 소비자가 독점협의로 인하여 발생한 이익을 공유(分享)할 수 있다는 사실을 추가로 증명할 수 있어야 한다. 이 경우 반독점법집행기구는 독점협의로 발생한 이익의 소비자 공유 가능성을 인정할 때에는 소비자가 그 독점협의로 인하여 상품의 가격·품질·종류 등의 측면에서 이익을 획득하였는지 여부를 고려하여야 한다."[28]

다만, 적용대상 중 제⑥항의 '수출입 협력'의 경우, 경영자가 대외무역 및 대외 경제협력에서의 정당한 이익을 보장하기 위하여 체결한 협의는 수출입카르텔(进出口卡特尔)로서 그 적용면제 여부는 "단지 자국의 법률에 근거하여 인정할 수 없으며, 국가 간의 양자 협력(双边协调)이 필요"[29]한 것으로 보고 있다.

---

27 원문상으로는 거증책임(举证责任)이나, 입증책임 또는 증명책임을 의미한다.
28 『반독점법』 제15조 제2항, 독점협의규정 제27조 제2항.
29 刘继峰 著, 竞争法学(第三版), 北京大学出版社, 2018年 7月, p. 139.

1.3. 적용면제 인정 및 후속 처리

경영자가 독점협의를 한 경우 우선 그 위법성이 추정되나, 관련 행위가 적용면제 요건에 부합되는 사실을 입증(舉証证明)할 경우 비로소 적용면제를 인정받을 수 있다. 이처럼 독점협의에 대한 적용면제인정은 사전승인 절차가 아니라 조사받은 경영자가 이를 입증할 경우, 반독점법집행기구가 사후인정한 후 조사를 중지하는 순으로 그 절차가 진행된다.

따라서 "실무적으로는 사안별로 심사하여 그 행위의 적용면제요건 부합 여부를 판단(以个案豁免为主)"하게 되는데, 독점협의 혐의로 조사받는 경영자가 입증서류를 갖추어 적용면제를 요청할 경우, 반독점법집행기구가 법상의 적용면제 요건 충족 여부를 인정하게 된다.[30] 반독점법집행기구가 독점협의 적용면제 여부를 인정할 때, 고려할 요소는 다음과 같다. ① 그 정황을 실현한 협의의 구체적인 형식 및 효과, ② 협의와 그 정황의 실현 간의 인과관계, ③ 협의가 그 정황을 실현하는 필요조건인지 여부, ④ 기타 협의가 관련 정황에 부합된다는 사실을 증명할 수 있는 요소이다(독점협의규정 제27조 제1항).

반독점법집행기구는 심사한 결과, 조사 중인 독점협의가 법상의 적용면제 대상으로 인정된 경우, 조사를 종결(终止调查)하고 조사종결결정서(终止调查决定书)를 작성하여야 한다. 그 결정서에는 협의의 기본상황·적용 근거 및 이유 등의 내용을 명기하여야 한다. 다만, 조사종결을 결정한 후, 상황에 중대한 변화가 발생하여 그 협의가 법상의 적용면제대상에 부합하지 못할 경우, 반독점법집행기구는 조사를 재개(重新启动调查)하여야 한다(독점협의규정 제28조).

2. 자진신고자 감면제도

2.1. 자진신고자 감면제도의 의의

카르텔에 대한 규제가 강화될수록 그 형태 및 기법이 더욱 은밀해지고 교묘해지는 데다가, 세계 경제의 일체화 추세에 따라 국제카르텔도 빈번하게 발생하고 있는 상

---

30 『반독점법』시행 후 2019.7.2. 현재까지 이미 공표된 독점협의 안건 중 경영자가 적용면제를 주장하여 인정된 사례는 없는 것으로 나타나고 있다.

황에서 반독점법집행기구가 독점협의를 인지하고 그 증거를 확보하는 것은 매우 어려운 당면 과제가 되고 있다. 이에 따라 독점협의를 유효하게 규제하는 방안의 하나로서 각국은 자진신고자 감면제도를 도입하고 있다. 중국도『반독점법』제46조 제2항에 의거 자진신고자 감면제도를 도입하여 운영하고 있다.

자진신고자 감면제도(寬大或寬恕制度; Leniency Program)란 독점협의에 참여한 경영자가 반독점법집행기구에 독점협의를 한 관련 정황을 자발적으로 보고(主动报告)하고 중요한 증거를 제공한 경우, 반독점법집행기구가 법에 의거 그 처벌을 감경하거나 면제하는 제도다. 이 경우 중요한 증거란 반독점법집행기구가 조사를 개시하거나 독점협의를 인정하는 데 결정적인 역할(关键性作用)을 할 수 있는 증거자료를 의미한다. 여기에는 독점협의에 참여하는 경영자·관련된 상품의 범위·협의한 내용 및 방식·협의의 구체적인 실행 등의 정황이 포함된다(독점협의규정 제33조).

2.2. 자진신고자 감면 절차 및 감면기준

경영자가 자진신고자 감면제도를 신청한 경우, 반독점법집행기구는 경영자가 자발적으로 보고한 시간순서(主动报告的时间顺序)·제공한 증거의 중요도 및 독점협의를 하거나 실행한 관련 정황에 근거하여 처벌의 감경(减轻) 또는 면제(免除) 여부를 결정한다. 이 경우 반독점법집행기구는 3순위 이내의 자진신고(前三个主动报告) 경영자에게 신청순서(申请先后顺序)에 의거 감면 비율을 차등하여 과징금을 부과하게 된다. 즉, ① 첫 번째 신청자(즉, 1순위자)에 대해서는 처벌을 면제하거나 80% 이상을 감경하여 과징금을 부과한다. ② 두 번째 신청자(즉, 2순위자)에 대해서는 30%~50%를 감경하여 과징금을 부과한다. ③ 세 번째 신청자(즉, 3순위자)에 대해서는 20~30%를 감경하여 과징금을 부과한다(독점협의규정 제34조).

시장지배적 지위 남용행위
(濫用市場支配地位行为)

제1절 시장지배적 지위의 인정

제2절 시장지배적 지위 남용행위의 규제유형

시장지배적 지위 남용행위
(濫用市场支配地位行为)

제1절　시장지배적 지위의 인정

　시장지배적 지위 남용행위(이하 시지 남용행위로 약칭함)를 규제하기 위해서는 우선 행위 주체의 시장지배적 지위가 인정되어야 하며, 동시에 그 지위를 남용한 행위에 대한 위법성이 인정되어야 비로소 반독점법에 의거 금지할 수 있다. 따라서 시장지배적 지위의 인정은 시지 남용행위를 규율하는 중요한 전제조건이 되고 있다. 이러한 시장지배적 지위를 인정하기 위해서는 우선 위반혐의와 관련된 시장(즉, 관련 시장)을 획정하고, 그 시장에서의 시장지배적 지위 여부를 판단하여야 한다.

1. 관련 시장의 획정(界定相关市场)

　국무원반독점위원회는 관련시장을 획정하는 데 있어 가이드라인(指导)을 제공하고 법집행업무의 투명성을 제고하기 위하여 『반독점법』에 의거 『관련시장 획정에 관한 지침(关于相关市场界定的指南), 이하 시장획정지침이라 함』을 2009.5.24. 제정·공표하여 시행하고 있다. 본 지침은 총 4장·11개 조문으로 구성되어 있는데, "제정목적 및 근거, 관련시장 획정의 역할, 관련시장의 의미, 관련시장 획정의 기본근거, 관련시장 획정의 일반방법, 가상독점사업자 테스트(假定垄断者測試)" 등을 규정하고 있다. 그 세부 내용을 살펴보면 다음과 같다.

1.1. 관련 시장의 의미

경쟁을 배제·제한하는 효과를 지니거나 지닐 가능성이 있는 행위를 포함한 모든 경쟁행위는 일정한 시장 범위 내에서 발생한다. 그러므로 관련시장을 획정하는 것은 경영자가 경쟁하는 시장의 범위를 명확히 하는 것이다. 경영자의 독점협의·시지 남용행위·경영자집중 규제 등의 반독점법 집행 업무는 모두 관련시장의 획정 문제와 관련될 수 있다. 따라서 과학적이고 합리적으로 관련시장을 획정하는 것은 경쟁자와 잠재적인 경쟁자를 식별하고, 경영자의 시장점유율 및 시장집중도를 판단(判定)하며, 경영자의 시장에서의 지위를 인정하고, 경영자 행위가 시장경쟁에 미치는 영향을 분석하며, 경영자 행위의 위법 여부 및 위법한 경우에 부담하는 법률책임을 판단하는 등의 핵심적인 문제에 있어 중요한 역할을 한다. 그러므로 관련시장의 획정은 통상적으로 경쟁행위에 대하여 분석하는 출발점이며, 반독점법집행업무의 중요한 단계이다(시정획정지침 제2조).

이러한 관련 시장(相关市场)이란 "경영자가 일정한 시기 내에 특정한 상품 또는 서비스(이하 '상품'으로 통칭함)에 대하여 경쟁하는 상품 범위(즉, 상품시장)와 지역 범위(즉, 지역시장)"를 의미한다(법 제12조 제2항). 일반적으로 반독점법 집행과정에서는 관련 상품시장과 지역시장을 기본적으로 획정하고, 필요한 경우 특정 안건에 대해서는 시간시장과 기술시장을 추가하여 획정하고 있다.

1.1.1. 상품시장

관련 상품시장(相关商品市场)이란 상품의 특성·용도 및 가격 등의 요소에 의거 수요자가 비교적 긴밀한 대체 관계가 있다고 생각하는 한 조 또는 한 종류의 상품으로 구성된 시장을 의미한다. 이러한 상품들은 비교적 강한 경쟁 관계를 나타내며, 반독점법 집행에 있어 경영자가 경쟁하는 상품 범위로 할 수 있다(시정획정지침 제3조 제2항).

이러한 상품시장을 획정할 때 고려할 요소는 수요 측면과 공급 측면으로 나누어 살펴볼 수가 있다. 다만, 어떠한 요소라도 관련 상품시장을 획정할 때의 역할은 모두가 절대적인 것이 아니며, 사안별 서로 다른 상황에 따라 차등(側重)을 둘 수 있다.

(1) 수요 대체 관점

수요 대체(需求替代) 관점에서 관련 상품시장을 획정할 때에는 다음과 같은 요소를 포함하여 고려할 수 있으나, 여기에 국한되지는 아니한다. ① 수요자가 상품가격 또는 기타 경쟁 요소의 변화로 인하여 구매를 다른 상품으로 전환하거나 전환을 고려한 증거이다. ② 상품의 외형·특성·품질 및 기술특징 등 총체적인 특징 및 용도이다. 즉, 상품은 특징상 모종의 차이를 보일 수는 있으나, 수요자는 여전히 상품의 같거나 유사한 용도에 근거하여 밀접한 대체품(緊密替代品)으로 간주할 수 있다. ③ 상품 간 가격차이이다. 통상적인 상황에서는 대체성이 비교적 강한 상품가격은 비교적 근접하며, 가격이 변화할 때 동일 방향의 변화 추세를 나타낸다. 다만, 가격 분석 시 경쟁과 무관한 요소가 가격변화를 일으키는 상황은 배제하여야 한다. ④ 상품의 판매경로이다. 즉, 판매경로가 다른 상품의 경우 접하는 수요자가 다를 수 있으며, 이들 상호 간에는 경쟁 관계를 구성하기 어려우므로 관련 상품이 될 가능성이 비교적 낮다. ⑤ 기타 주요 요소이다. 예를 들면, ⓐ 수요자의 선호(偏好) 또는 수요자의 상품에 대한 의존도, ⓑ 대량 수요자가 모종의 밀접한 대체상품(緊密替代)으로 전환 시 야기(阻碍)될 수 있는 장애(障碍), ⓒ 위험 및 비용, ⓓ 차별가격책정(区別定价[1]) 의 존재 여부 등이다(시정획정지침 제8조 제1항).

(2) 공급 관점

공급(供給) 관점에서 관련 상품시장을 획정할 때에는 일반적으로 다음과 같은 요소를 포함하여 고려한다. ① 다른 경영자가 상품가격 등 경쟁 요소의 변화에 대하여 반응하는 증거, ② 다른 경영자의 생산공정(生产流程) 및 기술(工艺), ③ 생산 전환

---

1 区别定价是指同一物品对同一消费者索取不同的价格，或者同一物品对不同的消费者收不同的价格。区别定价可分为完全区别定价和不完全区别定价。① 完全区别定价又称一级区别定价，即根据每一个消费者每买进一单位的产品愿意并能够支付的价格逐个确定每单位产品的售价，因而能够获得全部的消费者剩余。② 不完全的区别定价以不完全的信息为前提，分为二级区别定价和三级区别定价。ⓐ 二级区别定价(多重价格)：指垄断者对某一特定的消费者，按其购买的不同数量段规定不同的价格，以此获利的一种方法。ⓑ 三级区别定价：通过细分目标市场，对具有较高弹性的市场制定较低的价格，对具有较低弹性的市场制定较高的价格(如民航：商务乘客和休假乘客)。

의 난이도, ④ 생산 전환에 필요한 시간, ⑤ 생산 전환에 필요한 추가 비용 및 위험, ⑥ 생산 전환 후 제공하는 상품의 시장경쟁력, ⑦ 판매경로 등이 있다(시정확정지침 제8조 제2항).

1.1.2. 지역시장

관련 지역시장(相关地域市场)은 지리적 시장으로 부르기도 하는데, 수요자가 비교적 긴밀한 대체 관계를 지니는 상품을 취득하는 지리적 구역을 의미한다. 이러한 지역은 비교적 강한 경쟁 관계를 나타내며, 반독점법 집행에 있어 경영자가 경쟁하는 지역 범위로 할 수 있다(시정확정지침 제3조 제3항). 이러한 지역시장은 일반적으로 전국시장을 원칙으로 하되, 특정 지역에 한정된 지역시장으로 구분할 수 있다.

관련 지역시장을 획정할 때에는 동일한 상품에 대한 공간적 측면(空间)에서의 대체 가능성을 고찰해야 한다. 이러한 대체 가능성은 수요 측면과 공급 측면으로 나누어 살펴볼 수가 있다.

(1) 수요 대체 관점

수요 대체(需求替代) 관점에서 관련 지역시장을 획정할 때에는 다음과 같은 요소를 포함하여 고려할 수 있으나, 여기에 국한되지는 아니한다. ① 수요자가 상품가격 또는 다른 경쟁 요소의 변화로 인하여 구매상품을 다른 지역으로 전환하거나 전환을 고려한 증거이다. ② 상품의 운송 비용(运输成本) 및 운송특징이다. 즉, 상품가격 대비 운송원가(运输成本)가 높을수록 관련 지역시장의 범위는 작아진다. 예를 들면, ⓐ 시멘트 등 상품의 경우, 상품의 운송특징이 상품의 판매지역을 결정한다. ⓑ 파이프 운송(管道运输)이 필요한 공업 가스 등의 상품도 그 운송특징이 판매지역을 결정하는 중요한 요소가 되고 있다. ③ 다수 수요자가 상품을 선택하는 실제 구역 및 주요 경영자 상품의 판매 분포이다. ④ 관세·지방성 법규·환경보호 요소·기술 요소 등을 포함하는 지역 간의 거래장벽(贸易壁垒)이다. 예를 들면, 관세가 상품의 가격 대비 비교적 높을 때, 관련 지역시장은 하나의 지역적(区域性) 시장일 수가 있다. ⑤ 기타 중요한 요소이다. 예를 들면, ⓐ 특정 지역 수요자의 선호, ⓑ 상품이 당해 지역에 반입 및 반출되는 수량이다(시정확정지침 제9조 제1항).

(2) 공급 관점

공급 관점에서 관련 지역시장을 획정할 때, 일반적으로 고려되는 요소는 다음 사항을 포함한다. ① 다른 지역의 경영자가 상품가격 등 경쟁 요소의 변화에 대하여 반응하는 증거이다. ② 다른 지역의 경영자가 관련 상품을 즉시(即時性) 공급 또는 판매할 수 있는지와 그 실행 가능성(可行性)이다. 예를 들면, 주문을 다른 지역 경영자에게 전환할 경우의 전환 비용(转换成本) 등이다(시정획정지침 제9조 제2항).

1.1.3. 시간시장

관련 시간시장(相关时间市场)은 서로 같거나 유사한 상품이 동일 구역 내에서 상호 경쟁하는 시간 범위를 의미한다.[2] 관련시장을 획정하는 데 있어, 생산 주기·사용 기한·계절성·유행성(流行时尚性) 또는 지식재산권 보호 기한 등이 이미 상품의 소홀히 할 수 없는 특징을 구성한 경우, 시간성도 고려하여야 한다(시정획정지침 제3조 제4항).

이러한 시간시장에 영향을 미치는 주요 요소는 다음과 같다. ① 안정적인 경영 성수기(高峰期) 또는 비수기(低谷期)이다. 일부 서비스업종은 성수기 또는 비수기가 항시 존재한다. 그중 성수기인 상품의 경우, 종종 공급이 수요대비 부족하여 공급하는 측이 우세한 지위를 지니게 되며, 비수기가 되면 이러한 현상은 없어진다. 이 같은 상황에서 시장지배적 지위를 판단할 때에는 시간성을 고려할 필요가 있다. 예를 들면, 중국의 설 연휴 기간의 운송업무(春运)가 그 대표적인 예이다. ② 계절성(季节性)이다. 계절성 상품은 단지 특정한 기간 내에 존재한다. 예를 들면, 겨울 스키·중국의 추석 연휴 기간의 월병 상품 등이 여기에 해당한다. 만약에 월병(月饼)을 포함한 케이크류(糕点) 생산기업이 추석 연휴 기간에 월병과 홍주를 끼워팔기를 한 경우, 그 시장지배적 지위 여부는 당해 회사의 1년간의 생산량이 아닌 추석 명절 이전의 일정한 기간(예, 2개월)에 생산한 월병의 수량과 전체기업이 생산한 월병 수량을 기준으로 하여 그 시장점유율을 판단하여야 한다. ③ 상품의 갱신이다. 만약, 기술의 진보가 부단히 상품의 갱신을 가져올 수 있다면, 관련시장을 획정할 때 시간성을 고려해야 한다. 예를 들면, "Qihoo(奇虎)가 텐센트(腾讯)를 상대로 제기한 시지 남용행위 소송

2 孟雁北 著, 反垄断法(第二版), 北京大学出版社, 2017年 2月, p. 72.

안건(奇虎诉腾讯滥用市场支配地位案)"의 경우, 즉시 통신(即时通信; Instant Messaging)
제품과 위챗(微信)은 일정한 대체 관계가 있다. 다만, 당시[소위 3Q 대전(大战)]에는
위챗이 아직 보급되지 않았으므로 양자는 대체 관계가 인정되지 않았다. 따라서 관
련시장의 획정은 대체 기술 상품화의 시간성을 고려해야 한다. 그리고 시간시장을
획정(运用)할 때의 핵심은 시간 절취(截取)의 합리성이다. 일반적으로는 상품주기이
론에 따라 상품 대체 관계의 시간성을 평가하고 있다. 즉, 상품의 생명주기를 "진입
기(引入期) · 성장기(成长期) · 성숙기(成熟期) · 쇠퇴기(衰退期)"로 분류하고 있다. 이
이론은 부단히 업그레이드되는 교체상품(升级换代商品)과 관련되는 시장에서는 아주
중요한 참고할 가치를 지니고 있다.[3]

1.1.4. 기술시장

과학 기술의 발달에 따라 기술 요소 특히 지식재산권이 시장경쟁에 미치는 영향은
갈수록 커지고 있다. 이러한 점을 고려하여 시장획정지침 제3조 제5항은 관련시장의
획정과 관련하여 기술시장과 혁신시장의 문제를 규정하고 있다. 즉, 기술거래(技术贸
易) · 라이선스 계약(许可协议) 등 지식재산권과 관련된 반독점법집행업무에서는 관
련 기술시장(相关技术市场)을 획정하는 게 필요할 수도 있으며, 이 경우 지식재산
권 · 혁신 등 요소의 영향을 고려할 수 있다.

다만, 시장획정지침은 기술시장과 혁신시장의 개념이나 범위에 대해서는 명확히
규정하고 있지 않다. 일반적으로 "기술시장에는 허가받은 지식재산권 및 그와 유사
한 대체품을 포함하고 있다. 여기서 유사대체품(近似替代品)은 허가받아 사용하는 지
식재산권과 비교할 때, 시장 역량을 제한하기에 충분히 유사한 기술 또는 상품을 의
미한다. 아울러 혁신시장은 본질상 기업 사이에 모종의 영역에서 미래의 신기술 또
는 신제품에 대한 혁신성 연구개발로 형성된 시장을 의미한다."[4] 이러한 기술시장과
혁신시장은 기술형 기업 또는 기업이 연합한 독점기술에 대한 위법성 여부를 판단할
때 중요한 의미를 지니고 있다.

---

3   刘继峰 · 刘丹 共著, 竞争法学, 中国政法大学出版社, 2017年 8月, pp. 78~79.
4   刘继峰 · 刘丹 共著, 竞争法学, 中国政法大学出版社, 2017年 8月, pp. 79~80.

1.2. 관련시장의 획정 방법

시장획정지침 제7조는 관련시장을 획정하는 일반적인 방법을 규정하고 있다. 그러나 관련시장을 획정하는 방법은 유일한 게 아니며, 실무적으로는 실제 상황에 근거하여 다른 방법을 사용할 수 있다. 관련시장을 획정할 때에는 상품의 특징·용도·가격 등의 요소에 기초하여 수요 대체분석(需求替代分析)을 진행하고, 필요한 경우 공급 대체분석(供给替代分析)을 진행한다. 만약, 경영자가 경쟁하는 시장 범위가 분명하지 않거나, 확정하기 어려운 경우에는 "가상적 독점사업자 테스트(假定垄断者测试; SSNIP test)"분석방법(分析思路)에 따라 관련시장을 획정할 수 있다.

반독점법집행기구는 경영자가 안건의 구체적인 정황에 의거 객관적인 운용과 진실한 데이터를 활용(借助)한 경제학 분석 방법을 통해 관련시장을 획정하는 것을 장려한다.

어떠한 방법을 채택하여 관련시장을 획정하든지 간에 상품이 소비자수요를 충족하는 기본속성을 시종일관(始终) 파악(把握)하여야 하며, 관련시장 획정 시 현저한 편차가 나타날 경우, 이를 교정하는 근거로 삼아야 한다.

1.2.1. 대체성 분석

관련시장 획정의 기본 근거는 대체성(替代性) 분석에 있다. 일반적으로 반독점법집행 실무상 관련시장 범위의 크기는 주로 상품(지역)의 대체 가능성 정도에 의해 결정된다. 시장경쟁에서 경영자 행위에 대하여 직접적이고 유효한 경쟁적 구속(竞争约束)을 형성하는 것은 시장에서 수요자가 비교적 강한 대체 관계가 있다고 여기는 상품이 존재하거나, 이러한 상품을 제공할 수 있는 지역이 존재하는 경우이다. 따라서 관련시장의 획정은 주로 수요자의 관점에서 수요 대체 분석(需求替代分析)을 진행한다. 다만, 공급 대체(供给替代)가 경영자 행위에 대하여 초래하는 경쟁적 구속이 수요 대체(需求替代)와 유사할 경우 공급 대체도 고려하여야 한다(시정획정지침 제4조).

(1) 수요 대체

수요 대체(需求替代)는 수요자가 "상품의 기능 및 용도에 대한 수요, 품질의 인정(认可), 가격의 수용(接受) 및 취득의 난이도" 등의 요소에 근거하여 수요자의 관점에서 다른 상품 간의 대체 정도를 확정하는 것이다.

원칙적으로 수요자의 관점에서 볼 때, 상품 간의 대체성이 높을수록 경쟁 관계가 더 강해지며, 동일한 관련 시장에 속할 가능성이 더 있다(시정획정지침 제5조).

(2) 공급 대체

공급 대체(供给替代)는 다른 경영자가 "생산시설을 개조하는 투입, 부담하는 위험, 목표시장에 진입하는 시간" 등의 요소에 근거하여 경영자의 관점에서 다른 상품 간의 대체 정도를 확정하는 것이다.

원칙적으로 다른 경영자가 생산시설을 개조하는 투입과 부담하는 추가위험(额外风险)이 적을수록, 밀접한 대체상품을 신속하게 제공할수록, 공급의 대체 정도는 더 높아지게 된다. 관련시장의 획정, 특히 관련 시장의 참여자를 식별할 때에는 공급 대체를 고려하여야 한다(시정획정지침 제6조).

1.2.2. 가상적 독점사업자 테스트 분석 방법

(1) 가상적 독점사업자 테스트의 기본방법

가상적 독점사업자 테스트(假定垄断者测试; SSNIP test[5])는 관련시장을 획정하는 일종의 분석 방법으로서 관련시장 획정 중에 나타날 가능성이 있는 불확실성을 해결하는 데 도움을 줄 수 있어, 현재 각국에서 보편적으로 채택하고 있다. 이러한 분석에 의거 사람들은 경제학적 도구분석을 통하여 획득한 관련 데이터를 활용하여 가상적 독점사업자가 가격을 경쟁가격 수준보다 높게 유지할 수 있는 최소의 상품 집합 및 지역 범위를 확정함으로써 관련 시장을 획정하게 된다.

가상적 독점사업자 테스트는 일반적으로 먼저 관련되는 상품시장을 획정한다. 그 주요 획정 절차는 다음과 같이 진행된다.[6] ① 먼저 반독점 심사의 관심 대상인 경영자는 이윤 최대화를 경영목표로 하는 독점사업자(즉, 가상적 독점사업자)라는 가설하에, 그 경영자가 제공하는 상품(즉, 목표상품)을 고려한다. ② 다른 대체상품을 일차 선정하고, 다른 상품의 판매 조건이 변하지 않는 상황에서 가상적 독점사업자가 목표상품(目标商品)에 대해, 일시적이지 않은 기간 동안(持久地, 일반적으로 1년) 가격을 소폭(일반적으로 5%~10%) 인상한 후, 목표상품의 가격 인상이 수요자에게 밀접한 대

---

5 small but significant and non-transitory increase in price(작지만 유의미하고 일시적이지 않은 가격인상).

6 시정획정지침 제10조 제2항 ~ 제4항 참조.

체 관계가 있는 다른 상품으로 구매 전환을 초래하는지 여부를 분석한다. ③ 분석한
결과, 가격 인상 후 가상적 독점사업자의 이윤 취득이 가능할 경우 상품시장을 획정
한다. 그 세부 절차는 다음과 같다. ⓐ 목표상품의 가격 인상은 수요자에게 밀접한
대체 관계가 있는 다른 상품으로 구매를 전환하도록 초래할 것이며, 그로 인하여 가
상적 독점사업자의 판매량은 하락하게 된다. 만약, 목표상품의 가격 인상 후 가상적
독점사업자의 판매량이 하락한다고 할지라도 그가 여전히 이익을 얻을 수 있다면,
목표상품은 바로 관련 상품시장을 구성하게 된다. ⓑ 만약, 가격상승으로 인하여 수
요자가 밀접한 대체 관계가 있는 다른 상품으로 전환하게 되어 가상적 독점사업자의
가격 인상행위가 이익을 취할 수 없게 될 경우, 그 대체상품을 관련 상품시장에 추가
(增加)하여야 하며, 그 대체상품과 목표상품이 상품 집합을 형성하게 된다. 이어서
만약에 그 상품 집합의 가격을 인상할 경우, 가상적 독점사업자가 여전히 이익을 취
할 수 있는지를 분석하여야 한다. 분석한 결과, 만약에 결과(答案)가 긍정적이라면
그 상품 집합이 바로 관련 상품시장을 구성하며, 그 반대이면 상술한 분석과정을 계
속하여 진행하여야 한다. 상품 집합이 점점 커짐에 따라 집합 내의 상품과 집합 외
상품의 대체성이 점차 낮아지게 되어 최종적으로 어느 하나의 상품 집합이 나타날
수 있으며, 가상적 독점사업자가 마침내 가격 인상을 통해 이익을 실현할 수 있으면,
그 상품 집합을 관련 상품시장으로 획정하게 된다.

관련 지역시장을 획정하는 방법은 상품시장의 획정 방법과 동일하다. 우선 반독점
심사에서 관심을 가지는 경영자가 경영활동을 하는 지역(즉, 목표지역)으로부터 시작
하여 분석해야 할 문제는 다른 지역의 판매 조건이 변하지 않는 상황에서 가상적 독
점사업자가 목표지역 내의 관련 상품에 대하여 '일시적이지 않은 기간 동안(일반적으
로 1년) 소폭으로(일반적으로 5%~10%) 가격 인상'을 진행할 경우 이익을 취할 수 있
는지 여부이다. 만약에 그 결과(答案)가 긍정적이라면 목표지역이 바로 관련 지역시
장을 구성하게 된다. 만약 다른 지역시장의 강력한 대체로 말미암아 가격 인상으로
이익을 취할 수 없는 경우, 가격 인상이 최종적으로 이익을 취할 수 있을 때까지 지
역 범위를 확대할 필요가 있으며, 그 지역이 바로 관련 지역시장이 된다(시정획정지침
제10조 제5항).

(2) 가상적 독점사업자 테스트 방법의 고려요인

가상적 독점사업자 테스트 방법을 사용하여 관련시장을 획정하는 데 있어 고려해

야 할 몇 가지 문제는 다음과 같다. ① 원칙적으로 가상적 독점사업자 테스트를 사용하여 관련시장을 획정할 때, 선택하는 기준가격은 충분히 경쟁하는 현재의 시장가격이어야 한다. 다만, "시지 남용행위·담합(共谋)행위와 이미 담합행위가 존재하는 경영자집중 안건" 중의 현재 가격이 경쟁가격을 현저히 벗어날 경우, 현재 가격을 기준가격으로 선택하게 되면 관련시장 획정의 결과가 불합리하게 될 수 있다. 이러한 상황에서는 현재 가격을 조정하여 더 경쟁성 있는 가격을 사용해야 한다. ② 일반적인 상황에서 가격의 인상 폭은 5%~10%이지만, 법 집행 실무적으로는 안건과 관련되는 업종별 상황에 따라 가격을 소폭 인상하는 폭에 대하여 분석하여 확정할 수 있다. ③ 경영자가 소폭으로 가격을 인상할 경우, 결코 모든 수요자(또는 지역)의 대체 반응(替代反应)이 모두 동일하게 나타나는 것은 아니다. 대체 반응이 다른 상황에서는 수요자 집단(또는 지역)별로 다른 폭의 테스트를 진행할 수 있다. 이때 관련시장의 획정은 수요자 집단 및 특정 지역의 상황을 더 고려할 필요가 있다(시정획정지침 제11조).

2. 시장지배적 지위 여부의 판단(认定)

2.1. 시장지배적 지위의 개념

시장지배적 지위(市场支配地位)란 시장 통제적 지위(市场控制地位)라고도 칭하는데, "경영자가 관련 시장에서 상품 또는 서비스(이하 상품으로 통칭함)의 가격·수량 또는 기타 거래조건을 통제할 수 있거나, 다른 경영자가 관련 시장에 진입하는 것을 저지(阻碍)·영향을 미칠 수 있는 능력을 구비하는 시장 지위"[7]를 의미한다.

여기서 '기타 거래조건'이란 상품의 가격·수량 이외에 시장거래에 실질적인 영향을 미치는 기타 요소를 의미하는데, 상품의 품종·상품의 품질·지급조건·교부방식·사후서비스(售后服务; after service)·거래 선택·기술적 구속 등을 포함한다. 그리고 '다른 경영자가 관련 시장에 진입하는 것을 저지·영향을 미칠 수 있는'이란 ① 다른 경영자가 관련 시장에 진입하는 것을 배제하거나, ② 다른 경영자가 합리적인 시간 내에 관련 시장에 진입하는 것을 지연(延缓)시키거나, ③ 다른 경영자가 그 관

---

7 『**시장지배적 지위 남용행위 금지 규정**(禁止滥用市场支配地位行为暂行规定, 2019.6.26. 공표, 2019. 9.1. 시행, 이하 **시지남용행위규정**이라 함)』제5조 제1항.

런 시장에 진입할 수는 있으나 진입 비용이 대폭 상승하여 현존하는 경영자와 유효한 경쟁을 전개할 방법이 없게 하는 등의 상황을 초래하는 경우를 포함한다(시지남용행위규정 제5조 제2항~제3항).

2.2. 시장지배적 지위의 형태

일반적으로 시장지배적 지위의 형태(즉, 표현형식)는 "독점, 준독점, 절대 우세, 과점"으로 분류할 수 있다. 그중 ① 독점(monopoly)이란 하나의 기업이 모종의 특정상품 또는 서비스의 공급자 또는 수요자로서 관련 시장에서 경쟁자가 없는 독점적 지위를 갖추는 것을 말한다. ② 준독점(quasi-monopoly)이란 하나의 기업이 모종의 특정상품 또는 서비스의 공급자 또는 수요자로서 관련 시장에서 실질적인 경쟁이 존재하지 않는 준독점적 지위를 갖추는 것을 말한다. ③ 절대 우세(sufficient market dominant power)란 기업이 관련 시장에서 비록 경쟁자가 있거나 실질적인 경쟁은 있을지라도 그 기업이 점유하는 시장점유율·재력·구매 또는 판매시장의 경로 등에서 다른 경쟁자에 비해 상대적으로 특출한 시장 지위를 가지고 있어, 영업활동(商事活动) 면에서 절대적으로 자유로운 의사결정권(自由決策权)과 경쟁에 미치는 절대적인 영향력을 갖추는 것을 의미한다. ④ 과점(oligopoly situation)이란 둘 또는 둘 이상의 기업 사이에 모종의 상품 또는 서비스에 대하여 실질적인 경쟁이 없으며, 이들 기업이 총체적으로 독점·준독점 또는 특출한 시장 지위 요건을 갖추는 것을 의미한다.[8]

2.3. 시장지배적 지위의 판단

2.3.1. 시장지배적 지위의 인정기준(认定标准)

경영자의 '시장지배적 지위 구비 여부를 인정하는 기준(이하 인정기준이라 함)'에 대해, 법 제18조는 경영자가 시장지배적 지위를 보유하는 것으로 인정하기 위해서는 "그 경영자의 관련시장에서의 시장점유율 및 경쟁상황·판매시장 또는 원재료구매시장의 통제능력·재력 및 기술조건, 다른 경영자의 그 경영자에 대한 거래상의 의존도 및 시장진입의 난이도, 그 경영자의 시장지배적 지위 인정과 관련한 기타 요소"를 종합적으로 고려하여 판단하도록 하고 있다. 이에 대해, 시지남용행위규정은 법

---

8 徐孟洲·孟雁北 共著, 竞争法(第三版), 中国人民大学出版社, 2018年 6月, pp. 152~153.

이 제시한 인정기준을 상세히 설명하면서, 신산업의 발전상황 등을 반영하여 "인터넷 등 신경제 업태·지식재산권 영역·둘 이상의 경영자" 기준을 추가로 규정하고 있다. 그 구체적인 인정기준을 살펴보면 다음과 같다.

(1) 시장점유율 및 경쟁상황

시장지배적 지위를 인정할 때, 가장 중요한 지표가 시장점유율이다. 시장점유율(市場份額)이란 일정 기간 경영자의 특정상품에 대한 매출액 등이 관련 시장에서 차지하는 비중을 의미한다. 이러한 시장점유율은 관련 시장의 범위와 밀접한 연관성을 지니고 있는데, 그 이유는 관련 시장의 범위를 어떻게 확정하느냐에 따라 그 시장에서의 지위가 결정되기 때문이다. 따라서 시장점유율을 명확히 산정하는 것은 아주 중요한 문제이다. 경영자의 관련 시장에서의 시장점유율 및 그 시장의 경쟁상황(竞争状況)을 분석할 때에 고려할 요소는 다음과 같다.

경영자의 관련 시장에서의 시장점유율을 확정할 때에는 일정한 시기 내에 경영자의 특정상품의 판매금액·판매 수량 또는 기타 지표가 관련 시장에서 점하는 비중을 고려할 수 있다. 아울러 관련 시장의 경쟁상황을 분석할 때는 관련 시장의 발전상황, 현존하는 경쟁자의 수 및 시장점유율, 상품 차이의 정도, 혁신 및 기술변화, 판매 및 구매패턴(采购模式), 잠재적인 경쟁자 상황 등을 고려할 수 있다(시지남용행위규정 제6조).

(2) 판매 또는 원재료구매시장의 통제능력

일반적으로 어느 경영자가 상품의 판매경로와 원재료 구매처를 통제할 수 있다면, 이는 상·하류의 경영자에 대한 간접적인 통제능력이 형성될 수 있음을 의미한다. 만약 그 경영자와 상·하류 경영자 간에 배타적 거래를 체결한다면 사실상 독점적인 통제능력을 보유하게 되어 관련 시장에 심각한 폐해를 초래할 수가 있다.

이러한 경영자의 판매시장(销售市场) 또는 원재료구매시장(原材料采购市场)을 통제하는 능력을 분석(确定)할 때에는 다음 요소를 고려할 수 있다. ① 그 경영자가 산업 체인(产业链)의 상·하류 시장을 통제하는 능력, ② 판매경로 또는 구매경로를 통제하는 능력, ③ 가격·수량·계약기한 또는 기타 거래조건에 영향을 미치거나 결정하는 능력, ④ 기업의 생산경영에 필수적인 원료·반제품(半成品)·부품(零部件) 및 관련 설비 및 투입이 필요한 기타 자원을 우선하여 획득하는 능력 등이다(시지남용행위규정 제7조).

(3) 재력 및 기술조건

경영자의 재력(財力) 및 기술조건(技术条件)을 분석할 때에는 "그 경영자의 자산규모·수익(盈利) 능력·융자능력·연구개발능력·기술 장비·기술혁신(技术创新) 및 응용능력·보유한 지식재산권 등을 고려함과 동시에 그 재력 및 기술조건이 어떤 종류의 방식 및 정도로 경영자의 업무확장을 촉진하거나 시장 지위를 공고하게 유지할 수 있는 요소 등을 고려할 수 있다(시지남용행위규정 제8조).

(4) 거래상의 의존도

경영자가 거래상대방과의 거래에서 일정한 시장우세를 가질 수 있다. 이는 상대적인 시장우세의 지위를 의미하는데, 공급과 수요 측면에서 모두 출현할 수 있다. 만약 해당 상품의 대체 가능성이 약하고 판매 및 구매경로가 제한될 경우 시장지배적 지위가 형성될 수 있다.

다른 경영자(즉, 거래상대방)의 그 경영자에 대한 거래상의 의존도(交易上的依赖程度)를 분석할 때에는 다른 경영자와 그 경영자 간의 거래 관계·거래량·거래 지속시간·합리적인 시간 내에 다른 거래상대방으로 전환할 경우의 난이도 등을 고려할 수 있다(시지남용행위규정 제9조).

(5) 시장진입의 난이도

시장진입의 난이도(市场进入的难易程度)는 진입장벽의 존재 여부의 시각에서 시장지배적 지위를 분석하는 것이다. 진입장벽(进入壁垒)은 신생 기업(즉, 잠재적 경쟁자)이 관련 시장에 진입하는 데 있어, 생산비용 등 경쟁력 판단에 결정적인 영향을 미치는 중요한 요소이다. 이는 "크게 기술장벽, 시설장벽 및 법률장벽으로 분류할 수 있다. 그중 시설장벽은 주로 필수설비(关键设施; essential facility)의 장벽을 의미하는데, 시장진입에 필수 불가결한 시설의 점유자가 그 시설의 제공을 거절함으로써 형성된 장벽을 의미하고 있다. 실무상 필수설비의 관련 범위는 매우 넓은데, 철도·항만(港口) 및 전신 등의 운송 네트워크 시설(运输网络设施), 금융 부문의 결제시스템(支付系统) 등을 포함"하고 있다.[9]

다른 경영자가 관련 시장에 진입하는 데 있어서의 난이도를 확정할 때에는 시장진

---

9 刘继峰 著, 竞争法学(第三版), 北京大学出版社, 2018年 7月, pp. 158~159.

입제도(市場准入)·필요한 자원을 획득하는 난이도·구매 및 판매경로의 통제상황·
자금투입 규모·기술장벽(技术壁垒)·브랜드 의존도(品牌依赖)·이용자 전환 비용(用
户转换成本)·소비 습관 등을 고려할 수 있다(시지남용행위규정 제10조).

(6) 인터넷 등 신경제 업태의 경영자

인터넷 등 신경제 업태(互联网等新经济业态)의 경영자에 대한 시장지배적 지위 인정
은 "관련 업종의 경쟁 특성, 경영모델(经营模式), 이용자 수, 네트워크 효과(网络效应),
봉쇄 효과(锁定效应), 기술 특성, 시장혁신, 관련 데이터(相关数据)의 장악 및 처리능력,
경영자의 관련 시장에서의 시장역량" 등을 고려할 수 있다(시지남용행위규정 제11조).

(7) 지식재산권 영역의 경영자

지식재산권 영역(知识产权领域)의 경영자에 대한 시장지배적 지위 인정은 "지식재
산권의 대체성(替代性), 지식재산권을 이용하여 제공하는 상품에 대한 하류 시장의
의존도, 경영자에 대한 거래상대방의 제어능력(制衡能力)" 등을 고려할 수 있다(시지
남용행위규정 제12조).

(8) 둘 이상의 경영자

둘 이상의 경영자에 대한 시장지배적 지위 인정은 상술한 제(1)항~제(7)항까지의
고려 요소 외에 "시장구조, 관련 시장의 투명도, 관련 상품의 동질화 정도, 경영자
행위의 일치성" 등을 추가로 고려하여야 한다(시지남용행위규정 제13조).

2.3.2. 시장지배적 지위의 추정

반독점법집행기구가 시장지배적 지위를 판단하는 과정은 매우 복잡하면서도 어려
운 문제로서 상당한 시간과 비용이 소요되며, 고도의 전문성을 요구하고 있다. 따라
서 이러한 실무상의 어려움을 해소하고 집행의 효율성을 제고하고자 각국은 반독점
법에 시장지배적 지위 추정제도를 채택하고 있다. 다만, 그 추정요건은 각국의 시장
구조 및 경쟁상황에 따라 다소 차이가 있다.

중국의 경우, 법 제19조에 의거 시장점유율을 기준으로 한 시장지배적 지위 추정
제도(推定制度)를 채택하고 있다. 즉, 법정추정요건 중 어느 하나에 부합할 경우, 경
영자가 시장지배적 지위를 구비한 것으로 추정할 수 있다. 그 구체적인 추정요건은
다음과 같다. ① 경영자 1인의 관련 시장에서의 시장점유율이 2분의 1에 도달한 경

우(즉, 50% 이상인 경우), ② 경영자 2인의 관련 시장에서의 시장점유율 합계가 3분의 2에 도달한 경우(즉, 약 67% 이상인 경우), ③ 경영자 3인의 관련 시장에서의 시장점유율 합계가 4분의 3에 도달한 경우(즉, 75% 이상인 경우)이다.

다만, 이러한 추정요건에 부합한 경우라도 다음과 같은 경우에는 그 추정대상에서 제외한다. ① 추정되는 경영자가 시장지배적 지위에 해당하지 않음을 입증한 경우이다. 즉, 추정제도는 그 추정에 따른 법상의 증명책임이 피추정 경영자에게 전환됨을 의미한다. 따라서 피추정 경영자가 반증 자료를 제출하지 않거나, 반증이 반독점법집행기구로부터 인정되지 아니한 경우에는 그 추정은 성립된다. 반면에 그가 제공하는 반증 자료가 객관적이고 설득력이 있는 경우 반독점법집행기구는 시장지배적 지위를 인정해서는 아니 된다. ② 상술한 추정요건 중 제②항 및 제③항에 속하는 경영자 중 시장점유율이 1/10에 미달(즉, 10% 미만)한 경우이다. 이는 시장점유율이 낮은 기업은 현실적으로 관련 시장에서 시장지배력을 보유하기 어려운 점을 고려한 것이다.

한편, 시장지배적 지위를 추정할 경우의 '인정기준' 적용 여부에 대해서는 법에 명시적으로 규정하고 있지 않다. 그러나 법상의 추정요건을 구비한 경우라도 시장진입 여부 등 다른 요인들에 의해 그 시장지배적 지위가 부인될 수 있으므로 '인정기준'을 종합적으로 고려하여 시장지배적 지위 여부를 판단하고 있다.

▶ 자연독점업종의 시장지배적 지위 판단사례

1. 법 위반 사실 및 시장지배적 지위 판단
공용기업이 경영하는 자연독점업종(예, 수도·전기·가스·난방 등)의 독점주체에 대한 시장지배적 지위 여부에 대해, 구 광동성 시장관리총국은 건설공사 관련 임시급수서비스를 제공하면서 그와 무관한 거래조건을 부가한(즉, 가구별 계량기 설치공사를 강요함) 시지 남용행위와 관련하여 자연독점업종인 '도시 공용 상수도 제공 서비스(自来水供水服务) 시장'의 시장지배적 지위를 판단하면서, 그 시장에서의 시장점유율이 100%임에도 추정요건 외에 인정기준(거래의존도 등)을 종합적으로 고려하여 그 지위를 판단하였다.[10]

2. 시정조치
구 광동성 시장관리총국은 당사자에게 위법행위 중지 명령, 위법소득 몰수 조치(86만元) 및 과징금을 부과하였다. 그중 과징금은 당사자가 조사에 협조한 점 등을 고려하여 전년도 매출액의 2%인 236만元을 부과하였다.

---

[10] 竞争执法公告2014年第13号, 广东惠州大亚湾溢源净水有限公司涉嫌滥用市场支配地位案(广东省

제2절 시장지배적 지위 남용행위의 규제유형

1. 시지 남용행위의 의의

1.1. 법률규제 형식 및 유형

『반독점법』은 시지 남용행위에 대한 명확한 개념을 정의하고 있지 않다. 다만, 학계에서는 일반적으로 시지 남용행위란 "시장지배적 지위를 지니는 기업이 그 시장지배적 지위를 불합리하게 이용하여 일정한 거래영역에서 실질적으로 경쟁을 제한함으로써 공공의 이익을 위배하고 소비자 이익을 현저하게 침해하며, 자유롭고 공정한 시장의 경쟁 질서를 훼손하여 응당 반독점법의 규제를 받는 행위"를 의미하고 있다.[11]

이러한 시지 남용행위에 대한 규제형식은 포괄적인 금지규정과 세부금지유형을 열거하는 방식을 함께 채택하고 있다. 먼저 이 법 제6조는 시지 남용행위에 대한 포괄적인 금지규정으로서, "시장지배적 지위를 지니는 경영자는 시장지배적 지위를 남용하여 경쟁을 배제·제한하여서는 아니 된다"라고 규정하고 있다. 그리고 제17조는 시지 남용행위의 세부적인 금지유형을 열거하고 있으며, 시지남용행위규정은 그 외에 '공용사업영역 경영자의 시지 남용행위'를 추가하여 총 8개 유형의 시지 남용행위를 규정하고 있다.

따라서 법규상 규제대상인 시지 남용행위의 유형은 다음과 같다. ① 불공정한 고가판매 또는 저가구매, ② 부당 염매, ③ 거래 거절, ④ 거래 제한, ⑤ 끼워팔기 또는 불합리한 거래조건의 부가, ⑥ 차별대우, ⑦ 시장관리총국이 인정하는 기타 시지 남용행위(이하 '기타 시지 남용행위'로 약칭함)", ⑧ 공용사업영역 경영자의 시지 남용행위이다.

1.2. 위법성 판단 고려 요소

시지 남용행위에 대한 위법성 여부를 판단할 때, 반독점법집행기구가 그 행위의 정당성 여부를 인정하는 준거가 되는 "불공정(不公平)과 정당한 이유(正当理由)" 여

工商行政管理局, 行政处罚决定书, 粤工商经处字[2013] 第2号, 2014.1.6.).
11 徐孟洲·孟雁北 共著, 竞争法(第三版), 中国人民大学出版社, 2018年 6月, p. 162.

부를 판단하는 기준에 대해, 시지남용행위규정은 '전체 행위 유형에 적용되는 공통 기준(즉, 공통요소)'과 '개별 유형에 적용되는 유형별 기준(즉, 유형별 요소)'을 분리하여 각각 규정하고 있다. 즉, 제14조~제19조에서 유형별 위법성 판단기준인 '유형별 요소'를 규정하는 동시에 제20조에서 전체 행위 유형의 위법성 판단에 적용되는 '공통요소'를 추가로 규정하고 있다. 그중 '공통요소'는 다음과 같다. ① 관련 행위의 법률·법규상 근거(規定) 여부, ② 관련 행위가 사회 공공이익에 미치는 영향, ③ 관련 행위가 경제 운영의 효율성(经济运行效率)·경제발전에 미치는 영향, ④ 관련 행위가 경영자의 정상경영 및 정상적인 효익을 실현하기 위하여 필수적인가 여부, ⑤ 관련 행위가 경영자의 업무발전·미래투자·혁신 방면에 미치는 영향, ⑥ 관련 행위가 거래상대방 또는 소비자에게 이익(获益)이 되는지 여부이다(시지남용행위규정 제20조).

2. 시지 남용행위의 유형 및 판단기준

2.1. 독점적 가격 설정행위

2.1.1. 독점적 가격 설정행위의 의미

독점적 가격 설정(垄断性定价)행위는 착취적(剥削性) 남용행위의 전형적인 유형으로서 불공정한 가격(不公平价格) 행위로 부르기도 하는데, "시장지배적 지위에 있는 경영자(이하 '시장지배적 경영자'라 함)"가 합리적인 이유 없이 거래상대방에게 ① (독점성 고가) 불공정한 고가(不公平高价, 也称为垄断高价或超高定价)로 상품을 판매하거나, ② (독점성 저가) 불공정한 저가(不公平的低价, 也称为垄断低价)로 상품을 구매하는 행위를 말한다.

중국의 경우, 일부 시장지배력과 행정 권력이 상호결합한 독점업종에서 고액의 독점이윤을 수탈(攫取)하는 현상이 아주 심각한 것으로 보고 있다. 이러한 '독점적 가격 설정행위'는 『가격법』이 금지하고 있는 폭리 도모행위(牟取暴利行为)와 유사하다.

2.1.2. 위법성 판단기준

시장지배적 지위 남용행위로서의 독점적 고가 설정행위에 대해서는 각국에서도 이론적이나 실무적으로 논란이 있으며, 그 판단기준을 마련하기도 쉽지 않아서 그 적용에는 비교적 신중한 접근이 필요한 것으로 보고 있다. 반독점법집행기구가 착취적 가격 설정행위(剝削性定价行为)에 대한 위법성 여부를 판단하기 위해서는 관련 상품의 원가 및 적정한 가격에 대한 충분한 입증과 분석이 이루어져야 하는데, 이는 현실적으로 매우 어려운 문제이다.

이러한 법 집행상의 어려움을 해소하고자 시장지배적 기업이 거래한 가격의 합리성 여부를 판단하기 위하여 실무적으로는 다음 세 가지 방법을 채택하고 있다. ① (공간 비교법) 비교 가능(可比性)한 가격이 존재하는 상품의 경우, 만약에 시장지배적 기업의 상품가격이 그 시장 또는 기타 시장의 동일 종류 상품의 가격보다 현저하게 높다면 그 가격은 합리성에 의문을 가져야 한다. ② (시간 비교법) 가격을 비교할 수 있는 상품이 존재하지 않는 경우, 특히 국내에서 한 개의 기업만이 독점 공급하는 상품의 경우에는 과거의 가격과 현재의 가격을 비교 사용하여 가격 인상의 합리성 여부를 판단할 수 있다. 실례로 독일의 연방 카르텔청에서는 이러한 방식을 자주 사용하여 공용기업과 보험회사의 정기적인 가격 인상의 합리성을 심사하고 있다. ③ (원가와 합리적 이윤의 비교법) 상품의 원가와 가격 간의 비교를 통하여 기업이 획득하는 이윤의 합리성 여부를 판단한다.[12]

이와 같이 독점적 가격 설정행위에 대한 위법성 여부는 그 가격의 합리성 여부를 분석하여 판단하여야 한다. 이에 대해, 시지남용행위규정 제14조는 '불공정한 고가 또는 저가'를 인정할 때 고려할 수 있는 5가지 판단기준을 다음과 같이 규정하고 있다. ① 판매가격 또는 구매가격이 다른 경영자가 같거나 유사한 시장 조건에서 판매하거나 구매하는 동종 상품 또는 비교 가능한 상품의 가격보다 현저히 높거나 낮은지 여부이다. ② 판매가격 또는 구매가격이 동일 경영자가 시장 조건이 같거나 유사한 다른 구역에서 판매 또는 구매하는 상품의 가격보다 현저히 높거나 낮은지 여부이다. 이 경우 '시장 조건이 같거나 유사한지'를 인정할 때에는 "판매 경로, 판매패턴, 수급 상황(供求状况), 감독환경, 거래단계(交易环节), 원가 구조, 거래상황" 등을 고려하여야 한다. ③ 원가가 기본적으로 안정된 상황에서 정상 폭을 초과하여 판매가격을 인상하거나 구매가격을 인하하는지 여부이다. ④ 판매하는 상품의 가격 인상 폭이 원가의 증가 폭보다 현저히 높거나, 구매하는 상품의 가격 인하 폭이 거래상대

---

12 徐孟洲·孟雁北 共著, 竞争法(第三版), 中国人民大学出版社, 2018年 6月, p. 162.

방의 원가 인하 폭보다 현저히 높은지 여부이다. ⑤ 기타 고려할 필요가 있는 관련 요소이다.

▌ 가격의 합리성 여부 판단 사례[13] ◢

- **공간 비교법 적용**

  법원은 화웨이가 IDC를 상대로 제기한 시지 남용행위 분쟁안건(华为公司诉美国IDC公司滥用市场支配地位垄断纠纷案)에서, IDC가 华为에 제시한 4차례의 견적가격(报价) 모두가 경쟁상대(예, Apple·삼성 등)보다 현저히 높은 가격(최소 약 10배에서 최대 약 100배를 초과)이므로 이는 정당성·합리성이 없는 불공정한 가격 책정행위에 해당한다고 판단하여 1심과 2심 모두 원고의 승소를 판결하였다.

- **원가와 합리적 이윤의 비교법 적용**

  康师傅는 라면 생산원가(원재료 가격 등)의 인상을 이유로 2011.3월 중순 일부 용기 라면의 가격을 조정하는 동시에 일부 원료를 추가하면서, 라면(开心桶) 출고가를 12.6% 인상하였다. 그런데 그 단가 인상률은 동기 생산원가 대비 8.4%, 순 이익률은 14.3%에 이르렀다. 이는 가격조정 전 순이익률 대비 4.2% 높은 것으로 나타났다.

  따라서 국가발전개혁위원회는 그 가격 인상 폭이 원가 인상대비 상대적으로 지나치게 높은 불공정한 고가행위에 해당하는 것으로 판단하여 2011.3.30. 경고조치(提醒告诫)하였다.

2.2. 약탈적 가격 설정행위

2.2.1. 약탈적 가격 설정행위의 의미

약탈적 가격 설정행위(掠夺性定价, 也称为不当贱卖)란 우리나라 공정거래법상의 경쟁사업자 배제행위 유형 중의 하나인 부당 염매(不当贱卖)와 같은 의미로서, 일반적으로 시장지배적 경영자가 경쟁상대를 배제하기 위하여 일정한 시장에서 일정한 기한 내에 원가보다 낮은 가격으로 상품을 판매함으로써 경쟁을 배제 또는 제한하는 행위를 말한다.

2.2.2. 위법성 판단기준

시지남용행위규정 제15조 제1항은 시장지배적 경영자가 정당한 이유 없이 원가보

---

13 刘继峰 著, 竞争法学(第三版), 北京大学出版社, 2018年 7月, pp. 164~165.

다 낮은 가격으로 상품을 판매하는 행위(즉, 약탈적 가격 설정행위)를 금지하고 있다. 이러한 약탈적 가격 설정행위에 대한 위법성 여부를 판단하는 데 필요한 일반적인 구성요건을 살펴보면 다음과 같다.

첫째, 행위 주체의 경영자가 시장지배적 지위를 지녀야 하며, 그가 상품을 원가보다 낮은 가격으로 판매한 사실이 있어야 한다. 이와 관련하여 약탈적 가격 여부를 판단하는 분석기준이 되는 원가에 대해, 같은 조 제2항은 평균 가변비용 개념을 채택하고 있다. 즉, 판매하는 상품의 가격이 원가보다 낮은지 여부는 그 가격이 평균 가변비용보다 낮은지 여부를 중점적으로 고려하여 인정하여야 한다. 여기서 '평균 가변비용(平均可变成本; Average variable cost)'이란 생산하는 상품의 수량 변화에 따라 변동하는 단위당 원가(每單位成本)를 의미한다. 아울러 인터넷 등 신경제 업태와 관련되는 무료판매방식(免費模式)은 경영자가 제공하는 무료상품(免費商品) 및 관련 유료상품(收費商品) 등의 상황을 종합적으로 고려하여야 한다.

둘째, 원가보다 낮게 판매한 행위가 정당한 이유(즉, 예외인정요건)에 부합하지 않는 경우이다. 이에 대해, 같은 조 제3항은 그 행위가 '정당한 이유'로 인정될 수 있는 예외인정요건을 규정하고 있다. 즉, ① 신선한 상품(鮮活商品)·계절성 상품·유효기한이 곧 만료되는 상품 및 재고상품(积压商品)을 처리하기 위하여 가격을 인하한 경우, ② 채무상환(清偿债务)·업종전환(转产)·휴업(歇业)으로 인하여 판매하는 상품의 가격을 인하하는 경우, ③ 합리적인 기한 내에 신상품을 널리 보급하기 위하여 판촉하는 경우, ④ 행위가 정당성을 갖는다는 것을 증명할 수 있는 기타 이유를 포함한다.

셋째, 그 경영자의 약탈적 가격 설정행위가 경쟁상대를 배제하거나 시장을 독점할 의도가 있어야 하며, 그 행위의 결과가 경쟁을 배제 또는 제한하는 폐해를 초래하거나 초래할 가능성이 있어야 한다.

2.3. 거래 거절

2.3.1. 거래 거절의 의미

거래 거절(拒绝交易)이란 시장지배적 경영자가 정당한 이유 없이 거래상대방과의 거래를 거절하는 행위를 말한다. 이러한 거래 거절행위는 다음과 같은 방식으로 이루어지고 있다. ① 거래상대방과의 현존(現有) 거래량을 실질적으로 삭감하는 행위, ② 거래상대방과의 현존 거래를 지연하거나 중단하는 행위, ③ 거래상대방과의 새로운 거래를 거절하는 행위, ④ 제한적인 조건을 설정(设置)하여 거래상대방이 그와 거래하는 것을 곤란하게 하는 행위, ⑤ 거래상대방이 생산 경영활동 중에 합리적인 조건으로 그 필수설비(必需设施)를 사용하는 것을 거절하는 행위(이하 필수설비의 사용 거절이라 함)이다(시지남용행위규정 제16조 제1항).

2.3.2. 위법성 판단기준

거래 거절행위에 대한 위법성 여부는 그 행위의 정당성 여부를 분석하여 판단하여야 한다. 이에 대해, 시지남용행위규정 제16조 제3항은 '정당한 이유'로 인정할 수 있는 예외인정기준을 규정하고 있다. 즉, ① 불가항력(不可抗力) 등 객관적인 원인으로 인하여 거래할 방법이 없는 경우, ② 거래상대방이 신용기록(信用记录)의 불량 또는 경영상황 악화 등의 정황이 발생(出现)하여 거래 안전에 영향을 미치는 경우, ③ 거래상대방과의 거래가 장차 경영자 이익을 부당하게 감소(减损)시킬 수 있는 경우, ④ 행위가 정당하다는 것을 증명할 수 있는 기타 이유이다.

2.3.3. 필수설비의 사용 거절

필수설비의 사용 거절이란 시장지배적 경영자가 자기가 통제하는 필수설비에 대하여 거래상대방이 생산 경영활동 중에 합리적인 조건으로 그 시설을 사용하는 것을 거절하는 행위를 말한다. 여기서 필수설비(必需设施, 又称为核心设施)란 일반적으로 "일방의 경영자가 점유하고, 다른 일방이 시장에 진입하는 데 필수적으로 사용해야 하며, 그 시설이 복제가 불가하거나, 그 복제 비용이 과다(过高)한 경우를 의미한다."[14]

이러한 필수설비의 사용 거절에 대한 시지 남용행위 인정 여부는 그 행위의 타당성 여부를 분석하여 판단하여야 한다. 이에 대해, 시지남용행위규정 제16조 제2항은 그 고려 요소를 다음과 같이 규정하고 있다. ① 당해 시설을 합리적인 투입으로 별도 투자하여 건설하거나 별도 개발하여 건조할 가능성, ② 거래상대방이 유효하게 생산 경영활동을 전개하는 데 있어 그 시설에 대한 의존도, ③ 그 경영자가 당해 시

---

[14] 刘继峰 著, 竞争法学(第三版), 北京大学出版社, 2018年 7月, p. 178.

설을 제공할 가능성 및 자체적인 생산 경영활동에 미치는 영향 등이다.

2.4. 거래 제한

2.4.1. 거래 제한의 의미

거래 제한(限定交易, 也称为独家交易)이란 시장지배적 경영자가 정당한 이유 없이 거래상대방에게 단지 그와 거래하거나 그가 지정하는 경영자와 거래하도록 제한하는 행위를 의미한다. 이 경우 "경영자가 거래 제한행위에 종사하는 방식은 직접 제한하거나, 거래조건 등을 설정하는 방식을 통하여 변형적으로 제한할 수 있다(시지남용행위규정 제17조 제2항).

이러한 거래 제한행위는 다음과 같이 분류할 수 있다. ① 거래상대방이 단지 그와 거래하도록 제한하는 행위, ② 거래상대방이 단지 그가 지정하는 경영자와 거래하도록 제한하는 행위, ③ 거래상대방이 특정한 경영자와는 거래할 수 없도록 제한하는 행위이다(시지남용행위규정 제17조 제1항).

2.4.2. 위법성 판단기준

거래 제한행위에 대한 위법성 여부는 그 행위의 정당성 여부를 분석하여 판단하여야 한다. 이에 대해, 시지남용행위규정 제17조 제3항은 '정당한 이유'로 인정될 수 있는 요건을 다음과 같이 규정하고 있다. ① 상품의 안전요구를 충족(满足)하기 위하여 필수적인 경우, ② 지재권의 보호를 위하여 필수적인 경우, ③ 특정한 거래(针对交易)를 보호하기 위하여 진행하는 특정한 투자에 필수적인 경우, ④ 기타 행위가 정당하다는 것을 증명할 수 있는 이유이다.

2.5. 끼워팔기 또는 불합리한 거래조건의 부가

이는 시장지배적 경영자가 정당한 이유 없이 상품을 끼워 팔거나, "거래할 때 기타 불합리한 거래조건을 부가하는 행위(이하 불합리한 거래조건 부가행위라 함)"를 의미한다. 그 구체적인 내용은 다음과 같다.

2.5.1. 끼워팔기

끼워팔기(搭售)란 "두 가지 종류 또는 두 가지 종류 이상의 상품을 한 종류의 상품으로 묶어서 판매(捆绑销售)함으로써, 구매자가 주 상품(结卖品)을 구매하기 위해서는 반드시 종 상품(搭卖品)을 일괄적으로 구매토록 하는 상업행위"[15]를 의미한다.

이러한 끼워팔기의 구체적인 표현방식으로는 "거래 관례·소비 습관을 위배하거나 상품의 기능을 무시하여 다른 상품을 묶어서 판매(捆绑销售; Tying)하거나, 결합하여 판매(组合销售; Bundling)하는 형태"가 있다(시지남용행위규정 제18조 제1항 제1호).

2.5.2. 불합리한 거래조건 부가

'불합리한 거래조건 부가(附加不合理交易条件, 也称为附条件的交易)'란 경영자가 그의 경제적인 우세를 이용하여 거래상대방의 의사에 반하여 상품 또는 서비스를 제공할 때, 거래상대방에게 기타 불합리한 조건을 수락하도록 강제하는 행위를 의미한다.

이러한 '불합리한 거래조건 부가행위'는 다음과 같이 세분할 수 있다. ① 계약기한·지급방식·상품의 운송(运输) 및 교부방식 또는 서비스 제공방식 등에 대하여 불합리한 제한을 부가하는 행위, ② 상품의 판매지역·판매대상·사후서비스 등에 대하여 불합리한 제한을 부가하는 행위, ③ 거래 시 가격 이외에 불합리한 비용을 부가하는 행위, ④ 거래목적(交易标的)과 무관한 거래조건을 부가하는 행위이다(시지남용행위규정 제18조 제1항 제2호~제5호).

2.5.3. 위법성 판단기준

끼워팔기 또는 불합리한 거래조건의 부가행위에 대한 위법성 여부는 그 행위의 정당성 여부를 분석하여 판단하여야 한다. 이에 대해, 시지남용행위규정 제18조 제2항은 '정당한 이유(正当理由)'로 인정할 수 있는 요건을 다음과 같이 규정하고 있다. ① 정당한 업계 관례 및 거래 습관에 부합하는 경우, ② 상품의 안전요구를 충족하기 위하여 필수적인 경우, ③ 특정한 기술을 실현하기 위하여 필수적인 경우, ④ 기

---

15 王先林 著, 竞争法学(第三版), 中国人民大学出版社,2018年 8月, p. 255.

타 행위가 정당하다는 것을 증명할 수 있는 이유를 포함한다(시지남용행위규정 제18조 제2항).

그중 끼워팔기가 시지 남용행위로 인정되기 위해서는 일반적으로 상술한 요건 외에 다음과 같은 요건을 동시에 충족해야 되는 것으로 보고 있다. ① (강제성) 구매자의 의사에 반하여 두 가지 종류의 다른 상품을 묶어서 판매하여야 한다. ② (별개의 상품성) 주 상품과 종 상품은 두 개의 독립된 상품이어야 한다. ③ (주 상품시장의 지배력) 끼워팔기 행위의 주체는 주 상품시장에서 시장지배력이 있어야 한다. ④ (전이효과) 끼워팔기 행위가 종 상품시장에 대하여 실질적인 영향을 미쳐서 장차 그 경쟁 우세가 주 상품시장(一个市场)에서 종 상품시장(另一个市场)으로 전이되어야 한다.[16]

2.6. 차별대우

2.6.1. 차별대우의 의미

차별대우(差別待遇, 又称为歧视待遇)란 "시장지배적 경영자가 정당한 이유 없이 '조건이 서로 같은' 거래상대방에 대하여 가격 또는 기타 거래조건을 다르게 제공함으로써 그 거래상대방이 불리한 경쟁 지위에 처하게 하는 행위"[17]를 말한다. 여기서 '조건이 서로 같은(条件相同)'이란 "거래상대방 간에 거래 안전·거래 비용·규모 및 능력·신용 상황·처한 거래단계·거래 지속시간 등에서 거래에 실질적으로 영향을 주는 차이(差別)가 없는 경우를 의미한다(시지남용행위규정 제19조 제2항)."

이러한 차별대우의 세부 유형은 다음과 같다. ① 거래가격·수량·품종·품질 등급을 다르게 실행하는 행위, ② 수량 할인[18] 등의 우대조건을 다르게 실행하는 행위, ③ 지급조건·교부방식을 다르게 실행하는 행위, ④ 보증(保修)내용 및 기한, 유지보수(维修)내용 및 시간, 부품공급(零配件供应), 기술지도 등의 사후서비스 조건(售后服务条件)을 다르게 실행하는 행위이다(시지남용행위규정 제19조 제1항).

---

16 ① 刘继峰 著, 竞争法学(第三版), 北京大学出版社, 2018年 7月, pp. 180~181. ② 王先林 著, 竞争法学(第三版), 中国人民大学出版社, 2018年 8月, p. 256 참조.

17 王先林 著, 竞争法学(第三版), 中国人民大学出版社, 2018年 8月, p. 257.

18 数量折扣(Quantity Discount)是当购买者购买数量较大时, 提供的一种价格折扣。典型的例子是买100件以下, 单价为10美元, 买100件或100件以上, 每件为9美元。法律规定, 数量折扣必须对所有的客户都是平等的, 但折扣金额不能超过销售者因大批销售所节约的成本, 这些成本包括销售、储存、运输费用等。数量折扣又可分为累计数量折扣和一次性数量折扣两种类型。

2.6.2. 위법성 판단기준

차별대우행위에 대한 위법성 여부는 그 행위의 정당성 여부를 분석하여 판단하여
야 한다. 이에 대해, 시지남용행위규정 제19조 제3항은 '정당한 이유'로 인정될 수
있는 요건을 다음과 같이 규정하고 있다. 즉, ① 거래상대방의 실제 수요에 근거하
고 정당한 거래 습관 및 업계의 관례에 부합하게 거래조건을 다르게 실행한 경우,
② 새로운 고객의 첫 거래에 특정(针对)하여 합리적인 기한 내에 전개하는 우대활동
인 경우, ③ 기타 행위가 정당하다는 것을 증명할 수 있는 이유를 포함한다.

한편, 차별대우의 전형적인 유형 중의 하나가 가격차별(价格歧视)행위인데, 실무
상 부당한 가격차별행위와 합리적인 가격차별행위를 명확히 구별하기는 쉽지 않은
문제이다. 일반적으로 위법한 가격차별행위가 인정되기 위해서는 다음과 같은 구성
요건을 충족하여야 한다.[19] ① 행위 주체가 시장지배적 지위를 지녀야 한다. ② 가격
차별행위가 존재하여야 한다. ③ 가격 차별이 합리성(즉, 정당한 이유)을 갖지 않아야
한다. ④ 가격 차별이 경쟁을 훼손하여야 한다.

2.7. 기타 시지 남용행위

이는 '국무원 반독점법집행기구(즉, 시장관리총국)가 인정하는 기타 시지 남용행위
(이하 기타 시지 남용행위로 약칭함)'를 의미한다.

이러한 기타 시지 남용행위가 인정되기 위해서는 다음 조건을 동시에 충족(符合)
하여야 한다. ① 경영자가 시장지배적 지위를 구비하여야 한다. ② 경영자가 경쟁을
배제·제한하는 행위를 실시하여야 한다. ③ 경영자가 실시한 관련 행위가 정당한
이유를 갖지 않는 경우이다. ④ 경영자의 관련 행위가 시장 경쟁에 대하여 배제·제
한하는 영향을 미쳐야 한다(시지남용행위규정 제21조).

2.8. 공용사업경영자의 남용행위

공용사업영역 경영자의 경영행위(公用事业领域经营者的经营行为)일지라도 그가
시지 남용행위를 한 경우에는 반독점법이 적용되어 금지된다. 즉, "급수(供水)·전
력공급(供电)·가스공급(供气)·열에너지 공급(供热)·전신·유선 TV·우편·교통

---

19 王先林 著, 竞争法学(第三版), 中国人民大学出版社, 2018年 8月, p. 257.

운수 등의 공용사업영역의 경영자는 준법경영(依法经营)을 하여야 하며, 그 시장지
배적 지위를 남용하여 소비자 이익을 훼손(损害)하여서는 아니 된다"(시지남용행위
규정 제22조).

　　이러한 공용사업영역 경영자에 대한 시지 남용행위 금지규정은 비록 선언적인 내
용이기는 하지만, 사실상 국가가 통제하는 자연독점업종에 대하여 반독점법의 적용
을 명문화하였다는 점에서 그 상징적인 의미는 크다고 본다.

◣ 〈사례〉Tetra Pak(利乐)의 시지 남용행위(끼워팔기 등)에 대한 건[20]

1. 사건 당사자(当事人) : 테트라팩(Tetra Pak; 利乐) 집단 소속 6개사
당사자는 전 세계 최대의 액상 식품포장시스템(液态食品包装系统) 공급업체로서 스위스에
본부를 두고, 중국(홍콩 포함)에서 5개사를 운영하며 우유 또는 음료 등의 용기에 사용되는
포장설비 등을 제공하고 있다.

2. 관련시장의 획정
상품시장은 "액체 식품 종이 등 복합재료 무균포장설비(液体食品纸基复合材料无菌包装设
备, 이하 '포장설비'라 함)시장", "액체 식품 종이 등 복합재료 무균포장설비 기술서비스(液
体食品纸基复合材料无菌包装设备的技术服务, 이하 '포장설비 기술서비스'라 함)시장",
"액체 식품 무균포장용 종이 등 복합재료(液体食品无菌包装用纸基复合材料, 이하 '포장재
료'라 함)시장"으로 획정하였다.
지역시장은 중국시장으로 획정하였다.

3. 시장지배적 지위의 인정
가. 포장설비시장
포장설비시장은 거대한 자금 및 연구개발비용이 필요하고 핵심기술 등을 갖춰야 한다는 점에
서 높은 진입장벽이 존재하고, 당사자가 그 시장에 대하여 거래가격 및 거래조건을 통해 강한
통제능력을 지니고 있으며, 당사자에 대한 액체 식품 생산업체의 의존도가 높다. 아울러
2009년~2013년까지 당사자의 시장점유율이 50%를 초과하고, 그가 비교적 강한 시장역량을
지니고 있어 경쟁상대와 경쟁하는 데 있어 현저하게 구속받지 않은 점을 고려할 때, 당사자는
포장설비시장에서 시장지배적 지위를 지니는 것으로 판단된다.
나. 포장설비 기술서비스 시장
당사자는 포장설비 기술서비스를 제공하는데 필요한 핵심부품의 제조능력과 핵심기술을 보
유한 데다 일반적으로 그 설비고객에게만 부품과 수리훈련 기회를 제공하는 폐쇄적(封闭性)

20　竞争执法公告2016年10号, 利乐滥用市场支配地位案(国家工商行政管理总局行政处罚决定书, 工商
竞争案字[2016]1号, 2016.11.9.).

방식으로 경쟁자의 시장진입을 방해하고 있는바 기술장벽이 높고, 관련 시장에서 2009년~2013년까지 시장점유율이 80%를 초과하고 있어, 기술서비스의 가격 및 거래조건을 통제할 수 있으며, 부품과 수리 방면(특히, 핵심부품과 큰 수리 서비스)에서 그에 대한 고객의 의존도가 높은 점 등을 고려할 때, 당사자는 관련 시장에서 지배적 지위를 지니는 것으로 판단된다.

다. 포장재료 시장

포장재료시장은 자금·기술·식품안전 및 설비와의 연관성 등을 고려할 때 진입장벽이 비교적 높고, 당사자가 2009년~2013년까지 포장재료시장에서의 시장점유율이 60%를 초과하고 있으며 포장재료의 생산능력·포장유형(包型)·호환성(适配性; 즉, 겸용성) 등의 방면에서 현저한 우세를 보이는 데다 고객의 의존도 및 가격 등에서의 현저한 통제능력 등을 종합할 때, 당사자는 관련 시장에서 지배적 지위를 지니는 것으로 판단된다.

4. 위법성 판단

공상총국은 당사자가 2009년~2013년까지 포장설비 등 관련 시장에서의 지배적 지위를 이용하여 정당한 이유 없이 끼워팔기(搭售)·거래 제한(限定交易) 및 경쟁을 배제·제한하는 충성할인(忠诚折扣) 행위를 실시하였는바, 이는 반독점법 제17조 제1항 제4호(거래 제한)·제5호(끼워팔기) 및 제7호(기타)가 규정한 시지 남용행위로 인정(构成)된다고 판단하였다. 그 구체적인 판단 논거는 다음과 같다.

가. 끼워팔기(搭售)

공상총국은 조사한 결과, 상품의 기능·수요 및 거래 관행 등에 비추어 볼 때, 포장설비와 그 기술서비스 및 포장재료는 각자 독립된 상품에 속하며, 타 포장재료를 사용할 경우 그 설비의 성능 또는 식품안전 등에 미치는 영향도 절대적(必然)이지 아니한 것으로 판단하고 있다. 따라서 당사회사가 포장설비 또는 그 기술서비스를 공급하면서 설비사용업체에 대해 다양한 방식 및 유도를 통해 그가 공급하거나 허가하는 포장재료를 사용토록 제한한 행위는 정당한 이유가 없으며, 고객의 선택권을 제한하였을 뿐만 아니라 포장재료시장의 경쟁을 훼손한 행위로서 '끼워팔기 또는 거래 시 기타 불합리한 거래조건을 부가한 행위'로 판단된다.

나. 거래 제한(限定交易)

조사한 결과, 포장재료의 품질은 원지(原纸)의 성능이 결정적인 영향을 미치는데, 원지 중 '갈색종이(牛底纸)'가 성능 및 원가 측면에서 우수한 것으로 평가되고 있다. 그런데 당사자는 2014년까지 중국시장에서 유일하게 포장재료 원지를 대량으로 생산·판매하는 홍타(红塔)와 체결한 약정에 의거, 그가 다른 포장재료생산업체와 동 항목에 대하여 합작하거나 '비 고유의 기술정보(非专有技术信息)'[21]를 사용하는 것을 제한함으로써 타 포장재료 생산업체에 대

---

21 당사자가 제한하는 기술정보는 "원지의 규격정보, 포장재료 생산과정에서의 원지와 관련한 기술정보, 가공기술정보"로서 대부분이 자기 고유의 정보가 아닌 다른 설비제조업체 또는 고객의 정보로서 일종의 업계에 공지된 정보에 속한다.

한 갈색종이(牛底纸) 공급을 제한하였다.

따라서 이러한 행위는 정당한 이유 없이 포장재료 시장의 경쟁을 배제·제한한 행위로서 "거래상대방이 단지 그와 거래하거나, 그가 지정하는 경영자와 거래하도록 제한하는 행위(즉, 거래 제한행위)"로 인정된다.

다. 충성할인(忠诚折扣)

충성할인(loyalty discount)이란 경영자가 거래상대방의 일정 기간에 누적된 상품의 거래 수량·거래금액·거래점유율을 조건으로 하거나, 기타 충성도 결과에 근거하여 부여하는 할인을 의미한다. 당사자가 2009년~2013년까지 포장재료 판매와 관련하여 실시한 충성할인은 '소급 누적 할인(追溯累计折扣)' 방식과 '목표할인(目标折扣)' 방식이 있다. 그중 전자는 고객의 일정 기간 구매량이 특정 수량 기준치에 도달할 경우 고객에게 그 기간의 모든 누적구매량을 소급하여 모종의 단가할인을 적용하며, 그 할인 폭은 판매량 기준치(销量阈值)에 따라 누진(累进)하는 특징을 지니고 있다. 여기에는 단일상품형과 복합상품형 2가지 종류가 있다. 후자는 일반적으로 특정 고객이 일정 기간 내에 구매한 상품이 목표 비율 또는 개별 고정수량을 달성하거나 초과하는 것을 조건으로 부여하는 할인이다.

일반적으로 할인은 자주 보는 상업행위로서 시장의 경쟁을 촉진하고 소비자에게 유리한 측면이 있다. 그러나 시장지배적 경영자가 실시하는 충성할인은 그 충성유도 효과(忠诚诱导效应)와 특정한 시장 조건(예, 고객의존도, 끼워팔기 및 다양한 종류의 할인과 중첩 사용하는 경우의 영향 등)이 서로 결합함으로써 포장재료 시장에서 현저한 반경쟁효과(즉, 고착 효과)를 나타내는 것으로 보고 있다.

따라서 당사자의 충성할인은 장차 고객이 경쟁할 수 없는 일부 수요와 경쟁할 수 있는 일부 수요를 묶어서 다른 할인과 중첩하여 운영함으로써 단기적으로는 경쟁상대에 대한 봉쇄를 초래하고 장기적으로는 당사자와 같거나 비슷한 원가로는 경쟁할 수 없는 상황을 초래하게 되어, 관련 시장에서의 경쟁을 배제·제한하는 효과를 지니고 있는바, 기타 시지 남용행위로 인정된다.

5. 시정조치

사건조사과정에서 당사자는 일부 행위를 조정하였고, 사건조사에 협조하였으며, 사건 종결(结案) 전에 자발적으로 위법사항을 시정하였다.

공상총국은 이러한 조사 협조와 자진 시정한 점을 고려하여 당사자의 시지 남용행위에 대해, 2016.11.9. 위법행위 중지 명령과 2011년도 중국시장에서의 관련 상품시장매출액의 7%에 해당하는 과징금 약 6억 6,772만元(약 1,130억원)을 부과하였다. 다만, 당사자가 본 처벌결정서를 받은 날부터 15일 이내에 과징금을 납부하지 않을 경우, 시장관리총국은 매일 과징금의 3%를 이행강제금(加处罚款)으로 부과할 수 있다.

그중 위법행위 중지 명령은 다음과 같다. ① 포장설비 및 그 기술서비스를 제공하면서 정당한 이유 없이 포장재료를 끼워 팔아서는 아니 된다. ② 정당한 이유 없이 포장재료 원지 공급업체가 갈색 종이(牛底纸)를 제삼자에게 공급하는 것을 제한하여서는 아니 된다. ③ 포장재료 시장의 경쟁을 배제·제한하는 충성할인을 규정(制定)하거나 실시하여서는 아니 된다.

경영자집중
(経营者集中)

제1절 경영자집중제도 개관

제2절 경영자집중 신고제도

제3절 경영자집중 심사제도

제4절 제한조건의 이행관리

제5절 미신고 경영자집중에 대한 조사처리

제6절 국가안전심사

경영자집중
(経营者集中)

제1절   경영자집중제도 개관

1. 경영자집중의 의의

1.1. 경영자집중의 개념 및 지배권의 판단

경영자집중(経营者集中)이란 반독점법상의 특유한 개념으로서 공정거래법상의 기업결합과 같은 의미이다. 『반독점법(이하 법이라 함)』은 경영자집중에 대한 명확한 정의 없이 세 부류의 구체적 상황을 열거하는 방식으로 그 의미를 표현하고 있다. 즉, 법 제20조에 의하면, 경영자집중이란 ① 경영자가 합병(合幷)하는 경우, ② 경영자가 주식(股权) 또는 자산을 취득하는 방식을 통하여 다른 경영자에 대한 지배권(控制权)을 취득하는 경우, ③ 경영자가 계약 등의 방식을 통하여 다른 경영자에 대한 지배권을 취득하거나, 다른 경영자에 대하여 결정적인 영향을 미칠 수 있는 경우를 의미하고 있다.

여기서 경영자집중의 집중이란 민법 또는 회사법 의미상의 협의의 합병(合幷;

merger)뿐만 아니라, 자산취득·주식매수·계약체결·연합경영(联营) 등을 통하여 다른 기업에 대한 지배권을 취득하거나 영향력을 행사하는 경우를 모두 포괄하는 의미이다.

경영자집중에서의 지배권이란 단독의 지배권과 공동의 지배권을 모두 포함한다. 경영자가 거래를 통하여 "다른 경영자에 대한 지배권을 취득하거나, 다른 경영자에 대하여 결정적인 영향을 미칠 수 있는 경우(이하 지배권으로 통칭함)"의 판단은 많은 법률적·사실적인 요소에 따라 결정된다. 그중 집중계약(集中协议)·다른 경영자의 정관 및 기타 주식 분산 등의 요소는 지배권 판단에 중요한 근거가 되고 있다. 일반적으로 경영자가 거래를 통하여 다른 경영자의 지배권을 취득하는지를 판단할 때에는 다음 요소를 포함하여 고려하고 있다. ① 거래의 목적 및 장래의 계획, ② 거래 전후 다른 경영자의 지분구조(股权结构) 및 그 변화, ③ 다른 경영자의 주주총회(股东大会) 의결사항 및 그 의결시스템(表决机制), 그 이전(历史) 출석률 및 의결상황, ④ 다른 경영자의 이사회 또는 감사회의 구성 및 그 의결시스템, ⑤ 다른 경영자의 고급관리자에 대한 임면 등, ⑥ 다른 경영자의 주주와 이사 간의 관계, 투표권 행사의 위임·행동 일치자 등의 존재 여부, ⑦ 그 경영자와 다른 경영자 사이에 중대한 상업적 관계·합작 협의(合作协议) 등의 존재 여부이다. 이러한 지배권은 경영자가 직접 취득하거나, 그가 이미 지배하는 경영자를 통하여 간접적으로 취득할 수도 있다. 한편, 신설된 공동경영 기업(新设合营企业)의 경우, 최소 2인의 경영자가 그 기업을 공동으로 지배한 경우에는 경영자집중에 해당하나, 단지 1인의 경영자가 단독으로 그 기업을 지배하고 다른 경영자는 지배권이 없는 경우에는 경영자집중에 해당하지 아니한다.[1]

이러한 요건을 종합할 때, 경영자집중이란 "둘 또는 둘 이상의 경영자가 합병을 진행하거나, 하나 또는 다수의 경영자가 매수(收购)·계약 등의 방식을 통하여 다른 경영자에 대해 실질적으로 지배하여 상호 관계상 영구적인 변화(变迁)를 가져오는 행위"[2]라고 정의할 수 있다.

---

1 『**경영자집중 신고에 관한 지도 의견**(关于经营者集中申报的指导意见), 2018.9.29. 수정, 이하 '**신고지도의견**'이라 약칭함)』 제3조~제4조; 한편, 시장관리총국은 현재 경영자집중 관련 규정들을 통합한 『**경영자집중 심사 규정**(**의견수렴안**) [市场监管总局关于 《经营者集中审查暂行规定(征求意见稿)》, 2020.1.7.]』을 마련하여 의견수렴 후, 제정작업을 진행하고 있다.
2 王先林 著, 竞争法学(第三版), 中国人民大学出版社, 2018年 8月, p. 264.

1.2. 경영자집중의 기능 및 유형

경영자집중은 그 기능이나 효과 면에서 긍정적인 측면과 부정적인 측면의 양면성을 지니고 있다. 즉, 경영자집중을 통하여 규모의 경제를 실현하고 기업의 효율성 및 시장경쟁력을 제고하는 등의 긍정적 측면과 시장에서의 지배력을 형성 또는 강화함으로써 시장경쟁에 부정적인 영향을 초래하는 측면이 있다. 따라서 반독점법은 시장역량의 과도한 집중을 방지하고 유효한 경쟁과 합리적인 시장구조를 유지하기 위하여 경영자집중에 대하여 필요한 규제를 하고 있다.

이러한 경영자집중의 유형은 그 분류기준에 따라 다양한 형태로 분류할 수 있으나, 경영자가 영위하는 업종 간의 관계에 따라 수평집중(즉, 수평결합) · 수직집중(즉, 수직결합) · 혼합집중(즉, 혼합결합)으로 분류할 수 있다. 그중 수평집중이란 동일 또는 유사한 제품을 생산함으로써 같은 시장에서 서로 경쟁 관계에 있는 경영자 간의 집중을 의미한다. 수직집중은 원재료의 생산에서 상품의 생산 및 판매에 이르는 생산과 유통과정에 있어서 인접하는 단계에 있는 경영자 간의 집중을 의미한다. 혼합집중은 수평 또는 수직관계에 속하지 않는 이종업종을 영위하는 경영자 간의 집중을 의미한다.

1.3. 중국 경영자집중제도의 주요 특징

1.3.1. 상담제도

상담(商談)제도는 시장관리총국이 입안(立案; 공정거래위원회의 사건심사착수보고에 해당함)하기 전에 경영자가 이미 신고하였거나 신고 예정인 경영자집중에 대해 상담을 신청할 경우, 시장관리총국이 신청자가 제공한 정보에 근거하여 그가 관심 있는 문제에 대해 지도의견을 제공하는 절차로서 경영자집중 신고의 필수절차가 아닌 경영자가 스스로 결정하는 임의절차이다.

상담을 신청할 때에는 "거래 개황 등의 문서 및 자료, 상담할 문제 등"을 적시한 서면 방식(예, 팩스 · 우편 등)으로 진행하여야 한다. 그중 상담 문제는 다음 사항을 포함한다. ① 신고대상 여부(예, 관련 거래가 경영자집중에 속하는지, 신고기준에 부합하는지 여부 등), ② 제출하는 신고서류의 적합 여부(예, 신고문서 및 자료의 종류 · 형식 · 내용 및

상세함과 간략함의 정도 등), ③ 구체적인 법률 및 사실문제(예, 관련 상품시장과 지역시장
의 획정 방법·간이심사 대상 여부 등), ④ 신고 및 심사 절차(예, 신고 시한·신고 의무자·
신고 및 심사시한·간이안건 및 일반안건의 신고 절차·심사 절차 등), ⑤ 미신고 등 기타 관
련되는 문제이다(신고지도의견 제10조~제11조).

　이러한 상담제도는 경영자집중 당사자의 신고 및 심사와 관련한 의문 사항이나 애
로사항을 해소하는 한편, 경영자집중심사의 효율성 및 예측 가능성을 높이는 데 일
조한 것으로 평가되고 있다.

1.3.2. 간이심사제도

　이는 공정거래위원회의 기업결합 간이심사제도와 유사한 제도인데, 중국의 경우
에도 반독점법 시행 이후의 충분한 집행 경험과 외국의 관련 제도를 벤치마킹하여
2014년부터 경영자집중 간이안건심사제도를 채택하고 있다. 그 결과 법시행 초기부
터 제기되어 온 심사 기간의 장기화 문제를 어느 정도 해소하고, 선택과 집중을 통하
여 중요 안건에 심사역량을 집중함으로써 이전대비 경영자집중안건에 대한 반독점
심사업무의 효율성이 크게 향상된 것으로 평가되고 있다.

1.3.3. 제한조치협의제도

　제한조치협의제도는 공정거래법상의 동의의결제와 유사한 제도이다. 반독점법집
행기구는 경영자집중 관련 반독점심사과정에서 그 집중이 경쟁을 배제·제한하는 효
과가 있다고 인정될 경우, 당사자와 협의(協商) 절차를 거쳐, 경쟁제한효과를 해소할
수 있는 유효한 해결방안을 마련한 후, 이에 따라 제한조치를 부가하고 있다.

　중국은 이 제도를 적절히 활용하여 경쟁제한적인 경영자집중안건에 대해 신속하
고 효과적인 시정조치를 부과함으로써 심사의 실효성을 확보하는 것으로 평가되고
있다.

1.3.4. 산업정책의 고려

　중국은 반독점법 입법 과정에서부터 각국의 제도 및 집행 경험을 충분히 벤치마킹
하여 자국의 정치·경제적 현실과 국익을 고려하는 차원에서 경영자집중제도를 도입
하여 운용하고 있다.

이에 따라 국민경제의 거시적인 조정이나 사회주의 시장경제체제에 부합하는 산업정책을 추진하는 데 필요한 적용제외 또는 예외인정제도를 채택하고 있다. 그 대표적인 예로는 "국유경제로 대표되는 국가기간산업의 합법적인 경영활동 보호제도(법 제7조), 사회공공이익에 부합하는 경영자집중의 예외인정제도(법 제28조) 및 농업분야의 적용제외제도(법 제56조)" 등이 있다. 그 밖에도 실제 경영자집중 심사과정에서 유관부처의 의견을 중시하거나, 자국 산업 및 민족 브랜드를 보호하는 경향 역시 산업 정책적인 고려로 볼 수 있다.

1.3.5. 관련 부처 또는 업계 의견 중시

중국은 경영자집중에 대한 경쟁제한성 판단과정에서 관련 부처나 업계(단체, 기업) 등 이해관계자의 의견을 중시하고 있다. 이와 관련하여 시장관리총국은 반독점심사 과정에서 관련 부처나 경영자단체, 관계 전문가, 경쟁사업자, 상·하류 기업 등의 다양한 의견을 수렴하여 이를 경쟁제한효과 분석이나 제한조건협의 과정에서 적절히 반영하고 있다.

다만, 이러한 절차가 시장경쟁의 보호 차원보다는 다국적기업의 M&A로 인해 야기될 수 있는 자국 기업 또는 관련 산업의 폐해를 최소화하고, 나아가 자국 기업의 국제경쟁력을 강화하는 수단으로 활용됨으로써 반독점심사가 지나치게 국수주의 경향을 보인다는 부정적인 의견이 제기되는 측면도 있다.

1.3.6. 국가안전심사제도의 채택

중국경제의 세계화(経済全球化)가 진전되고 대외개방이 확대됨에 따라 외국자본의 국내기업인수 규모가 갈수록 증가하여 다국적기업에 의하여 국가기간산업이 위협받을 수 있다는 논란이 제기되어 왔다.

이에 따라 외자 유치의 질서 있는 추진과 국가안전을 위협하는 적대적 M&A를 방지하기 위하여 『반독점법』의 시행과 더불어 외국자본이 국내기업을 인수하는 거래가 국가안전과 관련되는 경우, 경영자집중 반독점심사(즉, 경쟁제한성 심사) 외에 국가안전심사제도를 도입하여 운영하고 있다.

이러한 국가안전심사는 관계부처 연석회의에서 담당하며, 그 주요 절차는 사전상담(임의절차) 및 심사신청, 안전심사(일반심사, 특별심사), 결정(시정조치 등) 및 후속 조치 순으로 진행된다.

2. 경영자집중 심사 및 그 후속 절차

경영자집중에 대한 심사 및 그 후속 절차는 크게 신고 → 입안 → 반독점심사(기초심사, 심층심사, 연장심사) → 제한조치 협의 및 결정 → 시정조치 및 이행관리 순으로 이루어지고 있다. 다만, 외국자본이 중국기업을 인수한 경영자집중이 국가안전심사대상에 해당되는 경우 반독점심사 외에 국가안전심사를 별도로 받아야 한다. 그 주요 절차를 개략적으로 살펴보면 다음과 같다.

2.1. 신고(申报)

신고인이 관련 규정에 의거 경영자집중 신고서류를 시장관리총국에 제출하면, 시장관리총국은 신고인에게 경영자집중서류접수증(经营者集中材料接收单)을 발부한다.

이 경우 시장관리총국은 신고서류의 완비 여부를 검토(核查)한 후, 자료가 완비되지 아니한 경우 신고인에게 규정한 기한 내에 자료를 보충하여 제출(补交)한 것을 통지한다. 만약, 신고인이 기한을 넘겨서도 자료를 보충하여 제출하지 아니한 경우에는 미신고(未申报)로 간주한다.[3]

2.2. 입안(立案)

경영자집중 신고가 법정요건에 부합하고 신고서류가 완비된 경우 시장관리총국은 신고를 수리(즉, 입안)한 후, 신고인에게 서면으로 입안 통지를 하며, 반독점심사 절차를 개시하게 된다.

2.3. 반독점심사(反垄断审查)

경영자집중안건에 대한 반독점심사는 1단계인 기초심사(初步审查)와 2단계인 심층심사(进一步审查) 및 연장심사(延长审查) 순으로 진행되고 있다. 그 심사기한은 기초심사가 30일, 심층심사가 90일, 연장심사가 60일이다. 따라서 최장 심사 기간은

---

3 『경영자집중 반독점심사 사무처리지침(经营者集中反垄断审查办事指南, 2018.9.29. 修订)』의 허가 절차(许可程序).

180일이 소요된다.

2.4. 제한조치 협의(協商) 및 결정

시장관리총국은 경영자집중안건 중 중대하고 복잡한 안건의 경우, 조사·관련 부처 및 업계의 의견수렴 또는 청문회 등을 거쳐 경쟁제한성 여부를 심사한다. 심사한 결과, 경쟁제한성이 없는 집중에 대해서는 원안대로 승인(許可)한다. 반면 경쟁제한성이 있는 집중에 대해서는 당사자와 협의(協商) 절차를 거쳐, 경쟁에 미치는 부정적인 영향을 해소할 수 있는 제한조건 부가방안(즉, 유효한 해결방안)의 마련 여부에 따라 금지(禁止) 또는 제한조건 부가(附加限制性条件)결정을 하게 된다.

아울러 경영자집중 반독점심사가 종결(結束)되면 시장관리총국은 심사 결정내용을 서면으로 신고인에게 통지하여야 하며, 경영자집중에 대해 금지(禁止) 또는 제한조건 부가(附加限制性条件)결정을 한 경우에는 즉시 사회에 공표하여야 한다.

2.5. 시정조치의 이행 또는 불복

경영자집중 당사자는 시장관리총국의 금지(禁止) 또는 제한조건 부가(附加限制性条件)결정을 준수하여야 한다. 즉, 제한조치사항(예, 기한 내 주식 또는 자산의 처분이나 영업양도 등)에 대해서는 그 이행 결과를 보고하여야 한다.

한편, 시장관리총국의 결정에 불복할 경우 먼저 행정 재심의를 신청하고, 그 결정에 불복할 경우 행정소송을 제기할 수 있다.

제2절 경영자집중 신고제도

1. 신고기준

1.1. 사전신고제도

경영자집중에 대한 신고제도는 반독점법집행기구가 경영자집중을 관리 감독하기 위한 주요 수단이 되고 있다. 이러한 신고제도는 경영자집중에 대한 법률규제방식에 따라 사후감독 심사제와 사전신고 심사제로 분류할 수 있다.

중국은 규제방식 중 후자에 속하는 경영자집중에 대한 사전신고(事先申報)제도를 채택하고 있다. 즉, 경영자집중이 신고기준에 부합하는 경우, 경영자는 시장관리총국에 사전 신고하여야 하며, 신고하지 아니한 경우에는 집중을 실행할 수 없다.

1.2. 신고기준

경영자집중 신고기준은 그 규제범위 및 집행의 실효성 확보에 중대한 영향을 미치고 있다. 따라서 신고기준의 채택은 반독점법집행기구의 유효하고 적정한 심사 및 통제범위뿐만 아니라, 정부의 산업정책과 경제 수준·시장구조 및 행정비용 등을 종합적으로 고려하여야 한다. 각국은 자국의 경제발전 수준이나 시장구조를 고려하여 다양한 기준4을 채택하고 있다. 일반적으로 대다수 국가는 당사자의 자산 규모·매출 규모·거래 규모 등을 기준으로 하여 신고기준을 정하고 있다.

중국의 경우 EU(유럽연합)와 유사한 방식을 채택하여 영업액(즉, 매출액)을 기준으로 하되, "전 세계 연간매출액과 중국 내의 연간매출액"으로 세분하여 그 신고기준을 규정하고 있다. 즉, 국무원은 법 제21조 규정에 의거, 『국무원의 경영자집중 신고기준에 관한 규정(国务院关于经营者集中申报标准的规定, 2008.8.1. 상무회의 심의, 2008.8.3.부터 시행, 국무원 영 제529호, 이하 '신고기준'이라 함)을 제정하여 시행하고 있다.

그 구체적인 신고기준은 다음과 같다. ① (전 세계 연간매출액 기준) 집중에 참여하는 모든 경영자의 직전 회계연도 전 세계 매출액(营业额) 합계(단, 중국 내의 매출액을 포함함)가 100억元을 초과하고, 동시에 그중 최소 2 경영자의 직전 회계연도 중국 내의 매출액이 모두(均) 4억元을 초과한 경우, ② (중국 내의 연간매출액 기준) 집중에 참여하는 모든 경영자의 직전 회계연도 중국 내의 매출액 합계가 20억元을 초과하며, 동시에 그중 최소 2 경영자의 직전 회계연도 중국 내의 매출액이 모두 4억元을 초과한 경우이다.5

---

4 각국은 집중에 참여하는 경영자(즉, 기업)의 "거래금액과 자산총액 또는 매출액(예, 미국), 매출액(예, EU의 경우 당사회사의 전 세계 합산 매출액과 EU 역내 전체 매출액 또는 개별 매출액이며, 일본의 경우 국내 매출액), 자산총액 또는 매출액(예, 한국), 시장점유율 또는 매출액(예, 대만)" 등에 의거 경영자집중 신고기준을 채택하고 있다.

5 신고기준 제3조; 한편, 이 기준을 적용할 경우, 시행일 기준 "신고기준에 해당하는 중국 내 기업은 15,000개 정도이며, 중국에 등록된 모든 대형기업(외자기업 포함)의 3% 수준으로 파악되고 있다. [张沈伟 연구원, "중국의 반독점법과 다국적기업의 글로벌 M&A", China Business Focus(제09-46호), 중국삼

다만, 경영자집중이 신고기준에 미달되는 경우라도 국무원 시장관리부서가 수집한 사실과 증거에 비추어 그 경영자집중이 경쟁을 배제·제한하는 효과를 지니거나 그 가능성이 있다고 인정되는 경우에는 법에 의거 조사를 진행하여야 한다(신고기준 제4조).

1.3. 신고 제외대상

경영자집중 신고기준에 부합되는 경우라도 그 집중이 지배권 변동에 영향을 미치지 않는 경우, 경영자집중 신고대상에서 제외된다. 즉, 경영자집중이 다음과 같은 경우, 경영자는 시장관리총국에 신고하지 아니할 수 있다.[6]

그 구체적인 신고제외대상은 다음과 같다. ① 집중에 참여하는 경영자 1인이 다른 경영자 각각에 대해 50% 이상의 의결권이 있는 주식 또는 자산을 보유하고 있는 경우이다. 예를 들면, 모회사와 자회사 간의 집중인 경우이다. ② 집중에 참여하지 아니한 동일한 경영자가 집중에 참여한 경영자 각각에 대해 50% 이상의 의결권이 있는 주식 또는 자산을 보유하고 있는 경우이다. 예를 들면, 자회사 간의 집중인 경우로서 동일인 또는 그 관련자가 이미 지배하는 회사 간의 경영자집중을 의미하고 있다.

1.4. 신고매출액 계산기준

1.4.1. 일반업종의 매출액 계산기준

영업액(营业额)은 경영자집중의 신고대상 여부를 판단하는 기본근거가 되는 지표이다. 이러한 영업액이란 관련 경영자가 직전 회계연도 내에 상품 판매 및 서비스 제공으로 획득한 수입에서 관련 세금 및 그 부가비용을 공제한 금액(즉, 매출액을 의미하며, 이하 매출액으로 통칭함)을 의미한다. 그리고 중국 내의 매출액은 경영자가 제공하는 상품 또는 서비스 구매자(买方)의 소재지가 중국 내에 있는 것을 의미한다. 이 경우 경영자가 수입한 상품 또는 서비스는 포함하되, 수출한 상품 또는 서비스는 제외한다. 집중에 참여한 경영자의 매출액 계산기준은 다음과 같다.[7]

성경제연구원, 2009.12.25., 8면].

6　반독점법 제22조 및 신고지도의견 제25조.

7　신고지도의견 제5조~제8조, 『경영자집중 신고 방법(经营者集中申报办法, 상무부령 2009년 제11호, 2009.11.21. 공포, 2010.1.1. 시행)』제5조~제7조 및『경영자집중 신고 방법 및 심사 방법에 관한 해석

(1) 개별 경영자의 매출액 계산

집중에 참여하는 개별(单个) 경영자의 매출액은 "지배 관계에 있는 경영자(이하 '계열회사'로 약칭함)" 모두의 매출액을 합산하되, 계열회사 간에 발생하는 매출액은 제외한다. 즉, 개별 경영자의 매출액 계산은 기업집단 소속 전체 계열회사의 매출액을 합산하되, 집단 내부에서 발생하는 매출액은 그 계산범위에서 제외한다.

(2) 개별 경영자의 공동지배경영자 관련 매출액 계산

집중에 참여하는 개별 경영자 매출액의 중복 계산을 방지하기 위하여, 공동지배경영자와 제3자 간의 매출액은 1차례만 계산한다. 즉, 집중에 참여하는 개별 경영자 간 또는 집중에 참여하는 개별 경영자 및 집중에 참여하지 아니하는 경영자 간에 공동으로 지배하는 다른 경영자가 있는 경우, 집중에 참여하는 개별 경영자의 매출액은 공동으로 지배받는 경영자와 제삼의 경영자 간의 매출액을 포함하되, 그 매출액은 1차례만 계산한다.

(3) 전체 매출액 합계 시 공동지배경영자 관련 매출액의 계산

집중에 참여하는 모든 경영자의 매출액을 합산할 때, 공동지배경영자와 관련한 매출액은 중복하여 계산하여서는 아니 된다. 즉, 집중에 참여하는 개별 경영자 간에 공동으로 지배하는 다른 경영자가 있는 경우, 집중에 참여하는 모든 경영자의 매출액 합계에는 공동으로 지배를 받는 경영자와 그를 공동으로 지배하는 집중에 참여한 어느 경영자 1인 또는 후자와 지배 관계에 있는 경영자 간에 발생한 매출액은 포함하지 아니한다.

(4) 일부 인수한 경우의 매도인 매출액 계산

하나의 경영자집중이 하나 또는 다수 경영자의 일부분을 포함하여 인수할 때, 만약 매도인이 거래 후 매각되는 부분에 대해 더 이상의 지배권을 가지지 않는 경우, 매도인의 매출액은 집중거래와 관련된 부분의 매출액만을 계산한다.

이 기준은 주로 다음 두 가지 유형의 상황을 포함한다. ① 자산을 매각하는 상황에서 매도인이 매각되는 자산에 대해 더 이상의 지배권을 보유하지 아니하는 경우, 그 자산에서 발생하는 매출액만을 계산한다. ② 목표회사의 전부 또는 일부의 지분

(商务部反垄断局关于经营者集中申报办法和经营者集中审查办法的解读, 2010.1.15.)』참조.

을 매각하는 상황에서 매도인이 거래 완료 후, 목표회사에 대하여 더 이상의 지배권
을 보유하지 아니하는 경우, 그 목표회사의 매출액만을 계산한다.

(5) 다수 연속 거래의 매출액 계산

경영자가 여러 차례의 거래를 통하여 그 신고 의무를 회피하는 것을 예방하기 위
하여, 상호 동일한 경영자 간에 2년 이내에 여러 차례 신고기준에 미달하는 경영자
집중을 한 경우, 1차례의 집중거래로 보며, 집중이 발생하는 시간은 최후 1차례의
거래부터 기산한다. 이 경우 2년 이내란 제1차 집중거래 완성일부터 최후 1차례의
집중거래계약체결일까지의 기간을 의미하며, 그 경영자집중의 매출액은 여러 차례의
거래를 합하여 계산한다. 만약, 경영자가 그와 지배 관계에 있는 다른 경영자를 통하
여 실시하는 경우라도 본 기준에 의거 처리한다.

1.4.2. 금융업종의 매출액 계산기준

금융업종(은행·보험·증권·선물 등)의 영업액(즉, 매출액) 계산은 업종의 특수성을
고려하여 다음과 같이 별도기준인『금융업 경영자집중 신고 매출액 계산 방법(金融
業経営者集中申报营业额计算办法), 영 2009년 제10호, 2009.7.15. 공포, 2009.8.14.
시행』에 의거 계산한다.

이 기준은 금융업종의 경영자집중 신고기준을 명확히 하기 위하여, 그 적용대상·
금융업종별 매출액의 범위 및 계산 방법을 규정하고 있다. 이 기준에 따르면 금융업
종의 매출액은 재무제표상 매출액(영업수익)의 10% 수준인 것으로 이해되고 있다.
그 주요 내용은 다음과 같다.

(1) 적용대상

이 기준은 은행업 금융기관·증권회사·선물회사·기금관리회사·보험회사 등의
금융업 경영자집중 신고매출의 계산에 적용한다. 그중 은행업 금융기관(银行业金
融机构)은 상업은행·도시 신용합작사·농촌 신용합작사 등 대중의 예금을 예치(吸
收)하는 금융기관 및 정책성 은행을 포함한다.

한편, 금융자산관리회사·신탁회사·재무 회사·금융리스회사(金融租赁公司)·자
동차 금융회사·화폐 중개회사(货币经纪公司)와 은행업 감독 관리기관의 승인을 받
아 설립한 기타 금융기관의 매출액 계산 방법은 본 기준의 은행업 금융기관에 관한

규정을 준용한다.

(2) 업종별 매출액의 범위

금융업종별 매출액의 범위는 다음과 같다. ① (은행업) 은행업 금융기관의 매출액 구성(要素)은 다음 항목을 포함한다. ⓐ 이자 순수입, ⓑ 수수료 및 중개 수수료(佣金) 순수입, ⓒ 투자수익, ⓓ 공정가치(公允价值) 변동 수익, ⓔ 환전수익(汇兑收益), ⓕ 기타 영업(其他业务) 수입이다. ② (증권회사) 증권회사의 매출액 구성은 다음 항목을 포함한다. ⓐ 수수료 및 중개 수수료 순수입[중개업무, 자산관리업무, 위탁판매(承销) 및 보증 추천(保荐[8])업무, 재무 고문 업무 등], ⓑ 이자 순수익, ⓒ 투자수익, ⓓ 환전수익, ⓔ 기타 영업수익이다. ③ (선물회사) 선물회사의 매출액 구성은 "ⓐ 수수료 및 중개 수수료 순수입, ⓑ 은행 예금이자 순수익"을 포함한다. ④ (기금관리회사) 기금관리회사의 매출액 구성은 "ⓐ 관리비 수입, ⓑ 수수료 수입 항목"을 포함한다.

(3) 매출액 계산 방법

금융업종의 경영자집중 신고매출액의 계산 공식은 다음과 같다. 즉, 매출액 = (매출액 합계 − 영업세 및 부가비용)× 10%이다. 다만, 보험회사의 집중 신고매출액의 계산 공식은 다음과 같다. 즉, 매출액 = (보험료 수입 − 영업세 및 부가비용) × 10%이다. 그중 보험료 수입 = 기존 보험계약의 보험료 수입 + 수재 보험료(分入保费) − 출재 보험료(分出保费)이다.

2. 신고 의무 및 신고서류

2.1. 신고 의무자

경영자집중 신고는 ⓐ 합병방식인 경우, 합병에 참여하는 각각의 경영자가 신고하며, ⓑ 기타 방식인 경우, 지배권을 취득한 경영자가 신고하되, 다른 경영자는 협조하여야 한다. 다만, 동일 안건 중 신고 의무자가 둘 또는 둘 이상일 경우, 그중 약정한 하나의 경영자가 신고하거나 공동으로 신고할 수 있다. 만약, 신고 의무자가 신고하지 아니하는 경우 경영자집중에 참여하는 다른 경영자가 신고할 수 있다(신고지

---

8 保荐就是证券发行的时候, 需要有专门的保荐机构, 对证券的发行和上市进行推荐。

도의견 제13조).

한편, 신고 의무자는 직접 신고(自行申报)하거나 법에 의거 타인에게 위탁하여 대리신고(代理申报)를 할 수 있다. 이 경우 당사자는 신고 대리인(申报代理人)을 지정하여 '경영자집중 반독점심사 신고서(申报表)'에 이를 기재하여야 하며, 위탁의뢰서(授权委托书)를 작성하여 발급(出具)하여야 한다.

2.2. 신고 시한

중국은 경영자집중에 대한 사전신고(事先申报)제도를 채택하고 있으므로 신고기준에 부합하는 경우 신고 의무자는 시장관리총국에 사전 신고하여야 한다.

따라서 신고인은 집중계약(集中协议)에 서명한 후, 집중을 시행하기 전에 시장관리총국에 신고하여야 한다. 다만, 공개 매수(公开要约方式)방식으로 상장회사를 인수(收购)하는 경우, 기공고한 공개매수보고서를 이미 서명한 집중계약으로 볼 수 있다(신고지도의견 제14조).

2.3. 신고서류

2.3.1. 신고서류의 제출

시장관리총국은 당사회사의 영업비밀을 보호할 뿐만 아니라, 행정정보공개 청구 등에 대한 문서관리의 효율성을 고려하여 신고서류를 공개본과 비공개본으로 구분하여 제출토록 하고 있다. 즉, 신고인은 '경영자집중 반독점심사 신고서 양식(申报表格式)'을 참조하여 신고서류를 중문으로 작성하여 공개본(公开版本)과 비공개본(保密版本)의 서면 자료와 전자파일(电子光盘)을 함께 제출하여야 하며, 신고서류 중 상업비밀과 기타 비밀 보호가 필요한 정보는 별도 표시(标注)하여야 한다. 아울러 신고서류 중 원본이 외국문서일 경우 중문 번역본과 원본을 함께 제출하되, 그 내용이 긴 경우 우선 그 개요 및 문서 원본을 제출할 수 있다.

신고인이 경영자집중 신고에 필요한 구체적인 신고서류(즉, 관련되는 문서 및 자료)는 다음과 같은 내용을 포함하여야 한다.[9] 다만, 여기에서는 일반심사안건 위주로 설

---

9 신고지도의견 제20조, 『경영자집중 신고서류에 관한 지도의견(关于经营者集中申报文件资料的指导意见, 2018.9.29. 修订)』.

명하고자 한다.[10]

(1) 신고서(申报书)

신고서(申报书)에는 집중에 참여하는 경영자의 명칭·주소·경영범위·집중의 성격·집중의 배경·집중실시예정일·집중이 장차 영향을 미치는 시장·집중의 상업적 고려·경제적 합리성 및 집중이 부합되는 신고기준 등을 기재하여야 한다. 아울러 신고인의 신분증명 또는 등록등기(注册登记) 증명서류를 제출하여야 한다. 그 밖에 외국 신고인의 경우 현지 유관기구가 발급한 공증 및 인증문서를 제출해야 하며, 위탁 대리인이 신고하는 경우에는 신고인이 서명한 위탁의뢰서(授权委托书)를 제출하여야 한다.

(2) 집중이 관련 시장의 경쟁상황에 미치는 영향에 대한 설명

집중이 관련 시장의 경쟁상황에 미치는 영향에 대한 설명자료에는 다음과 같은 내용을 포함하고 있다. ① 집중거래 개황이다. 즉, 집중의 성격 및 방식, 거래목표 및 거래금액, 집중완성 후 관련 회사의 지배 관계, 집중과 관련된 업종 및 주요 제품 등이다. ② 상품시장과 지역시장을 포함한 관련시장의 획정 및 그 이유이다. ③ 관련 시장의 기본상황이다. 즉, 시장의 전체 규모 및 발전현황, 주요 시장경쟁자와 그 시장점유율, 시장집중도, 관련 시장 상품의 수출입 상황 및 관세, 운송 비용, 각국의 가격수준 등의 측면에서의 분석 및 증빙자료 등이다. ④ 집중이 시장구조에 미치는 영향이다. 즉, 집중 참여자의 최근 2년간 매출액 및 시장점유율, 영업방식 등의 측면에서의 분석 및 증빙자료 등이다. ⑤ 관련 시장의 상·하류 주요 기업 현황이다. ⑥ 관련 시장의 공급구조 및 수요구조이다. ⑦ 시장진입 분석현황이다. 즉, 제도·지식재산권 등의 측면에서의 진입장벽 요인, 관련 상품의 규모 경제의 중요성, 관련 시장의 경쟁자 수 및 규모, 잠재적인 시장경쟁 및 시장진입 가능성, 최근 관련 시장에서의 주요 시장진·출입 현황 등이다. ⑧ 관련 시장 내에서 경영자가 수평 또는 수직의 합작 협의 상황이다. 즉, 연구개발, 특허사용권의 양도, 연합생산 및 판매(分销[11]), 장기 공급 및 정보교환 등 방면에서의 협의의 존재 여부이다. ⑨ 집중이 시장구조, 업계의 발전, 경쟁자 또는 상·하류 경영자, 소비자, 기술진보, 경제발전 및 공공이익

---

10 간이심사안건의 경우 "제3절 1.2. 간이심사 절차 및 신고서류" 부분에서 설명한다.
11 유통과정에서 총판(도매)과 소매의 중간단계(예, 지역본부와 소매점 사이의 역할)에서의 판매를 의미한다.

에 미치는 영향이다. ⑩ 경제적 효율성 여부 등이다.

(3) 집중 협의자료

집중 협의자료에는 각종 형식의 집중 협의 문서를 포함한다. 즉, 집중과 관련된 전체 거래문서 및 그 보충문서와 첨부 서류(예, 협의서·계약 및 상응한 보충문서 등)를 제출해야 한다. 만약, 집중 협의자료가 외국문서인 경우, 중문 번역본 또는 주요 부분의 중문 요약본을 함께 제출하여야 한다.

(4) 재무회계 보고자료

회계사사무소가 회계 감사한 집중에 참여하는 경영자의 직전 회계연도의 재무회계 보고서를 제출해야 한다. 만약, 회계보고서가 외국문서인 경우, 중문 번역본 또는 주요 부분의 중문 요약본을 함께 제출하여야 한다.

(5) 기타자료

이는 시장관리총국이 요구하는 기타 문서 및 자료를 의미하는데, 크게 다음과 같이 분류할 수 있다. ① 집중에 대한 평가분석 및 보고자료이다. 예를 들면, 집중거래의 실행 가능성 연구 보고서, 실사보고서(尽职调查报告), 업계발전연구 보고서, 집중 기획보고 및 거래 후 발전 전망 예측 보고서 등이다. ② 집중에 대한 관계기관의 의견서이다. 예를 들면, 지방정부 및 주관부처의 의견, 사회 각계의 집중에 대한 반응 및 사회적 영향의 예측 등이다. ③ 기타 주관기관에 필요한 설명자료이다. 예를 들면, 집중이 도산 기업·국가의 안전·산업정책·국유자산·기타부처의 직능·유명상표 등과 관련된 문제에 대한 설명자료 등이다.

2.3.2. 신고서류의 보정 등

시장관리총국은 신고인이 제출한 신고서류를 검토(核查)한 후, 자료가 완비되지 아니하거나 불완전 또는 부정확한 경우 신고인에게 자료보정을 통지하게 된다. 이 경우, 신고인은 시장관리총국이 규정한 시한 내에 자료를 보충·수정하거나 필요한 부분에 대해 분명하게 밝히고 설명하여야 한다. 만약, 신고인이 기한을 넘겨서도 자료를 보충하여 제출하지 아니한 경우에는 미신고(未申报)로 간주한다.

한편, 반독점법집행기구와 신고인 및 기타 이해관계자(单位和个人)는 상담 또는 신고 및 심사과정에서 알게 된 상업 비밀 및 기타 비밀 보호가 필요한 정보에 대하여 비밀 보호 의무를 진다.

3. 신고 수리 및 철회

3.1. 신고 수리

중국은 우리나라의 기업결합신고제도와 달리 자료보정을 통해 법정 구비서류가 완비된 후에야 비로소 신고를 수리(立案)하고 있다. 즉, 시장관리총국은 신고서류를 검토한 후, 법정요건에 부합되는 경우 입안하여 심사를 개시하며, 신고인에게 입안 통지를 발송하게 된다.

한편, 신고기준에 미달한 경영자집중인 경우라도 경영자가 자진 신고(自願申報)하거나 심사기관이 필요하다고 인정한 경우에는 입안하여 심사할 수 있다.

3.2. 신고의 철회

시장관리총국은 신고인이 고의로 중요 정황을 숨기거나 관련 자료 및 정보의 제공 거절 또는 허위자료 및 정보를 제공한 경우에는 입안하지 아니할 수 있으며, 이미 입안한 경우에는 관련된 입안 결정을 철회(撤銷)할 수 있다. 이 경우 시장관리총국은 법에 의거 관련 경영자 또는 개인에게 법적 책임을 추궁할 수 있다.

신고인은 경영자집중 신고 후, 그 집중에 중대한 변화 또는 공개해야 할 새로운 상황이 발생한 경우, 즉시 시장관리총국에 서면으로 통지하여야 하며, 거래에 실질적인 변화가 발생한 경우 그 거래를 1차례의 새로운 거래로 하여 새로이 신고하여야 한다.

한편, 신고인은 다음과 같은 상황 중의 하나에 부합하는 경우, 신고철회(撤回)를 서면으로 신청할 수 있다. 이 경우, 시장관리총국은 심사(審核)한 후, 철회요건에 부합하는 거래에 대해서는 그 철회를 서면으로 동의하여야 한다. 이러한 신고철회 요건은 다음과 같다. ① 거래가 경영자집중에 속하지 아니한 경우, ② 집중이 신고기준에 미달하는 경우, ③ 집중이 신고제외대상에 부합하는 경우, ④ 집중에 실질적인 변화가 발생하여 새로이 신고(重新申報)해야 되는 경우, ⑤ 집중 당사자가 거래를 포기하는 경우이다(신고지도의견 제18조~제19조).

▌〈사례〉 반도체 제조 장비회사(AMAT-TEL) 간의 심사종료(신고철회) 건[12]

1. 경영자집중 개요

세계 제1위와 제3위의 반도체 제조 장비업체인 Applied Materials와 Tokyo Electron이 합병계약을 체결(2013.9.24.)한 후, 상무부에 경영자집중 신고를 하였다.

당사회사는 메모리·CPU 등 반도체를 제조하기 위한 장비 중 주로 전 공정(front-end manufacturing)[13] 장비를 생산하고 있다.

2. 심사 경위

신고(2013.11.19.) 및 자료보정 → 입안 및 기초심사(2014.1.26~) → 심층심사(2014.2.26.~) 및 연장심사 → 신고철회 2회(2014.7.21, 2015.2.3) → 3차 재신고 후, 심층심사 중 합병거래 포기 서한 제출(2015.4.27.) ⇒ 심사종료 (심사 기간 : 총 1년 3개월 소요)

3. 관련시장 획정

상품시장은 반도체 제조공정별로 나누어 텅스텐 콘택트 배선에 필요한 콘택트 라이너/배리어 필름 증착 시장(PVD/CVD/ALD deposition of Ti/TiN Liner/Barrier films) 등 16개 장비시장으로 획정하였으며, 지역시장은 세계시장으로 획정하였다.

4. 경쟁제한성 판단

상무부(반독점국)는 거래당사자 모두 칩 설비(芯片设备) 생산기업으로서 칩 설비제조 분야에서 비교적 높은 시장점유율을 점유하고 있어, 합병은 장차 관련 시장의 구조변경 및 시장경쟁에 중대한 영향을 미치는 것으로 판단하였다.

특히, 합병 후 당사회사는 대부분의 반도체 제조공정에서 유력한 사업자가 되어, 반도체 장비시장에서 "설비가격 인상, 경쟁사업자 배제, 기술혁신 저해(가장 중시)" 등 경쟁을 배제하거나 제한할 가능성이 크다고 판단하였다. 아울러 중국은 전 세계 최대의 칩 소비국으로서 설비시장의 경쟁 구도 변화는 장차 중국 칩 소비자의 이익에 중대한 영향을 미치게 되는 점(즉, 소비자 이익 저해 가능성)도 중시하였다.[14]

5. 제한조건 부가협의

상무부(반독점국)는 이 집중이 반도체(칩 설비) 시장에서의 경쟁을 배제하거나 제한할 가능성이 크다고 판단하여 이를 해소할 수 있는 유효한 해결방안(즉, 제한조건 부가방안)에 대해 당사자와 수차례 협의하였다.

---

12 합병계획 포기선언(宣布放弃合并计划) 기사[상무부 대변인실(新闻办公室), 2015.4.28.] 등.
13 반도체의 원료인 웨이퍼(wafer)를 가공하여 회로를 형성하는 공정을 의미하며, 웨이퍼 단계 패키징 공정과 합하여 웨이퍼 단계 제조공정으로 부르기도 한다.
14 상무부는 심사과정에서 좌담회 개최·설문조사 및 기업 현지 조사 등의 방식으로 각계의 다양한 의견 및 건의 사항을 수렴하였다.

그러나 당사회사가 최종 제출한 제5차 구제조치 방안(즉, 제한조건 부가 수정방안)을 평가한 결과, 그 방안이 상무부 및 미국 법무부 반독점국(DOJ)·한국 공정거래위원회 등에서 제기한 경쟁 문제를 근본적으로 해결하기에는 미흡하다고 판단하여 금지 또는 더 엄격한 제한조건 부가방안을 고려하였다. 그 제한조치방안에는 구조적 조치(즉, 중첩 분야 장비를 취급하는 사업부의 매각 등)와 행태적 조치(즉, bundling 및 원재료 봉쇄 금지 등)를 모두 포함할 계획이었다.

제3절 경영자집중 심사제도

1. 간이심사

1.1. 간이심사 적용기준

경영자집중 신고안건 중 "경쟁제한성이 없는 것으로 추정되는 안건의 경우, 신고내용의 사실 여부 및 기초적인 분석만을 통하여 신속하게 심사(이하 간이심사라 함)"할 필요가 있다. 이러한 간이심사제도는 경영자집중안건에 대한 반독점심사 기간의 장기화 문제를 해소하고, 선택과 집중을 통하여 경쟁제한성 안건에 심사역량을 집중함으로써 심사업무의 효율성을 제고하는데, 크게 기여하고 있다.

중국의 경우, 간이심사제도를 2014.2.12.부터 도입하여 운영하고 있는데, 우리나라와 달리 그 심사기한을 명시하고 있지는 않다. 그러나 이 제도를 도입한 이후, 그 심사 기간이 이전대비 대폭 단축되어 경영자집중안건에 대한 반독점심사업무의 효율성이 제고되고, 기업부담이 상당히 경감된 것으로 평가되고 있다. 그 구체적인 내용을 살펴보면 다음과 같다.

1.1.1. 간이심사 적용대상

간이심사 적용대상은 경쟁제한성이 없는 것으로 추정할 수 있는 "시장점유율이 낮은 경우, 중국 시장에 미치는 영향이 없는 경우, 단순히 공동지배권이 변동한 경우"로 분류할 수 있다.[15]

---

15 『**경영자집중 간이안건 적용기준에 관한 규정**(关于经营者集中简易案件适用标准的暂行规定, 상무부

(1) 시장점유율이 낮은 경우

시장점유율이 낮은 경우는 다시 집중유형에 따라 세 가지 유형으로 분류할 수 있다. ① (수평집중) 동일한 관련시장에서 집중에 참여한 모든 경영자가 점유하는 시장점유율의 합계가 15%보다 적은 경우, ② (수직집중) 상·하류 관계에 있는 집중에 참여한 경영자 각각의 상·하류 시장에서 점유하는 시장점유율이 25%보다 적은 경우, ③ (혼합집중) 동일한 관련시장 및 상·하류 관계에 속하지 않는 집중에 참여하는 경영자 모두가 거래와 관련한 각각의 시장에서 점하는 시장점유율이 25%보다 적은 경우이다.

(2) 중국 시장에 미치는 영향이 없는 경우

중국 시장에 미치는 영향이 없는 경우는 다시 집중의 수단·방법에 따라 2가지 형태로 분류할 수 있다. ① (해외 합영기업 설립) 집중에 참여하는 경영자가 '중국 역외(즉, 해외)에서 합영기업(合營企業)'[16]을 설립하고, 그 회사가 중국 내에서 경제활동에 종사하지 않는 경우, ② (해외기업의 주식 또는 자산매입) 집중에 참여하는 경영자가 해외기업의 주식 또는 자산을 인수한 경우로서 그 기업이 중국 내에서 경제활동에 종사하지 않는 경우이다.

(3) 단순히 공동지배권이 변동된 경우

이는 둘 이상의 경영자가 공동으로 지배하는 합영기업이 집중을 통하여 그중의 하나 또는 하나 이상의 경영자에 의해 지배되는 경우이다.

1.1.2. 간이심사 적용제외대상

간이심사 적용대상에 부합하는 경우라도 간이심사에서 제외되는 안건(즉, 적용제외대상)은 다음과 같다. 다만, 그중 일부 유형은 그 의미가 추상적이어서 시장관리총국의 자의적인 판단이 우려되는 측면이 있다. ① 둘 이상의 경영자가 공동으로 지배하는 합영기업이 집중을 통해 그중 하나의 경영자에 의해 지배되고, 그 경영자와 합영기업이 동일한 관련시장에 속하는 경쟁자인 경우, ② 경영자집중과 관련되는 관련시

공고 2014년 제12호, 2014.2.11. 제정·공표, 2014.2.12. 시행, 이하 **'간이심사기준'**이라 함)』 제2조.

16 중국 역외(中国境外)에서 둘 이상의 경영자가 공동으로 출자하여 공동경영하는 기업을 의미하며, 조인트벤처(joint venture)와 유사한 개념이다.

장의 획정이 어려운 경우, ③ 경영자집중이 시장진입 및 기술진보에 부정적(不利)인 영향을 미칠 수 있는 경우, ④ 경영자집중이 소비자 및 다른 관련 경영자에 대하여 부정적인 영향을 미칠 수 있는 경우, ⑤ 경영자집중이 국민경제의 발전에 부정적인 영향을 미칠 수 있는 경우, ⑥ 시장관리총국이 시장경쟁에 부정적인 영향을 미칠 수 있다고 인정하는 기타 상황이다(간이심사기준 제3조).

1.1.3. 간이심사 인정철회

시장관리총국은 간이심사대상 안건으로 인정한 경우라도 다음과 같은 경우에는 간이심사안건에 대한 인정을 철회(撤销)할 수 있다. 즉, ① 신고인이 중요한 정황을 속이거나, 허위자료·오인성 정보(误导性信息)를 제공한 경우이다. ② 제3자가 경영자집중이 경쟁을 배제·제한하는 효과를 구비하거나 구비할 가능성이 있다고 주장하며, 관련 증거를 제공한 경우이다. ③ 시장관리총국이 집중의 거래 정황 또는 관련 시장의 경쟁상황에 중대한 변화가 발생한 것을 발견한 경우이다(간이심사기준 제4조).

1.2. 간이심사 절차 및 신고서류

1.2.1. 간이심사 절차

간이심사안건에 대한 심사 절차는 크게 신고 → 입안 → 공시 → 심사 및 결정 순으로 이루어지고 있다. 이를 구체적으로 살펴보면 다음과 같다.[17]

(1) 상담 및 신고

경영자는 경영자집중 정식 신고 전에 임의절차인 상담을 통해 신고하고자 하는 거래의 간이심사안건 부합 여부를 확인한 후, 그 기준에 부합하는 경영자집중에 대해서는 시장관리총국에 간이심사안건(简易案件)으로 신고할 수 있다. 신고서류 접수 후, 시장관리총국은 신고인에게 경영자집중서류접수증을 발부한다.

---

17 『경영자집중 간이안건 신고에 관한 지도의견(关于经营者集中简易案件申报的指导意见, 2018.9.29. 수정)』참조.

(2) 입안 및 공시

시장관리총국은 신고서류를 심사(审核)한 후, 간이심사안건 기준에 부합하는 경우, 간이심사안건으로 입안하게 된다. 만약, 그 기준에 부합하지 않는 경영자집중에 대해서는 신고인이 일반심사안건에 의거 재신고(重新申报)하여야 한다.

입안 후, 시장관리총국은 신고인이 제출한 공시자료를 홈페이지에 10일간 공시한다. 공시 기간 중 어떠한 단위(즉, 기관·단체·법인·기업 등) 및 개인(제3자) 모두 그 안건의 간이심사인정 여부에 대하여 서면 의견을 제시할 수 있으며, 간이안건으로 인정될 수 없다고 여기는 경우 시장관리총국에 이의제기 및 관련 증거 등을 제공할 수 있다. 이 경우, 시장관리총국은 제3자의 의견 및 증거에 대해 확인(核实) 절차를 진행한다.

(3) 심사 및 결정

시장관리총국은 심사를 거쳐 간이심사안건 기준에 부합하는 경우에는 조건 없는 승인을 하며, 심사과정에서 규정에 의거 간이심사안건으로 인정되지 아니하는 사실이 발견되는 경우 그 인정을 철회(撤销)하여야 한다. 이 경우, 시장관리총국은 신고인에게 일반심사안건에 의한 재신고(重新申报)를 요구하여야 한다.

한편, 시장관리총국은 입안 전 간이심사안건의 신청을 반려(退回)하거나, 입안 후 간이심사안건의 인정을 철회(撤销)하고자 하는 경우, 신고인의 의견을 청취하고, 그가 제출한 사실·이유 및 증거를 확인하여야 한다.

1.2.2. 간이심사 신고서류

간이심사안건의 경영자집중 신고서류는 서식에 의거 신고서(经营者集中简易案件申报表)와 공시표(经营者集中简易案件公示表)를 각각 작성하여 제출하여야 한다. 그중 신고서류는 다음과 같다. ① (신고서) 신고서(申报书)에는 집중에 참여하는 경영자의 명칭·주소·경영범위·집중실시예정일 등을 기재하여야 한다. ② (집중이 관련 시장의 경쟁상황에 미치는 영향 설명) 이는 집중거래 개황, 관련시장의 획정, 집중에 참여하는 경영자의 관련 시장에서의 시장점유율, 주요 경쟁자 및 그 시장점유율, 집중이 관련 시장의 경쟁상황에 미치는 영향에 대한 효과 평가 및 근거 등을 포함한다. ③ (집중 협의자료) 이는 각종 형식의 집중 협의 문건(예, 협의서·계약 및 상응한 보충문서 등)을 포함한다. ④ (재무회계 보고자료 등) 이는 집중에 참여하는 경영자의 회계사사무소가 회계 감사한 직전 회계연도의 재무회계 보고서 및 시장관리총국이 제출을 요구하는 기타 문서나 자료이다.

2. 일반심사

일반심사안건에 대한 반독점심사는 경쟁제한성 여부를 판단한 후, 경쟁제한성이 있는 경우에는 ① 경쟁을 배제·제한하는 효과(속칭 경쟁 문제) 제기 → ② 구제방안(즉, 제한조건 부가방안) 협의 및 평가 → ③ 결정 순으로 진행되며, 경쟁제한성이 없는 경우에는 조건 없는 허가를 하게 된다. 이 과정에서 반독점심사의 객관성 및 공정성을 확보하기 위하여 청문회 등을 통한 의견수렴 절차를 두고 있으며, 경쟁제한성 안건에 대해서는 제한조치 협의제도를 통하여 심사의 효율성 및 수용성을 높이고 있다.

2.1. 심사 절차

경영자집중 반독점심사는 기초심사(初步審査), 심층심사(进一步審査) 순으로 진행된다. 그중 기초심사(初步審査)는 시장관리총국이 입안한 날부터 30일 이내에 경쟁제한성 여부를 심사한 후, 그 결과(승인 또는 심층심사 여부)를 신고인에게 서면 통지하여야 한다. 경쟁제한성이 없는 간이심사대상 등 상당수 안건의 경우, 이 단계에서 심사가 종결되고 있다.

심층심사(进一步審査)의 경우, 시장관리총국이 심층심사를 결정한 날부터 90일 이내에 심사를 완료하여야 하며, 경쟁제한성 여부에 따라 그 경영자집중을 조건 없이 승인(无条件批准)하거나 금지(禁止) 또는 제한조건 부가 승인(附加限制性条件批准)을 하여 신고인에게 서면으로 통지하고 있다.

다만, 다음 요건에 해당하는 경우에는 그 심사기한을 최장 60일까지 연장할 수 있다. 즉, ① 경영자가 심사기한 연장에 동의한 경우, ② 경영자가 제출한 문서·자료가 부정확하여 심층(进一步) 확인이 필요한 경우, ③ 경영자가 신고한 후, 관련 상황에 중대한 변화가 발생한 경우이다.[18]

---

[18] 심사기한 산정은 근무일(工作日)이 아닌 일력일(日历日) 기준으로 산정하고 있다.

한편, 심사 기간에는 경영자가 집중을 진행할 수 없으며, 심층심사를 진행치 않기로 하거나, 기한을 넘겨서도 결정하지 아니한 경우 경영자는 집중을 진행할 수 있다.

2.2. 경쟁제한성 판단

경영자집중 반독점심사는 먼저 경영자집중이 관련되는 일정한 거래영역(즉, 관련시장)을 획정[19]한 후, 그 집중이 관련 시장의 경쟁에 미치는 영향을 분석하여 평가하여야 한다. 중국의 경우에는 경영자집중이 경쟁에 미치는 영향을 평가할 때, 관련 시장에서의 '경쟁을 배제·제한하는 효과'를 기준으로 판단하고 있다. 즉, 법 제28조는 "경영자집중이 '경쟁을 배제·제한하는 효과(이하 '경쟁제한성'으로 약칭함)'를 구비 또는 구비할 가능성이 있는 경우, 반독점법집행기구는 경영자집중을 금지하는 결정을 하여야 한다"라고 규정하고 있다.

이러한 경쟁제한성 판단기준에 대해, 법 제27조 및 『경영자집중 경쟁 영향평가에 관한 규정(关于评估经营者集中竞争影响的暂行规定), 상무부 공고 2011년 제55호, 2011.8.29. 제정·공포, 2011.9.5. 시행, 이하 경쟁영향평가규정이라 함』은 우리나라의 기업결합유형별 판단기준과 달리, 경쟁제한성 판단에 필요한 요소를 크게 "단독·협조 효과, 시장점유율 및 시장지배력, 진입장벽 증대 효과" 등 8가지 유형으로 분류하여 그 요소별 고려사항을 명시하고 있다. 아울러 경영자집중 심사는 안건별 구체적인 상황 및 특성에 근거하여 경쟁제한성 판단 요소를 종합적으로 고려하여 판단하도록 규정하고 있다.

실무적으로는 경쟁제한성 판단 요소 중 시장점유율 및 시장집중도 지표가 시장지배적 지위 또는 시장구조 및 그 집중도를 객관적이고 정확하게 제시할 수 있어 경영자집중 반독점심사과정에서 우선 고려하는 중요한 기준이 되고 있다. 따라서 법상 명시적인 규정은 없으나, 법 제19조가 규정하고 있는 시장지배적 지위 추정요건에 부합되는 경우, 경쟁제한성을 구비할 가능성이 있는 것으로 보고 있다.

다만, 경쟁제한성이 높은 경영자집중인 경우라도 이를 완화하는 요인이 존재하는 경우에는 그 정도에 따라 경쟁제한성이 적거나 없는 것으로 판단할 수 있다. 이러한 경쟁제한성 완화요인으로는 해외 경쟁의 도입 수준 및 국제적 경쟁상황, 신규진입 가능성, 유사품 및 인접 시장의 존재, 강력한 구매자의 존재를 들 수가 있다.

---

[19] 관련시장의 획정에 대해서는 제3장 제1절 제1항을 참고하시기 바랍니다.

이 규정이 명시하고 있는 경쟁제한성 판단 요소 및 그 구체적 고려사항은 다음과
같다.

2.2.1. 단독효과 또는 협조 효과 등

경영자집중이 경쟁에 미치는 부정적인 영향을 평가할 때에는 우선 집중이 어떤 경
영자가 단독으로 경쟁을 배제하거나 제한하는 능력·동기와 그 가능성(즉, 단독효과)
을 발생하거나 강화하게 하는지를 고찰하여야 한다.

아울러 집중이 관련되는 관련 시장에서 소수의 몇몇 경영자만 있는 경우, 집중이
관련 경영자가 공동으로 경쟁을 배제하거나 제한하는 능력·동기와 그 가능성(즉, 협
조 효과)을 발생하거나 강화하는지를 고찰해야 한다.

또한, 집중에 참여하는 경영자가 동일한 관련 시장에서 실제 또는 잠재적인 경쟁
자에 속하지 않는 경우, 집중이 상·하류 시장 또는 관련 시장에서 경쟁을 배제·제
한하는 효과를 구비하거나 구비할 가능성이 있는지를 중점적으로 고찰하여야 한다
(경쟁영향평가규정 제4조).

2.2.2. 시장점유율 및 시장지배력

(1) 시장점유율

시장점유율(市場份額)은 한 기업의 판매량 또는 판매액이 관련 시장에서 동일 상
품 중 점유하는 비중을 의미한다. 이러한 시장점유율은 관련 시장의 구조 및 경영자
와 그 경쟁자에 대한 관련 시장에서의 지위를 분석하는 중요한 요소인 동시에 관련
시장의 구조 및 관련 시장에서의 지위를 직접 반영하고 있다.

(2) 시장지배력

집중에 참여하는 경영자에 대한 시장지배력(市場控制力)의 취득 또는 증가 여부를
판단할 때에는 다음 요소를 종합적으로 고려하여야 한다. 즉, ① 집중에 참여하는
경영자의 관련 시장에서의 시장점유율 및 관련 시장의 경쟁상황, ② 집중에 참여하
는 경영자의 상품 또는 서비스의 대체 정도, ③ 집중과 관련되는 관련 시장 내에서
집중에 참여하지 않는 경영자의 생산능력과 그 상품 또는 서비스가 집중에 참여하는
경영자의 상품 또는 서비스와의 대체 정도, ④ 집중에 참여하는 경영자가 판매시장
또는 원재료구매시장을 통제하는 능력, ⑤ 집중에 참여하는 경영자의 상품구매자(购

买方)가 공급상을 전환하는 능력, ⑥ 집중에 참여하는 경영자의 재력 및 기술조건, ⑦ 집중에 참여하는 경영자의 하류 고객에 대한 구매능력, ⑧ 기타 고려할 요소이다(경쟁영향평가규정 제5조 제2항).

2.2.3. 시장집중도

시장집중도(市場集中度)는 경영자집중과 관련되는 시장의 구조와 집중도를 측량하는 지표로서 참여기업의 수와 상대적 규모의 차이를 형량하여 시장역량을 나타내는 중요한 양적 지표가 되고 있다. 이러한 시장집중도를 측정하는 지표로는 여러 종류가 있는데, 일반적으로 반독점 경제분석에서 가장 자주 활용되는 지표가 허핀달-허쉬만 지수[Herfindahl – Hirschman Index, 이하 HHI지수로 약칭함; 也简称为赫氏指数)]와 CRn지수(行业集中度指数)이다. 그중 HHI지수는 집중과 연관되는 관련 시장에서 활동하는 경쟁사업자 전체를 대상으로 각 경영자의 시장점유율을 제곱하여 합한 숫자이다. CRn지수는 집중과 연관되는 관련 시장 중 상위 N개 경영자의 시장점유율의 합을 의미한다.

이러한 시장집중도는 경영자집중의 경쟁 영향을 평가할 때, 고려해야 할 중요한 요소 중의 하나이다. 통상적인 상황에서는 관련 시장의 시장집중도가 높을수록, 집중 후 시장집중도의 증가량이 많을수록, 그 집중이 경쟁을 배제·제한하는 효과가 나타날 가능성이 크다(경쟁영향평가규정 제6조 제2항).

2.2.4. 진입장벽 증대 효과

경영자집중은 관련 시장의 진입장벽을 높일 수가 있다. 즉, 집중 후 경영자가 집중으로 취득 또는 강화된 시장지배력을 행사하거나, 생산요소·판매경로·기술우위·핵심시설(关键设施) 등을 통제하는 방식을 통해 다른 경영자가 관련 시장에 진입하는 것을 더욱 곤란하게 할 수가 있다.

반면, 경영자집중의 경쟁 영향을 평가할 때, 잠재적인 경쟁자의 진입에 따른 상쇄효과(抵消效果)를 고찰할 수 있다. 즉, 만약 집중과 연관된 관련 시장의 진입이 아주 쉽다면, 집중에 참여하지 않는 경영자가 집중 당사자의 경쟁을 배제·제한하는 행위에 대해 반응할 수 있고, 이를 억제하는 작용을 발휘할 수 있다.

아울러 시장진입의 난이도(市场进入的难易程度)를 판단할 때에는 진입의 가능성

(可能性)·적시성(及时性) 및 충분성(充分性)을 종합적(全面)으로 고려할 필요가 있다
(경쟁영향평가규정 제7조).

2.2.5. 기술진보에 미치는 영향

경영자는 집중을 통해 기술연구개발의 자원과 역량을 더 좋게 정합함으로써 기술
진보에 긍정적인 영향을 가져올 수 있으며, 집중이 경쟁에 미치는 부정적인 영향을
상쇄(抵消)할 수 있다. 게다가 기술진보가 가져오는 긍정적인 영향은 소비자 이익 증
진에 도움이 된다.

반면, 경영자집중은 "집중에 참여하는 경영자의 경쟁압력을 완화하고, 그 과학 기
술혁신(科技创新)의 동력 및 투입을 감소하는 방식"을 통하여 기술진보에 대해 부정
적인 영향을 가져올 수도 있다. 아울러, 집중에 참여하는 경영자 역시 집중을 통하여
그 시장지배력을 높임으로써 다른 경영자가 관련 기술에 대하여 투입·연구개발 및
이용하는 것을 방해할 수 있다(경쟁영향평가규정 제8조).

2.2.6. 소비자 이익 또는 다른 경영자에게 미치는 영향

(1) 소비자 이익에 미치는 영향

경영자집중은 경제효율을 높이고 규모의 경제효과(規模经济效应)를 실현하며, 범
위 경제효과(范围经济效应), 상품 원가의 감소 및 상품 다양성을 높임으로써 결과적
으로 소비자 이익에 긍정적인 영향을 가져올 수 있다.

반면, 경영자집중은 집중에 참여하는 경영자의 시장지배력을 높이고, 그가 경쟁을
배제·제한하는 행위를 채택할 능력을 증가시킴으로써 그가 "가격 인상·품질 저
하·생산 및 판매량 제한·과학기술 연구개발 투자 감소 등의 방식"을 통하여 한층
더 소비자 이익을 훼손하게 할 수도 있다(경쟁영향평가규정 제9조).

(2) 다른 경영자에게 미치는 영향

경영자집중은 관련 시장에서의 경쟁자 간의 경쟁압력을 높여서 다른 경영자가 상
품의 품질을 향상하도록 촉진하고 상품가격을 인하하게 함으로써 소비자의 이익을
증진하는 데에 도움이 되게 할 수 있다.

반면, 집중을 통하여 취득 또는 강화된 시장지배력에 의거, 집중에 참여하는 경영
자가 모종의 경영 책략(经营策略) 또는 수단을 통하여 집중에 참여하지 않는 경영자

의 경영 규모 확대를 제한하거나, 그의 경쟁력을 약하게 하여 결과적으로 관련 시장의 경쟁을 감소함으로써 그 상·하류 시장 또는 관련 시장의 경쟁을 배제·제한하는 효과를 가져올 수도 있다(경쟁영향평가규정 제10조).

2.2.7. 국민경제 발전에 미치는 영향

경영자집중은 경영 규모의 확대, 시장경쟁력 강화에 도움이 되어 결과적으로 경제 효율을 높이고 국민경제의 발전을 촉진하게 된다.

반면, 특정한 상황에서는 경영자집중이 관련 시장의 유효 경쟁 및 관련 업계의 건강한 발전을 훼손함으로써 국민경제에 부정적인 영향을 조성할 수도 있다(경쟁영향평가규정 제11조).

2.2.8. 공공이익 등에 미치는 영향

경영자집중을 평가할 때에는 "집중이 공공이익에 미치는 영향, 집중이 경제효율에 미치는 영향, 집중에 참여하는 경영자가 파산에 직면한 기업(瀕临破产的企业)인지 여부, 구매자의 상쇄역량(抵消性买方力量; Countervailing Buyer Power) 존재 여부" 등의 요소도 종합적으로 고려할 필요가 있다(경쟁영향평가규정 제12조).

2.3. 예외인정(豁免)

경영자집중에 대한 심사는 시장에서의 유효 경쟁을 보호하고 국가의 전체적인 경제이익의 촉진을 주요 목적으로 하고 있다. 따라서 반독점심사는 집중이 경쟁에 미치는 영향뿐만 아니라, 그 집중이 경쟁에 미치는 이익과 폐해를 형량하여 경제적 효율성 여부 및 사회공공이익에 미치는 영향을 종합적으로 고려하여 판단하여야 한다. 이러한 연유로 각국의 산업정책은 직·간접으로 자국의 경쟁 정책에 일정한 영향을 미치게 되며, 바로 이러한 산업 정책적인 배려가 경쟁제한성 경영자집중에 대한 예외인정제도를 채택하는 중요한 이유 중의 하나라고 볼 수 있다.

오늘날 국제적으로 널리 통용되고 있는 예외인정기준으로는 "효율성 증대 효과, 국제경쟁력 강화, 회생 불가회사 구제, 공공이익"요건 등이 있다. 다만, 그 구체적인 기준이나 고려 요소는 각국이 처한 경제발전 수준·정치체제 및 사회환경 등에 따라 다르게 나타나고 있다. 중국의 경우, 효율성 증대 효과 및 사회공공이익 요건을 예외인정 사유로 채택하고 있으며, 그 입증책임은 경영자가 부담하도록 규정하고 있다. 즉, "경영자집중이 경쟁을 배제·제한하는 효과를 구비하거나 구비할 가능성이 있는 경우라 하더라도, 당해 집중으로 인하여 경쟁에 미치는 유리한 영향이 부정적인 영향보다 현저히 큰 경우(즉, 효율성 증대 효과가 큰 경우) 또는 사회공공이익에 부합한 경우로서 경영자가 해당 사유를 충분히 증명할 경우, 반독점법집행기구는 당해 경영자집중에 대해 금지하지 않는 결정을 할 수 있다. 이 경우 반독점법집행기구는 집중이 경쟁에 미치는 부정적인 영향을 감소하는 제한조건을 부가하는 결정을 할 수 있다."[20]

다만, 이러한 예외인정 요건 중 당해 경영자가 집중으로 인한 효율성 증대 효과를 입증하여 예외를 인정받기는 현실적으로 매우 어려운 문제로 인식되고 있다. 그리고 사회공공이익요건은 매우 추상적인 개념으로서 중국 정부가 산업 정책적 고려하에 국가 차원에서 중점적으로 추진하고 있는 국유경제의 전략적 조정이나 국유기업의 개혁과정에서 필연적으로 파생되는 국유기업의 독과점화 현상을 허용할 수 있는 논거로 활용될 개연성이 있다.

2.4. 당사자 항변 및 이해관계자 의견수렴

반독점법집행기구는 경영자집중 심사과정에서 당사자의 항변권을 충분히 보장하고 있다. 즉, 경영자집중에 참여하는 경영자는 심사과정에서 문서(信函) 또는 팩스 등의 방식으로 시장관리총국에 관련 사항에 대하여 서면 진술(书面陈述) 또는 소명(申辩[21])할 수 있으며, 시장관리총국은 응당 당사자의 진술 및 소명을 청취하여야 한다.

아울러 시장관리총국은 심사과정에서 관련 부처 또는 경영자 단체·경영자·소비자 등의 의견을 청취할 수 있다. 특히, 심사과정에서 자진(主动) 또는 관련 분야의 요청에 따라 청문회를 개최하여 조사·증거수집 및 각계의 의견을 청취할 수 있다.

---

20 반독점법 제28조~제29조 및 경쟁영향평가규정 제13조.
21 ① 申辩：申述辩解；根据事实或理由加以辩解。② 申辩权(defend oneself; 申述理由、加以辩解的权利) 它在行政许可的申请过程中, 是指当事人有权对行政机关及第三人提出的不利于申请人获得批准的理由、事实和问题等进行解释、说明、澄清和辩解。在对被许可人的处罚过程中, 申辩权是指当事人对行政机关的指控、证据, 提出不同的意见和质问, 以正当手段驳斥行政机关的指控以及驳斥行政机关提出的不利证据的权利。

따라서 청문회는 당사자의 권리를 보장하는 중요한 방식이다.

시장관리총국이 경영자집중 관련 청문회(听证会)를 개최할 경우, 참가자에 대해 사전에 서면으로 통지하여야 하며, 참가자가 서면으로 의견을 제출하고자 하는 경우 청문회 개최 전에 시장관리총국에 제출하여야 한다. 참가자가 상업 비밀 등 비밀 보호 요소를 고려하여 단독진술을 희망하는 경우, 단독 청문회(单独听证)를 할 수 있으며, 이 경우 청문 내용은 관련 비밀 보호 규정에 의거 처리한다. 시장관리총국은 구체적인 안건의 수요에 따라 참가자를 결정하고 있으며, 청문회에는 집중 당사자·그 경쟁자·상류 및 하류 기업·기타 관련 기업 및 유관전문가와 경영자 단체·유관 정부부서 및 소비자 대표 등이 참석할 수 있다. 청문회 진행은 ① 사회자 개회선언 및 청문회 규칙(纪律) 낭독 → ② 참가자 확인 → ③ 참가자 의견진술 → ④ 유관 참가자의 의견 청취(询问) → ⑤ 폐회 순으로 이루어지고 있다.[22]

2.5. 제한조치 협의

제한조치 협의(协商)제도는 공정거래위원회의 동의의결제와 유사한 제도이다. 시장관리총국은 심사 후 경쟁제한적인 경영자집중에 대해, 당사자와 협의를 통하여 당해 집중의 "경쟁을 배제·제한하는 효과"를 해소할 수 있는 유효한 해결방안을 모색함으로써 반독점심사의 효율성을 제고 하는 동시에 집행의 실효성을 확보하고 있다. 시장관리총국이 제한조건을 부가하는 절차(즉, 제한조치 협의 절차)는 다음과 같다.[23]

2.5.1. '경쟁을 배제·제한하는 효과' 제기

시장관리총국은 심사를 거쳐 경영자집중이 "경쟁을 배제·제한하는 효과"가 있거나 있을 가능성이 있는 경우, 즉시 신고인에게 그 반대의견[24]을 제기(提出)하는 동시

---

22 『경영자집중 심사 방법(经营者集中审查办法, 상무부령 2009년 제12호, 2009.11.24. 공포, 2010.1.1. 시행)』제7조~제8조. 기타 청문회 제도의 전체적인 내용에 대해서는 "제8장 제2절 2.2. 청문회"를 참고하시기 바랍니다.

23 『**경영자집중 제한조건 부가에 관한 규정**(시행)[关于经营者集中附加限制性条件的规定(试行), 상무부령 2014년 제6호, 2014.12.4. 공포, 2015.1.5. 시행, 이하 '**제한조건 부가규정**'이라 함]』제5조~제9조 및 제14조 참조.

24 이는 EU에서 심사보고서를 '반대성명(Statement of Objections)'으로 표현하는 것과 유사한데, 『경영자집중 심사 방법』제10조에서는 '반대의견'으로 표현하고 있으나 『제한조건 부가규정』제5조에서는 '경쟁을 배제·제한하는 효과'로 표현하고 있다.

에 그 이유를 설명하여야 한다. 이 경우 신고인은 이에 근거하여 제한조건 부가건의
안(附条件建议)을 제출할 수 있다.

2.5.2. 제한조건 부가건의(附条件建议)

시장관리총국이 제기한 '경쟁을 배제·제한하는 효과'에 대해, 신고인이 제한조건
부가건의안(附条件建议)을 제출하고자 하는 경우, 심층심사 기한 만료 20일 이내에
최종방안을 제출하여야 한다.

이 경우 신고인이 제출한 제한조건 부가건의안은 다음 요건을 동시에 충족하여야
한다. ① (유효성) 경영자집중이 지니거나 지닐 가능성이 있는 경쟁을 배제·제한하
는 효과를 해소 또는 감소할 수 있어야 한다. ② (실행 가능성) 이행(操作)이 현실적
으로 가능해야 한다. ③ (적시성) 집중이 존재하는 경쟁 문제를 신속히 해결할 수
있어야 한다.[25]

2.5.3. 제한조건 협의 및 평가

집중에 참여하는 경영자가 규정한 기한 내에 제한조건 부가건의안을 제출한 경우,
시장관리총국은 신고인과 협의(协商或称磋商)를 진행하여야 하며, 제한조건 부가건
의안에 대한 "유효성(有效性)·실행 가능성(可行性)·적시성(及时性)"을 평가한 후,
그 결과를 신고인에게 통지하여야 한다. 시장관리총국이 그 건의안을 평가할 때에는
관련 정부 부처·경영자단체(行业协会)·경영자·소비자의 의견을 청취하여야 한다.
이 경우 의견 수렴방식은 ① 설문조사(调查问卷) 배포, ② 청문회 개최, ③ 관련 전
문가 조직 및 논증(论证), ④ 기타 방식(예, 간담회 개최)을 채택하고 있다.

집중에 참여하는 경영자가 제출한 제한조건 부가건의 최초방안(首先方案)에 실현
할 수 없는 위험이 존재하는 경우, 시장관리총국은 심사 결정 중에 당사자에게 최초
방안의 기초하에 수정방안(备选方案或称皇冠剥离)의 제출을 요구할 수 있다. 이 경우
수정방안은 최초방안의 조건보다 더 엄격해야 하며, 그 내용에는 다른 핵심 자산과
유형자산·지식재산권 등 무형자산 또는 관련 권익 등을 포함할 수 있다.

다만, 제한조건이 매각조치(剥离)이고, "① 그 매각이 상당(较大)히 곤란하며 매각

---

25 상무부의 『경영자집중 제한조건 부가에 관한 규정(시행)에 대한 해석[关于经营者集中附加限制性条
件的规定(试行)的解读, 2014.12.17.]』.

전 매각자산(剥离业务)의 경쟁성 및 매각 가능성을 유지하는 데 상당한 위험이 존재할 뿐만 아니라, ② 매수인의 신분이 매각자산에 대한 시장경쟁의 회복 여부에 결정적인 영향을 미치거나 시장관리총국이 매수인을 사전 확정할 필요가 있다고 판단하는 경우(예, 제3자가 매각자산에 대하여 권리를 주장하는 경우)", 매각의무자는 '특정 매수인에게 매각하는 건의안(俗称交割前剥离方案)'을 제출하여야 한다. 시장관리총국은 평가를 거쳐 관련 건의안(建议)이 상술한 문제를 해결할 수 있는 경우, 다음과 같은 방식으로 경영자집중을 조건부 승인할 수 있다. 이러한 조건부 승인조건을 살펴보면 다음과 같다. ① 심사 결정 이전에 매각의무자와 특정 매수인이 매각계약(剥离业务 出售协议)을 체결할 뿐만 아니라, 조건부 승인 심사 결정(이하 조건부 승인) 중에 매각의무자가 시장관리총국에서 동의하는 매수인 및 협의 내용에 따라 매각 의무를 이행할 것을 요구한다. ② 조건부 승인 중에 매각의무자가 매각자산의 매수인을 확정하여 매각계약을 체결하며, 시장관리총국의 승인을 거치기 전에는 집중을 실행할 수 없다는 것을 요구한다. ③ 조건부 승인 중에 매각의무자가 매각 완료 이전에는 집중을 실행할 수 없다는 것을 요구한다.[26]

위와 같이 시장관리총국은 경쟁을 배제·제한하는 효과를 지니거나 지닐 가능성이 있는 경영자집중에 대해, 제한조치 협의를 통해 당해 경영자집중을 금지하거나 제한조건을 부가하는 결정을 하고 있다. 즉, 집중에 참여하는 경영자가 규정한 기한 내에 제한조건 부가건의안을 제출하지 아니하거나, 제출한 방안이 집중이 경쟁에 미치는 부정적인 영향(不利影响)을 유효하게 해소(减少)할 수 없는 경우에는 경영자집중을 금지하는 결정을 하며, 협의를 거쳐 당사자가 유효한 해결방안을 제출한 경우에는 제한조건 부가결정을 하고 있다.

2.6. 심사 결정

반독점법집행기구는 경영자집중심사를 완료한 후, 다음과 같이 세 가지 유형으로 결정할 수 있다. ① 경쟁제한성이 없는 집중에 대해서는 조건 없는 승인(无条件批准)을 하며, ② 경쟁제한적인 집중에 대해서는 금지(즉, 당해 경영자집중행위의 중지)를 하거나, ③ 제한조건을 부가하여 집중을 승인(附加限制性条件批准集中)하는 결정을 할 수 있다. 그중 제한조건을 부가하는 경우, 당사자에 대하여 기한 내 주식이나 자산의

---

26 『경영자집중 심사 규정(의견수렴안)』제47조 및 제55조.

처분 또는 영업양도 및 기타 집중 이전의 상태를 회복할 수 있는 조치를 부과할 수 있다.

이러한 시정조치 여부는 집중에 참여하는 경영자뿐만 아니라 시장경쟁에 중대한 영향을 미치게 된다. 따라서 반독점법은 심사기관에 대해 다음과 같은 세 가지의 법정의무를 부과하고 있다. 즉, ① 결정내용을 서면으로 경영자에게 통보하여야 한다. ② 경영자집중에 대해 금지 결정을 한 경우, 그 이유를 설명하여야 한다. ③ 경영자집중에 대하여 금지(禁止) 또는 제한조건을 부가하는 결정을 한 경우에는 즉시 사회에 공포하여야 한다.

한편, 반독점법 시행(2008.8.1.) 후~2019.12.31.까지 심사 완료한 경영자집중 안건은 총 2,875건인데, 그중 금지한 안건은 2건이고, 제한조건을 부가한 안건은 43건이며, 조건 없는 승인 안건은 2,830건이다.[27] 그 구체적인 연도별 안건처리 현황은 다음과 같다.

연도별 경영자집중 안건처리현황									(단위 : 건수)
구 분	2012년 이전[28]	2013년	2014년	2015년	2016년	2017년	2018년	2019년	합계
금지(불허)	1		1						2
제한조건 부가	15	4	4	2	2	7	4	5	43
조건 없는 승인	517	211	236	312	351	325	444	434	2,830
합계	533	215	241	314	353	332	448	439	2,875

◤ 〈사례 1〉 금지(불허) : 미국 코카콜라의 중국 후이웬(汇源) 인수건[29]

이 사례는 중국 정부가 『반독점법』 시행 후, 최초로 금지 결정한 안건으로서 경영자집중심사의 경쟁제한성 판단에 있어서 하나의 준거 역할을 하고 있다.

---

27 我见 | 2019年反垄断法立法、执法与司法大盘点(詹昊 · 宋迎, 2020.3.17.).
28 그중 금지안건은 2009년 1건이며, 조건부가 안건은 2009년 4건, 2010년 1건, 2011년 4건, 2012년 6건이다.
29 박제현, "중국의 기업결합제도 및 사례 연구(中国的经营者集中法律制度和案例研究)", 한중법학회, 중국법연구 제11집, 2009년 6월[(原文) 中华人民共和国商务部公告2009年第22号(2009.3.18.), 商务部新闻发言人姚坚就可口可乐公司收购汇源公司反垄断审查决定答记者问(2009.3.25.), 法学专家纵论可口可乐并购汇源案(中国人民大学法学院、法制日报周末、德恒律师事务所联合举办的专题研讨会, 2009.3.23.)].

1. 경영자집중 개요(案情)

미국의 코카콜라(美国可口可乐公司)는 2008.9.3. 100% 자회사인 Atlantic Industries를 통해 179.2억 홍콩달러(미화 23억 달러)의 가격으로 중국의 후이웬과즙집단유한회사(中国汇源果汁集団有限公司, 이하 후이웬으로 약칭함")의 발행 지분 및 교환사채를 100% 인수하기로 합의한 후, 2008.9.18. 상무부에 경영자집중신고서를 제출하였다.

그 후 총 4차례의 자료보정을 거쳐, 법정 신고서류가 완비되어 2008.11.20. 입안 및 반독점심사가 개시되었다.

2. 심사 경위

가. 기초심사

상무부는 법 제27조(심사 고려요인)에 의거 경쟁제한성 여부를 심사하였으며, 2008.12.20. 기초심사를 완료한 후, 당해 경영자집중의 규모가 비교적 크고 시장에 미치는 영향이 복잡하다고 판단하여 심층심사를 결정하고, 당사자에게 서면 통지하였다.

나. 심층심사

상무부는 심층심사과정에서 이 경영자집중이 경쟁에 미치는 영향에 대하여 다양한 평가를 진행하였다. 특히, 이해관계자에 대한 서면 의견 청취·논증회·좌담회·청문회·실사 또는 위탁조사 및 당사자 면담 등의 방식을 통해 광범위한 의견을 수렴하였으며, 관련 정부부서나 산업협회·과일쥬스음료기업 및 그 상·하류 업체, 관계전문가 등의 의견을 광범위하게 수렴하였다.

3. 법률분석

가. 신고대상 여부

코카콜라회사의 자회사가 후이웬의 발행주식 100%를 인수하기로 합의함에 따라 장차 피취득회사에 대한 지배권을 취득하게 되므로 법 제20조 제2호가 규정하고 있는 경영자집중의 유형 중 "주식 또는 자산취득을 통한 다른 경영자에 대한 지배권의 취득"에 부합되고, 양 당사자의 2007년도 중국 내의 매출액이 각각 91.2억元 및 25.9억元으로서 신고기준 제3조 제1항이 규정하고 있는 중국매출액 요건에도 부합되므로 법 제21조에 의한 사전신고대상이다.

나. 관련시장의 획정

상무부는 무주정음료의 경우, 주로 과일주스음료와 탄산음료로 분류할 수 있으나, 양 상품 간에는 대체성이 비교적 낮은 점을 고려하여 별개의 상품시장으로 판단하였다. 그리고 과일주스음료는 3종류(즉, 100% 순 과일주스음료, 농도 26%~99% 혼합과일주스음료, 농도 25%이하 과일주스음료)로 분류할 수 있는데, 이들 상품 간에는 아주 높은 수요 대체성 및 공급 대체성이 존재하는 점을 고려하여 동일한 상품시장으로 판단하였다.

다만, 당사회사가 과일주스음료시장에서는 경쟁 관계에 있으나, 탄산음료시장에서는 코카콜라만이 참여하고 있어, 관련 상품시장은 과일주스음료시장으로 획정하였으며, 지역시장은 중국 전체시장으로 획정하였다.

다. 경쟁제한성 판단

상무부는 심사한 결과, 본 안건이 관련 시장에서의 경쟁을 배제·제한하는 효과가 있는 것으로 판단하였다. 그 구체적인 경쟁제한성 판단 근거는 다음과 같다.

(1) 시장점유율, 시장집중도

2007년도 기준 중국의 과일주스음료시장은 약 4,000여 개의 업체가 생산에 참여하고 있으며, 대부분이 중소기업인 것으로 파악되고 있다. 그중 4대 생산업체의 시장점유율은 "统一 21%, Coca-Cole 20%, 顶新 16%, 후이웬(汇源)이 15%"를 각각 유지하고 있다.

그중 코카콜라는 중국 내 탄산음료시장에서의 시장점유율이 60.6%(1위)로서 시장지배적 지위를 유지하고 있으며, 과일주스음료시장에서는 20%(2위)의 시장점유율을 유지하고 있다. 그리고 후이웬은 과일주스음료시장 전체의 시장점유율은 15%(4위)에 불과하나, "100% 순과일주스음료"시장에서는 46%(1위), "농도 26%~99%의 혼합과일주스음료"시장에서는 39.8%(1위), "농도 25% 이하의 과일주스음료" 시장에서는 10.3%의 시장점유율을 각각 유지하고 있다.

따라서 경영자집중 후, 코카콜라는 과일주스음료 전체시장에서의 시장점유율 합계가 35%로서 1위 업체가 되며, 2위 업체와의 시장점유율 격차 또한 경영자집중 이전보다 크게 확대(14%)되는바, 관련시장에서 상당히 우세한 지위를 유지하게 되는 것으로 나타나고 있다.

한편, 경영자집중 후, 과일주스음료시장에서의 HHI는 약 1,300 수준에서 약 1,900 수준으로 증가하며, 그 증가분이 600이므로 관련 시장에서의 시장집중도는 크게 높아지는 것으로 파악되었다.

(2) 시장지배력의 전이(市场支配地位传导) 가능성

상무부는 코카콜라가 탄산음료시장에서 높은 시장점유율(60.6%, 1위)을 유지하고 있으며, 그의 자금력·브랜드가치·관리 및 판매능력 등 여러 방면에서 이미 경쟁상 우위에 있어 시장지배력을 보유한 것으로 판단하고 있다. 또한, 과일주스음료와 탄산음료상품은 비록 상호 간에 대체성이 강하지는 않지만, 양자가 무주정음료(无酒精饮料)로서 상호 밀접한 인접시장에 속하여 경영자집중 후, 코카콜라가 탄산음료시장에서의 지배적 지위를 바탕으로 과일주스음료시장에서도 경쟁상의 우세한 지위 및 영향력을 배가하는 강력한 시너지효과(联合的叠加效应)를 발휘할 수 있다고 판단하였다.

따라서 상무부는 코카콜라가 자신의 이윤 극대화를 위해 그의 탄산음료시장에서의 시장지배적 지위를 이용하여 장차 과일음료와 탄산음료를 끼워팔기(搭售) 또는 결합판매(捆绑销售)하거나, 배타조건부거래(附加排他性交易条件)를 함으로써 탄산음료시장에서의 지배적 지위를 과일주스음료시장으로 전이하게 되어 다른 과일주스음료생산업체의 경쟁력을 약화시키며, 심지어는 이들을 관련시장에서 퇴출시킬 가능성이 높다. 그 결과 과일주스음료시장에서의 경쟁 손실을 초래하고, 최종적으로는 소비자 후생을 감소시킬 것으로 판단하였다.

(3) 기타 요인

과일주스음료는 일종의 식품으로서 소비회전이 빠르고, 많은 소비자와 밀접한 관계에 있어 브랜드는 중요한 의미를 지니고 있다. 그러므로 이러한 상품의 경우 소비자가 지니는 상품의 충성도(品牌的忠诚度)가 높아 새로운 상품이 음료 시장에 진입하는데 주요한 장애 요인이 되고 있다. 특히, 코카콜라는 대규모의 투자를 통하여 상품에 대한 양호한 이미지를 구축하고 있어 브랜드에 대한 소비자의 충성도가 높다.

따라서 상무부는 코카콜라가 경영자집중 후, 독자적으로 과일주스음료시장에서 가장 영향력이 있는 브랜드[美汁源(Minute Maid), 汇源]를 함께 보유하게 될 경우, 과일주스음료시장에서의 지배력이 대폭 증가할 것이다. 게다가 상술한 시장지배력의 전이 또는 레버리지 효과로 잠재적인 경쟁사업자에 대한 시장진입장벽이 더욱 높아질 것인바, 이를 계기로 코카콜라의 시지 남용행위 가능성 역시 증가할 것으로 판단하고 있다.

그 밖에도 코카콜라가 민족 브랜드(民族品牌)인 후이웬을 인수할 경우, 외국자본이 중국의 음료 산업을 독점하게 되어 동종 산업에 종사하고 있는 중소기업의 건전한 발전을 저해하며, 나아가 "汇源" 브랜드의 시장에서의 퇴출 가능성이 제기되는 등 부정적인 여론[30]이 형성된 점도 본 결정에 상당한 영향을 미친 것으로 보인다.

라. 예외인정 여부

경영자집중이 경쟁을 배제·제한하는 효과를 구비하거나 구비할 가능성이 있는 경우라도 그 경영자집중에 대한 이익형량의 결과, "경쟁에 미치는 유리한 영향이 부정적인 영향보다 현저하게 큰 경우(즉, 경제적 효율성 증대 효과가 큰 경우)" 또는 "사회공공이익에 부합"되고, 경영자가 이를 충분히 입증할 경우 금지 결정을 하지 않을 수 있다.

그러나 코카콜라는 이러한 예외인정 사유를 입증할 수 있는 충분한 증거자료를 제출하지 않았다.

4. 제한조건 부가협의

상무부는 심사과정에서 코카콜라와 제한조건 부가방안을 협의하였으며, 이에 대한 유효한 해결방안의 제출을 요구하였다. 이에 따라 코카콜라는 그 해결방안을 두 차례 제출하였으나, 평가한 결과 상무부는 그 방안이 경영자집중이 미치는 부정적인 영향을 효과적으로 해소하지 못하는 것으로 판단하였다.

5. 심사 결정

상무부는 이 경영자집중이 관련 시장에서의 경쟁을 배제·제한하는 효과가 있으며, 과일주스 음료시장에서의 유효 경쟁과 과일주스 산업의 건전한 발전에 부정적인 영향을 미치는 것으로 판단하였다. 아울러 상술한 예외인정 요건에 부합하지 아니하고, 당사자가 규정된 기한 내에 경쟁에 미치는 부정적인 영향을 해소할 수 있는 유효한 해결방안을 제출하지 않았다.

---

30 외국자본에 인수된 大宝 등 민족 브랜드의 시장에서의 영향력 대폭감소 또는 퇴출(消失) 현상은 외국자본의 민족 브랜드 인수 반대 여론을 확산시키는 주요 원인이 되었다. 본 사례에서도 상무부가 주최한 비공식 청문회 등에서 관련 업계의 중소기업들은 음료 상품의 경우, 상품 판매회전율이 높은 업종(快销品行业)이며, 박리다매로 운영되는 특성이 강하여 특정 업체가 인접 시장에서 높은 시장점유율을 유지할 경우, 그의 거대한 자금력을 이용하여 소매유통망을 장악함으로써 경쟁사업자인 중소기업의 생존을 위협하는 등 경쟁에 부정적인 영향을 미친다는 이유로 반대의견을 제시하였다.

따라서 상무부는 이 경영자집중이 관련 시장의 경쟁에 부정적인 영향을 미친다고 판단하여 2009.3.18. 최종적으로 금지 결정을 하고, 그 결과를 사회에 공표하였다.

� 〈사례 2〉 금지(불허) : 글로벌 해운 3사의 네트워크센터 설립 건[31]

1. 경영자집중 개요
머스크라인(Maersk) 등 3개사가 네트워크센터(이하 'P3 네트워크'라 함)를 설립하기 위하여 경영자집중 신고서를 상무부에 제출하였다.
'P3 네트워크'는 세계 1~3위의 해운사인 머스크라인(덴마크)·MSC(스위스)·CMA CGM(프랑스)이 아시아-유럽·대서양·태평양 항로에서 3개 회사가 공동으로 노선을 운행하기 위해 설립 예정인 합작 법인이다.

2. 심사 경위
상무부(반독점국)는 'P3 네트워크'에 대해, 신고서 접수(2013.9.18.) 및 자료보정 → 입안 및 초보심사(2013.12.19.~) → 심층심사(2014.1.18.~) → 연장심사(2014.4.18.~6.17) 순으로 심사를 진행하였다.

3. 관련시장 획정
상품시장은 국제컨테이너 정기선 운송서비스시장으로 획정하였으며, 지역시장은 아시아-유럽 항로·태평양 항로 및 대서양 항로시장으로 각각 획정하였다.
다만, 지역시장 중 대서양항로는 중국항구를 이용하지 않기 때문에 아시아-유럽 항로와 태평양 항로의 경쟁에 미치는 영향에 대해 중점적으로 심사하였다.

4. 경쟁제한성 판단
상무부는 'P3 네트워크'가 기존의 해운 alliance와는 구별되는 특성이 있으며, 집중 후 'P3 네트워크'와 당사회사가 긴밀한 연합경영을 형성하여 '아시아-유럽 항로' 국제컨테이너 정기선 운송서비스시장에서 경쟁을 배제·제한하는 효과를 미칠 수 있다고 판단하였다. 즉, 집중 후 단기적으로는 약탈적인 운임 인하를 통해 선주(즉, 경쟁 선사)들을 시장에서 퇴출함으로써 독과점 구조가 심화될 수 있으며, 장기적으로는 그 지위를 이용하여 화주(즉, 고객)에게 운임을 높게 책정할 가능성이 있다고 판단하였다.
이러한 판단의 구체적 논거는 다음과 같다. ① 이 기업결합은 긴밀한 연합경영을 형성하며, 느슨한 전통적인 해상운송연맹과는 실질적으로 다르다. 즉, 'P3 네트워크'는 전통적으로 선박과 선복[32]*(vessel-sharing and slot-exchanging)만을 공유한 느슨한 형태의 해운동맹

---

31 商务部反垄断局负责人解读马士基等3家航运企业设立网络中心经营者集中审查案(2014.6.17.); 商务部公告2014年第46号, 商务部关于禁止马士基、地中海航运、达飞设立网络中心经营者集中反垄断审查决定的公告(2014.6.17.).
32 이는 여객을 탑승시키거나 화물을 싣도록 구획된 장소를 의미한다.

(shipping alliances)과는 달리, 선박·선복뿐만 아니라 연료·항만까지 공유할 예정이었다. ② 기업결합 후, 당사자의 '아시아-유럽 항로' 운송시장점유율은 46.7%로 시장지배력이 현저히 증가한다. ③ 관련 시장의 집중도를 대폭 증가시킨다. 즉, HHI지수가 890에서 2,240으로 상승하며, 그 증가분은 1,350이다. ④ 당사회사의 운영 네트워크를 통합하여 관련 시장에서 주요 경쟁사업자 간의 유효 경쟁을 제거하며, 진입장벽을 한층 더 높게 한다. ⑤ 기타 화주의 이익에 손해를 미치며, 항구의 발전에 부정적인 영향을 초래한다.

5. 제한조건 부가 협의

상무부는 심사과정에서 관계부처(단체) 및 관계회사의 의견을 수렴하였으며, 당사회사와 경쟁제한성 문제를 해결할 수 있는 유효한 해결방안에 대해 수차 협의하였으나, 당사회사가 최종 제출한 구제방안이 이를 해결할 수 없는 것으로 판단하였다.

6. 심사 결정(금지)

상무부(반독점국)는 이 집중이 당사자 간에 긴밀한 연합운영을 형성하여 아세아-유럽 항로의 컨테이너 정기선 운송서비스시장에서의 경쟁을 배제·제한하는 효과를 미칠 수 있다고 판단하였다.

아울러 당사회사가 예외인정 요건(즉, 경제적 효율성 증대 효과 또는 사회공공이익에 부합하는 경우)을 입증하지 못하였으므로 해당 기업결합을 금지(불허) 결정(2014.6.17)하고, 이를 사회에 공표하였다.

〈사례 3〉 제한조건 부가 : MS의 Nokia 휴대폰사업 인수 건[33]

1. 경영자집중 개요

Microsoft(微软, 이하 MS라 함)는 Nokia(诺基亚)의 통신 및 스마트폰 관련 특허를 제외한 모든 설비 및 서비스업무를 인수하기 위한 주식취득계약을 체결(2013.9.2. 55.6억 유로)한 후, 상무부에 경영자집중 신고서를 제출하였다.

그 결과, Nokia는 휴대폰 관련 설비를 분리 매각함으로써 집중 후에는 관련 특허만 보유하게 되어 특허 남용의 가능성이 증가하게 되었다.

2. 심사 경위

상무부(반독점국)는 본 안건에 대해, 신고서 접수(2013.9.13.) 및 자료보정 → 입안 및 기초심사(2013.10.10~) → 심층심사(2013.11.8~) → 신고인의 동의하에 연장심사(2014.2.8.~4.8)하는 순으로 심사를 진행하였다.

3. 관련시장 획정

관련 상품시장은 스마트폰시장(智能手机市场), 모바일 스마트 단말기 OS 시장(移动智能终

---

33 商务部召开, "反垄断工作"专题新闻发布会(2014.4.8.); 商务部公告2014年第24号, 关于附加限制性条件批准微软收购诺基亚设备和服务业务案经营者集中反垄断审查决定的公告(2014.4.8.).

端操作系统市场), 모바일 스마트 단말기 관련 특허 라이선스 시장(移动智能终端相关专利许可市场)으로 획정하였다. 그중 '모바일 스마트 단말기 관련 특허 라이선스 시장'은 '통신기술 표준필수특허(通信技术标准必要专利; Standard Essential Patent, SEP) 라이선스시장'과 'MS의 Android 프로젝트(微软安卓项目许可) 라이선스시장'으로 세분된다.
관련 지역시장은 중국시장으로 획정하였다.

4. 경쟁제한성 판단

상무부(반독점국)는 집중 후, MS의 모바일 스마트 단말기 OS 및 모바일 스마트 단말기 관련 특허와 Nokia가 보유한 모바일 통신 표준필수특허(标准必要专利)가 초래할 수 있는 특허 남용 문제가 중국 스마트폰 시장에 미칠 수 있는 영향에 대해 심층 분석하였다.

그 결과, 당해 경영자집중이 중국의 스마트폰 시장에서 경쟁을 배제·제한하는 효과를 초래할 가능성(즉, 특허 남용 우려)이 있다고 판단하였다. 즉, MS가 자신의 Android 프로젝트 라이선스로 중국 스마트폰 시장에서의 경쟁을 배제·제한할 수 있고, Nokia의 경우 표준특허 실시료 기준을 비합리적으로 변경하여 중국 스마트폰 시장의 경쟁구조를 변화시킬 수 있으며, 스마트폰 제조업체의 지식재산권 원가를 인상하여 최종적으로는 소비자의 이익을 감소시킬 수 있다고 판단하였다. 그 구체적인 경쟁제한성 판단내용은 다음과 같다.

가. 모바일 스마트 단말기 OS와 스마트폰 간의 수직적 연관성

상무부는 MS의 모바일 스마트 단말기 OS와 Nokia 스마트폰 사이의 수직적 연관성에 대하여는 당사자의 전 세계 및 중국에서의 시장점유율이 각각 5% 미만에 불과한 점 등을 고려할 때, 관련시장에서 경쟁을 배제·제한할 가능성은 낮은 것으로 판단하였다.

나. MS의 Android 프로젝트 라이선스

MS는 자신의 Android 프로젝트 라이선스(安卓项目许可)를 통해 중국 스마트폰 시장의 경쟁을 배제·제한할 수 있다. 그 주요 논거는 다음과 같다.

① MS는 상류 특허 라이선스 시장(上游专利许可市场)에서 우세한 지위 및 통제력을 지니고 있다. Android 휴대폰(安卓手机)은 중국 모바일 스마트 시장에서 80% 이상의 시장점유율을 차지하고 있는데, Android 휴대폰이 사용하는 기술은 MS의 표준특허와 비표준특허를 포함하고 있고, MS는 이와 같은 특허를 패키징하여 Android 프로젝트로 라이선스하고 있다.

조사 결과, MS의 Android 프로젝트 라이선스 중의 특허(표준필수특허와 비표준필수특허를 포함함)는 Android OS(安卓操作系统)와 Android 휴대폰(安卓手机)의 중요한 기능을 실현하는 데에 필요한 기술의 구성 부분으로서 Android 휴대폰의 생산 및 제조에 있어 필수적(不可或缺)이다. 따라서 MS는 Android 프로젝트 라이선스를 통하여 하류 스마트폰 시장의 경쟁을 제한할 수 있는 능력을 보유하고 있다.

② MS는 하류 스마트폰시장(下游智能手机市场)에서 경쟁을 배제·제한할 동기가 있다. 집중 후, MS는 모바일 단말기(移动终端) 제조 분야에 진입하게 되어 OS와 스마트폰 생산의 일체화 과정을 실현할 수 있다. 이에 따라 MS는 자신의 모바일 단말기가 상대적으로 유리한 시장 지위를 얻을 수 있도록 하고자 다른 스마트 단말기 제조업체의 실시료를 인상하여 경쟁상

대의 원가를 인상할 동기를 갖게 되는바, 집중 후 스마트폰 관련 특허를 이용하여 스마트폰시장에서의 경쟁을 배제·제한할 가능성이 있다.

③ 잠재적 실시권자는 유효한 대항 능력이 없다. 특허의 크로스 라이선스(专利交叉许可)는 스마트폰 업계에서 우세한 지위를 점유한 특허 보유자의 특허권 남용을 제한하는 중요한 방식이다. 집중 후, MS는 스마트폰의 생산 및 제조에 종사하게 되어 스마트폰 관련 특허를 보유한 일부 회사와 크로스 라이선스를 진행하게 되는데, 중국시장의 대부분의 스마트폰 제조업체(90% 이상)는 MS와 크로스 라이선스를 진행할 역량(基础)을 가지고 있지 않다. 따라서 이러한 스마트폰 제조업체는 MS의 실시료 인상 또는 지나치게 높은 실시료(过高专利许可费) 수취 행위에 대해 유효한 대항 능력(抗衡能力)을 보유하고 있지 않다.

④ 특허 허가는 시장진입의 주요한 장애 요인이다. 조사 결과, 특허 허가는 스마트폰 업계에서 아주 중요하다. 특히, 통신 표준기술·스마트폰 OS 및 핵심응용(App) 특허에 대한 허가는 그 시장진입의 필요한 전제이다. 만약 상술한 중요한 기술특허의 보유자가 특허권을 남용하여 허가 거절(拒绝许可)·특허실시료(专利许可费) 인상 또는 차별적인 허가(歧视性许可)를 진행할 경우, 스마트폰 시장의 진입장벽(进入门槛)을 대폭 높일 수 있고, 심지어는 사실상 그 시장에 진입할 수 없게 할 수 있다. 아울러 스마트폰 산업은 자금투입이 크고 기술 갱신이 빠르며 고객의 요구가 높아 규모의 경제가 아주 중요한 요소이다.

⑤ MS의 스마트폰 관련 특허 남용이 중국 시장에 미치는 영향이 크다. 중국은 휴대폰의 생산 대국(즉, 2012년 기준, 전 세계 판매량의 75%)이자 소비 대국(즉, 2013년 기준, 전 세계시장의 34% 점유)이다. 따라서 MS 특허의 Android 휴대폰 생산에 미치는 중요성을 고려할 때, MS의 허가 거절 또는 실시료 인상은 경쟁상대의 시장진입을 저해하고, 평균이윤율(平均利润率)이 비교적 낮은 중국제조업체의 퇴출 또는 그 비용(成本)을 소비자에 전가(传导)하게 함으로써 중국 스마트폰시장의 경쟁을 배제·제한할 뿐만 아니라, 소비자의 이익을 훼손하게 될 것이다.

다. Nokia의 특허 남용 문제

이 집중은 Nokia의 특허 남용 문제를 유발(引发)할 가능성이 있다. 집중 후, Nokia는 휴대폰 제조시장에서 퇴출하지만, 모든 통신 및 스마트폰 관련 발명 특허를 계속 보유하게 된다. 따라서 집중으로 인해 Nokia는 기존의 행위 모델과 동기를 바꿀 수 있으며 그 표준필수특허(标准必要专利)의 허가를 이용해 중국 스마트폰시장의 경쟁을 배제·제한할 수 있다. 그 주요 논거는 다음과 같다.

① Nokia는 강력한 이동통신(즉, 모바일) 표준필수특허(移动通信标准必要专利)를 보유하고 있다. 즉, Nokia는 수천 건의 통신 표준필수특허를 보유하고 있다. 각 회사가 신고한 표준필수특허 상황에 따르면 특허 보유 총수 및 특허품질면에서 볼 때, Nokia는 통신표준영역에서 매우 특출(翘楚)하다. Nokia의 이동통신 표준필수특허는 모든 스마트폰 제조업체가 생산 활동에 종사하기 위해서는 사용해야 하는바, Nokia는 이러한 표준필수특허를 통해 스마트폰 시장의 통제력을 보유하게 된다.

② 이 집중은 Nokia가 특허 허가에 의존하여 이익을 추구(依赖专利许可盈利)하려는 동기를 증가시킨다. Nokia는 장차 하류의 설비 및 서비스 시장에서 기본적으로 퇴출하게 된다. 이 경우, Nokia는 집중 후 휴대폰 사업과 관련한 상호실시허락(交叉许可; Cross License)을 받을 필요가 없게 되어, 휴대폰 업계에서 전반적으로 비교적 낮은 특허 실시료 수준을 유지하려는 동기가 낮아지게 된다. 이러한 수요의 소멸(缺失)은 Nokia가 특허 실시료(专利许可费)에 의존하여 이익(盈利)을 얻으려는 동기를 증가시키게 된다.

③ 잠재적인 실시권자(潜在被许可人)는 유효한 대항능력(抗衡能力)을 갖고 있지 않다. 조사 결과, Nokia와 제3자가 체결하는 상호실시허락 협의는 거의 모두 Nokia의 설비 및 서비스 업무와 관련된다. 집중 후, Nokia는 더 이상 설비와 서비스업무에 종사하지 않게 되어, 잠재적인 실시권자의 모바일 스마트 단말(移动智能终端) 관련 특허를 필요치 않게 된다. 따라서 이러한 스마트폰 제조업체는 Nokia의 특허실시료 인상 또는 지나치게 높은 특허 실시료 수취에 대해 더 이상 유효한 대항능력을 갖추지 않게 된다.

④ 기술특허는 시장진입의 주요한 장벽(障碍)이다. 조사 결과, 전면적으로 상호 정보를 순조롭게 교환하는 통신(全面互通和无缝通信)에 있어, 통신표준은 모든 것의 기초이며, 표준을 집행하는데 필수적인 기술특허는 시장진입의 장벽을 조성할 수 있다. 따라서 통신기술특허 권리자(通信技术专利持有人)가 그 특허권(专利权)을 남용하여 허가 거절(拒绝许可)·특허 실시료(专利许可费) 인상 또는 차별적인 허가(歧视性许可)를 할 경우, 스마트폰 시장의 진입장벽은 대폭 높아지게 되며, 심지어는 사실상 해당 시장의 진입을 불가능하게 할 수가 있다. 그 밖에 스마트폰 산업은 자금투입이 크고 기술 갱신이 빠르며 고객의 요구가 높아 규모의 경제가 아주 중요한 요소이다.

⑤ 중국 스마트폰시장의 경쟁에 미치는 영향이다. 상술한 바와 같이 중국은 휴대폰의 생산 대국이자 소비 대국이다. Nokia는 아주 많은 표준필수특허를 보유하고 있는데, 집중 후 Nokia가 표준필수특허 실시료 전략(标准必要专利收费策略)을 불합리하게 변경하여 장차 중국 스마트폰시장 경쟁구조(竞争格局)의 변화를 초래할 수 있다. 즉, 스마트폰 제조업체의 지식재산권의 총체적인 원가를 인상하게 되어, 결과적으로는 장차 최종 소비자의 이익을 감소시킬 수 있다.

5. 제한조건 부가협의

상무부(반독점국)는 심사과정에서 유관부처(공신부, 발개위) 및 단체·관계전문가 및 업계의 의견을 수렴하였으며, 당사회사와 집중 후의 경쟁제한효과(즉, 특허남용 가능성)를 해소할 수 있는 유효한 해결방안에 대해 협의하였다.

상무부는 당사회사(MS, Nokia)가 제출한 제3차 수정방안에 대하여 평가한 결과, 그 방안이 관계기관(업계) 등에서 제기한 특허 남용 가능성을 해소할 수 있는 것으로 판단하였다.

6. 심사 결정(제한조건 부가)

상무부(반독점국)는 당사회사가 승낙한 유효한 해결방안에 근거하여 2014.4.8. 다음과 같이 제한조건을 부가(즉, 조건부 승인)하고, 이를 즉시 사회에 공포하였다. 이에 따라 MS와

Nokia는 상세한 이행방안을 작성하여 상무부에 제출하여 심사(승인)를 받아 이를 이행하여야 한다.

가. MS 관련 제한조치

상무부는 MS에 대해 "표준특허 FRAND원칙 준수, 비표준 특허에 대한 비 배타적 허가(licensing) 및 그 특허료율 및 기타 허가조건이 현재 수준을 초과하지 않을 것" 등의 제한조건을 부가하였다. 그 주요 내용은 다음과 같다. ① 스마트폰 관련 표준특허에 대해, MS는 호혜의 원칙에 의거 당해 집중완료일로부터 계속하여 다음과 같은 원칙을 준수하여야 한다. 이 경우, 상무부가 변경 또는 종료에 동의한 경우를 제외하고는 기한 제한 없이 계속 유효하다. ⓐ MS가 표준설정기구에 대한 확약을 계속 준수하고, FRAND조건하에서 그 표준특허를 허여할 것, ⓑ 중국 역내의 스마트폰 제조업체가 제조한 스마트폰을 상대로 금지명령 또는 배제명령을 청구하지 않을 것, ⓒ 실시권자에게 그의 특허를 MS에 허여할 것을 요구하지 않을 것(단, 실시권자가 보유한 동일 업종의 표준특허는 제외), ⓓ 향후 MS가 표준특허를 새로운 소유자에 양도할 경우, MS는 새로운 소유자가 위 원칙을 모두 준수하는 것을 동의하는 경우에만 양도하여야 한다. ② 비표준 특허(non-SEP)에 대해, MS는 당해 집중완료일로부터 다음 사항을 준수하여야 한다. 다만, 이는 본 결정일로부터 8년간(2022년 4월 8일까지) 유효하다. ⓐ 기존 안드로이드 프로젝트 허여 및 EAS·RDP·exFAT 프로젝트 허여(단, 업그레이드 버전 포함)하에 중국 역내(단, 그 범위는 중국 역내에서 제조·사용하거나 판매되는 스마트폰을 포함)의 스마트폰 제조업체를 상대로 비표준 특허를 비배타적으로 허여할 것, ⓑ 위 허여를 계속할 때, (i) 수취한 실시료율이 당해 집중 이전의 프로젝트 특허 실시료율보다 높지 않거나, 기존 실시권자의 경우 해당 실시권자와의 기존 합의에서 정한 요율보다 높지 않을 것, (ii) 가격이 아닌 다른 조건은 그 집중 이전에 제공되던 것과 실질상 일치할 것, ⓒ 향후 5년간(2019.4.8.까지) 비표준 특허는 누구에게도 양도하지 않을 것이며, 그 이후에는 새로운 소유자가 MS가 기존에 약속한 적용사항을 동의하는 조건에서만 양도할 수 있다. ⓓ 당해 집중 후, 잠재적 실시권자가 신의성실 및 선의적 원칙에 따라 허여협상을 진행하지 않았다고 인정된 경우에만 보유된 비표준 특허에 대한 금지명령을 요청할 수 있다. ③ MS는 향후 5년간(2019.4.8까지) 매년 종료 후 45일 이내에 상무부에 그 이행상황을 보고해야 한다.

나. Nokia 관련 제한조치

상무부는 Nokia에 대해 "표준특허 FRAND원칙 준수, 표준특허와 비표준 특허 끼워팔기 금지, 원칙적으로 기존의 건당 특허료를 초과하지 않을 것" 등의 제한조건을 부가하였다. 그 주요 내용은 다음과 같다.
① 표준설정기구의 지식재산권 정책에 부합되는 공평하고 합리적이며 비차별(즉, FRAND) 원칙에 따라 표준특허(SEPs)를 허여한다. ② 동등한 전제하에서 표준특허의 금지명령을 통해 FRAND 확약이 부가된 표준에 대한 실시를 저해할 수 없다. 단, 잠재적 실시권자가 선의로 FRAND원칙의 허여계약을 체결하지 않거나, 허여조건 준수를 거부하는 경우는 제외한다. ③ 집행기관은 어느 일방에 대해 선의적인 특허권자 또는 실시권자 여부를 판정할 경우 아래의

사항이 하나의 요소가 될 수 있다고 본다. 즉, 쌍방이 모두 합리적으로 받아들일 수 있는 독립적 재결기구에 제기하여 해결하는 것에 동의하거나, 당해 재결 결과 또는 허여계약에 따라 발생할 수 있는 재결배상금 및 FRAND 실시료를 지급하는 것에 동의하는 경우이다. ④ 표준특허를 허여하면서 실시권자에 대해 비표준 특허의 허여를 받아들일 것을 전제하지 않아야 한다. 즉, 표준특허와 비표준 특허의 끼워팔기를 금지한다. ⑤ 향후, Nokia가 표준특허를 새로운 소유자에게 양도하고자 할 경우, 양수인이 표준특허에 대해 Nokia가 표준설정기구에 승낙한 FRAND 의무에 구속받는 전제하에 양도할 수 있으며, FRAND 의무는 동시에 양수인에게 이전된다. ⑥ 특정 요소의 변동으로 인하여 변경이 필요한 경우를 제외하고, 평등한 조건에서 Nokia는 그에게 적용된 전제 및 범위 내에서 그가 휴대폰 통신 표준특허 포트폴리오에 대해 제공한 기존 FRAND 건당 실시료를 벗어나지 않아야 한다. 여기서 특정 요소는 모든 상황에서 포함하기를 희망하는 허가 특허 및 특허 포트폴리오, 허여하는 기한, 허여하는 제품, 허여한 제품을 판매하는 상업 모델, 관련 표준, 시장의 채택 정도 등이다. ⑦ Nokia는 향후 5년간(2019.4.8까지) 매년 종료 후 45일 이내에 상무부에 그 이행상황을 보고하여야 한다. 그 구체적인 이행상황은 "Nokia가 표준특허에 대해 금지명령을 집행하여 관련 표준의 실시를 저지한 사항, 제3자에게 표준특허를 양도한 사항, 관련 특허 포트폴리오의 건당 실시료에 대해 위 조건을 벗어나 새로이 허여한 계약사항" 등이다.

〈사례 4〉 제한조건 부가 : HP의 삼성전자 프린터사업부 인수 건[34]

1. 경영자집중 개요

휴렛팩커드(惠普公司; HPInc.이하 HP라 함)가 삼성전자(이하 삼성이라 함)의 전 세계 프린터 사업 부문의 모든 지분과 자산을 인수하는 계약을 체결하고 상무부에 기업결합 신고서를 제출하였다.

2. 심사 경위

상무부(반독점국)는 본 안건에 대해, 신고서 접수(2016.11.16.) 및 자료보정 → 입안 및 기초심사(2016.12.23~) → 심층심사(2017.1.19~) → 연장심사(2017.4.19.~) → 신고철회 후 재신고(2017.6.21.) 순으로 반독점심사를 진행하였다.

3. 관련시장 획정

상품시장은 프린터기 시장과 프린터 소모품 시장으로 분류하여 살펴볼 수가 있다. 그중 ① 프린터기 시장은 관련 시장을 A3 레이저프린터시장과 A4 레이저프린터시장으로 획정하였다. ② 프린터 소모품시장은 관련 시장을 A3 레이저프린터 소모품시장과 A4 레이저프린터 소모품시장으로 획정하였다.

---

34 中华人民共和国商务部公告2017年第58号(商务部, 2017.12.29.).

지역시장은 중국시장으로 획정하였다.

4. 경쟁제한성 판단

상무부(반독점국)는 심사한 결과, A4 레이저프린터시장과 A4 레이저프린터 소모품시장에서 경쟁을 배제·제한하는 효과가 있다고 판단하였다. 그 주요 논거는 다음과 같다.

① 'A4 레이저프린터시장'의 경우, 집중 후 시장점유율(2016년도 판매액 기준)이 50~60% (HP 45~50%＋삼성 5~10%)에 이르고 경쟁사업자(브라더 등)와의 시장점유율 차이가 크며, HHI 지수가 2,597에서 3,067(증가분 470)로 상승하여 고도로 집중된 시장인바, HP는 시장지배적 지위를 확보 또는 강화하게 된다.

② 'A4 레이저프린터 소모품시장'의 경우, 집중 후 HP는 소모품을 끼워팔기 할 수 있는 능력과 동기를 갖게 되어 경쟁을 제한하고 소비자 이익을 침해할 우려가 있다. 즉, '제3자가 생산한 소모품' 구매 시 프린터가 제대로 작동되지 않을 경우, 소비자들은 '오리지널 소모품'에 구속(locked−in)되는 효과가 발생하게 되는데, 기업이 "펌웨어 업그레이드·광고 홍보 등의 방식으로 오리지널 소모품을 구매토록 유인"하는 영업전략을 구사하는 경우, 소비자에 대한 지배력이 강화되고 신규진입이 어려워져서 소비자의 선택권이 감소하고 시장봉쇄 효과가 발생하는 등 경쟁이 배제·제한될 수 있다.

③ 그 밖에도 프린터는 복잡한 기술의 광·기·전 통합제품으로서 연구개발과 생산에 높은 수준의 기술과 많은 자본이 필요하게 되어 단기간 내에 유력한 시장참여자가 관련 시장에 진입하기 어려워서 HP와 유효한 경쟁을 할 수 없는바, 집중으로 인하여 발생하는 경쟁제한효과를 해소할 수 없다.

5. 제한조건 부가협의 및 심사 결정

상무부(반독점국)는 당사회사가 제출(2017.9.27.)한 유효한 해결방안에 근거하여 2017.10.5. 제한조건을 부가(즉, 조건부 승인)하고, 이를 즉시 사회에 공포하였다.

이 조치는 공고일부터 5년간 유효하며, 그 제한조건은 다음과 같다. ① 계속하여 공정하고 합리적인 공급조건으로 A4 레이저프린터 제품을 판매하고, 6개월마다 상무부에 가격 결정 정보와 관련 데이터를 제출해야 한다. ② 다른 프린터 제조업체의 중국 내 A4 레이저프린터 사업의 어떠한 지분도 인수하지 않으며 비록 소수인 경우에도 자본투자를 하지 않아야 한다. ③ 삼성 및 HP 브랜드의 A4 레이저프린터와 중국에서 판매되는 해당 프린터의 오리지널 소모품(수출 제외)에 대해 제3자 소모품의 호환성에 영향을 미칠 수 있는 어떠한 기술적 조치도 하지 않고, 펌웨어 업그레이드도 하지 않아야 한다. ④ HP는 A4 레이저프린터 오리지널 소모품의 광고·홍보 시 중국의 잠재적 고객을 상대로 허위 또는 오도성 광고 등을 실시하거나, 끼워팔기 등 기타 부당한 상업행위를 실시하여서는 아니 된다.

제4절 제한조건의 이행관리

1. 제한조건 부가조치의 이행 — 매각

　시장관리총국은 경영자집중심사 후, 경쟁제한적인 경영자집중에 대해 집중이 경쟁에 미치는 부정적인 영향(不利影响)을 해소(减少)하는 제한조건을 부가하는 결정을 할 수 있다. 이 경우 제한조건 부가조치는 그 조치유형에 따라 구조적 조치, 행태적 조치, 혼합적 조치로 세분할 수 있다. 즉, ① (구조적 조치) 구조적 조건(结构性条件) 부가는 집중에 참여하는 경영자의 유형자산·지식재산권 등 무형자산 또는 관련 권익 등을 매각(剥离)하는 조치를 의미한다. ② (행태적 조치) 행태적 조건(行为性条件) 부가는 집중에 참여하는 경영자의 필수 설비(즉, 네트워크 또는 플랫폼 등 기초시설)의 개방, 핵심기술[특허, 전문기술(专有技术, knowhow) 또는 기타 지식재산권]의 허가, 배타적 계약(排他性协议)의 중지(终止) 등의 조치를 의미한다. ③ (혼합적 조치) 혼합적 조건(综合性条件) 부가는 구조적 조건과 행태적 조건을 결합하는 형태의 조치를 의미한다(제한조건 부가규정 제3조).

　이러한 제한조건 부가조치 중 '자산 또는 업무 등을 매각(剥离)하는 조치(이하 '매각조치'로 통칭함)'는 구조적 조치의 중요한 유형으로서 경영자집중이 경쟁을 배제·제한하는 효과를 해소하는 가장 유효한 방식이 되고 있다. 이러한 매각조치의 이행에 필요한 주요 기준 및 요건은 다음과 같다. 다만, 기타 종류의 제한조건 부가조치에 대해서는 매각과 관련한 상응한 규정을 준용(比照适用)하여 이행할 수 있다.

1.1. 매각대상 및 매각기준

1.1.1. 매각대상

　매각(剥离)이란 매각의무자(剥离义务人)가 매각대상 자산(剥离业务)을 매수자에게 판매(出售)하는 행위를 의미한다. 여기서 매각의무자란 심사 결정에 따라 매각대상 자산을 판매해야 하는 경영자를 의미한다. 매각대상 자산이란 경영자가 관련 시장에서 유효 경쟁을 전개하는 데 필요한 모든 요소를 의미하며, 매각의무자의 유형자산·무형자산·주식·핵심인력(关键人员) 및 고객협약(客户协议) 또는 공급협약(供应

協议) 등의 권익을 포함한다. 통상 그 매각대상 자산은 경영자가 이미 기본적으로 독립 운영하는 업무뿐만 아니라, 집중에 참여하는 경영자의 자회사·지부 또는 업무부서를 포괄한다.

1.1.2. 매각방식 및 매수인의 조건

매각의무자가 매각하는 방식은 자체매각(自行剝离) 또는 수탁 매각(受托剝离)하는 방식을 채택할 수 있다. 그중 자체매각이란 매각의무자가 심사 결정을 통해 규정된 기한 내에 적당한 매수인을 찾아 판매계약(出售协议)을 체결하고, 시장관리총국의 심사 및 승인을 거치는 행위를 의미한다. 수탁 매각이란 매각의무자가 기한 내에 자체매각을 완료할 수 없는 경우, 매각수탁자가 규정된 기한 내에 매수인을 찾아 판매계약(出售协议)을 체결하고 시장관리총국의 심사 및 승인을 거치는 행위를 의미한다(제한조건 부가규정 제10조).

그중 자체매각(自行剝离) 방식을 채택하는 경우, 매각의무자는 규정된 기한 내에 매수인을 찾아야 한다. 이 경우 매각 완성 후, 매수인이 매각자산을 경영하여 관련 시장의 경쟁에 유효하게 참여함으로써 매도자에 대한 유효한 억제력을 발휘할 수 있도록 보장하기 위하여 매수인의 자격 조건을 엄격히 규정하고 있다. 즉, "매각대상 자산의 매수인은 다음 조건에 부합하여야 한다. ① 집중에 참여하는 경영자와 독립되어야 한다. ② 필요한 자원과 능력을 보유하고, 매각대상의 자산(剝离业务)을 사용하여 시장경쟁에 참여할 의향이 있어야 한다. ③ 다른 감독기구의 승인을 취득하여야 한다. ④ 집중에 참여한 경영자에게는 인수매각(购买剝离)자산을 제공(融资)할 수 없다. ⑤ 시장관리총국이 구체적인 안건의 상황에 따라 제기하는 기타 요구사항이다(제한조건 부가규정 제11조)."

1.2. 매각 절차

매각의무자가 매각대상 자산을 매각하는 일반적인 주요 절차는 다음과 같다. ① 매각의무자는 규정된 기한 내에 매수인의 인선 내용 및 그가 매수인과 체결한 매각계약(안)을 시장관리총국에 제출하여야 하며, 수탁자의 인선 내용도 제출하여야 한다. 후자의 경우, 수탁 감독자의 인선 내용은 시장관리총국이 심사 결정한 날부터 15일 이내에, 매각수탁자의 인선 내용은 수탁 매각단계 진입 30일 전에 제출하여야 한다. ② 시장관리총국의 심사 및 승인을 받아야 한다. 이 경우 시장관리총국은 매각의무자가 제출한 "수탁 감독인·매각 수탁인·매수인의 인선·위탁협약 및 체결하고자 하는 매각계약"이 심사 결정된 내용에 부합하는지 심사하여야 하며, 그 심사·승인에 필요한 시간은 매각기한에 산입하지 아니한다. ③ 시장관리총국이 승인한후, 매수인과 매각계약을 체결하여야 한다. ④ 매각의무자 또는 수탁자는 원칙적으로 매각계약체결일부터 3개월 이내에 매각협약에 의거 매각대상 자산을 매수인에게 인도(转移)하고, 소유권 이전 등 관련된 법률의 절차를 완료하여야 한다.

1.3. 매각의무자의 의무

매각업무가 적시에 차질없이 이행되기 위해서는 매각의무자의 관련 규정 및 심사 결정사항의 준수와 성실한 의무이행이 무엇보다도 중요하다. 따라서 제한조건 부가 규정 제20조는 매각의무자의 주요 의무사항을 다음과 같이 명확히 규정하고 있다.

① (수탁자에 대한 협조와 지원) 매각의무자는 심사 결정사항을 성실하게 이행하여야 하며, 수탁자의 업무에 협조하고 그가 감독직책을 이행할 수 있도록 지원과 편리를 제공하여야 한다. 즉, 매각의무자는 수탁 감독자 및 매각수탁자와 서면계약(书面协议)을 체결하여 각자의 권리 및 의무를 명확히 해야 한다. 아울러 매각의무자는 수탁 감독자와 매각수탁자에게 보수를 지급하여야 하며, 수탁자와 매수인에 대하여 필요한 지원과 편리를 제공하여야 한다.

② (매각자산의 유지·보호) 매각의무자는 매각 완료 이전까지 매각자산(剥离业务)의 보존성과 지속성(存续性)·경쟁성 및 판매 가능성을 확보할 수 있도록 매각자산을 유지 보호하는 의무를 이행하여야 한다. 그 주요 의무이행사항은 다음과 같다. ⓐ 매각자산과 그 보류된 자산 간의 상호독립성을 유지하고, 필요한 모든 조치를 채택하여 매각자산의 발전에 가장 부합되는 방식으로 관리를 진행한다. ⓑ 매각자산에 부정적인 영향을 줄 수 있는 어떤 행위(즉, 매각되는 자산의 핵심인력 채용, 매각자산의 상업 비밀 또는 기타 비밀 보호 정보 등의 획득 등을 포함함)도 할 수 없다. ⓒ 전문 관리인을 지정하여 매각자산을 관리하게 한다. 이 경우 관리인은 수탁 감독자의 감독하에 직무를 수행하며, 그 임명과 교체는 수탁 감독자의 동의를 받아야 한다. ⓓ 잠재적 매수인이 공정하고 합리적인 방식으로 매각자산과 관련된 충분한 정보를 획득하고, 그가 매각자산의 상업적 가치와 발전 잠재력을 평가할 수 있게 하여야 한다. ⓔ 매수

인의 요구에 따라 매각자산의 순조로운 인수인계(交接)와 경영안정이 확보될 수 있도록 그에게 필요한 지원과 협조를 제공하여야 한다. ⓕ 매수인에게 즉시 매각자산을 인도(移交)하고 관련 법률절차를 이행하여야 한다.

③ (이행상황 보고) 매각의무자는 적시에 시장관리총국에 심사 결정의 준수사항과 매각 및 집행과 관련한 협약 등의 이행상황을 보고해야 한다.

1.4. 수탁자의 요건 및 직무

수탁자는 수탁 감독자와 매각수탁자를 포함한다. 그중 수탁 감독자(監督受托人)란 신고인의 위탁과 시장관리총국의 동의를 거쳐 자체매각단계에서 매각을 감독하는 자연인·법인 또는 기타조직을 의미한다. 매각 수탁자(剥离受托人)란 신고인의 위탁과 시장관리총국의 동의하에 수탁 매각단계에서 매각대상 자산(剥离业务)을 판매하는 자연인·법인 또는 기타조직을 의미한다.

이러한 수탁자는 다음 요건에 부합하여야 한다. ① 수탁자는 매각의무자와 매수인으로부터 독립되어야 한다. ② 수탁인 직무를 이행하는 전문조직(专业团队)과 인력(团队成员)을 갖추고, 제한조건을 감독하는데 필요한 전문지식·기능 및 관련 경험을 구비 하여야 한다. ③ 수탁자는 실행 가능한 근무방안을 제출하여야 한다. ④ 매수인을 인선하는 과정에 대하여 감독하여야 한다. ⑤ 시장관리총국이 제기하는 기타 요구사항이다(제한조건 부가규정 제19조).

한편, 수탁자는 시장관리총국의 감독하에 그 직무를 이행하며, 제한조건의 이행상황 및 발견되는 문제에 대해 정기적으로 보고하되, 그가 직무를 이행하는 과정에서 시장관리총국에 제출한 각종 보고 및 관련 정보를 공개하여서는 아니 된다.

수탁자 중 수탁 감독자의 주요 직무는 다음과 같다. ① "규정의 이행·심사 결정 및 관련 협약이 규정한" 매각의무자의 의무사항을 감독한다. ② 매각의무자가 추천한 매수인의 인선 내용 및 체결하고자 하는 매각계약(出售协议)에 대한 평가를 진행하고, 시장관리총국에 그 평가보고서를 제출한다. ③ 매각계약의 집행을 감독하며, 시장관리총국에 정기적으로 감독보고서를 제출한다. ④ 매각의무자와 잠재매수인 간에 매각사항에 대하여 발생하는 쟁의를 조정(协调)한다. ⑤ 시장관리총국의 요구에 따른 기타 매각과 관련한 보고이다(제한조건 부가규정 제21조).

매각수탁자의 주요 직무는 수탁 매각단계에서 매각업무를 위하여 매수인을 찾아 매각계약을 체결(达成)하는 것이다. 이때, 매각수탁자는 최저가를 설정하지 않는 방식(无底价方式)으로 매각자산을 매각할 권리가 있다(제한조건 부가규정 제22조).

1.5. 제한조건의 변경 및 해제

경영자집중 심사 결정의 효력이 발생한 후, 제한조건을 부가한 근거가 되는 객관적인 상황에 중대한 변화가 발생한 경우, 시장관리총국은 제한조건에 대한 재심사(重新审查)를 진행하여 그 제한조건을 변경 또는 해제할 수 있다. 만약에 집중 후, 경영자가 제한조건의 변경 또는 해제를 신청할 경우, 시장관리총국에 서면으로 신청하고 그 이유를 설명하여야 한다.

시장관리총국이 제한조건의 변경 또는 해제를 평가할 때에는 다음 요소를 고려하여야 한다. ① 집중 거래당사자에게 중대한 변화가 발생하였는지 여부, ② 관련 시장의 경쟁상황에 실질적인 변화가 발생하였는지 여부, ③ 제한조건 실시의 불필요 또는 불가능 여부이다(제한조건 부가규정 제27조).

한편, 시장관리총국이 제한조건의 변경 또는 해제를 결정한 경우에는 즉시 사회에 공표하여야 한다.

2. 이행 감독 및 후속 처리

시장관리총국은 제한조건을 부가하여 승인(附加限制性条件批准)한 경영자집중에 대해, 그 이행 여부를 감독하기 위하여 당사자에게 그 이행상황을 보고할 의무를 부과하고 있다. 따라서 집중에 참여하는 경영자는 지정한 기한에 따라 시장관리총국에 제한조건의 이행상황을 보고하여야 한다.

시장관리총국은 제한조건의 이행상황을 감독 및 조사한 결과, 집중에 참여하는 경영자가 심사 결정을 위반한 경우(즉, 그 이행 의무를 이행하지 아니한 경우), 기한을 정하여 시정(改正)을 명령하여야 한다. 만약 사안이 중대한 경우, "집중실행의 중지(停止)·기한 내 주식 또는 자산의 처분·기한 내 영업양도" 명령과 집중 이전의 상태를 회복할 수 있는 기타 필요한 조치를 채택하여야 하며, 50万元 이하의 과징금(즉, 일종의 이행과징금)을 부과할 수 있다.

한편, 시장관리총국은 수탁자가 허위정보를 제공하거나 정보를 은닉(隐瞒)하는 경우 또는 관련 규정을 근면·성실(盡職)하게 이행하지 못하는 경우 시정을 명령할 수 있다. 그리고 매각자산의 매수인이 본 규정을 위반한 경우에는 그 시정을 명령하여야 한다.

▍〈사례〉 이행강제금 사전부과 : Mitsubishi Rayon-Lucite 주식취득 건[35]

상무부(반독점국)는 "일본 미쓰비시레이온(Mitsubishi Rayon)의 영국 루사이트(Lucite) 주식취득 건"에 대해 제한조건을 부가하면서, 불이행할 경우 신속한 이행확보가 가능하도록 사전에 이행강제금을 부과하였다. 그 구체적인 시정조치 내용은 다음과 같다. ① 루사이트가 보유한 메타크릴산메틸(MMA)상품 생산시설의 50%를 6개월 이내에 제3자에게 매각하여야 한다. ② 루사이트는 제3자(구매자)에 대해 5년 동안 MMA 상품을 생산·관리 원가에 구매할 수 있는 권리를 부여하여야 한다. ③ 양사는 분리 이전까지 상호정보교환 금지 등 독립적으로 운영하여야 한다. 만약에 이를 위반한 경우에는 25만~50万元의 이행강제금을 부과한다. ④ 미쓰비시레이온은 향후 5년간 상무부의 승인 없이는 중국기업의 추가인수와 새로운 공장을 건설할 수 없다.

제5절 미신고 경영자집중에 대한 조사처리

1. 조사대상

경영자집중 신고 의무는 법상 강행규정이다. 따라서 시장관리총국은 신고하지 아니하고 위법하게 실시한 경영자집중(즉, 미신고 경영자집중) 행위에 대해, 법 위반 여부를 조사하여 그에 상응한 법률책임을 부과하고 있다. 여기서 조사대상인 미신고 경영자집중이란 "경영자집중이 규정한 신고기준에 도달하였으나 경영자가 반독점법의 규정에 의거 사전에 시장관리총국에 신고하지 아니하고 위법하게 실시한 집중"을 의미한다.[36]

이러한 미신고 경영자집중의 해당 여부는 다음 요건을 기준으로 판단하고 있다.

---

35 关于附加限制性条件批准日本三菱丽阳公司收购璐彩特国际公司审查决定的公告(商务部公告2009年第28号, 2009-04-24).
36 『법에 의거 신고하지 아니한 경영자집중 조사처리 방법(未依法申报经营者集中调查处理暂行办法, 商务部令 2011年 第6号, 2011.12.30. 공표, 2012.2.1.부터 시행, 이하 '미신고 조사처리 방법'이라 함)』 제2조.

① 관련 거래가 경영자집중 법정요건에 해당하는지 여부, ② 경영자집중이 신고기준에 도달하는지 여부, ③ 시장관리총국에 신고하지 아니하고 경영자집중을 이미 실시하였는지 여부이다.

시장관리총국은 위법하게 실시한 경영자집중에 대하여 인지한 경우 법 위반 여부를 조사하여야 한다. 그 조사대상은 중국 역내뿐만 아니라 역외를 포함한 모든 미신고 경영자집중행위를 대상으로 적용되며, 그 피조사 경영자는 신고 의무자(즉, 합병당사자, 지배권취득자 등)이다.

2. 조사처리 절차

미신고 경영자집중에 대한 조사는 사전신고 의무를 위반하고 위법하게 실시한 미신고 경영자집중을 대상으로 한다는 점에서 적법하게 신고한 경영자집중에 대한 반독점심사와는 완전히 다르다는 점을 유의할 필요가 있다.

그 조사처리 절차는 ① 조사개시 → ② 입안 및 통보 → ③ 신고 의무자의 관련서류 제출(30일) → ④ 기초조사(初步调查, 60일) → ⑤ 심층조사 통보 및 추가 법정서류 제출(30일) → ⑥ 심층조사(进一步调查, 180일) → ⑦ 조사 결과 사전 고지 및 항변 → ⑧ 시정조치(공표) 순으로 진행되는데, 그 구체적인 내용은 다음과 같다.

2.1. 조사개시

시장관리총국은 신고(举报) 또는 직권(职权自行)으로 조사를 개시할 수 있다. 이와 관련하여 미신고 경영자집중 혐의에 대한 신고는 어떠한 단위 또는 개인도 할 수 있으며, "시장관리총국은 신고인을 위하여 비밀을 보호해야 한다. 아울러 신고가 서면 형식을 취하고, 신고인과 피신고인의 기본상황, 미신고 경영자집중 혐의와 관련한 사실 및 증거 등을 제공한 경우, 시장관리총국은 필요한 사실확인을 하여야 한다(미신고 조사처리 방법 제4조)."

2.2. 입안 및 통지

시장관리총국은 사실 확인 후, 기초적인 사실 및 증거에 비추어 미신고 혐의가 있는 경영자집중에 대해서는 입안을 하고, 피조사 경영자에게 서면 통지해야 한다. 이 경우 피조사 경영자는『신고 지도의견』제13조가 규정한 신고 의무자를 말한다(미신고 조사처리 방법 제5조).

2.3. 신고 의무자의 관련 서류 제출

피조사 경영자는 입안 통지 송달일로부터 30일 이내에, 시장관리총국에 관련 서류를 제출해야 한다. 그 제출서류는 다음과 같다. ① 피조사 거래의 경영자집중 해당 여부, ② 집중의 신고기준 도달 여부, ③ 집중 기실시 여부 및 미신고 여부이다(미신고 조사처리 방법 제6조).

2.4. 기초조사(初步调查)

시장관리총국은 피조사 경영자가 제출한 서류를 받은 날로부터 60일 이내에 미신고 경영자집중 해당 여부에 대해, 기초조사(初步调查)를 완료하여야 한다. 조사 결과, 미신고 경영자집중에 속하는 경우, 시장관리총국은 심층조사를 진행하여야 하며, 피조사 경영자에게 서면으로 통지를 하여야 한다. 이 경우, 경영자는 당해 집중의 실행을 잠시 중단해야 한다. 다만, 미신고 경영자집중에 속하지 않는 경우, 시장관리총국은 심층조사를 진행하지 않는다는 결정을 하여야 하며, 피조사 경영자에게 서면으로 통지한다(미신고 조사처리 방법 제7조).

2.5. 심층조사(进一步调查)

시장관리총국이 심층조사 실시를 결정한 경우, 피조사 경영자는 서면통지를 받은 날로부터 30일 이내에『신고 지도의견』등 관련 규정에 의거 관련 서류를 제출해야 한다. 이 경우, 시장관리총국은 피조사 경영자가 동 규정에 부합하게 제출한 서류를 받은 날로부터 180일 이내에 심층조사를 완료해야 한다.[37]

시장관리총국은 심층조사단계에서 관련 법규에 의거, 조사받는 거래가 경쟁을 배제·제한하는 효과가 있는지 또는 그 가능 여부를 평가(이하 '경쟁제한효과 평가'라 약칭함)하여야 한다(미신고 조사처리 방법 제8조).

---

[37] 다만, 피조사 경영자가 제출한 서류가 관련 규정에 부합되지 않는 경우 시장관리총국이 요구한 규정 시간 내에 자료를 보충하여야 하며, 그 소요 시간은 상응하여 연장된다(商务部反垄断局负责人就《未依法申报经营者集中调查处理暂行办法》答记者问 제6항 참조).

2.6. 조사 결과 사전 고지 및 항변

시장관리총국은 관련 법규에 의거 피조사 경영자에게 처리(즉, 시정조치)를 결정하기 전에 조사 결론과 그 근거가 된 사실 및 증거를 피조사 경영자에게 알려주어야 한다. 이에 대해, 피조사 경영자는 시장관리총국이 정한 기한 내에 서면 의견을 제출해야 하며, 그 서면 의견은 관련 사실 및 증거를 포함하여야 한다(미신고 조사처리 방법 제14조).

2.7. 시정조치

시장관리총국은 조사한 결과, 미신고 경영자집중행위로 인정된 경우, 피조사 경영자에 대해 시정조치 및 과징금을 부과할 수 있다. 이 경우 시장관리총국은 동 처리 결정을 피조사 경영자에게 서면 통지하여야 하며, 사회에 공포할 수 있다.

그중 시정조치는 피조사 경영자에게 집중 이전의 상태를 회복할 수 있는 다음과 같은 조치를 채택하도록 명령할 수 있다. ① 집중의 실시정지, ② 기한 내 주식 또는 자산의 처분, ③ 기한 내 영업양도, ④ 기타 필요한 조치이다. 또한, 피조사 경영자에 대해 50만元 이하의 과징금을 부과할 수 있다. 이 경우 시장관리총국은 미신고 행위의 성격·정도·지속 시간 및 '경쟁제한효과 평가' 결과 등의 요소를 고려하여 처리하여야 한다(미신고 조사처리 방법 제13조).

한편, 반독점법 시행(2008.8.1.) 후~2019.12.31.까지 조사처리한 미신고 경영자집중 안건은 총 50건이다. 이를 연도별로 살펴보면 2014년 1건, 2015년 4건, 2016년 6건, 2017년 6건, 2018년 15건, 2019년 18건으로 나타나고 있으며, 과징금은 위반 정도 및 조사 협조 여부 등에 따라 안건당 최저 15만元~최고 40만元까지 부과한 것으로 나타나고 있다. 이처럼 시장관리총국이 최근 미신고 경영자집중에 대한 조사 처리를 강화하고 있는바, 중국 관련 사업을 영위하는 우리 기업의 경우 각별한 주의가 필요하다.

▛ 〈사례 1〉 요녕항구집단의 경영자집중 신고 의무 위반 건[38]

1. 경영자집중 개요

요녕항구집단(辽宁港口集团, 국유회사)은 "대련시(大连市) 및 영구시(营口市)의 국유자산관리위원회와 '대련항집단(大连港集团) 등 2개사(이하 당사회사라 함)'가 2017.12.20. 체결한 지분 무상양도계약"에 의거, 당사회사의 지분 100%를 인수하였으며, 양도회사 모두 2018.2.9. 주주변경 등기를 완료하였다.

2. 조사 및 위법 사실의 인정

시장관리총국은 입안(2019.4.7.) 후 조사한 결과, 당해 경영자집중은 『경영자집중 신고기준』 제3조에 부합한 경영자집중 신고대상이나, 신고 의무자가 법에 의거 사전신고하지 아니하고 집중을 완료함으로써 법 제21조를 위반한 것으로 인정하였다.

다만, 시장관리총국은 당해 경영자집중이 시장경쟁에 미치는 영향을 평가한 결과, 경쟁을 배제·제한하는 효과는 없는 것으로 판단하였다.

3. 시정조치(과징금 부과)

시장관리총국은 2019.12.9. 신고 의무자(요녕항구집단)에 대하여 35만元의 과징금을 부과하였다.

▛ 〈사례 2〉 익해가리-희걸CJ의 경영자집중 신고 의무 위반 건[39]

1. 경영자집중 개요

익해가리(益海嘉里; 싱가포르 풍익국제유한회사의 계열회사, 상해)와 희걸CJ(希杰第一制糖株式会社)는 외상투자계약(2011.10.24.)에 의거, 익해희걸(곤산)식품유한회사[益海希杰(昆山)食品有限公司]를 설립한 후, 2011.12.29. 영업등록증(营业执照)을 취득하였다.

동사는 양 당사자가 각각 50%의 지분을 보유하는 합영회사로서 중국에서 밀가루 생산 및 판매업을 영위하고 있다.

2. 조사 경위 및 위법 사실

상무부는 입안(2016.12.29.) 후 조사한 결과, 당해 경영자집중은 『경영자집중 신고기준』 제3조에 부합하는 경영자집중 신고대상이나, 신고 의무자가 법에 의거 사전신고하지 아니하고 집중을 완료함으로써 법 제21조를 위반한 것으로 인정하였다.

다만, 상무부가 당해 경영자집중이 시장경쟁에 미치는 영향을 평가한 결과, 시장에서의 경쟁을 배제·제한하는 효과는 없는 것으로 판단하였다.

---

38 市场监管总局行政处罚决定书(国市监处〔2019〕48号, 2019.12.30. 공표).
39 商务部行政处罚决定书(商法函[2018]32号, 商务部条约法律司, 2018.2.6.).

> ### 3. 시정조치(과징금 부과)
> 당사회사가 자발적으로 미신고 사실을 신고하였고, 조사과정에서 충분히 협조한 점을 고려하여 2018.1.19. 당사자에게 각각 15만元의 과징금을 부과하였다.

제6절 국가안전심사

1. 국가안전심사의 의의

1.1. 국가안전심사 도입 배경

다국적기업이 업종 내의 중점기업 또는 선도기업을 M&A할 경우 자국 산업의 정상적인 발전을 저해하는 등 경제발전에 중대한 영향을 미치게 된다. 따라서 외국자본의 투자가 자국의 국가안전에 미치는 영향을 중시하여 미국·EU·일본 등 상당수 국가는 국가안전심사 제도 및 상응한 운영체계를 수립하고 있다.[40]

중국의 경우, 개혁개방 이래 외국자본의 유치는 경제발전에 중요한 역할을 하였다. 그러나 21세기 이후 중국에 대한 외상투자는 일부 새로운 변화가 나타나기 시작하였다. 즉, "외국자본이 중국에 진입하는 형식 및 구조의 변화가 중국의 경제체제·구조 및 안정에 영향을 미치기 시작하였다. 특히, 일부 다국적기업(跨国公司)이 중국의 핵심업종(关键行业) 및 민감 업종(敏感行业)을 지배하려는 전략적 의도가 이미 상당히 명확하게 나타남으로써 각계의 광범한 관심과 강렬한 반향(反向)을 초래하였다."[41] 이에 따라 중국은 대외개방방침과 적극적이고 유효한 외국자본의 이용을 계속 견지하는 동시에 외국자본에 의한 M&A가 국가안전에 미치는 영향을 중시하여 법률 및 정책 등 여러 방면에서 유효한 방지(防范) 조치를 채택하게 되었다.

1.2. 국가안전심사 발전단계

중국의 국가안전심사제도 발전단계는 반독점법 시행 전후로 나누어 볼 수 있다.

---

[40] 우리나라의 경우, 외국인투자 촉진법 제4조 제2항에 의거, "국가의 안전과 공공질서의 유지에 지장을 주는 경우, 국민의 보건위생 또는 환경보전에 해를 끼치거나 미풍양속에 현저히 어긋나는 경우" 등에는 외국인 투자가 제한된다.

[41] 王先林 著, 竞争法学(第三版), 中国人民大学出版社, 2018年 8月, p. 282.

먼저 반독점법 시행 이전에는 외상투자 관련 규정에 근거하여 외자 M&A에 대한 국가안전심사제도가 도입되어 운영되었다. 즉, 국무원이 제정한 『외상투자 방향 지도 규정(指导外商投资方向規定)』에 의거, 외상이 "국가안전을 위헤 히거나 시회공공이익을 손상하는 항목 및 중국 특유의 공예 또는 기술생산품을 운용하는 항목"에 대한 투자를 금지하고 있다. 아울러 상무부 등 6개 부처가 연합 공포한 『외국 투자자의 국내기업인수에 관한 규정(关于外国投资者并购境内企业的規定)』 제12조에 의하면, 외국 투자자가 국내기업(境內企業)을 인수(并购)하여 실제 지배권을 취득하고, 중점 업종과 관련되며 국가의 경제 안전요소에 영향이 있거나 그 가능성이 있는 경우, 또는 유명상표(馳名商標)나 세대 계승 전통 브랜드(中华老字号[42])를 보유한 국내기업의 실제 지배권의 이전을 초래하는 경우, 당사자는 상무부에 신고하여야 한다.

그 후 『반독점법』 시행에 따라 외자 관련 경영자집중은 반독점심사 외에 국가안전심사를 별도로 진행하는 법적인 근거가 마련되게 되었다. 이는 중국의 실제상황과 국가안전에 대한 정책 의지 및 반독점심사와의 연계성이 고려된 조치로서 국가안전심사제도가 법제화되었다는 데 그 의의가 있다.

이에 따라 국무원은 외국자본의 중국기업 인수에 대한 질서 있는 발전을 유도하고 국가안전을 유지 보호하기 위하여 『국무원의 외국 투자자의 국내기업 인수 안전심사제도 수립에 관한 통지[国务院办公厅关于建立外国投资者并购境内企业安全审查制度的通知(国办发[2011]6号, 2011.2.3. 제정, 2011.3.4. 시행, 이하 '안전심사통지'라 함)]』 및 『상무부의 외국투자자 국내기업 인수 안전심사제도 시행 규정[商务部实施外国投资者并购境内企业安全审查制度的规定(商务部公告 2011年 第53号, 2011.8.25. 제정, 2011.9.1.부터 시행, 이하 '안전심사규정'이라 함)]』을 공포하여 시행하고 있다.

1.3. 국가안전심사의 적용대상

국가안전심사(国家安全审查)란 "외국자본이 국내기업을 인수하거나 기타 방식으로 참여한 경영자집중이 국가안전과 관련되는 경우, 경영자집중심사 외에 국가의 관련 규정에 의거 별도로 국가안전심사(国家安全审查)를 진행하는 제도를 의미한다(법

---

42 中华老字号(也称为中国世代传承品牌; China Time-honored Brand)是指历史悠久, 拥有世代传承的产品、技艺或服务, 具有鲜明的中华民族传统文化背景和深厚的文化底蕴, 取得社会广泛认同, 形成良好信誉的品牌。老字号是数百年商业和手工业竞争中留下的极品。

제31조).

이러한 국가안전심사의 적용대상은 크게 인수대상 분야와 인수방식을 기준으로 살펴볼 수가 있다(안전심사통지 제1항).

1.3.1. 인수대상 분야

국가안전심사가 적용되는 인수대상 분야는 국방 안전분야와 경제 안전분야로 나누어 볼 수가 있다. 즉, ① (국방 안전분야) 외국 투자자가 국내의 군수공업과 군수공업 부품조립업체(配套企业)·핵심적이고 민감한 군사시설의 주변 기업 및 국방 안전과 관련되는 기타단위를 인수한 경우이다. ② (경제 안전분야) 외국 투자자가 국내의 국가안전과 관계되는 중요 농산품·중요 에너지 및 자원·중요 기초시설·중요 운송 서비스·핵심기술·중요한 장비 제조 등의 기업을 인수하여 실질지배권을 취득할 수 있는 경우이다.

여기서 실질지배권(实际控制权)의 취득이란 외국 투자자가 인수(并购)를 통해 국내기업의 지배주주(控股股东) 또는 실질적인 지배자가 되는 것을 의미한다. 그 구체적인 유형으로는 ① 외국 투자자와 그 모회사·자회사의 인수 후 보유하는 지분총계가 50% 이상인 경우, ② 복수 외국 투자자의 인수 후 보유하는 지분총액합계가 50% 이상인 경우, ③ 외국 투자자의 인수 후 보유하는 지분총계가 50% 미만이나, 그가 보유하는 지분에 의거 향유 하는 의결권이 이미 주주 회의·주주총회·이사회의 결의에 충분히 중대한 영향을 미칠 수 있는 경우, ④ 기타 국내기업의 경영전략(经营决策)·재무·인사·기술 등 실질적인 지배권이 외국 투자자에게 이전되는 경우이다.

1.3.2. 인수방식

외국 투자자가 국내기업을 인수하는 방식에 따라 국가안전심사의 적용대상을 주식인수(股权并购)형·자산인수(资产并购)형 및 혼합형으로 분류할 수 있다. 그 세부 유형을 살펴보면 다음과 같다. ① (주식인수형) 주식인수형 인수방식에는 2가지 형태가 있다. 즉, ⓐ 외국 투자자가 국내의 비 외상투자기업의 지분(股权)을 인수하거나 증자에 참여(认购)하여 그 국내기업이 외상투자기업으로 변경 설립되는 경우, ⓑ 외국 투자자가 국내 외상투자기업의 중국 측 주주의 지분을 인수하거나, 국내 외상투자기업의 증자에 참여하는 경우, ② (자산인수형) 외국 투자자가 국내기업의 자산을 직접 인수하고, 그 자산을 투자하여 외상투자기업을 설립하여 이를 운영하는 경우이다. ③ (혼합형) 외국 투자자가 외상투자기업을 설립한 후 그 외상투자기업과 협의를 통하여 국내기업의 자산을 인수하여 이를 운영하거나, 그 외상투자기업을 통하여 국내기업의 지분을 인수하는 경우이다.

2. 국가안전심사체계

2.1. 안전심사 주관기관과 주요 직무

국가안전심사의 주관기관은 『반독점법』 시행 이전에는 외상투자 관련 규정에 의거 상무부가 주관하여 국가안전심사를 진행하였다. 그러나 이 법 시행 후부터는 연합기구 형태인 부처연석회의에서 국가안전심사를 진행하게 되었다.

현행 국가안전심사기구 및 역할은 다음과 같다. ① 국무원은 "외국 투자자의 중국기업 인수 안전심사 부처연석회의(이하 '연석회의'로 약칭함)"제도를 수립하여 인수 관련 안전심사업무를 구체적으로 담당한다. ② 연석회의는 국무원의 지도하에 국가발전개혁위원회와 상무부가 주관(牽头)하여 외자 인수와 관련된 업종 및 영역에 따라 관련 부처가 회동하여 국가안전심사를 진행한다. ③ 연석회의의 주요 직무는 다음과 같다. ⓐ 외국 투자자의 국내기업 인수가 국가안전에 미치는 영향을 분석하고, ⓑ 국가안전심사업무 중의 중대한 문제를 연구 · 협조하며, ⓒ 국가안전심사가 필요한 거래에 대하여 심사를 진행하고 결정한다(안전심사통지 제3항).

2.2. 안전심사 내용

국가안전심사는 인수거래가 "국방 안전 · 국가 경제 · 사회질서 및 핵심기술"에 미치는 영향을 중심으로 심사하고 있다. 그 구체적인 심사 내용은 다음과 같다. ① 국방 안전에 미치는 영향이다. 여기에는 국방에 필요한 국내 제품생산능력, 국내 서비스 제공능력 및 관련 설비시설을 포함한다. ② 국가 경제의 안정적인 운영에 미치는 영향이다. ③ 사회 기본생활 질서에 미치는 영향이다. ④ 국가안전과 관련되는 핵심기술의 연구개발능력에 미치는 영향이다(안전심사통지 제2항).

2.3. 안전심사 절차

국가안전심사는 사전상담(임의절차) 및 신청, 안전심사(일반심사, 특별심사), 결정 통지 및 후속 조치 순으로 진행된다. 이를 단계별로 살펴보면 다음과 같다.

2.3.1. 안전심사 신청

(1) 안전심사의 신청 및 수리

외국 투자자가 국내기업을 인수한 거래가 안전심사범위에 속할 경우, 외국 투자자는 사전상담(단, 임의절차)을 거쳐 상무부에 법정 서류를 갖추어 안전심사를 신청하여야 한다. 다만, 안전심사는 인수거래 당사자가 아닌 제3자도 신청할 수 있다. 즉, 국무원 유관부서와 전국적인 경영자단체 및 동종기업과 상·하류 기업이 안전심사가 필요하다고 여길 경우, 상무부에 심사를 건의할 수 있다. 이 경우 관련 상황에 대한 설명자료(즉, 거래의 기본정황 및 국가안전에 미치는 구체적인 영향 등)를 제출하여야 한다.

상무부는 그 거래가 안전심사 범위에 속하는 경우, 그 건의를 5일(근무일 기준이며, 이하 같음) 이내에 연석회의에 제출하여야 하며, 연석회의가 안전심사가 확실히 필요하다고 인정할 경우, 그 결정에 따라 외국 투자자에게 심사신청서를 제출하도록 요구하여야 한다(안전심사규정 제3조).

상무부는 신청인이 제출한 서류가 완비되고 법정요건에 부합될 경우, 그 신청을 수리(受理)하고, 신청자에게 서면으로 통지하여야 한다. 이 경우, 신청인은 수리를 통지한 날부터 15일 이내에는 인수거래를 실행할 수 없으며, 지방의 상무주관부서도 인수거래를 승인할 수 없다. 다만, 15일 후에도 상무부가 서면으로 신청인에게 통지하지 않을 경우, 신청인은 관련 법규에 의거 관련된 절차(手续)를 진행할 수가 있다. 수리 후, 상무부는 그 인수거래가 안전심사 범위에 속할 경우, 15일 이내에 신청인에게 서면으로 고지(告知)하여야 하며, 그 후 5일 이내에 연석회의에 심사를 제청(提请)하여야 한다(안전심사규정 제6조).

(2) 제출서류 및 자료보정

신청인이 국가안전심사를 신청할 때, 상무부에 제출할 서류는 다음과 같다. ① 안전심사 신청서 및 거래상황 설명서, ② 외국 투자자(또는 법정대표자)의 신분증명 또

는 등록·등기증명 및 신용(资信) 증명서류, ③ 외국투자자 및 관련 기업(그 실제 지배
인·행동 일치자 포함)에 대한 상황설명서, 관련 국가의 정부와의 관계 설명서, ④ 피
인수 국내기업의 상황설명서, 정관(章程)·영업 증명서·회계감사를 받은 직전년도
재무보고서·인수 전후의 조직구조도(组织架构图)·투자기업의 상황설명서 및 영업
증명서, ⑤ 인수 후 설립하고자 하는 외상투자기업의 계약서, 정관 또는 합작 협약
및 주주 각자가 위임하고자 하는 이사회 구성원·고급 관리자명단(사장, 파트너 등),
⑥ 주식인수거래인 경우, 지분 양도계약 또는 외국 투자자의 국내기업 증자인수협약
(认购增资协议), 피인수 중국기업의 주주 결의·주주총회 결의 및 상응한 자산평가보
고서, ⑦ 자산인수거래인 경우, 국내기업의 의결기구(权力机构) 또는 소유자의 자산
매각 동의 결의, 자산구매협약(단, 구매하고자 하는 자산의 목록·상황을 포함함), 협약당
사자 상황 및 상응한 자산평가보고서, ⑧ 인수 후 외국 투자자의 의결권이 주주 회
의·주주총회·이사회의 결의·합작사무 집행에 미치는 영향 설명서; 기타 국내기업
의 경영전략·재무·인사·기술 등 실질적인 지배권이 외국투자자 또는 그 국내외
관련 기업에 이전되는 상황설명서 및 관련 협약서 또는 문서, ⑨ 상무부가 요구하는
기타 문서이다(안전심사규정 제5조).

한편, 신청인은 안전심사 과정에서 거래방안의 수정 등 신고서류를 수정하여 제출
하거나 인수거래의 철회(撤销)를 상무부에 신청할 수 있다. 아울러 연석회의의 요청
에 의거 자료를 보정(补交)·수정하는 경우, 관련 문서를 상무부에 제출하여야 한다.
이 경우 상무부는 신청서류 및 관련 문서를 받은 후, 5일 이내에 연석회의에 제출하
여야 한다.

2.3.2. 국가안전심사

연석회의는 상무부가 제청한 안전심사 인수거래에 대하여 먼저 일반심사(一般性审
查)를 진행하고, 일반심사를 통과하지 못하는 경우 특별심사(特别审查)를 진행한다.
심사 중 인수거래 당사자는 연석회의의 안전심사업무에 협조하여야 하며, 안전심사
에 필요한 자료 및 정보를 제공하고 관련 조사(询问)에 응하여야 한다.

그중 일반심사는 서면으로 의견을 수렴하는 방식으로 진행되며, 그 기간은 30일
정도이다. 특별심사는 안전평가 결과를 종합하여 심사하는데, 그 심사 기간은 원칙
적으로 60일 이내에 완료(단, 국무원에 결정을 요청한 경우를 제외함)한다.

이러한 안전심사의 주요 진행 절차는 다음과 같다. ① 연석회의는 상무부 제청 후 5일 이내에 유관부처에 서면으로 의견 제출을 요청한다. 이 경우 유관부처는 20일 이내에 서면 의견을 제출하여야 한다. ② 연석회의는 전체 서면 의견을 접수한 후 5일 이내에 심사의견을 내고, 상무부에 서면으로 통지한다. ③ 심사 결과, 유관부처 모두 인수거래가 국가안전에 영향을 미치지 않는다고 인정한 경우에는 일반심사단계에서 종결하고, 특별심사를 진행하지 아니한다. ④ 만약 유관부처에서 인수거래가 국가안전에 영향을 미칠 수 있다고 인정한 경우, 연석회의는 그 의견접수 후 5일 이내에 특별심사 절차를 개시하여야 한다. ⑤ 연석회의는 인수거래에 대한 안전평가를 실시(组织)하고, 그 의견을 종합(结合)하여 심사를 진행한다. 의견이 기본적으로 일치한 경우, 연석회의는 심사의견을 제출한다. 만약에 중대한 의견 불일치가 존재한 경우, 연석회의는 국무원에 결정을 요청(报请)하여야 하며. 그 심사의견은 연석회의가 서면으로 상무부에 통보한다(안전심사통지 제4항).

한편, 외국 투자자의 국내기업 인수가 "국가고정자산의 신증(新增) 투자, 국유재산권 변동, 금융기구"와 관련되는 경우에는 관련 규정에 의거 처리한다.

2.3.3. 심사 결과 통지 및 후속 조치

상무부는 연석회의의 서면심사의견을 받은 후 5일 이내에 심사의견을 신청인(또는 당사자) 및 그 거래를 관리하는 지방 상무주관부서에 서면으로 통지하며, 신청인과 상무부(또는 지방 상무주관부서)는 그 심사 결과에 따라 다음과 같이 후속 처리 및 상응한 조치를 채택하여야 한다(안전심사규정 제7조).

첫째, 국가안전에 영향을 미치지 않는 경우, 신청인은 『외국 투자자의 국내기업인수에 관한 규정』 등 관련 규정에 의거 관련 주관부서에서 인수거래 절차를 처리하여야 한다.

둘째, 국가안전에 영향을 미칠 가능성은 있으나 인수거래를 아직 실행하지 않는 경우, 당사자는 그 거래를 중지(终止)하여야 한다. 이 경우 신청인은 인수거래를 조정하거나 신고서류를 수정하여 재심사를 거치지 아니하고는 신청 및 인수거래를 실행할 수 없다.

셋째, 외국 투자자의 국내기업 인수행위가 국가안전에 이미 중대한 영향을 조성하거나 조성할 가능성이 있는 경우, 연석회의의 심사의견에 의거, 상무부는 유관부처와 회동(会同)하여 당사자의 거래를 중지(终止)하거나, 관련 지분·자산의 양도 또는 기타 유효한 조치를 채택하여 그 인수행위가 국가안전에 미치는 영향을 제거하여야 한다.

지식재산권 남용행위

(滥用知识产权行为)

제1절 지식재산권 남용행위 개관

제2절 지식재산권 남용행위의 유형

지식재산권 남용행위
(濫用知识产权行为)

제1절   지식재산권 남용행위 개관

1. 반독점과 지식재산권 보호

최근 지식재산권 영역에서의 반독점 문제인 지식재산권 남용행위에 대한 경쟁법의 적용 문제가 갈수록 반독점법집행기구의 중요 관심사가 되고 있다. 과거에는 경쟁 촉진을 목표로 하는 경쟁법과 배타적인 독점을 인정하는 지식재산권법의 입장이 상반되는 것으로 보았으나, 오늘날에는 양자가 그 수단이 다를 뿐 궁극적으로는 같은 목적을 추구하는 것으로 보고 있다. 즉, "지식재산권 보호는 지식재산권자의 독점적인 권리(专有权)를 보장함으로써 혁신과 기술 간의 경쟁을 장려하고, 나아가 산업의 발전을 촉진하며, 소비자 후생(体验)과 사회 운영의 효율성을 증진하게 된다. 반면에 반독점법은 독점행위에 대한 규제(反对)를 통해, 다른 기술 간의 경쟁 보호를 포함하여 경쟁을 직접 보호하고 기술 진보를 촉진함으로써 소비자 이익과 사회적 공익을 보호하고 있다."[1] 따라서 종합적인 측면에서 볼 때, "반독점과 지식재산권의 보

---

[1] 『지식재산권을 남용하여 경쟁을 배제·제한하는 행위 금지에 관한 규정 해석(解读《关于禁止滥用知

호는 경쟁과 혁신을 촉진하고, 경제 운영의 효율을 높이며, 소비자의 이익과 사회공
공이익을 유지 보호하는 공동의 목표를 지니고 있다."[2]

　　이러한 양자의 관계에서 지식재산권의 정당한 권리행사와 그 남용행위 여부에 대
한 경계(界限)는 반독점법 적용에 있어 매우 중요한 문제이다. 일반적으로 지식재산
권(知識産权)의 정당한 행사는 그 자체가 결코 반독점법의 위반이 아니므로 그 적용
대상에서 제외하는 것이 세계적으로 통용되는 원칙이다. 다만, 경영자의 지식재산권
행사가 합리적인 한계를 벗어나 이를 남용하여 경쟁을 배제·제한하는 문제를 초래
한 경우에는 법의 규제를 받게 되는 것이다.『반독점법(이하 법이라 함)』제55조에 의
하면, 경영자가 지식재산권과 관련된 법률·행정법규의 규정에 의거 지식재산권을
행사한 행위는 이 법을 적용하지 아니한다. 다만, 경영자가 "지식재산권을 남용하여
경쟁을 배제·제한하는 행위(이하 지재권남용행위로 약칭함)"는 이 법을 적용하게 된다.
따라서 이 규정의 취지는 경영자의 지식재산권을 행사한 행위가 지식재산권 관련 법
규에 적합하게 행사된 경우에는 설사 그 행위가 시장에서의 경쟁을 배제·제한할 경
우라도 반독점법의 규제를 받지 않지만, 경영자가 지식재산권을 남용하여 경쟁을 배
제·제한하는 경우에는 여전히 반독점법의 규제를 받는다는 사실을 의미하고 있다.

2. 지재권남용행위의 의미와 분석

2.1. 지재권남용행위의 의미

　　지재권남용행위란 "경영자가 지식재산권을 행사하면서 반독점법의 규정을 위반하
여 독점협의·시장지배적 지위 남용 등 독점행위를 실시하는 것을 의미한다."[3]

　　따라서 경영자의 지재권남용행위는 하나의 독립된 독점행위가 아니라 경영자가
지식재산권을 행사하거나 관련 행위에 종사하는 과정에서 독점협의를 하거나 시지

识产权排除、限制竞争行为的规定》, 2015.8.3.)』—"如何理解反垄断与保护知识产权之间的关系?".
2 『**지식재산권을 남용하여 경쟁을 배제·제한하는 행위 금지에 관한 규정**(关于禁止滥用知识产权排除·限
　制竞争行为的规定, 工商总局令 제74호, 2015.4.7. 공포, 2015.8.1.부터 시행, 이하 **지재권남용행위규
　정이라 함**)』제2조.
3 지재권남용행위규정 제3조 제1항은 지식재산권을 남용한 독점행위 중 과거 국가발전개혁위원회 소관
　인 가격독점행위는 그 적용대상에서 제외하고 있으나, 반독점법집행기구가 시장관리총국으로 통합된
　점을 고려하여 저자는 이를 포함하여 기술하고자 한다. 이러한 법 적용상의 문제는 향후 관련 규정의 개
　정을 통해 보완될 것으로 보인다.

남용행위 또는 경쟁제한적인 경영자집중을 실행하는 것을 의미한다. 이러한 지재권 남용행위는 세 종류의 독점행위가 각각 개별 형태로 나타나거나, 동시에 혼합(构成) 되는 형태로 나타나고 있다.

2.2. 지재권남용행위의 분석원칙

경영자의 독점행위가 지재권남용행위에 해당하는지를 분석하는 데 필요(遵循)한 기본원칙은 다음과 같이 제시할 수 있다.[4]

① 지식재산권과 다른 재산적 권리를 동등하게 대우하여야 한다. 즉, 지식재산권 의 법정 독점속성으로 인하여 그에 대한 차별적 대우나 더 엄격한 기준을 적용하여 서는 아니 되며, 다른 재산적 권리와 같은 규제표준을 채택하고, 반독점법의 기본적 인 분석 틀(分析框架)을 따라야 한다.

② 지식재산권의 특징을 고려하여야 한다. 즉, 구체적인 사건을 분석할 때 지식재 산권이 무형자산으로서 갖는 시간성(时间性)·전유성(专有性) 및 지역성(地域性) 등 의 특성을 충분히 고려하여 분석하여야 한다.

③ 경영자가 지식재산권을 보유한 사실로 인하여 그가 관련 시장에서 시장지배적 지위를 지니는 것으로 추정하여서는 아니 된다. 사실 일반적인 상황에서는 대체할 수 있는 지식재산권이나 그 지식재산권을 사용한 다른 상품이 존재하기 때문에 아주 소수의 지식재산권만이 진정한 의미의 독점을 형성할 수 있다.

④ 개별 안건의 상황에 따라 관련 행위가 '효율성(效率) 및 혁신에 미치는 긍정적 인 영향(积极影响)'을 고려하여야 한다. 즉, 지식재산권을 행사하는 행위가 혁신을 장려하고 경제효율을 높이는 효과를 가져올 수 있을 뿐만 아니라, 경쟁을 배제·제 한할 수도 있다는 사실을 함께 고려하여 개별 안건에 따라 합리적인 분석을 진행할 필요가 있다.

---

4 『국무원 반독점위원회의 지식재산권 남용에 관한 반독점지침(의견수렴안)[国务院反垄断委员会关于滥 用知识产权的反垄断指南(征求意见稿), 2017.3.23. 이하 지침안이라 함]』 제1조 및 "국무원 지재권 반독점지침의 초점(聚焦国务院知产反垄断指南, 金杜律师事务所 宁宣凤 외, 2017.3.29.)" 참조. 한 편, 이 지침안은 의견수렴 후, 국무원 반독점위원회에서 현재 개정 절차를 진행하고 있어 그 내용이 일 부 변경될 수도 있음을 참고하시기 바랍니다.

2.3. 지재권남용행위 분석 절차(分析思路)

지재권남용행위 여부의 판단은 원칙적으로 일반 독점행위에 대한 분석 및 인정 절차를 따르되, 지식재산권 본래의 특수성을 충분히 고려하여야 한다. 이러한 관점에서 경영자의 지식재산권 남용 여부를 분석하기 위해서는 통상 다음과 같은 단계(思路)를 거치게 된다.[5]

① 경영자가 지식재산권을 행사한 행위의 성격(性质)과 표현형식(즉, 태양)을 확정한다. 즉, 경영자의 지식재산권 남용행위는 지식재산권을 행사하는 행위이거나, 지식재산권 행사와 관련된 행위일 수도 있다. 따라서 통상적으로는 경영자 행위의 특징과 표현형식에 따라 구성 가능한 독점행위를 인정한다.

② 지식재산권을 행사한 경영자 간에 상호관계의 성격을 확정한다. 이러한 경영자 간 상호관계의 성격을 분석하기 위해서는 지식재산권을 행사한 행위 그 자체의 특성을 고려해야 한다. 예를 들면, 지식재산권의 허가와 관련된 상황에서, 원래 경쟁 관계에 있던 경영자 간의 허가계약에서는 거래 관계이지만, 허가자(즉, 특허권자)와 피허가자(즉, 실시권자) 모두가 그 지식재산권을 이용하여 제품을 생산하는 시장에서는 다시 경쟁 관계가 된다. 다만, 당사자 간에 허가계약을 체결할 당시에는 경쟁 관계가 아니었으나, 계약 체결 후에야 비로소 경쟁 관계가 형성된 경우, 원래 계약의 실질적 변경이 이뤄지지 않는 한 경쟁자 간의 계약으로 보지 아니한다.

③ 지식재산권을 행사한 행위와 연관되는 관련시장을 획정한다. 이는 통상적으로 관련시장 획정의 기본준칙(基本依据)과 일반방법을 따르되, 동시에 지식재산권의 특수성을 고려한다.

④ 지식재산권을 행사한 경영자의 시장 지위를 판단(认定)한다.[6]

⑤ 경영자가 지식재산권을 행사한 행위가 관련 시장의 경쟁에 미치는 영향을 분석한다. 이는 통상적으로 관련 시장의 경쟁상황을 평가하고, 구체적인 행위에 대한 분석이 필요하다.

⑥ 경영자의 행위가 혁신(创新) 및 효율(效率)에 미치는 긍정적인 영향(积极影响)

---

5   지재권남용행위규정 제15조, 지침안 제2조 및 제5조.
6   지식재산권과 관련된 시장지배적 지위 인정 요건에 대해서는 후술하는 "제2절 2.1. 지식재산권 관련
    시장지배적 지위의 인정"에서 설명하고자 한다.

을 분석하여야 한다. 경영자의 행위는 혁신 및 효율에 대하여 긍정적인 영향(여기에는 기술의 보급이용 촉진 및 자원의 이용효율 향상 등을 포함함)을 미칠 수 있는데, 이러한 긍정적인 영향을 인정받기 위해서는 통상적으로 다음 조건을 동시 충족하여야 한다. ⓐ 그 행위가 혁신의 촉진 및 효율성(效率) 제고와 인과관계가 있어야 한다. ⓑ 혁신 촉진 및 효율성을 높이는 다른 행위에 비해, 그 행위가 시장경쟁을 배제ㆍ제한하는 영향이 훨씬 적어야 한다. ⓒ 그 행위가 관련 시장의 경쟁을 심각하게 제한하지 않아야 한다. ⓓ 그 행위가 다른 경영자의 혁신을 심각하게 저해하지 않아야 한다. ⓔ 혁신을 촉진하고 효율성을 높임으로써 생기는 이익을 소비자가 향유할 수 있어야 한다.

2.4. 관련 시장(相矣市场)의 획정

지식재산권은 직접 거래의 대상(标的)일 수도 있고, 상품 또는 서비스(이하 상품으로 통칭함)를 제공하는 데 사용될 수도 있다. 지식재산권에 대한 관련 시장은 법 제12조 제2항 및 『국무원 반독점위원회의 관련시장 획정에 관한 지침(国务院反垄断委员会矣于相矣市场界定的指南)』에 근거하여 획정하되, 지식재산권ㆍ혁신 등 요소의 영향을 고려하여야 한다. 통상적인 상황에서는 관련 상품시장과 지역시장을 기본으로 획정하되, 특정 안건의 경우에는 기술시장을 추가하여 획정할 필요가 있다. 지식재산권과 연관되는 관련시장을 획정할 때 필요한 시장별 고려요인은 다음과 같다.[7]

2.4.1. 상품시장

지식재산권의 허가 등과 관련된 반독점법 집행업무 과정에서의 관련 상품시장은 기술시장일 수도 있고, 특정 지식재산권을 포함한 상품시장일 수도 있다. 만약, 관련된 상품시장의 획정만으로는 행위의 경쟁 영향을 전체적으로 평가하기가 어려운 경우, 관련된 기술시장을 획정할 필요가 있다. 아울러 개별 안건의 상황에 따라 그 행위가 혁신이나 연구개발 등의 요소에 미치는 영향을 추가로 고려할 필요가 있다.

---

7 지재권남용행위규정 제3조, 지침안 제3조.

2.4.2. 기술시장

관련 기술시장이란 지식재산권의 행사와 관련되는 기술과 상호대체 가능한 동류 기술 간의 상호 경쟁으로 구성된 시장으로서 수요자들이 비교적 긴밀한 대체 관계를 지닌다고 생각하는 한 조 또는 한 종류의 기술로 구성되는 시장을 의미한다.

기술시장을 획정할 때에는 다음과 같은 요소를 고려할 수 있다. ① 기술의 속성·용도·특허료·호환 정도(兼容程度), ② 관련되는 지식재산권의 기한, ③ 수요자가 대체 관계를 지니는 다른 기술로 전환할 가능성 및 비용 등이다. 이 경우, 통상적인 상황에서는 다른 기술을 이용하여 대체 관계를 지니는 상품을 제공할 수 있다면, 이 기술들은 대체 관계를 지닌다고 할 수 있다.

그 밖에 한 가지 기술과 '지식재산권과 관련되는 기술'이 대체 관계인지 여부를 판단할 때에는 그 기술의 현재 응용영역뿐만 아니라, 그 잠재된 응용영역도 추가로 고려하여야 한다.

2.4.3. 지역시장

행위와 관련되는 지역시장을 획정할 때에는 그 지식재산권의 지역성을 고려하여야 한다. 관련 거래가 여러 국가 및 지역의 지식재산권과 관련된 경우에는 거래조건이 관련된 지역시장의 획정에 미치는 영향을 추가로 고려하여야 한다.

2.5. 경쟁에 미치는 영향 분석

경영자가 지식재산권을 행사한 행위가 관련 시장의 경쟁에 미치는 영향에 대하여 분석할 때에는 '관련 시장의 경쟁상황 평가'와 '구체적인 행위에 대한 분석'단계로 구분하여 진행할 수 있다. 그 단계별 평가 및 분석에 필요한 고려 요소는 다음과 같다.[8]

2.5.1. 관련 시장의 경쟁상황 평가

지식재산권과 관련되는 시장의 경쟁상황을 평가할 때에는 다음과 같은 요소를 고려할 수 있다. ① 업종의 특성과 업계의 발전 상황, ② 주요 경쟁자와 그 시장점유

---

8 지재권남용행위규정 제16조, 지침안 제4조.

율, ③ 관련시장의 시장집중도, ④ 시장진입의 난이도, ⑤ 거래상대방의 시장 지위 및 관련 지식재산권에 대한 의존도, ⑥ 산업관례와 산업의 발전단계, 관련 기술의 개량(更新)·발전 추세 및 연구개발 상황 등이다.

그중 경영자의 관련 기술시장에서의 시장점유율을 계산할 때에는 개별 안건의 상황에 따라 "① 그 기술을 이용하여 생산하는 상품의 관련 시장에서의 점유율, ② 그 기술의 특허료 수입이 관련 기술시장의 총 특허료 수입에서 차지하는 비중, ③ 대체성 기술의 수량" 등을 고려할 수 있다.

2.5.2. 구체적 행위에 대한 분석

지식재산권의 행사와 관련되는 구체적 행위에 대한 분석을 진행할 때에는 다음 요소를 고려할 수 있다. ① 경영자 간의 경쟁 관계, ② 경영자의 시장점유율과 그가 시장에 미치는 통제력, ③ 행위가 생산량·지역·소비자 등의 측면(方面)에서 제한을 초래하는 시간·범위 및 정도, ④ 행위가 관련 시장의 진입장벽을 형성 또는 높일 가능성, ⑤ 행위가 기술혁신·보급(传播) 및 발전에 미치는 영향(阻碍), ⑥ 행위가 업계발전에 미치는 영향, ⑦ 행위가 잠재적인 경쟁에 미치는 영향 등이다.

그중 '경영자 간의 경쟁 관계'를 판단할 때에는 개별 안건의 상황에 따라 그 행위가 없는 상황에서, 경영자가 실제 또는 잠재적인 경쟁 관계를 지니는지 여부를 고려할 수 있다. 통상적인 상황에서는 만약 경영자 간에 경쟁 관계가 존재한다면, 그 행위가 관련 시장에서의 경쟁을 배제·제한하는 영향을 초래할 가능성이 훨씬 크다.

제2절 지식재산권 남용행위의 유형

지식재산권 남용행위는 ① 경영자 간에 지식재산권을 행사하는 방식을 이용한 독점협의, ② 시장지배적 지위가 있는 경영자가 지식재산권을 행사하는 과정에서 그 지위를 남용하여 경쟁을 배제·제한하는 행위, ③ 지식재산권과 관련한 경영자집중, ④ 특허 풀·표준 필수특허 등 특수유형의 지식재산권 남용행위로 분류할 수 있다.

1. 지식재산권 관련 독점협의

지식재산권과 관련된 협의는 혁신을 장려하고 경쟁을 촉진할 수 있다. 따라서 그 협의유형 및 방식에 따라 긍정적인 영향 또는 부정적인 영향을 가져올 수가 있다. 먼저 긍정적인 영향으로는 "연구개발 비용의 절감, 연구개발의 효율성 제고, 거래 비용의 감소, 상품의 품질보장, 기술성과의 보급, 소송남용방지(避免濫诉) 등"이 있다. 반면에 부정적인 영향으로는 지식재산권과 관련된 협의가 관련 시장의 경쟁을 배제·제한하는 부정적인 효과를 초래할 수도 있는데, 이 경우에는 법의 규제를 받게 된다.

그중 후자에 속하는 법 제13조(수평적 독점협의) 및 제14조(수직적 독점협의)에서 규정하는 독점협의는 금지된다. 다만, 그 독점협의가 법 제15조에서 규정하는 적용면제 사유(예, 제품의 표준화, 중소기업의 경쟁력 강화, 사회공공이익 실현, 불황극복 등)에 부합되는 사실을 경영자가 증명할 수 있는 경우에는 그 적용대상에서 제외하게 된다.

이러한 지식재산권과 관련되는 독점협의는 일반적인 독점협의의 유형과 달리 특허권의 형성 및 활용단계를 중심으로 하여 그 구체적인 형태를 살펴볼 수가 있다. 그 세부 유형과 행위별 경쟁제한효과를 분석할 때 고려요인은 다음과 같다.

1.1. 독점협의 세부 유형

1.1.1. 공동연구개발

공동연구개발(联合研发)이란 경영자가 공동으로 기술·제품 등을 연구개발하고, 그 연구개발성과를 이용하는 행위를 의미한다. 이러한 공동연구개발이 관련 시장의 경쟁에 미치는 배제·제한적 영향을 분석하기 위해서는 다음 요소를 고려할 수 있다. ① 경영자가 공동연구개발과 무관한 영역에서 단독(独立) 또는 제3자와 합작하여 연구개발하는 것을 제한하는지 여부, ② 경영자가 공동연구개발을 완료한 후, 연구개발을 진행하는 것을 제한하는지 여부, ③ 경영자가 공동연구개발과 무관한 영역에서 연구 개발한 신기술 또는 신제품과 관련된 지식재산권의 귀속 및 행사에 대한 제한 여부이다(지침안 제6조).

1.1.2. 상호실시허락

상호실시허락(交叉許可; Cross License)이란 경영자가 각자 보유한 지식재산권을 상호 허가하여 사용하는 것을 의미한다. 이러한 상호실시허락이 관련 시장의 경쟁에 미치는 배제·제한적 영향을 분석하기 위해서는 다음 요소를 고려할 수 있다. ① 배타적인 허가인지 여부, ② 제3자가 관련 시장에 진입하는 데 장벽을 형성하는지 여부, ③ 하류 관련 시장에서의 경쟁을 배제·제한하는지 여부이다(지침안 제7조).

1.1.3. 독점적인 그랜트 백

그랜트 백(回授; Grant Back)이란 피허가자(즉, 실시권자)가 그가 허가받은 지식재산권을 이용하여 개량(改進)하거나, 허가받은 지식재산권의 사용을 통하여 획득한 새로운 성과에 대한 권리를 특허권자에게 부여(授权)하는 것을 말한다(지침안 제8조 제1항).[9]

이러한 그랜트 백은 개량기술에 대한 이용권을 실시 허락된 기술의 특허권자에게만 이전시키는 배타적인 경우도 있으며, 특허권자 이외의 다른 사업자들에게도 이전시킬 수 있는 비배타적인 경우도 있다. 그중 비배타적인 경우, 친 경쟁적 효과를 발생시킬 수 있다. 그랜트 백은 특허권자에게 개량기술에 대한 특허의 취득이라는 보상을 해줌으로써 초기 혁신을 촉진할 수 있고, 기술개량에 대한 위험을 특허권자와 실시권자가 공유할 수 있으며, 실시 허락된 기술에 기반한 추가적인 혁신을 가능하게 할 수 있다. 반면에 실시권자가 연구개발을 할 유인을 감소시키고 관련 시장에서 경쟁을 제한할 수 있다.[10]

따라서 만약에 단지 허가자(즉, 특허권자) 또는 그가 지정한 제3자에게 개량 또는 새로운 성과를 부여할 수 있는 권리가 독점적으로 주어진다면, 통상적인 상황에서는 관련 시장의 경쟁을 배제·제한할 가능성이 훨씬 크다. 이러한 독점적인 그랜트 백(独占性回授)이 관련 시장의 경쟁에 미치는 배제·제한적 영향을 분석하기 위해서는

---

9 참고로 공정거래위원회의 『지식재산권의 부당한 행사에 대한 심사지침(공정거래위원회 예규 제247호, 2016.3.23. 일부개정 및 시행)』은 그랜트 백(Grant Back)의 개념을 "실시허락계약을 체결함에 있어 실시권자가 실시허락과 관련된 기술을 개량하는 경우, 개량된 기술을 특허권자에게 양도 또는 실시허락하도록 하는 것"으로 정의하고 있어, 지침안의 정의와는 약간의 의미상의 차이가 있다.

10 심사지침 Ⅲ. 1. 나.

다음 요소를 고려할 수 있다. ① 특허권자가 독점적인 그랜트 백에 대하여 실질적인 대가를 제공하는지 여부, ② 특허권자와 실시권자가 상호실시허락 중 서로 독점적인 그랜트 백을 요구하는지 여부, ③ 독점적인 그랜트 백이 개량 또는 새로운 성과를 단일 경영자에게 집중되게 함으로써 그가 시장통제력을 획득 또는 강화하는지 여부, ④ 독점적인 그랜트 백이 실시권자가 개량을 진행하는 적극성(積極性)을 훼손(損害)하는지 여부이다. 만약, 특허권자가 실시권자에게 개량 또는 새로운 성과를 특허권자 또는 제3자에게 양도(转让)할 것을 요구한 경우, 그 행위가 경쟁을 배제·제한하는지를 분석할 때에는 상술한 요소를 마찬가지로 고려하여야 한다(지침안 제8조 제2항~제3항).

1.1.4. 이의제기 금지조항

이의제기 금지조항(不质疑条款)이란 지식재산권의 허가와 관련한 협의 중 특허권자가 실시권자에게 그 지식재산권의 유효성에 대하여 이의를 제기할 수 없는 일련의 조항을 의미한다.

이러한 이의제기 금지조항이 관련 시장의 경쟁에 미치는 배제·제한적 영향을 분석하기 위해서는 다음 요소를 고려할 수 있다. ① 특허권자가 모든 실시권자에게 그 지식재산권의 유효성을 이의제기하지 않도록 요구하는지 여부, ② 이의제기 금지조항과 관련된 지식재산권의 허가가 유상(有偿)인지 여부, ③ 이의제기 금지조항과 관련된 지식재산권이 하류 관련 시장에 대한 진입장벽을 형성할 수 있는지 여부, ④ 이의제기 금지조항과 관련된 지식재산권이 다른 경쟁적인 지식재산권의 실시를 저해하는지 여부, ⑤ 이의제기 금지조항과 관련된 지식재산권의 허가가 배타성을 지니는지 여부, ⑥ 실시권자가 특허권자에게 지식재산권의 유효성에 이의를 제기함으로 인하여 중대한 손실을 초래할 수 있는지 여부이다(지침안 제9조).

1.1.5. 표준 제정

표준 제정(标准制定)이란 경영자가 일정한 범위 안에서 통일적으로 실시하는 지식재산권과 관련된 표준을 공동으로 제정하는 것을 말한다. 경쟁 관계에 있는 경영자가 표준 제정에 공동으로 참여할 경우 경쟁을 배제·제한할 가능성이 있다. 이러한 표준 제정과 관련한 경쟁제한효과를 구체적으로 분석할 때에는 다음 요소를 고려할 수 있다. ① 다른 특정 경영자를 배척하는지 여부, ② 특정 경영자의 관련 방안을 배척하는지 여부, ③ 다른 경쟁적인 표준을 실시하지 않기로 약정하는지 여부, ④ 표준 행사 중 포함되는 지재권에 대한 필요·합리적인 구속체계(約束机制) 존재 여부 이다(지침안 제10조).

1.1.6. 기타제한

경영자가 지식재산권을 허가할 때, 다음과 같은 제한사항이 관련될 수 있다. 즉, ① 지식재산권의 사용영역 제한, ② 지식재산권을 이용하여 제공하는 상품의 판매경로·판매범위 또는 판매대상의 제한, ③ 경영자가 지식재산권을 이용하여 제공하는 상품 수량의 제한, ④ 경영자가 경쟁 관계에 있는 기술의 사용 또는 경쟁 관계에 있는 상품의 제공을 제한하는 경우이다(지침안 제11조 제1항).

이러한 제한행위가 관련 시장의 경쟁에 미치는 배제·제한적 영향을 분석할 때에는 다음 요소를 고려할 수 있다. 즉, ① 제한하는 내용·정도 및 실시방식, ② 지식재산권을 이용하여 제공하는 상품의 특징, ③ 제한행위와 지식재산권 허가조건과의 관계, ④ 여러 항목의 제한사항을 포함하는지 여부, ⑤ 만약에 다른 경영자가 지니는 지식재산권이 대체 관계를 지니는 기술과 관련된 경우, 다른 경영자가 같거나 비슷한 제한을 실시하는지 여부이다(지침안 제11조 제2항).

1.2. 안전지대의 설정

1.2.1. 안전지대의 의의 및 적용대상

반독점법집행기구는 법 집행의 효율성을 높이고 시장참여자에게 법 위반 여부에 대한 명확한 예측 가능성을 제공하고자 안전지대를 설정하여 운영하고 있다. 안전지대(安全港规则; safety zone)란 "사업자의 시장점유율 등에 비추어 통상적으로 경쟁제한성 또는 공정거래저해성이 미미할 것으로 인정되는 일정한 범위를 설정하고, 그 범위에 속하는 경우 외형상 관련 행위가 있다고 하더라도 경쟁제한효과 또는 공정거래저해효과가 없는 것으로 보아 반독점법집행기구가 원칙적으로 심사 절차를 개시하지 않는 '심사면제 대상'을 의미한다."[11]

---

11 공정거래위원회『불공정거래행위 심사지침』Ⅲ-2-가항 참조.

　　지재권남용행위규정 제5조는 지식재산권 행사와 관련한 독점협의 중 기타 독점협의에 대하여 제한적으로 안전지대 기준을 규정하고 있다. 즉, 그 적용대상은 경영자 간에 지식재산권을 행사하는 방식을 이용한 모든 독점협의유형에 적용되는 것이 아니라, 법 제13조(수평적 독점협의) 제1항 제6호 및 제14조(수직적 독점협의) 제3호가 금지하는 "국무원 반독점법집행기구가 인정하는 기타 독점협의(이하 기타 독점협의라 함)"로 국한하고 있다. 따라서 그 적용대상은 법 제13조 제1항 제1호~제5호(즉, 가격 조정 등 5종의 수평적 독점협의) 및 제14조 제1호~제2호(재판매가격유지행위 중 지정가격제 및 최저가격제)에서 명시적으로 금지하고 있는 주된 독점협의의 유형을 제외한 상대적으로 경쟁을 제한하는 효과가 미약한 '기타 독점협의'에 국한되고 있어, 그 실제 적용대상은 미미할 것으로 보인다.

　　한편, 안전지대 적용대상에 속한 경우라도 그 협의가 경쟁을 배제·제한하는 효과가 있음을 증명하는 상반된 증거가 있는 경우에는 그 적용대상에서 제외하게 된다.

1.2.2. 안전지대 적용요건

　　지재권남용행위규정 제5조는 그 안전지대 적용요건을 독점협의의 유형에 따라 "시장점유율과 대체성 기술의 수량"을 기준[12]하여 명시하고 있다. 즉, 독점협의의 유형이 '기타 독점협의'에 속하고, 경영자가 지식재산권을 행사한 행위가 다음 요건 중 어느 하나에 부합하는 경우 안전지대의 적용대상이 된다.

　　① (수평적 독점협의) 경쟁 관계에 있는 경영자가 그 행위의 영향을 받는 관련 시장에서의 시장점유율 합계가 20%를 초과하지 아니하거나, 관련 시장에서 합리적인 비용(合理成本)으로 취득할 수 있는 독립적으로 통제되는 다른 대체성 기술이 최소 4개 존재하는 경우이다.

---

12 지침안 제12조는 지재권남용행위규정과 달리 그 적용요건을 "협의유형별 시장점유율"과 "대체 기술의 수량"으로 각각 구분하여 규정하고 있다. ① (수평적 독점협의) 경쟁 관계에 있는 경영자가 관련 시장에서의 시장점유율 합계가 20%를 초과하지 아니한 경우, ② (수직적 독점협의) 경쟁 관계에 있지 아니한 경영자가 지식재산권과 연관된 협의의 영향을 받는 각각의 관련 시장에서의 시장점유율이 모두 30%를 초과하지 아니한 경우, ③ (대체 기술) 만약 경영자가 관련 시장의 점유율을 구하기가 어렵거나 시장점유율이 경영자의 시장 지위를 정확히 반영할 수 없고, 관련 시장에서 협의 당사자가 통제하는 기술 이외에 관련 시장에서 합리적인 비용으로 취득하여 다른 경영자가 독립적으로 통제할 수 있는 대체성 기술이 4개 또는 4개 이상 존재하는 경우이다.

② (수직적 독점협의) 경영자와 거래상대방 양자의 관련 시장에서의 시장점유율이 각각(均) 30%를 초과하지 아니하거나, 관련 시장에서 합리적인 비용으로 취득할 수 있는 독립적으로 통제되는 다른 대체성 기술이 최소 2개 존재하는 경우이다.

2. 지식재산권 관련 시장지배적 지위 남용행위

시장지배적 지위를 지니는 경영자는 지식재산권을 행사하는 과정에서 그 지위를 남용하여 경쟁을 배제·제한하여서는 아니 된다. 이러한 지식재산권과 관련한 시장지배적 지위 남용행위도 일반적인 시지 남용행위와 동일하게 법 제3장(시지남용행위)의 규정을 적용한다. 따라서 통상적인 상황에서는 먼저 그 행위와 관련되는 관련시장을 획정한 후, 경영자가 관련 시장에서 시장지배적 지위를 구비하는지를 판단한다. 그리고 개별 안건의 상황에 따라 그 행위가 지식재산권을 남용하여 경쟁을 배제·제한하는 행위인지를 구체적으로 분석하여야 한다.

2.1. 지식재산권 관련 시장지배적 지위의 인정

경영자가 지식재산권을 보유한 사실만을 가지고 그가 시장지배적 지위를 당연히(必然) 지니는 것으로 보지는 않는다. 즉, 경영자의 지식재산권 보유는 그 시장지배적 지위를 인정하는 구성 요소 중의 하나일 수는 있으나, 지식재산권을 보유한 사실만으로 그가 관련 시장에서 시장지배적 지위를 지니는 것으로 추정하여서는 아니된다.

지재권을 보유한 경영자의 관련 시장에서의 지배적 지위 구비 여부를 인정할 때에는 법 제18조(시장지배적 지위 인정 요소)·제19조(시장지배적 지위 추정요건)의 규정에 의거, 시장지배적 지위를 인정 또는 추정하는 요소 및 상황에 의거 분석하되, 지식재산권의 특성을 결합하는 동시에 다음 요소도 구체적으로 고려할 수 있다. ① 거래상대방이 대체 관계에 있는 기술 또는 상품 등으로 전환할 가능성 및 전환 비용, ② 지식재산권을 이용하여 제공하는 상품에 대한 하류 시장의 의존 정도, ③ 경영자에 대한 거래상대방의 견제능력(制衡能力)이다(지침안 제13조 제1항).

한편, 표준 필수특허(标准必要专利)를 보유한 경영자에 대한 시장지배적 지위 구비 여부를 인정할 때에는 상술한 요건 외에 다음 요소를 추가로 고려하여야 한다. ① 표준의 시장가치·응용범위 및 정도, ② 대체 관계가 있는 표준의 존재 여부(단, 대체 관계가 있는 표준을 사용할 가능성 및 전환 비용을 포함함), ③ 관련 표준에 대한 업계의 의존 정도, ④ 관련 표준의 개량상황(演进情况) 및 호환성(兼容性),[13] ⑤ 표준에 포함(纳入)된 관련 기술이 교체될 가능성이다(지침안 제13조 제2항~제3항).

2.2. 지식재산권 관련 시장지배적 지위 남용행위의 유형

2.2.1. 불공정한 고가의 지식재산권 허가

시장지배적 지위를 지니는 경영자는 그 지위를 남용하여 불공정한 고가로 지식재산권을 허가함으로써 경쟁을 배제·제한할 가능성이 있다. 그 행위가 시지 남용행위에 해당하는지를 분석하기 위해서는 다음과 같은 요소를 고려할 수 있다. ① 특허료(许可费)의 계산 방법과 지식재산권이 관련 상품의 가치에 대한 기여도, ② 경영자가 지식재산권에 대하여 허가한 승낙사항(承诺), ③ 지식재산권의 허가 경위(许可历史) 또는 비교할 수 있는 특허료 표준, ④ 불공정한 고가를 초래한 허가조건(단, 허가를 제한한 지역 또는 상품 범위 등을 포함함), ⑤ 일괄허가(一揽子许可)를 할 때, 기한 경과 또는 무효인 지식재산권에 대한 특허료 수취 여부이다(지침 안 제14조 제1항).

한편, 표준 필수특허에 대한 경영자의 불공정한 고가 허가 여부를 분석하기 위해서는 관련 표준에 부합하는 상품이 부담하는 전체적인 허가비 현황(情况)과 그가 관련 산업의 정상적인 발전에 미치는 영향을 추가로 고려할 수 있다(지침안 제14조 제2항).

▶ 〈사례〉

① 퀄컴의 지재권남용행위 건

국가발전개혁위원회는 퀄컴이 과도하게 높은 특허료를 수취한 행위를 인정하면서 그 논거를 다음과 같이 제시하였다. ⓐ 퀄컴이 비교적 높은 특허료율을 고수하는 동시에 그가 보유한 무

---

13 이는 다른 세대의 기술표준 간의 경쟁 관계를 의미한다. 예를 들면, 이동통신 영역의 경우, 시장에는 동시에 2G/3G/4G/5G 등 여러 세대의 기술표준이 동시에 존재하면서 각 세대 표준 간에 상호 개선 및 경쟁 관계가 형성될 수 있다.

선표준 필수특허가 미치는 범위를 초과하여 단말기 전체의 순 도매가격을 특허료 계산의 기초로 하였다. ⓑ 퀄컴이 실시권자에게 허가한 특허 중에는 기한이 지난 특허가 포함되었다. ⓒ 퀄컴이 실시권자에게 무료로 상호실시허락(cross license)을 요구하였다.

② 화웨이-IDC 간의 표준 필수특허 사용료 분쟁 건

광동성 선전시 중급인민법원은 IDC가 화웨이에 제시한 여러 차례의 견적가격(报价) 모두가 그가 동종의 제조업체에 제시한 가격 대비 최소 약 10배에서 최대 약 100배를 초과하는 등 특허사용료 및 요율이 과다하며, 요구한 허가조건(즉, 화웨이 특허 무료제공, 표준 필수특허와 비표준 필수특허 강제식 끼워팔기)이 그가 확약(承担)한 FRAND 의무를 위반한 것으로 인정하고, IDC에게 특허 요율을 관련 상품의 실제 판매가격으로 계산하여 0.019%를 초과하지 않는 조건으로 관련 특허를 허가해 주도록 판결하였다.

1심 판결 후 IDC가 불복하여 항소하였으나, 광동성 고급인민법원은 1심 판결을 유지하였다.[14]

2.2.2. 필수설비에 대한 지재권 허가 거절

허가 거절(拒绝许可)은 지식재산권법이 부여한 권리자가 그 지식재산권을 행사하는 일종의 표현형식이다. 따라서 경영자가 지식재산권을 행사하는 과정에서 어떠한 조건이나 차별 없이 거래를 거절하는 경우에는 통상적으로 그 행위를 반독점법 위반으로 보지는 않는다. 그러나 그 허가 거절이 경쟁을 배제·제한하거나 소비자 이익 및 사회공공이익에 피해를 주는 부작용을 초래한 경우 반독점법이 필요한 간여를 하게 된다.

이에 대해, 지재권남용행위규정 제7조는 시장지배적 지위에 있는 경영자가 정당한 이유 없이 허가를 거절하는 행위에 대한 금지규정을 두되, 그 지재권이 생산경영 활동에 필수설비(必须设施; essential facility)인 경우로 엄격히 한정하고 있다. 즉, 시장지배적 지위에 있는 경영자는 그 지식재산권이 생산경영 활동에 필수설비인 상황에서 정당한 이유 없이 다른 경영자가 합리적인 조건으로 그 지식재산권을 사용하는 허가를 거절(拒绝许可)하여 경쟁을 배제·제한하여서는 아니 된다. 이러한 입장은 혁신장려와 공정한 경쟁의 보호 간의 균형을 추구하고자 하는 입법 취지를 반영하는 한편, 지식재산권의 필수설비 구성 여부에 대한 논란을 고려하여 그 제한범위를 최

---

14 杜爱武·陈云开 共著, 反垄断诉讼典型案例评析, 中国法制出版社, 2017年 3月, pp. 138~144.

소화한 것으로 이해될 수 있다.

이러한 '필수설비에 대한 허가 거절'을 인정할 때에는 다음 요건을 동시 고려하여 그 위법성 여부를 판단하여야 한다. ① 그 지식재산권이 관련 시장에서 합리적으로 대체될 수 없고, 다른 경영자가 관련 시장의 경쟁에 참여(즉, 시장진입)하는 데 필수적인 경우, ② 그 지식재산권에 대한 허가 거절이 장차 관련 시장에서의 경쟁 또는 혁신에 불리한 영향을 미치고, 소비자의 이익 또는 공공이익에 손해를 초래하는 경우, ③ 그 지식재산권의 허가가 해당 경영자에게 불합리한 손해를 조성하지 않는 경우이다(지재권남용행위규정 제7조 제2항).

2.2.3. 지식재산권과 관련한 거래 제한

시장지배적 지위에 있는 경영자는 정당한 이유 없이 지식재산권을 행사하는 과정에서 다음과 같은 거래 제한행위(限定交易行为)를 실시하여 경쟁을 배제·제한하여서는 아니 된다. 그 구체적인 거래 제한유형은 다음과 같다. ① 거래상대방이 단지 그와만 거래할 수 있도록 제한하는 행위, ② 거래상대방이 단지 그가 지정하는 경영자하고만 거래할 수 있도록 제한하는 행위이다(지재권남용행위규정 제8조).

2.2.4. 지식재산권과 관련한 끼워팔기

지식재산권과 관련되는 끼워팔기(搭售)란 경영자가 "다른 지식재산권의 허가·양도를 받거나, 다른 상품을 인수(接受)하는 것을 조건"으로 하여 지식재산권을 허가·양도하는 행위를 의미한다. 지식재산권의 일괄허가 역시 일종의 끼워팔기의 형식일 수 있다(지침안 제16조 제1항).

시장지배적 지위에 있는 경영자는 정당한 이유 없이 지식재산권을 행사하는 과정에서 다음 조건에 동시 부합되는 끼워팔기를 실시하여 경쟁을 배제·제한하여서는 아니 된다. 그 구체적인 구성요건은 다음과 같다. ① 거래 관례·소비 습관 등에 반(违背)하거나 상품의 기능을 무시하여 다른 상품을 강제로 묶음 판매(捆绑销售) 또는 조합 판매(组合销售)하는 경우, ② 끼워팔기 행위를 실시함으로써 그 경영자가 끼워 파는 주상품(搭售品; Tying Product)시장에서의 지배적 지위가 끼워 팔리는 종상품(被搭售品; Tied Product)시장까지 전이(延伸)되어 다른 경영자의 양 상품시장에서의 경쟁을 배제·제한하는 경우이다(지재권남용행위규정 제9조).

이러한 지식재산권과 관련된 끼워팔기에 대해 시지 남용행위 여부를 분석할 때에는 일반적인 다른 상품의 끼워팔기와 같은 요소를 고려한다(지침안 제16조 제2항).

2.2.5 지식재산권과 관련한 불합리한 제한조건의 부가

시장지배적 지위에 있는 경영자는 정당한 이유 없이 지식재산권을 행사하는 과정에서 다음과 같은 불합리한 제한조건을 부가(附加不合理限制条件)하는 행위를 하여 경쟁을 배제·제한하여서는 아니 된다. 그 구체적인 제한조건 유형은 다음과 같다. ① 거래상대방에게 장차 그가 개량(改进)한 기술을 독점적으로 그랜트 백(独占性的回授)할 것을 요구하는 행위, ② 거래상대방이 그 지식재산권의 유효성에 대해 이의 제기하는 것을 금지하거나, 거래상대방이 그에 대해서 지식재산권 침해소송(知识产权侵权诉讼)을 제기하는 것을 금지하는 행위, ③ 거래상대방이 허가계약기한 만료후, 지식재산권을 침해(侵犯)하지 않는 상황에서 경쟁적인 상품 또는 기술의 이용을 제한하는 행위, ④ 보호 기한이 이미 만료되었거나 무효로 인정된 지식재산권에 대해 계속하여 권리를 행사하는 행위, ⑤ 거래상대방이 제3자와 거래하는 것을 강제 또는 금지거나, 거래상대방이 제3자와 거래하는 조건을 제한하는 행위, ⑥ 합리적인 대가를 제공하지 않는 상황에서 거래상대방에게 상호 실시 허락(交叉许可)을 요구하는 행위, ⑦ 거래상대방에 대하여 기타 불합리한 제한조건을 부가하는 행위이다.[15]

이러한 지식재산권과 관련되는 불합리한 거래조건 부가행위에 대해, 시지 남용행위 여부를 분석할 때에는 일반적인 기타 불합리한 거래조건을 부가하는 행위와 같은 요소를 고려한다(지침안 제17조 제2항).

2.2.6 지식재산권과 관련된 차별대우

시장지배적 지위에 있는 경영자는 정당한 이유 없이 지식재산권을 행사하는 과정에서 조건이 서로 같은 거래상대방에 대하여 차별대우(差別待遇)를 실행하여 경쟁을 배제·제한하여서는 아니 된다(지재권남용행위규정 제11조).

이러한 지식재산권과 관련한 차별대우에 대해, 시지 남용행위 여부를 분석할 때에는 다음과 같은 요소를 고려할 수 있다. ① 거래상대방의 조건이 실질적으로 서로

---

15 지재권남용행위규정 제10조, 지침안 제17조 제1항.

같은지 여부이다. 이는 관련 지식재산권의 보호 범위·다른 거래상대방이 관련 지식재산권을 이용하여 제공한 상품이 대체 관계가 존재하는지 여부 등을 포함한다. ② 허가 수량·지역 및 시간 등을 포함한 허가조건이 실질적으로 다른지 여부이다. 이 경우 라이선스 협약조항(许可协议条款)을 분석하는 것 외에 특허권자와 실시권자 간에 약정(达成)한 기타 상업적 배려가 허가조건에 미치는 영향도 종합적으로 고려하여야 한다. ③ 그 차별대우로 인하여 실시권자가 관련 시장의 경쟁에 참여하는 데에 있어 현저하게 불리한 영향을 발생하는지 여부이다(지침안 제18조).

3. 지식재산권 관련 경영자집중

지식재산권과 관련한 경영자집중에 대한 심사는 일반적인 경영자집중과 동일하게 법 제4장(경영자집중)의 규정을 적용한다. 이에 따라 지침안 제4장에서는 지식재산권과 관련한 경영자집중이 지니는 일정한 특수성을 고려하여 지식재산권 거래와 관련한 경영자집중의 유형·그 심사 고려요인 및 제한조건 부가 등에 대해 규정하고 있다.

3.1. 지식재산권 관련 경영자집중의 유형

경영자가 지식재산권의 양수 및 배타적 허가를 통하여 다른 경영자에 대한 지배권을 취득하거나, 다른 경영자에 대하여 결정적인 영향을 줄 수가 있다. 이처럼 무형자산인 지식재산권의 양도나 독점적인 허가 역시 지배권의 변경을 초래할 수 있다고 간주하여 법 제20조 제2호(즉, 주식 또는 자산의 취득방식을 통한 지배권 취득) 및 제3호(즉, 계약 등의 방식을 통한 지배권 취득)에 해당하여 경영자집중 적용대상이 된다.

이러한 유형의 경영자집중에 대한 적용대상 여부를 분석할 때에는 다음과 같은 요소를 고려할 수 있다. ① 지식재산권이 독립적인 업무를 구성하는지 여부, ② 지식재산권이 직전 회계연도에 독립되고 계산 가능한 매출액 발생 여부, ③ 지식재산권의 배타적 허가기한이다(지침안 제19조).

3.2. 지식재산권 관련 경영자집중심사

지식재산권과 관련한 협약(安排)이 집중 거래의 실질적인 구성 부분이 되거나 거래목적의 실현에 중요한 의의를 지니게 될 경우, 경영자집중심사는 법 제27조가 규정한 심사 요소를 고려함과 동시에 지식재산권의 특성을 함께 고려하여야 한다(지침안 제20조).

3.3. 지식재산권 관련 제한조건 부가

지식재산권과 관련한 제한조건은 구조적 조건(結構性条件), 행태적 조건(行为性条件), 혼합적 조건(综合性条件)으로 나눌 수 있다. 통상적으로는 개별 안건의 상황에 근거하여 경영자가 제출한 제한조건 부가건의안(限制性条件建议)에 대해, 시장관리총국이 평가한 후 적합한 경우 제한조건을 확정하여 부가하고 있다.

3.3.1. 구조적 조건부가

지식재산권과 관련한 구조적 조건에는 지식재산권의 매각(剥离) 또는 분리 등의 제한조건 부가방안을 고려할 수 있다. 이 경우 그 부가방안은 유효(有效)하고 실행가능(可行)하며 시의적절(及时)하게 관련 시장의 경쟁상황에 미치는 영향을 해소할 수 있어야 한다.

3.3.2. 행태적 조건부가

지식재산권과 관련한 행태적 조건에는 개별 안건의 상황에 근거하여 다음과 같은 제한조건 부가방안을 고려할 수 있다. ① 지식재산권 허가이다. 이 경우 그 허가는 통상적으로 배타적(排他性)이며, 사용영역 또는 지역 제한을 포함하지 아니한다. ② 지식재산권 관련 업무의 독립운영 보장(保持)이다. 이 경우 관련 업무는 일정한 기간 내에 유효한 경쟁을 진행하는 조건을 갖춰야 한다. ③ 공정(公平)하고 합리적(合理)이며 비차별적(无歧视) 의무(즉, FRAND 조건) 준수이다. 이 경우 경영자는 통상적으로 구체적인 실행계획(具体安排)을 통하여 그 의무의 준수를 담보(确保)하여야 한다. ④ 합리적인 특허사용료(许可使用费) 수취이다. 이 경우 경영자는 통상적으로 특허요율(许可费率)의 계산 방법, 특허료 지급방식(许可费的支付方式), 공정한 협상조건(谈判条件) 및 기회 등을 상세히 설명하여야 한다(지침안 제23조).

3.3.3. 혼합적 조건부가

지식재산권과 관련한 혼합적 조건에는 구조적 조건과 행태적 조건을 서로 결합한 형태의 종합적인 제한조건 부가방안을 고려할 수 있다.

4. 지식재산권 관련 특수유형의 독점행위

일부 지식재산권과 관련한 거래는 상술한 행위와 다른 유형의 독점행위를 구성할 수가 있으며, 특정 주체와 관련될 수도 있다. 이러한 특수유형의 독점행위는 개별 안건의 상황에 따라 분석할 수 있으며, 반독점법의 관련 규정을 적용하게 된다.

4.1. 특허 풀(专利联营) 관련 독점행위

4.1.1. 특허 풀의 의의

경영자는 지식재산권을 행사하는 과정에서 특허 풀을 이용하여 경쟁을 배제·제한하는 행위에 종사하여서는 아니 된다. 여기서 특허 풀(专利池; Patent Pool) 또는 특허 연합경영(专利联营)이란 둘 또는 둘 이상의 특허권자가 모종의 형식을 통해 각자가 보유한 특허를 제3자에게 공동허가해 주는 협약(协议安排)을 의미한다. 특허 풀의 형식은 그 목적을 위해 성립된 전문 합자회사일 수도 있고, 그 구성원 1인 또는 독립된 제3자에게 위탁하여 관리하게 할 수도 있다.[16] 그리고 연합경영의 구체적인 방식은 협약체결·회사설립 또는 기타 실체 등을 포함한다.

이러한 특허 풀은 과학 기술의 발전과 특허제도가 결합한 산물로서 긍정적인 작용과 부정적인 작용의 양면성을 지니고 있다. 즉, 특허 풀은 "보완적인 기술을 통합적으로 운영함으로써 관련 기술 분야에 대한 탐색 비용과 복수의 특허권자에 대한 교섭 비용 등을 절감하고, 침해소송에 따른 기술 이용의 위험을 감소시켜, 관련 시장의 효율성을 제고하고 기술의 이용을 촉진하는 친 경쟁적 효과를 발생시킬 수 있다."[17] 반면에 대체 관계에 있는 특허로 이루어진 특허 연합경영은 기업경영에 민감한 정보

---

16 지재권남용행위규정 제12조 제1항 및 제4항.
17 공정거래위원회 『지식재산권의 부당한 행사에 대한 심사지침』 Ⅲ. 4. 가.

등을 교환하는 독점협의가 발생할 가능성이 있고, 무효 또는 기한이 지난 특허가 특허 풀에 포함될 경우 특허의 효과를 손상하며, 일부 표준효과가 있는 특허가 특허 풀에 포함될 경우 그의 시장지배적 지위를 한층 강화할 수 있는 등 경쟁에 부정적인 효과를 초래할 수도 있다.

4.1.2. 특허 풀의 경쟁제한효과 분석

특허 풀은 일반적으로 거래 비용을 낮추고 허가의 효율성을 높이며 경쟁을 촉진하는 효과를 가져올 수 있는 반면에 경쟁을 배제·제한할 가능성도 있다. 이러한 특허 풀의 경쟁제한효과를 구체적으로 분석할 때에는 다음과 같은 요소를 고려할 수 있다. ① 경영자의 관련 시장에서의 시장점유율 및 그가 시장에 미치는 통제력, ② 연합경영 중인 특허가 대체 관계를 지니는 기술과 관련되는지 여부, ③ 특허 풀 구성원이 단독으로 대외에 특허를 허가하거나 기술의 연구개발을 제한하는지 여부, ④ 경영자가 특허 풀(联营)을 통하여 상품가격·생산량 등의 정보 교환 여부, ⑤ 경영자가 특허 풀을 통하여 대체 관계에 있는 기술을 배척하거나, 다른 경영자가 관련 시장에 진입하는 것을 저해하는지 여부, ⑥ 경영자가 특허 풀을 통하여 상호실시허락 또는 독점적인 그랜트 백을 진행하거나 이의제기 금지조항(不质疑条款)의 체결 및 다른 제한 등의 실시 여부, ⑦ 경영자가 특허 풀을 통하여 불공정한 고가의 특허 허가·끼워팔기·불합리한 거래조건의 부가·차별대우 등의 실시 여부이다(지침안 제25조 제2항).

4.1.3. 특허 풀 관련 독점행위의 유형

(1) 특허 풀 관련 독점협의

특허 풀의 구성원은 특허 풀을 이용하여 생산량·시장 분할 등 경쟁과 관련된 민감한 정보를 교환하여 독점협의(즉, 수평 카르텔 및 수직 카르텔)를 하여서는 아니 된다. 다만, 경영자가 그 협의가 법상의 적용면제 사유에 부합하는 사실을 입증할 수 있는 경우에는 제외한다(지재권남용행위규정 제12조 제2항).

(2) 특허 풀 관련 시지 남용행위

시장지배적 지위를 지니는 특허 풀 관리조직은 정당한 이유 없이 특허 풀을 이용하여 다음과 같은 시지 남용행위를 실시함으로써 경쟁을 배제·제한하여서는 아니 된다. 그 구체적인 시지 남용행위 유형은 다음과 같다. ① 특허 풀 구성원이 특허 풀과 별도로 독립된 허가자(許可人)로서 특허를 허가하는 것을 제한하는 행위, ② 그 구성원 또는 실시권자(被許可人)가 단독(独立) 또는 제3자와 특허 풀과 상호 경쟁하는 기술을 공동으로 연구개발하는 것을 제한하는 행위, ③ 실시권자가 그가 개량(改進) 또는 연구 개발한 기술을 특허 풀 관리조직 또는 그 구성원에게 독점적으로 그랜트 백 하도록 강요하는 행위, ④ 실시권자가 연합경영하는 특허(联营专利)의 유효성에 대한 이의제기를 금지하는 행위, ⑤ 조건이 서로 같은 특허 풀 구성원 또는 동일한 관련 시장의 실시권자에 대하여 거래 조건상 차별대우하는 행위, ⑥ 시장관리총국이 인정하는 기타 시지 남용행위이다(지재권남용행위규정 제12조 제3항).

4.2. 표준 필수특허 관련 독점행위

4.2.1. 표준 필수특허와 FRAND 조건

표준 필수특허(标准必要专利)란 해당 표준(该项标准)을 실시하는 데 필수적인 특허를 의미한다. 표준과 특허의 긴밀한 결합은 기술규범을 통일하고, 기술혁신을 촉진하며, 소비자의 이익과 사회공공이익을 유지 보호하는 데 유리하다. 그러나 만약에 표준이 업계에서 광범한 영향력을 가질 경우, 이러한 특허를 사용하지 않고서는 표준에 부합하는 상품을 생산할 방법이 없게 된다. 이 경우 표준 필수특허 권리자는 종종 일정한 시장지배적 역량을 가질 수 있게 되어 그 지위 남용 문제가 사회적 관심사가 되고 있다.

따라서 표준설정기구(standard setting organization)는 표준 필수특허(标准必要专利; Standard Essential Patent, SEP) 권리자의 '특허 억류(专利劫持; patent hold-up)' 현상 등과 같은 표준특허권자의 남용행위를 방지하고자 표준제정과정에서 그 구성원들에게 표준 필수특허를 공정하고 합리적이며 비차별적인(Fair, Reasonable and Non-Discriminatory, FRAND) 조건으로 제삼자에게 허가할 것을 확약하도록 요구하고 있다.

4.2.2. 표준 필수특허 관련 독점행위의 유형

경영자는 지식재산권을 행사하는 과정에서 표준(단, 국가 기술규범의 강제적인 요구를 포함함)의 제정 및 실시를 이용하여 경쟁을 배제·제한하는 행위에 종사하여서는 아

니 되며, 시장지배적 지위에 있는 경영자가 정당한 이유 없이 표준의 제정 및 실시
과정에서 다음과 같이 경쟁을 배제 · 제한하는 행위를 실시하여서는 아니 된다. 그
구체적인 유형은 다음과 같다.

(1) 특허 매복행위

특허 매복행위(Patent Ambush)란 표준제정과정에 참여한 특허권자가 특허정보
공개 의무(专利信息披露义务)를 위반한 행위로서 "표준 제정에 참여하는 과정에서
는 고의로 표준설정기구에 자신의 권리 정보를 공개(披露)하지 않거나 그 권리를
명확히 포기하였으나, 모종의 표준에 자신의 특허가 관련된 후에는 오히려 그 표준
의 실시자에게 자신의 특허권을 주장하는 행위이다(지재권남용행위규정 제13조 제2항
제1호)."

(2) FRAND 조건 위반행위

이는 자신의 특허가 표준 필수특허가 된 후, 공정하고 합리적이며 비차별적인 원
칙(公平 · 合理 · 无歧视原则; FRAND 조건)을 위배하여 허가 거절 · 상품의 끼워팔기 또
는 거래 시에 다른 불합리한 거래조건 등을 부가하여 경쟁을 배제 · 제한하는 행위이
다(지재권남용행위규정 제13조 제2항 제2호).

최근 지식재산권 행사와 관련한 표준 필수특허 보유자의 FRAND 조건 위반 여부
가 경쟁법 적용의 주요 과제가 되고 있다. 특히 그중에서도 공정성과 합리성에 대해
서는 그 의미가 추상적이고 포괄적이어서 그 해석과 적용에 있어서 많은 법리적인
논쟁이 발생하고 있다.

(3) 금지명령 청구행위

금지명령 청구(禁令救济, 又称为禁制令; injunctive relief)란 지식재산권을 보유한 경
영자가 법원 또는 관련 부서에 관련된 지식재산권의 사용을 제한하는 명령을 발동
(颁发)하도록 청구하는 것을 의미한다. 이는 표준 필수특허권자가 법에 의거 향유하
는 그의 합법적인 권리를 유지 보호하는 구제 수단이다. 그러나 시장지배적 지위가
있는 표준 필수특허권자가 금지명령 청구를 이용하여 실시권자에게 그가 제시한 불
공정한 고가의 특허료(高价许可费) 또는 기타 불합리한 허가조건을 수락하도록 강요
하는 행위는 경쟁을 배제 · 제한할 수 있다.

이러한 금지명령 청구에 대한 시지 남용행위 여부를 구체적으로 분석할 때에는 다

음 요소를 고려할 수 있다. ① 협상 양측이 담판 과정에서 표현한 행위 및 그가 구현 (体現)한 진의(真実意愿), ② 관련 표준 필수특허가 부담하는 금지명령 청구와 관련한 약속(承诺), ③ 협상 양측이 협상하는 과정에서 제시한 허가조건, ④ 금지명령 청구가 허가 협상에 미치는 영향, ⑤ 금지명령 청구가 하류 관련 시장의 경쟁 및 소비자 이익에 미치는 영향이다(지침안 제26조).

최근 들어 각국은 SEP 권리자와 표준 실시인 간의 이익 균형을 유지하기 위하여 SEP 권리자가 금지명령을 청구하는 권리에 대해 제한을 가하기 시작했다. 이에 대해, 최고인민법원의 『특허권 침해 분쟁안건의 심리 시 약간의 법률응용 문제에 관한 해석(2)(最高人民法院关于审理侵犯专利权纠纷案件应用法律若干问题的解释(二)(法释[2016] 1号, 2016.4.1.시행)』 제20조는 "특허권자와 피소침해자(被诉侵权人)가 그 특허의 허가실시조건을 협상할 때, 특허권자가 고의로 그가 표준 제정과정에서 약속(承诺)한 FRAND 허가 의무를 위반함으로써 특허 실시허가계약을 체결할 수 없을 뿐만 아니라 피소침해자가 협상 중에 명백한 잘못이 없는 경우, 권리자의 표준실시행위 중지 청구의 주장에 대해, 인민법원은 일반적으로 지지하지 않는다"라고 규정하고 있다. 이는 금지명령 청구 자체가 남용으로 인정될 수는 없으나, 이를 이용하여 실시권자에게 과도한 특허료나 불합리한 허가조건을 강요하는 경우에는 법 제17조를 적용하여 시지 남용행위로 인정할 수 있음을 표명한 것이다.

4.3. 저작권집단관리조직 관련 독점행위

저작권집단관리조직(著作权集体管理组织)은 저작권 권리자의 이익을 위하여 법에 의거 설립되어 권리자의 위임(授权)에 따라 권리자의 저작권 또는 저작권과 관련한 권리에 대하여 집단관리하는 사회단체를 의미한다.

이러한 저작권집단관리는 통상 단일 저작권자의 권리행사·개인의 권리 유지와 사용자의 권리취득(获得授权) 비용 절감·작품의 보급 및 저작권 보호를 촉진하는 데에 유리하다. 다만, 저작권집단관리조직이 활동을 전개하는 과정에서 지식재산권을 남용하여 경쟁을 배제·제한할 가능성이 있다. 이러한 저작권집단관리조직의 지재권 남용 여부를 판단할 때에는 행위의 특징 및 표현형식에 따라 독점행위 형태 및 관련 요소를 분석하여 인정할 수 있다(지침안 제27조).

▶ 〈사례〉 퀄컴의 지재권남용행위 사건[18]

이 사례는 국가발전개혁위원회(NDRC, 이하 발개위로 약칭함)가 퀄컴(Qualcomm)의 지재권남용행위에 대해, 『반독점법』 시행 후 사상 최고의 과징금(약 1조 650억원)을 부과한 사건이자 최초의 지재권남용행위 적용사례이며, 한중 양국이 주중한국대사관을 통해 심사 공조를 추진한 모범사례로 평가되고 있다.

Ⅰ. 사건처리 경위

발개위는 관련 업계의 신고에 따라 2013년 11월부터 약 1년 4개월 동안 약 60여 명으로 구성된 전문조사팀을 구성하여 조사하였다. 조사 기간 중 퀄컴에 대하여 20여 차례의 조사 및 면담을 하였고, 관계 전문가 · 변호사 등의 외부 전문가의 협조하에 관련 증거자료를 수집 · 분석하고 연구 · 논증을 거쳤으며, 퀄컴에 대해서는 충분한 진술 기회를 부여하고 변론의견도 청취하였다. 특히, 퀄컴의 폴 제이콥스(Paul Jacobs) 회장이 2014년 12월 초 발개위를 방문하여 이번 사건에 대한 최종의견을 교환하였다.

발개위는 심사 완료 후, 퀄컴에 행정처벌 사전고지서를 발부하였지만, 퀄컴은 이에 대한 항변이나 구제 절차를 청구하지 않겠다는 의사를 공개적으로 표명하였다. 또한, 퀄컴은 반독점 조사과정에서 조사에 협조하였고, 위법사항에 대하여 자진 시정방안[19]을 제출하였으며, 발개위는 이를 평가한 후 적정하다고 판단하여 최종 행정처벌을 결정하였다.

Ⅱ. 법 위반 사실 및 위법성 판단

1. 시장지배적 지위 구비 여부

발개위는 「반독점법(이하 법이라 함)」 제18조의 규정에 의거, 퀄컴이 'CDMA · WCDMA 및 LTE 무선통신 표준 필수특허(无线通信标准必要专利, 이하 무선표준 필수특허라 함) 라이선스 시장'과 'CDMA · WCDMA 및 LTE 무선통신 단말기 모뎀 칩(无线通信终端基带芯片, 이하 단말기 모뎀 칩이라 함) 시장'에서 시장지배적 지위를 지니는 것으로 판단하였다.

가. 무선표준 필수특허 라이선스 시장

퀄컴은 '무선표준 필수특허 라이선스 시장(无线标准必要专利许可市场)'에서 시장점유율이 100%인 점 등을 고려할 때, 시장지배적 지위를 지니는 것으로 판단된다. 그 구체적인 논거는 다음과 같다.

① 퀄컴은 '무선표준 필수특허 라이선스 시장'에서 100%의 시장점유율을 지니고 있다. 아울러 퀄컴은 'CDMA · WCDMA 및 LTE 무선통신기술표준'을 구성하는 다수 항목의 무선표준 필수특허를 각각 보유하고 있고, 관련 무선표준 필수특허는 상호 중첩되어 있다. 또한, 퀄컴

---

18 박제현, "중국 발개위, '퀄컴의 지재권 남용행위' 과징금 부과사건 분석", 공정경쟁연합회, 경쟁저널 제179호, 2015.1월호[(原文) 中华人民共和国国家发展和改革委员会行政处罚决定书(发改办价监处罚[2015]1号, 2015.2.9.); 国家发展改革委对高通公司垄断行为责令整改并罚款60亿元(2015.2.10.).].
19 시정방안 중 시정명령에 포함되지 않는 내용은 다음과 같다. ① 중국 내 사용을 위하여 판매되는 휴대전화에 대하여 완제품 도매 순 판매가격의 65%를 기준으로 특허사용료를 수취한다. ② 중국의 이동기술 및 반도체발전촉진을 위한 투자기금(1억 5,000만$, 약 1,640억원)을 조성한다.

은 특정한 무선통신기술표준을 포괄하는 무선표준 필수특허조합(즉, 특허 풀)을 구성하고 있는데, 그는 이 시장에서 100%의 시장점유율을 점유하고 있어, 시장경쟁이 존재하지 않는다. 이러한 요소는 법 제19조 제1항 제1호가 규정한 '시장지배적 지위 추정요건'(즉, 경영자 1인의 관련 시장점유율이 1/2에 달하는 경우)에도 부합된다.

② 그 밖에도 퀄컴은 무선표준 필수특허 라이선스 시장을 통제하는 능력을 보유하고 있고, 퀄컴의 '무선표준 필수특허조합 라이선스'에 대한 무선통신 단말기 제조업체의 의존도가 높으며, 다른 사업자가 관련 시장에 진입하는 데 있어 난이도도 비교적 높은 것으로 나타나고 있다.

나. 단말기 모뎀 칩 시장

'단말기 모뎀 칩 시장(基帶芯片市場)'은 CDMA 모뎀 칩 시장·WCDMA 모뎀 칩 시장·LTE 모뎀 칩 시장으로 세분할 수 있는데, 퀄컴은 3개 시장 모두에서 시장지배적 지위를 구비하고 있다. 그 주요 논거는 다음과 같다.

① 퀄컴은 관련 시장에서의 시장점유율이 모두 50%를 초과하고 있다. Strategy Analytics 보고자료에 의하면, 2013년 퀄컴의 위 3개 시장에서의 "판매액 기준 시장점유율은 각각 93.1%, 53.9%, 96%"이므로 모두 50%를 초과하고 있는데, 이는 '시장지배적 지위 추정요건'에도 부합된다.

② 퀄컴은 위 모뎀 칩 시장을 통제하는 능력을 구비하고 있다. Strategy Analytics 보고자료에 의하면, 퀄컴은 모뎀 칩 시장에서 장기간 선도적 위치에 있다. 즉, 2007년부터 2013년까지 6년 연속 전 세계 모뎀 칩 판매 분야에서 부동의 1위이며, 그 시장점유율은 다른 경쟁자보다 현저히 높다.

③ 주요 무선통신 단말기 제조업체의 '퀄컴의 모뎀 칩에 대한 의존도'가 매우 높다. 퀄컴은 3개 시장 모두에서 최다 시장점유율을 유지하고 있으며, 동 시장의 참여 업체 수가 비교적 소수인 데다, 퀄컴의 제품은 기술·기능·브랜드 등에서 우세하고, 특히 중고가 모뎀 칩 분야의 경쟁우세는 더욱 뚜렷하다.

④ 모뎀 칩 시장의 진입장벽이 높고 진입난이도 역시 높다. 모뎀 칩의 연구개발과 생산은 고도의 기술성을 구비 하는 기술집약산업에 속하여 잠재적 사업자가 동 시장에 진입하는 데는 진입난이도가 비교적 높다. 통상적으로 "연구개발·생산, 단말기 운영시스템(OS) 지원, 운영자 테스트, 국가감독부서의 통신망 가입 허가, 기술수출 통제, 연구개발과 출시 주기가 장기인 점" 등 현실적인 진입장벽에 직면할 수 있는바, 다른 사업자가 유효하게 관련 시장경쟁에 참여하기에는 진입난이도가 비교적 높다.

2. 시장지배적 지위 남용행위 여부

발개위는 퀄컴이 관련 국가와 지역에서 보유하는 무선표준 필수특허를 조합하여 라이선스하는 점을 고려하여, 중국 시장의 경쟁과 소비자 이익에 밀접하게 관련된 무선통신 단말기를 중국 내에서 제조 또는 판매할 때, 퀄컴이 실시하는 '무선표준 필수특허 라이선스 행위와 모뎀 칩 판매행위'에 대하여 조사하였다. 조사한 결과, 퀄컴은 시장지배적 지위를 남용하여 법에서 금지하는 독점행위(즉, 불공정한 고가판매, 끼워 팔기, 불합리한 거래조건 부가)를 실시하여 시장경쟁을 배제·제한하였으며, 기술혁신과 발전을 저해 및 억제하여 소비자 이익을 침해하였다고 판단하였다. 그 구체적인 사실 및 논거는 다음과 같다.

가. 무선표준 필수특허 라이선스 시장 : 불공정한 고가로 특허사용료 수취

(1) 기간 만료 무선표준 필수특허에 대한 사용료 수취

발개위가 조사한 결과, 2014년 1월 1일까지 퀄컴이 보유한 무선표준 필수특허 중에서 일부 관련 특허는 이미 기간이 만료되었는데, 그중에는 일정 수량의 중요한 무선표준 필수특허가 포함되어 있다. CDMA 기술은 1995년부터 상업적으로 응용되기 시작하였고, 퀄컴이 이전에 신청한 많은 핵심적인 'CDMA 무선표준 필수특허'는 이미 기간이 만료되었지만, 퀄컴은 라이선시(licensee; 특허권 사용권자)와 CDMA 및 WCDMA 특허 라이선스 계약을 체결할 때 기간이 만료된 관련 핵심 'CDMA 무선표준 필수특허'를 모두 포함하였다. 이에 대해, 발개위는 비록 퀄컴이 새로운 특허를 특허 풀(Patent pool)에 계속 추가하였다고 하더라도, 퀄컴이 '새로 추가한 특허 가치와 기간이 만료된 무선표준 필수특허의 가치가 상당'하다는 것을 증명할 수 있는 증거를 제출하지 못하였고, 라이선시에게 특허 리스트를 제공하지 아니하였으며, 라이선시와 체결한 장기(심지어 고정기한이 없는) 라이선스 계약 중 계속 불변의 특허사용료 기준을 약정하였다. 그 결과, 퀄컴의 기간 만료 무선표준 필수특허가 대외로 라이선스하는 특허 풀에 포함되어 있어, 라이선시는 '기간 만료 특허사용료 지불을 면할 수 있는 공정한 협상 기회'를 얻을 수가 없었다고 밝혔다.

그러나 퀄컴은 조사과정에서 비록 매년 기간이 도래하는 특허가 있지만, 더 많은 수량의 새로운 특허가 특허 풀에 추가되므로 기간이 만료된 특허에 대한 특허사용료 수취 문제는 존재하지 않는다고 주장하였다.

이에 대해, 발개위는 퀄컴의 주장이 부당하다고 판단하였는데, 그 주요 논거는 다음과 같다. ① 퀄컴이 대외로 라이선스(license)하는 특허 풀에 대한 변경(变化) 여부 또는 새로운 특허를 특허 풀에 계속 추가하는지와 관계없이 퀄컴이 장기간 심지어 고정기한 없이 라이선스하면서 특허 리스트를 제공하지 않는 것은 불합리하다. ② 설령 퀄컴이 주장한 바와 같이, 새로운 특허가 특허 풀에 계속 추가되고 총체적으로는 특허 풀의 특허 수가 증가한다고 할지라도, 특허 풀의 특허 수량이 결코 그 가치를 반드시 반영하지는 않는 점(즉, 특허 가치가 반드시 일치하지는 않음)을 고려할 때, 퀄컴이 제기한 새로 추가된 특허가 기간이 만료된 특허 가치를 보충할 수 있다는 주장은 입증될 수 없다. ③ 퀄컴은 새로 증가한 특허가 라이선시에 필요한 것인지와 가치가 있는지에 대하여 이들을 평가하고 명시해 주지 않았다. 기간이 만료된 특허와 새로 보충된 특허에 대한 가치대비와 변화를 비교 분석하지 않으면서, 새로운 특허가 특허 풀에 계속 추가된다는 이유만으로 특허 풀에 대하여 다년간 계속하여 같은 특허사용료를 총괄적으로 수취한 것은 라이선시가 특허 라이선스를 취득하는 구체적인 대상을 사실상 모호하게 하였으며, 이는 결과적으로 라이선시로 하여금 퀄컴의 기간 만료 무선표준 필수특허에 대해 계속하여 특허사용료를 지급하게 하였다.

따라서 발개위는 퀄컴이 라이선시에 대해, 기간 만료 특허에 대한 특허사용료 계속 수취를 면할 수 있는 공정한 협상 기회를 마땅히 주어야 한다고 판단하였다.

(2) 라이선시에 대하여 특허 무료 상호실시허락(Cross License) 요구

발개위가 조사한 결과, 퀄컴은 무선표준 필수특허 라이선스 과정에서, 일부 라이선시에 대하여 그가 보유한 관련 비무선표준필수특허를 퀄컴에게 라이선스할 것을 강요하였고, 일부 라이선시에 대하여는 무료로 상호실시허락(cross license)을 하도록 강요하였을 뿐만 아니라, 그가 보유한 관련 특허에 대하여 퀄컴과 그의 고객을 상대로 권리를 주장하거나 소송을 제기하지 못하도록 요구하였다. 아울러 퀄컴은 일부 무선표준 필수특허 라이선스 협상 과정에서 라이선시의 특허 가치를 결코 실질적으로 고려하여 평가하지 않았으며, 라이선시에 대해 상호실시허락의 합리적인 대가를 지불하기를 거절하였다.

이에 대하여, 퀄컴은 조사과정에서 '무료로 라이선시의 특허를 크로스 라이선스한 이유'를 다음과 같이 주장하였다. ① 퀄컴이 라이선시로부터 특허 상호실시허락을 획득한 것은 자기의 업무를 보호하고, 모뎀 칩 고객에 대한 특허권 침해의 혼란(困扰)을 면하기 위해서이다. ② 퀄컴이 무료 상호실시허락을 요구한 것은 라이선시와 전체 가치교환의 일부분이다. ③ 많은 중국의 라이선시는 실질 가치상 교환할 수 있는 특허 풀을 보유하지 않고 있다.

이에 대해, 발개위는 그 주장이 다음과 같은 점에서 사실과 부합되지 않는바, 그가 라이선시에 대해 특허 무료 상호실시허락을 요구하는 것은 부당하다고 판단하였다. 그 주요 논거는 다음과 같다.

① 퀄컴이 라이선시에 대하여 특허 상호실시허락을 모색(谋求)하는 그 자체가 결코 관련 법률을 위반하는 것은 아니지만, 특허 상호실시허락에 대한 수요가 있다고 해서 결코 모든 상황에서 이를 무료로 획득하는 이유로 적합하지는 않다. ② 퀄컴이 라이선시의 특허 상호실시허락을 획득할 때에는 라이선시의 혁신성과를 마땅히 존중하고, 라이선시의 상호실시허락에 대한 특허 가치를 고려해주어야 한다. 특히 일부 중국의 라이선시는 동일하게 높은 가치의 특허 풀을 보유하고 있다. ③ 퀄컴은 그가 특허 라이선스 과정에서 일부 라이선시에 대하여 상호실시허락 한 특허에 상응하는 대가를 지불하였음을 증명할 수 있는 유효한 증거를 제출하지 못하였다. ④ 퀄컴은 무료 상호실시허락이 라이선시와 전체 가치교환의 일부분이라고 주장하였지만, 이를 지지하는 사실과 증거가 부족하다.

따라서 발개위는 퀄컴이 무선표준 필수특허 라이선스 시장에서의 지배적 지위를 이용하여 라이선시에 대해 특허를 무료로 크로스 라이선스할 것을 강요하며, 특허사용료 중에서 라이선시의 상호실시허락 특허 가치를 공제하거나 기타 대가를 지불하지 않는 것은 부당하다고 판단하였다.

아울러, 발개위는 퀄컴이 특허 무료 상호실시허락을 요구함으로써 라이선시의 기술혁신동력을 억제하고, 무선통신기술의 혁신과 발전을 저해하였으며, 무선통신기술시장의 경쟁을 배제·제한한다고 판단하였다. 또한, '특허 무료 상호실시허락 요구'는 결과적으로 퀄컴이 다른 모뎀 칩 제조업체보다 부당한 경쟁우세를 획득하게 하였으며, 무선통신단말기 제조업체가 다른 모뎀 칩 제조업체의 제품을 구매하는데 더 높은 지식재산권 원가를 부담하게 함으로써 다른 모뎀 칩 제조업체의 경쟁력을 약화시키어 시장경쟁을 훼손하였다. 그 결과, 무선통신단말기 제조업체의 원가를 증가시켜 최종적으로는 휴대전화 소비에 전가됨으로써 소비자 이익을 훼손하였다고 판단하였다.

(3) 일괄 특허 라이선스 강요 및 완제품 기준 특허료 징수

발개위 조사 결과, 퀄컴이 대외로 라이선스한 특허 풀에는 핵심가치를 가진 무선표준 필수특허와 라이선시에 대한 가치가 확정되지 않은 비무선표준필수특허가 포함되었다. 그중 무선표준 필수특허는 핵심가치를 보유하지만, 비무선표준필수특허는 반드시 모든 무선통신단말기에 대해 그 가치를 보유하는 것이 아니며, 그 취득이 무선통신단말기 제조업체에 필수적인 것도 아니라는 사실이 규명되었다.

또한, 퀄컴의 무선표준 필수특허는 주로 무선통신기술에만 관련되고, 무선통신단말기의 "케이스 · 디스플레이 · 카메라 · 마이크 · 스피커 · 배터리 · 메모리 및 OS 등"과는 무관하다. 그러나 퀄컴은 무선표준필수특허와 비무선표준필수특허를 일괄 허여하는 동시에 무선통신단말기의 '완제품(휴대전화기 전체)의 도매 순 판매가격'을 특허사용료를 계산하는 기초로 하였다.

따라서 발개위는 이처럼 퀄컴이 라이선시에 대하여 일괄 특허 라이선스를 강요하여 비교적 높은 특허사용료율을 견지하는 동시에, 그가 보유한 무선표준 필수특허가 사용된 범위를 초과하는 완제품의 도매 순 판매가격을 비용계산의 기초로 하였는데, 이는 공평의 원칙에 현저하게 어긋나고 특허사용료가 지나치게 높은 결과를 초래하였다고 판단하였다.

(4) 소결

발개위는 상술한 행위를 종합한 결과, 퀄컴이 직 · 간접적으로 불공정하게 고가의 특허사용료를 수취하였으며, 이는 시장경쟁을 배제 · 제한하고, 최종적으로는 소비자 이익에 손해를 초래하였는바, 이는 법 제17조 제1항 제1호가 규정한 "불공정한 고가로 상품을 판매"한 행위로서 시지 남용행위 금지규정을 위반한 것으로 판단하였다.

나. 무선표준 필수특허 라이선스 시장 : 끼워팔기

발개위 조사 결과, 무선통신단말기 제조업체는 반드시 무선표준 필수특허 보유자로부터 특허라이선스를 받아야 하며, 다른 선택의 여지가 없다. 그러나 비무선표준필수특허는 필수적인 특허가 아니어서, 무선통신단말기 제조업체가 설계를 회피하거나 특허기술의 우열 및 기타 요소에 따라 다른 경쟁업체의 대체 기술 중에서 자유롭게 선택할 수 있다. 즉, 비무선표준필수특허와 무선표준필수특허는 그 성질이 다르고 서로 독립되며, 별도로 외부에 라이선스하여도 다른 특허의 응용과 가치에는 결코 영향을 미치지 않는다. 그럼에도 불구하고 퀄컴은 특허를 라이선스할 때, 무선표준필수특허와 비무선표준필수특허를 구분하지 아니하고, 라이선시에 대하여 특허 리스트를 제공하지 않으면서 단일한 특허사용료 설정 및 일괄 라이선스하는 방식을 채택하여, 퀄컴이 보유한 비무선표준필수특허를 끼워서 라이선스하였다.

이에 대해, 퀄컴은 다음과 같이 '비무선표준필수특허 끼워팔기의 합리성'을 주장하였다. ①

퀄컴은 무선표준 필수특허를 단지 허가받을 선택권을 제공하였지만, 라이선시 대부분이 자주적으로 전체적인 특허 풀(일괄 라이선스)을 선택하였다. ② 무선표준 필수특허와 비무선표준 필수특허는 구분이 매우 어려워 라이선시가 단지 무선표준 필수특허 라이선스를 취득할 경우 소송의 위험에 직면할 수 있다. ③ 비무선표준필수특허 라이선스를 끼워 파는 것은 시장경쟁을 제한할 수 없으며, 라이선시도 마찬가지로 경쟁자의 기술을 선택할 수 있다.

이에 대해, 발개위는 그 이유가 성립하지 않으며, 무선표준필수특허 라이선스에 비무선표준필수특허 라이선스를 끼워 파는 것은 정당한 이유가 없다고 판단하였다. 그 주요 논거는 다음과 같다. ① 다수의 라이선시가 제공한 증거자료에 의하면, 퀄컴이 제시한 무선표준필수특허를 단지 허가 받을 선택권을 줄곧 제공하였다는 주장은 사실에 부합되지 않는다. 조사과정에서 발견한 바에 의하면, 비록 일부 라이선시가 퀄컴의 '전체적인 특허 풀 라이선스'를 주도적으로 선택할 수 있지만, 일부 라이선시는 퀄컴의 무선표준필수특허를 라이선스받기 위하여 비무선표준필수특허를 부득이 라이선스받게 되었다. ② 라이선시가 퀄컴과 일괄적인 특허허가계약을 체결할지는 응당 퀄컴이 무선표준필수특허와 비무선표준필수특허 리스트를 제공한 전제하에서 라이선시가 자주적으로 선택해야 한다. 그러나 퀄컴은 라이선시에 대하여 특허 리스트 제공을 줄곧 거절해 왔으며, 통상적으로 라이선시에 대해 '무선표준필수특허 라이선스 내력(许可要约)'을 제공하지 않았다. ③ 무선표준필수특허와 비무선표준필수특허는 구분하여 각각 라이선스할 수 있으며, 계약조항을 통하여 라이선스 협의 중에 표준 필수특허의 범위를 획정하는 것이 일종의 관례적 방법이다. 설령 무선표준필수특허와 비무선표준필수특허의 라이선스 내력을 각각 제공할 경우 일정한 비용이 소요되고 특허허가 협상이 더 복잡해질 수는 있겠지만, 그것이 무선표준필수특허와 성질이 다른 비무선표준필수특허를 끼워서 라이선스하는 합리적인 이유가 될 수는 없다.

아울러 발개위는 비무선표준필수특허에 대해, 라이선시는 권리 침해 및 소송 위험을 포함한 각종 요소를 고려하여 취득 여부와 함께 어느 특허권자로부터 허가를 취득할지에 대하여 자유롭게 결정할 수 있어야 한다. 그러나 퀄컴이 비무선표준필수특허 라이선스를 강제로 끼워 팔기 때문에 라이선시는 반드시 퀄컴으로부터 비무선표준필수특허 라이선스를 취득해야 하고, 그 사용료를 지불해야 하였다. 일반적으로 이성적인 라이선시라면 추가로 비용을 부담하면서 회피 설계를 하거나 대체 기술을 모색하지는 않을 것이다. 결과적으로 퀄컴이 보유한 비무선표준필수특허와 경쟁관계에 있는 기타 대체 기술이 경쟁에 참여할 기회와 가능성을 잃게 함으로써 관련 비무선표준필수특허 라이선스 시장의 경쟁을 심각하게 배제·제한하였고, 기술혁신을 저해·억제하였으며, 종국적으로는 소비자의 이익을 침해하였다고 판단하였다.

따라서 발개위는 퀄컴이 무선표준필수특허 라이선스 시장에서의 지배적 지위를 이용하여 무선표준필수특허를 라이선스할 때, 정당한 이유 없이 비무선표준필수특허 라이선스를 끼워서 팔았는바, 이는 법 제17조 제1항 제5호가 규정한 "정당한 이유 없이 상품을 끼워 팔기"한 행위로서 시지 남용행위 금지규정을 위반한 것으로 판단하였다.

다. 모뎀 칩 시장 : 불합리한 거래조건 부가

발개위가 조사한 결과, 퀄컴은 특허 라이선스 계약을 체결하고 이에 대한 이의(挑战)를 제기하지 않을 것을 '라이선시가 자기의 모뎀 칩을 취득하는 조건(즉, 모뎀 칩을 공급하는 조건)'으로 하였다. 만약 잠재적인 라이선시가 퀄컴과 불합리한 허가조건을 포함한 특허 라이선스 계약을 체결하지 않을 경우, 퀄컴은 그 잠재적인 라이선시에 대한 모뎀 칩 판매계약의 체결 및 공급을 거절하였다. 또한, 만약에 이미 퀄컴과 특허 라이선스 계약을 체결한 라이선시가 그 계약과 관련하여 분쟁이 발생하여 소송을 제기할 경우, 퀄컴은 그 라이선시에 대한 모뎀 칩 공급을 바로 중단하였다.

이에 대하여, 퀄컴은 "특허 라이선스 계약을 체결하고, 이에 대한 이의를 제기하지 않을 것을 모뎀 칩 공급조건"으로 한 사실에 대하여는 부인하지 않았지만, 그 행위는 합리성이 있다고 주장하였다.

이에 대해, 발개위는 그 주장이 합리성을 갖추지 못하여서 정당한 이유로 볼 수 없다고 판단하였다. 그 주요 논거는 다음과 같다. ① 무선통신단말기 제조업체가 퀄컴의 무선표준 필수특허를 사용할 경우, 그 특허사용료는 응당 공평하고 합리적인 수준에서 지불해야 한다. 그러나 퀄컴은 특허 라이선스 명세 중에 '기간 만료 특허료 수취, 라이선시에 대한 특허 무료 상호실시허락 요구, 정당한 이유 없이 비무선표준필수특허 끼워 팔기' 등의 불합리한 조건을 부가하였으며, 모뎀 칩 시장에서의 지배적 지위를 이용하여 모뎀 칩을 공급하지 않겠다고 압박함으로써 잠재적인 라이선시에 대해 불합리한 조건이 포함된 특허 라이선스 계약을 체결하도록 강요하였는데, 이러한 행위는 합리성이 없다. ② 라이선시가 퀄컴과 특허 라이선스 계약에 대한 분쟁으로 소송을 제기하는 것은 라이선시의 권리이다. 그러나 퀄컴은 모뎀 칩 시장에서의 지배적 지위를 이용하여 "모뎀 칩 판매과정에서 특허 라이선스 계약에 대한 이의를 제기하지 않는다는 불합리한 조건(이하 '이의제기 포기'로 약칭함)"을 부가함으로써 라이선시의 상술한 권리를 실질적으로 제한 또는 박탈하였는데, 이처럼 퀄컴이 '이의제기 포기'를 모뎀 칩 공급의 전제조건으로 하는 것은 정당한 이유로 볼 수 없다. ③ 퀄컴이 모뎀 칩 시장에서 지배적 지위에 있어 잠재 및 실제 라이선시는 퀄컴의 모뎀 칩에 고도로 의존하게 되었기 때문에, 만약 퀄컴이 모뎀 칩 공급을 거절할 경우 잠재 또는 실제 라이선시는 아마도 관련 시장에 진입할 수 없거나 관련 시장에서 부득불 퇴출하게 되어, 시장경쟁에 유효하게 참여할 수 없다. ④ 퀄컴은 모뎀 칩 시장에서의 지배적 지위를 이용하여 잠재적인 라이선시로 하여금 불합리한 조건이 포함된 라이선스 계약을 체결하도록 요구하고, 특허 라이선스 계약에 대한 라이선시의 분쟁 제기 및 소송제기 권리를 제한하며, 자기의 불합리한 특허 라이선스 조건을 받아들이지 않는 잠재 또는 실제 라이선시를 시장에서 배척함으로써 시장경쟁을 배제·제한하였다.

따라서 발개위는 상술한 바와 같이, 퀄컴이 정당한 이유 없이 모뎀 칩 판매과정에서 불합리한 조건을 부가하고, 라이선시에 대해 불합리한 조건이 포함된 특허 라이선스 계약을 체결하도록 요구하며, 그에게 퀄컴과 체결한 특허 라이선스 계약에 대하여 이의를 제기하지 않

도록 요구한 것은, 법 제17조 제1항 제5호가 규정한 '거래 시 기타 불합리한 거래조건을 부
가한 행위'로서 시지 남용행위 금지규정을 위반한 것으로 판단하였다. 다만, 이 결정은 단
지 중국 시장의 경쟁과 소비자 이익에 밀접하게 관련되는 퀄컴의 무선통신단말기가 중국 내
에서 제조·판매될 때 실시하는 '무선표준 필수특허 라이선스 행위'와 '모뎀 칩 판매행위'에
적용된다.

Ⅲ. 행정처벌의 내용

발개위는 법 제47조 및 49조의 규정에 의거, 퀄컴의 시지 남용행위에 대해 2015.2.9. 위법행
위 중지 명령(즉, 시정명령)과 함께 과징금 60억 8,800만元(약 1조 650억원)을 부과하였다.
그 구체적인 내용은 다음과 같다.

1. 시정명령

발개위가 시정명령한 내용은 다음과 같다. ① 퀄컴은 중국 내의 무선통신단말기 제조업체에
대하여 무선표준 필수특허를 라이선스할 때, 응당 라이선시에 대해 특허 리스트를 제공해야
하며, 기간이 만료된 특허에 대해서는 특허사용료를 수취하여서는 아니 된다. ② 퀄컴은 중국
내의 무선통신단말기 제조업체에 대하여 무선표준 필수특허를 라이선스할 때, 라이선시의 의
사에 반하여 그가 보유한 비무선표준필수특허 및 관련 특허에 대한 상호실시허락을 요구하여
서는 아니 되며, 그 합리적인 대가를 지급해야 한다. ③ 중국 내 사용을 위하여 판매되는 무선
통신단말기에 대하여, 퀄컴은 비교적 높은 특허사용료율을 유지하면서 완제품의 도매 순 판
매가격을 무선표준 필수특허 사용료의 산정기초로 하여서는 아니 된다. ④ 퀄컴은 중국 내의
무선통신단말기 제조업체에 대하여 무선표준필수특허를 라이선스할 때, 정당한 이유 없이 비
무선표준필수특허를 끼워서 라이선스하여서는 아니 된다. ⑤ 퀄컴은 중국 내의 무선통신단
말기 제조업체에 대하여 모뎀 칩을 판매할 때, 잠재적인 라이선시에 대하여 '기간 만료 특허
비용 징수 수락, 특허 무료 상호실시허락, 정당한 이유 없는 비무선표준필수특허 라이선스 끼
워 팔기 등' 불합리한 조건을 전제하지 않아야 하며, 라이선시가 특허허가 계약에 대하여 이
의를 제기하지 않을 것을 모뎀 칩 공급조건으로 하여서는 아니 된다.

아울러 상술한 시정명령은 퀄컴의 자회사와 그가 실제 지배하는 기타 회사에도 적용된다. 또
한, 퀄컴이 무선표준 필수특허를 양도할 경우 응당 권리 양수인이 상술한 금지행위의 제한을
받을 것을 승낙하도록 요구해야 한다. 다만, 퀄컴이 중국 밖에서 권한을 위임받은 무선표준
필수특허 라이선스 행위가 중국 내의 시장경쟁에 대해 현저하게 배제·제한하는 영향을 초래
하지 않는 경우 이를 적용하지 아니한다.

2. 과징금 부과

발개위는 본 사안이 엄중하면서도 그 정도가 비교적 심각하며, 지속시간이 비교적 장기인 점
을 고려하여 퀄컴의 2013년도 중국 내 매출액의 8%에 해당하는 과징금 60억 8,800만元(9억
7,500만$, 약 1조 650억원)을 부과하였다. 이 과징금은 당사자가 행정처벌결정서를 받은 날
로부터 15일 이내에 국고에 납부해야 하며, 기간 내에 이를 납부하지 않는 경우, 매일 과징금
액의 3%에 해당하는 이행강제금을 부과하며, 동시에 인민법원에 강제집행을 신청할 수 있다.

3. 불복절차

당사자가 이에 불복할 경우, 본 행정처벌결정서를 받은 날로부터 60일 이내에 발개위에 행정재심의를 신청하거나, 그 결정서를 받은 날로부터 3개월[20] 이내에 인민법원에 소송을 제기할 수 있다. 다만, 행정재심의나 소송기간 중이라도 본 처벌 결정에 대한 집행은 정지되지 아니한다.

---

[20] 참고로 행정재심의를 거치지 아니하고, 곧바로 인민법원에 행정소송을 제기할 경우에는 행정처분을 안 날부터 6개월 이내에 소송을 제기할 수 있다(행정소송법 제46조).

행정독점행위
(行政性壟斷行为)

제1절 행정독점행위 개관
제2절 행정독점행위의 유형
제3절 행정독점행위에 대한 법률규제
제4절 공정경쟁 심사제도

행정독점행위
(行政性垄断行为)

제1절 행정독점행위 개관

1. 행정독점행위의 의의

행정독점 문제는 각국의 정치환경 및 경제발전단계에 따라 그 정도 및 표현형식에 상당한 차이가 있다. 일반적으로 시장경제가 발달한 국가에서는 경쟁법에서 행정독점 문제를 규율하는 경우가 상대적으로 적으나, 개발도상국(发展中国家)이나 사회주의국가 중 경제체제를 전환 중인 국가(经济转型国家)에서는 정부가 경제영역의 활동에 대한 간여가 비교적 많은 상황이어서 경쟁법에서 행정독점 문제를 규율하는 경우가 상대적으로 많이 나타나고 있다. 중국의 경우 행정독점 문제는 정치체제 개혁 및 경제체제개혁과 긴밀한 연관성을 지니고 있다.

행정독점행위란 "행정기관과 법률·법규로부터 권한을 부여받은 공공사무 관리 직능을 보유한 조직(이하 공공조직이라 함)이 행정권력을 남용하여 경쟁을 배제·제한하는 행위(滥用行政权力排除·限制竞争)"를 의미한다. 행정독점행위는 행정적 경쟁제한행위라 부르기도 하는데, 중국의 학계에서 전통적인 시장경영 주체의 독점 또는 경쟁제한행위(즉, 경제적 독점행위)와 구별하기 위하여 사용되어온 상대적인 개념이다.

이러한 행정독점행위는 경제적 독점행위나 국가독점행위와는 구별되는 개념이다. 그중 경제적 독점행위와 다른 점은 다음과 같다. ① 경제적 독점행위는 시장 운영 규율의 반영으로서 시장경제가 일정한 단계까지 발전한 산물이다. 그러나 행정독점 행위는 시장 이외의 원인인 행정권력의 지나친 팽창(惡行膨脹)과 남용에 기인하여 야기된 경쟁제한행위이다. ② 행정독점행위는 주로 시장 이외의 행정주체가 실시하나, 경제적 독점행위는 시장 주체인 경영자만이 실시할 수 있다. 그리고 행정독점행위는 실질적으로 정부의 공권력에 의거 시장진입을 엄격히 제한하거나, 상품 또는 서비스의 수량을 통제하는 방식으로 나타나고 있다.[1]

이어서 행정독점행위가 국가독점행위와 다른 점은 다음과 같다. ① 양자의 주체가 다르다. 행정독점행위의 주체는 중앙정부(즉, 국무원)를 제외한 행정기관과 법률·법규로부터 권한을 부여받은 조직이다. 여기에는 "지방정부, 중앙과 지방정부의 소속 부서(所屬各部门) 및 그로부터 권한을 부여받은 조직을 포함한다."[2] 그러나 국가독점행위의 주체는 국가이다. 따라서 양자 중 국가독점행위의 주체 범위가 행정독점행위보다 넓다. ② 양자의 근원이 다르다. 행정독점행위의 근원은 국부적 이익 및 개인적 이익이나, 국가독점행위의 근원은 국가이익 및 사회공공이익이다. ③ 양자의 성질이 다르다. 행정독점행위는 위법한 행위이지만, 국가독점행위는 적법한 행위로서 그 합법성은 법률에 의거 명확하게 권한을 부여받은 데에 있다. 예를 들면, 우정법(郵政法)이나 철도법(铁路法) 등에는 모종의 업무에 대한 국가의 독점경영(国家专营)이 명확히 규정되어 있다.[3]

2. 행정독점행위의 특징

행정독점행위는 경제체제가 전환되는 국가에서 많이 발생하고 있는데 특히 중국의 경우 전통적인 계획경제체제에서 사회주의 시장경제체제로 전환되는 과정에서 두드러지게 나타나는 현상으로 보고 있다.

---

1   孟雁北 著, 反垄断法(第二版), 北京大学出版社, 2017年 2月, p. 228.
2   王先林 著, 竞争法学(第三版), 中国人民大学出版社, 2018年 8月, p. 289.
3   徐孟洲·孟雁北 共著, 竞争法(第三版), 中国人民大学出版社, 2018年 6月, pp. 190~191.

이러한 행정독점행위(行政性垄断行为)는 다음과 같은 주요 특징을 가지고 있다. ① 행정독점행위를 실시하는 주체는 중앙정부를 제외한 행정주체이다. 이는 법에 의거 행정관리권을 향유한 행정기관과 행정관리권을 가진 기업 또는 기타 사회조직을 포함한다. 다만, 후자의 경우에는 시장 주체이기 때문에 그가 행정권력에 의거 독점행위를 실시한 상황에서만 행정독점행위의 주체로 인정된다. ② 행정독점행위는 행정주체가 행정권력을 남용한 위법행위이다. ③ 행정독점행위는 다른 시장경제 주체의 공정한 경쟁을 실질적으로 제한하거나 제한할 가능성이 있다. 즉, 행정독점행위는 특수한 행정권력에 의지(依靠)하여 시장경제 주체의 자유를 제한하게 된다. 그 결과 시장경제를 추구하는 경영자 모두에게 공정한 경쟁에 참여할 기회가 주어져야 하지만, 행정독점행위로 인하여 모종의 시장경제 주체가 선천적인 우세(先天优势)를 지니게 됨으로써 시장에서의 공정한 경쟁을 저해하게 된다. ④ 행정독점행위는 추상성·강제성 및 은폐성(隐蔽性)의 특징을 지니고 있다. 즉, 행정독점행위는 종종 업계의 규약(行业规章), 지방 규장(地方规章[4]), 명령 및 결정 등 문건의 형식으로 나타나고 있다. 그 결과 이러한 규장 및 명령 등은 실질적으로는 정부 기관의 추상적인 행정행위이며, 관할구역 내의 국민(公民)이나 법인 또는 다른 조직에 대하여 강제력을 지니게 된다.[5]

3. 행정독점행위의 폐해

행정독점행위의 폐해 및 부작용은 다원성(多元性)을 가지고 있으며, 경제적 독점행위와 비교할 때 시장경제에 미치는 정도가 훨씬 심각하다. 이는 행정독점행위의 경우 그 행정주체가 행정권력에 의존하여 행정조직 및 행정 수단을 통하여 실시하기 때문에 시장의 경쟁에 미치는 폐해나 부작용이 치명적이며 엄중하다. 특히 추상적인 행정독점행위는 그 영향이 광범하고 지속적이다. 이러한 행정독점행위의 폐해는 크게 경제적인 측면과 정치적인 측면에서 살펴볼 수가 있다.

---

4 중국의 법규 체계는 법률(法律), 행정 법규(行政法规), 지방성 법규(地方性法规), 국무원 부문 규장(部门规章), 지방정부 규장(地方政府规章) 순으로 이루어지고 있다. 그중 지방정부규장은 성·자치구·직할시 및 비교적 큰 시의 인민 정부가 법률·행정법규 및 소관 지방성 법규에 근거하여 제정할 수 있으나, 정부상무회의 또는 전체회의를 거쳐 결정된다.
5 徐孟洲·孟雁北 共著, 竞争法(第三版), 中国人民大学出版社, 2018年 6月, p. 191.

3.1. 행정독점행위의 경제적 폐해

행정독점행위는 일정한 거래영역에서의 경쟁을 제한하거나 소멸시킴으로써 자유롭고 공정한 시장경쟁 질서를 파괴하고, 자원배치를 왜곡하며, 기업의 혁신동력을 억제하고 우수기업의 정상적인 발전을 저해하여 전체적인 사회의 경제적 효율성을 감소시키고 나아가 전국적이고 통일된 시장의 형성 및 발전을 저해하게 된다. 그 밖에도 행정독점행위는 다른 경영자의 합법적인 권익과 소비자의 이익에 직간접적인 손해를 미치게 된다.

3.2. 행정독점행위의 정치적 폐해

이는 사회적인 폐해라고도 하는데, 행정독점행위는 "사회의 부패 현상 및 부정 풍조(不正之风)를 유발(滋生)하고 새로운 사회적·불공정한 분배를 초래함으로써 사회주의 법제의 통일성을 파괴하며, 정부의 공정한 이미지 훼손(政府应有的公正形象)"[6]과 정부의 효율성을 저하하게 된다.

제2절   행정독점행위의 유형

행정독점행위는 분류기준에 따라 여러 유형으로 나눌 수 있다. 즉, ① 행정주체의 수에 따라 단독 행정독점행위와 연합 행정독점행위로 분류할 수 있다. 그중 전자는 단일의 행정주체가 실시하는 행정독점행위를 의미하며, 후자는 둘 또는 둘 이상의 행정주체가 실시하는 행정독점행위를 의미한다. ② 행위대상에 따라 구체적 행정독점행위(具体行政垄断行为)와 추상적 행정독점행위(抽象行政垄断行为)로 분류할 수 있다. 그중 전자는 행정주체가 구체적인 행정행위를 통하여 실시하는 독점행위를 의미하며, 후자는 행정주체가 추상적인 행정행위(예, 규장 반포, 명령·규정 등 행정 규범성 문건을 제정하는 방식)를 통하여 실시하는 독점행위를 의미한다. ③ 행위의 구체적 표현형식(表现)에 따라 지역독점·부문독점·공동의 경쟁제한 강제·행정적 거래강제 등으로 분류할 수 있다.[7]

---

6   王先林 著, 竞争法学(第三版), 中国人民大学出版社, 2018年 8月, p. 291.

분류유형 중 행위대상 기준에 의하면, 『반독점법(이하 법이라 함)』 제5장과 『행정권력을 남용하여 경쟁을 배제·제한하는 행위 제지 규정(制止濫用行政权力排除、限制竞争行为暂行规定, 2019.6.26. 공표, 2019.9.1. 시행, 이하 행정독점규정이라 함)』에서 규정하고 있는 행정독점행위는 크게 구체적 행정독점행위와 추상적 행정독점행위로 분류할 수 있다. 그중 전자는 "거래 제한, 지역봉쇄, 입찰 제한, 시장진입 제한, 독점행위 강제"행위로 분류할 수 있다. 후자는 "경쟁을 배제·제한하는 내용을 함유하는 규정을 제정하는 행위(이하 '경쟁제한적규정 제정행위'라 함)"이다.

이러한 행정독점행위는 우리나라의 규제완화제도와 비교할 때, 구체적 행정독점행위는 기존의 규제를 해소하는 제도이고, 추상적 행정독점행위는 새로운 규제의 창설을 금지하는 제도로서 우리나라의 '경쟁제한적인 법령 사전협의제도'와 유사하며, 후술하는 공정경쟁 심사제도와 밀접한 관련이 있다.

1. 구체적 행정독점행위

1.1. 거래 제한

거래 제한(限定交易)이란 행정기관과 공공조직이 행정권력을 남용하여 '단위(즉, 기관·단체·법인·기업 등) 또는 개인'에게 그가 지정하는 경영자가 제공하는 상품 또는 서비스(이하 상품으로 통칭함)를 경영·구매·사용토록 제한(限定)하거나 변형적(즉, 간접적)으로 제한(变相限定)하는 행위를 의미한다. 여기서 '단위 또는 개인'이란 "경영자 및 개인사업자(个体工商户)에 국한되지 않으며, 행정기관과 공공조직 또는 그 근무자를 포함하고 있다. 예를 들어 상급 행정기관이 하급 기관에 요구하거나 행정기관이 그 근무자에게 매월 현지 맥주 공장의 맥주를 구매하도록 요구하는 경우 이에 포함된다."[8]

그 구체적인 금지유형은 다음과 같다. ① 명시적인 요구나 암시, 행정심사(行政审批)의 거절 또는 연기, 중복검사, 플랫폼(平台) 또는 네트워크(网络)의 접근 불허 등의 방식으로 특정 경영자가 제공하는 상품을 경영하거나 구매 사용토록 제한 또는 변형적으로 제한하는 행위, ② 입찰자(投标人) 소재지, 소유제 형식, 조직형식 등을

---

7   孟雁北 著, 反垄断法(第二版), 北京大学出版社, 2017年 2月, pp. 247~248.
8   刘继峰 著, 竞争法学(第三版), 北京大学出版社, 2018年 7月, p. 241.

제한하는 방식을 통하여 특정 입찰자가 제공하는 상품을 경영하거나 구매 사용토록 제한 또는 변형적으로 제한하는 행위, ③ 법률이나 법규의 근거 없이 사업예산데이터관리시스템(项目库) 또는 기본정보데이터베이스(全国统计系统基本单位名录库, 简称为名录库) 등을 설치하는 방식을 통하여 특정 경영자가 제공하는 상품을 경영하거나 구매 사용토록 제한 또는 변형적으로 제한하는 행위, ④ 단위 또는 개인에게 그가 지정하는 경영자가 제공하는 상품을 경영하거나 구매 사용토록 제한 또는 변형적으로 제한하는 기타 행위이다(행정독점규정 제4조).

1.2. 지역봉쇄

지역봉쇄(地区封锁, 又称地区壁垒)란 '상품의 자유로운 유통- 방해행위(妨碍商品自由流通行为)'라고도 칭하는데, 행정기관과 공공조직이 행정권력을 남용하여 "비용 또는 가격의 차별" 등과 같은 부당한 방식으로 상품의 지역 간의 자유로운 유통을 방해하는 행위를 의미한다. 이러한 지역봉쇄행위는 중국의 사회주의 시장경제체제가 추구하고자 하는 전국적으로 통일되고 개방적이며 경쟁과 질서가 있는 현대시장체계를 형성하는 데 하나의 저해 요인이 되고 있다.

그 구체적인 금지유형은 다음과 같다. 즉, ① (비용 또는 가격의 차별) 외지상품에 대하여 차별적인 비용 항목(收费项目)의 설정이나 차별적인 요금표준(收费标准)의 시행 또는 차별적인 가격을 규정하거나 차별적인 보조금 정책을 시행하는 행위, ② (표준 차별) 외지상품에 대하여 본지(本地)의 동일류상품과 다른 기술의 요구 또는 검사표준(检验标准)을 규정하거나, 외지상품에 대하여 중복검사나 중복인증 등의 조치를 채택함으로써 외지상품의 현지 시장진입을 저해하거나 제한하는 행위, ③ (허가장벽) 법률이나 법규의 근거 없이 외지상품에 특정(专门针对)하여 행정허가 또는 등록(备案) 절차를 채택하거나, 외지상품에 대하여 행정허가나 등록(备案) 시에 다른 조건이나 절차 또는 기한 등을 설정함으로써 외지상품이 본지 시장에 진입하는 것을 저해하거나 제한하는 행위, ④ (검문 장벽) 법률 또는 법규의 근거 없이 검문소(关卡)를 설치하거나 소프트웨어 또는 인터넷(互联网)에 장벽(屏蔽) 등을 설치하는 수단을 통하여 외지상품의 본지 시장진입이나 본지상품의 외지 반출을 저해 또는 제한하는 행위, ⑤ (기타) 상품의 지역 간의 자유로운 유통을 방해하는 기타 행위이다(행정독점규정 제5조).

1.3. 입찰 제한

입찰 제한(招投标限制)이란 '입찰 과정에서의 지방 보호주의'라고도 칭하는데, 행정기관과 공공조직이 행정권력을 남용하여 "차별적인 자질요구나 심사표준의 설정 또는 정보 미공표" 등의 방식으로 외지경영자가 현지의 입찰 활동에 참여하는 것을 배척·제한하는 행위를 의미한다.

그 구체적인 금지유형은 다음과 같다. ① (정보 미공표) 이는 법에 따라 정보를 공표하지 않는 행위이다. 여기에는 입찰(招标) 정보 미공개와 낙찰(中标)결과 미공개를 모두 포함하고 있다. 이러한 정보 미공개행위는 입찰의 3대 원칙(즉, 공개·공평·공정)을 위반한 것으로서 일부 지방정부가 행정권력을 남용하여 특정 개인이나 현지 업체를 우대하기 위한 수단으로 활용되고 있다. ② (입찰 배제) 이는 명확히 외지경영자가 현지의 특정한 입찰(招标投标) 활동에 참여할 수 없도록 배제하는 행위이다. ③ (차별조건의 설정) 이는 입찰 항목의 구체적인 특징 및 실제 수요에 적합(适应)하지 않거나 계약이행과 무관한 자격·기술 및 비즈니스 조건(商务条件)을 설정하여 외지경영자가 현지의 입찰 활동에 참여하는 것을 변형적으로 제한하는 행위이다. ④ (기타) 이는 외지경영자가 현지의 입찰 활동에 참여하는 것을 배척하거나 제한하는 기타 행위이다(행정독점규정 제6조).

1.4. 시장진입 제한

시장진입 제한(限制市场准入)은 '투자 또는 지점설립(投资或者设立分支机构) 제한'이라고도 칭하는데, 행정기관과 공공조직이 행정권력을 남용하여 현지 경영자 대비 불평등한 대우 등을 하는 방식으로 외지경영자가 현지에서 투자 또는 지점을 설립하는 것을 배척 또는 제한하는 행위를 의미한다.

그 구체적인 금지유형은 다음과 같다. ① (투자 또는 지점설립의 거절) 이는 외지경영자의 현지에서의 투자 또는 지점(分支机构)설립을 거절하는 행위이다. ② (투자규모 등의 제한) 이는 법률이나 법규의 근거 없이 외지경영자에 대하여 현지에서의 투자 규모나 방식 및 지점설립 주소나 상업모델 등을 제한하는 행위이다. ③ (차별대우) 이는 외지경영자가 현지에서 투자 또는 설립하는 지점에 대하여 "투자·경영규모·경영방식·세비 납부 등의 방면에서" 현지 경영자와 다른 요구 조건(要求)을

규정하거나, "안전생산·에너지 절약 및 환경보호·품질 표준 등의 방면에서" 차별
적인 대우를 실행하는 행위이다. ④ (기타) 이는 외지경영자가 현지에서의 투자 또
는 지점설립을 배척·제한하는 기타 행위이다(행정독점규정 제7조).

1.5. 독점행위 강제

독점행위 강제(强制经营者从事垄断行为)란 행정기관과 공공조직이 행정권력을 남
용하여 경영자에 대해 반독점법이 규정한 독점행위에 종사토록 강제하거나 변형적
으로 강제하는 행위를 의미한다(행정독점규정 제8조). 이는 행정독점행위의 주체인 행
정기관과 공공조직의 경우, 직접적인 행정독점행위뿐만 아니라 경영자를 통한 간접
적인 행정독점행위도 금지되는 것을 의미한다.

그 구체적인 금지유형으로는 "경영자 간의 독점협의를 강제하는 행위, 시장지배적
지위의 경영자에게 시지 남용행위를 강제하는 행위, 합병 등을 강제하는 행위"를 들
수 있다.

2. 추상적 행정독점행위

추상적 행정독점행위(즉, 경쟁제한적규정 제정행위)란 행정기관이 행정권력을 남용하
여 "규정(规定)·방법(办法)·결정·공고·통지·의견·회의록(会议纪要)" 등의 형식
으로 경쟁을 배제·제한하는 내용(즉, 시장진입·산업발전·투자유치·입찰·정부조달·경
영행위 규범·자질 표준 등)을 함유하는 시장경제 주체의 경제활동과 관련되는 규장(规
章), 법규성 문건 및 기타 정책 조치를 제정하거나 공표하는 행위를 의미한다(행정독
점규정 제9조).

이러한 추상적 행정독점행위는 구체적 행정독점행위와 비교할 때, 다음과 같은 차
이점이 있다. ① (주체) 추상적 행정행위의 주체는 행정기관에 국한되나, 구체적 행
정행위는 행정기관과 공공조직이 모두 포함된다. ② (조정범위) 추상적 행정행위는
주로 불특정한 사람이나 일(事)을 대상으로 하나, 구체적 행정행위는 주로 구체적인
특정한 사람이나 일을 대상으로 한다. ③ (적용효력) 추상적 행정행위는 광범한 적
용성과 반복적인 적용이 가능하나, 구체적 행정행위는 일반적으로 1회만 적용될 수
있으며 반복적인 적용이 불가능하다. ④ (상대방의 권리 의무에 미치는 영향) 추상

적 행정행위는 상대방에 대하여 직접 권리와 의무를 설정하지 않으나, 구체적 행정행위는 직접적인 방식을 통하여 상대방에게 권리 및 의무를 설정하여 그에 대하여 직접적인 영향력을 행사한다.[9]

▶ 〈사례 1〉 하북성의 지역봉쇄(외지상품에 대한 가격 차별행위) 건[10] ◀

이 사례는 『반독점법』 시행(2008.8.1) 이후, 중국경쟁당국이 이 법을 적용하여 행정독점행위를 시정한 첫 번째 모범사례로 평가되었으며, 당시 언론·학계 및 주중미국대사관 등에서 행정기관의 규제를 해소한 상징적 조치로 호평하였다. 그 후, 중국 정부는 기존 규제를 해소하는 유효한 수단으로 이 제도를 활용할 뿐만 아니라, 신설 규제를 해소하기 위한 공정경쟁 심사제도를 도입하여 운영하게 되었다.

1. 당사자 현황
● 피심인 : 하북성 교통운수청·물가국·재정청
● 신고인 : 천진진우운수업유한회사
신고인은 금호고속과 천진시 교통집단 산하의 천진장거리자동차회사가 공동 출자(지분 비율은 49% : 51%)하여 1997.11.8. 설립되었으며, 수년간 천진시·하북성·산동성 간의 장거리 여객운수사업을 영위하고 있다.

2. 처리 경위
신고인은 주중대사관(기업지원센터)에 "외지 차량에 대해서도 동등한 우대혜택을 받을 수 있도록 해달라는 민원"을 제기(2014.1.28)하였고, 주중대사관(공정거래관)은 동 사안이 "행정독점행위 중 외지상품에 대한 가격 차별행위"에 해당한다고 판단하여 관계부처와 협의를 거쳐 시정요청(공문 발송 : 2014.2.11.)과 수차 관계자 면담 및 협의를 통해 조속한 해결을 지원하였다.

3. 법 위반 사실
하북성 교통운수청 등 3개 부서는 '여객 운수 정기운행차량 경영자'의 이익을 보호하기 위하여 『국무원의 도로운수업의 건강하고 안정적인 발전 촉진에 관한 통지』에 의거, 본 지역의 상황과 대고객 우대정신 등을 고려하여 2013.10월 공동으로 『성 전체의 유료도로 여객 운수 정기운행차량 통행료 차종 분류기준 통일에 관한 통지(关于统一全省收费公路客运班车通行费车型分类标准的通知, 冀交公[2013]548号)』를 하달(下发)하여 2013.12.1.부터 성 전체 유료도로 차량 통행료 차종 분류기준을 조정하고, 본성의 여객 운수 정기운행차량에 대한 통행료 우대정책을 시행하였다. 이에 따라 본성의 여객 운수 정기운행차량은 고속도로 하이패

9 孟雁北 著, 反垄断法(第二版), 北京大学出版社, 2017年 2月, p. 255.
10 국가발전개혁위원회 반독점국 홈페이지－업무 동향[河北省人民政府纠正交通运输厅等部门违反 《反垄断法》滥用行政权力排除限制竞争行为(2014.9.26.); 许昆林局长参加国务院新闻办公室反垄断执法工作情况新闻吹风会实录(2014.9.15.)].

스 카드(ETC卡) 또는 월 정기권(月票)을 이용하여 비용계산액의 50%를 우대받게 되었다. 또한, 2013.10.30. 교통운수청은 『성 전체의 유료도로 여객 운수 정기운행차량 통행료 차종 분류기준의 철저한 이행에 관한 유관사무 통지(关于贯彻落实全省收费公路客运班车通行费车型分类标准有关事宜的通知, 冀交公[2013]574号)』를 추가 하달하여 우대정책을 한층 더 명확히 규정하였다. 다만, 그 우대정책은 본성의 도로운수관리기관의 승인을 거친 고정운영노선이 있는 여객 운수 정기운행차량(客运班线车辆)에 대해서만 적용하였다. 그 결과, 본성 소재 여객 운수 정기운행차량(客运班车)에 대해서는 통행료의 50%를 우대하였으나, 같은 조건의 외지 차량에 대해서는 정상 요금을 징수하였다.

국가발전개혁위원회가 조사한 결과, 통행료 지출은 경영자의 수익률에 비교적 큰 영향을 미치는 것으로 나타났다. 즉, 고속도로 통행료는 그 총수입의 10~20%의 비중을 점하고 있어, 상술한 우대정책은 본성의 여객 운수 정기운행차량에 대한 일종의 경제 보상으로서 그 경영자의 통행료 원가를 다른 성의 경영자보다 대폭 낮게 함으로써 경쟁사업자인 타성의 경영자가 불리한 경쟁 지위에 처하게 되는 결과를 초래하였다. 예를 들면, 천진(天津)~석가장(石家庄) 노선의 경우, 외지업체인 신고인은 편도 통행요금을 360元 납부해야 하지만, 성내 업체는 50% 할인된 요금인 180元만을 납부하게 되어 편도기준 차액은 180元이 발생하게 된다. 이를 연간으로 환산하면, 외지업체는 본성의 업체보다 130여 만元의 통행료를 더 지출한 것으로 나타났다.

4. 위법성 판단

상술한 행위는 하북성 여객 운수 정기운행차량 경영자와 타성의 동일 노선 경영자 간의 공정한 경쟁을 훼손한 행위로서 법 제8조 및 제33조 제1호에서 규정한 "행정기관 및 공공조직이 행정권력을 남용하여 외지상품에 대해 차별적인 비용징수항목을 설정하거나 차별적인 비용징수기준의 시행 또는 차별적인 가격을 규정한 행위(즉, 외지상품에 대한 차별 취급)로서 '상품의 지역 간 자유로운 유통을 방해'하는 행위"에 해당하는 것으로 국가발전개혁위원회(반독점국)는 판단하였다.

이에 따라 국가발전개혁위원회는 교통운수부와 협의(沟通)를 거쳐, 같은 법 제51조에 의거 2014.9.3. 하북성인민정부에 관련 행위의 시정을 명령하도록 건의하였다.

5. 시정조치

하북성인민정부의 시정명령에 따라, 하북성 교통운수청 등 3개 부서는 새로운 『하북성 여객 운수 정기운행차량 통행료 우대정책 조정에 관한 통지(关于调整我省客运班车通行费优惠政策的通知)』를 하달하여 2014.10.1.부터 시행하였다. 이에 따라 타성 소속 성 간의 여객 운수 정기운행차량에도 통행료 우대정책을 적용하게 되어, 본성에서 정기노선(定点定线)을 운행하는 모든 여객운수업체는 통행료 문제에 있어 공평한 대우를 받게 되었다.

그 결과 모든 여객 운수 기업 간의 공정한 경쟁의 시장 환경이 조성되게 되었으며, 신고인의 경우 당시 운행노선 기준 연간 약 3억 4,200만원의 비용 절감효과(단, ETC 장착의 경우 5% 추가 할인 혜택이 가능함)를 가져오게 되었다.

◤ 〈사례 2〉 북경시 가스개발센터의 거래 제한행위 건[11]

1. 법 위반 사실

북경시 방산구의 가스개발센디(房山区燃气开发中心)는 관할구역의 천연가스 사업(天然气工程)의 건설·관리 및 경영 등의 업무를 담당하면서 가스업종 관리의 기능을 수행하고 있다. 이 센터는 가스시설 설치(燃气项目报装)사업을 승인하는 과정에서, 직접 위탁·지정 등의 형식을 통해 개발 단위에 대해 그가 제공하는 표준계약서(制式合同, 又称标准合同·定型化合同·格式合同)를 사용하여 계약을 체결토록 요구하였을 뿐만 아니라, 그 산하의 기업을 선택하여 시공하도록 제한하였다. 그 결과 대부분의 가스시설 공사를 입찰 절차 없이 그 산하 기업이 직접 시공하게 되었다.

2. 위법성 판단

상술한 행위는 일정한 정도상 개발 단위의 자주 선택권과 자격을 갖춘 다른 시공기업과의 공정한 경쟁권을 제한하였다.

따라서 이는 법 제32조가 규정한 "행정기관과 공공조직이 행정권력을 남용하여 단위 또는 개인에게 그가 지정하는 경영자가 제공하는 상품을 경영·구매·사용토록 제한하거나 변형적으로 제한하는 행위(즉, 거래 제한행위)"로서 행정독점행위에 해당한다.

3. 시정조치

북경시 발전개혁위원회는 조사 후, 방산구정부 등 관계기관에 이 사실을 통보하고, 즉시 전면적으로 시정하도록 건의하였다.

이에 따라 이 센터는 유효한 시정조치를 취하고, 2018.4월 홈페이지에 자진 시정 상황을 공지하였다.

◤ 〈사례 3〉 상해시 상무위의 거래 제한행위 건[12]

1. 법 위반 사실

상해시 상무위는 2017.1월 "2016년도 전당포 업계 회계감사 업무(典当行年审工作) 실시에 관한 통지"를 공표(发布)하면서 연도 회계감사를 담당할 회계사무소를 직접 지정하였다.

2. 위법성 판단

이러한 행위는 회계사무소가 소재한 전당포 업계의 연도 회계감사 시장에서의 경쟁을 제한한

---

11 시장관리총국 2018년 행정독점행위 전형사례 공고[市场监管总局关于发布2018年市场监管部门制止滥用行政权力排除、限制竞争行为典型案例的公告(2018.12.29.) 사례 1 北京市纠正房山区燃气开发中心行政性垄断行为].

12 시장관리총국 2018년 행정독점행위 전형사례 공고[市场监管总局关于发布2018年市场监管部门制止滥用行政权力排除、限制竞争行为典型案例的公告(2018.12.29.) 사례 3 上海市纠正上海市商务委行政性垄断行为].

행위로 법 제32조가 규정한 "거래 제한행위"로서 행정독점행위에 해당한다.

3. 시정조치(자진 시정)

조사과정에서 상해시 상무위는 위법사실을 인식하고 자진하여 시정방안을 제출하였으며, 2018.1월 상해시 발전개혁위원회는 협의(約談)를 거쳐 그 방안에 동의하였다.

이에 따라 2018.1월 상해시 상무위는 홈페이지에 경쟁을 제한하는 행위에 대한 시정 사실을 공표하였다.

▌〈사례 4〉 강서성의 지역봉쇄 및 경쟁제한적규정 제정행위 건[13]

1. 법 위반 사실

강서성 신설구(新建区) 소속 "영업세를 부가가치세로 전환(营业税改增值税, 简称营改增)하는 업무협조 추진 영도 소조(이하 '부가세 전환업무 추진팀'으로 약칭함)"는 2017.7.1. "종합적인 조세 관리업무 강화에 관한 통지"를 배포하였다. 그 주요 내용은 다음과 같다. ① 유관 부서는 "자질 향상 · 인재 유치 · 프로젝트 파이낸싱(项目融资) · 재정정책 · 시장진입" 등 각 방면에서 정책적인 지원을 하여 본지 건축기업의 성장을 촉진하여야 한다. ② 외지 건축기업에 대해, 신설구에 독립법인기구를 등기 설립하도록 적극적으로 유도하여야 하며, 임시(暂时) 독립법인기구를 설립하기 전에는 지점(分支机构)을 먼저 설립할 수 없다. ③ 구외 시공 업체(외주기업 및 관련 기업 포함)에 대해, 사업주가 신설구에서 지사(分公司) 설립등기를 하도록 독촉하고, 보충협약 체결을 통해 신설구 금융 기관에 계좌를 개설하여 향후 건축비 및 세수 전액은 지사를 통하여 결산 신고하도록 하였다. ④ 향후 시공하는 신규 사업에 대해, 사업주(건설) 단위는 사업입찰공고(입찰문서 포함)에 구외(区外) 낙찰업체(시공 · 서비스기업 포함)는 시공 허가증 처리 전에 반드시 신설구에 사업관리 및 자금결산을 위한 지사설립을 등록하도록 명시하여야 한다. 다만, 직접 발주(发包)하는 사업의 경우, 구외 업체(시공 · 서비스 기업 포함)는 반드시 신설구에 사업관리 및 자금결산을 위한 지사설립을 먼저 등록하고, 재차 직접 발주하는 안내서(告知书)를 등록(备案)하여야 한다. 또한, 구외 기업의 지사는 반드시 신설구 금융 기관에 계좌를 개설하여 공사사업자금 결산 및 세수 신고를 통일적으로 처리해야 한다. ⑤ 사업주(건설) 단위는 입찰공고(입찰문서 포함)에 상술한 정책 조치를 명확히 하고, 이를 실현하도록 독촉(督促)하여야 한다.

2. 위법성 판단

상술한 행위는 외지업체에 특정하여 등기 등록 절차를 추가하여 역외 유관기업이 역내 관련 사업의 입찰 경쟁에 참여하는 것을 제한함으로써 관련 시장의 충분한 경쟁을 촉진하는데 불

---

13 시장관리총국 2018년 행정독점행위 전형사례 공고[市场监管总局关于发布2018年市场监管部门制止滥用行政权力排除、限制竞争行为典型案例的公告(2018.12.29.) 사례 6 江西省纠正新建区 "营改增" 工作协调推进领导小组行政性垄断行为].

리한 결과를 초래하였다.

따라서 이러한 행위는 법 제33조 제4호가 규정한 "행정기관 및 공공조직이 행정권력을 남용하여 법률이나 법규의 근거 없이 검문소(哭卡) 설치 또는 기타 수단을 채택하여 외지상품의 시장진입 또는 본지상품의 외지 반출을 저해하는 행위로서 '상품의 지역 간 자유로운 유통을 방해'하는 행위"와 법 제37조가 규정한 "행정기관이 행정권력을 남용하여 경쟁을 배제·제한하는 내용을 함유하는 규정을 제정하는 행위"로서 행정독점행위에 해당한다.

3. 시정조치

강서성 발전개혁위원회는 '부가세 전환업무 추진팀'에 대해 관련 상황을 지적(反馈)하였다. 이에 따라 동 추진팀은 관련 위법행위를 즉시 시정할 것을 승낙하였으며, 이어서 관련 정책 중 경쟁을 배제·제한하는 내용을 삭제하는 동시에 그 이전 통지문을 2018.1.24. 정식 폐지하였다. 아울러 관련 내용을 통지하고, 소관 인민정부 홈페이지에 공시하였다.[14]

▶ 〈사례 5〉 산동성의 경쟁제한적규정 제정행위 건[14]

1. 법 위반 사실

산동성 린이시 쥐난현(临沂市莒南县)의 공공자원거래서비스센터(이하 '센터'로 약칭함)는 건설공사 입찰 과정에서의 부패방지 명목하에 행정권력을 이용하여 투자총액 50만元 이하 사업의 입찰자는 반드시 자원거래시스템 자동추출방식(自动抽取方式)을 채택하여 입찰 대행 기구를 선정(选聘)하도록 강제하는 관련 문건을 배포(印发)하였다.

2. 위법성 판단

상술한 방법은 입찰자가 스스로 입찰 대행 기구를 선택할 권리를 박탈하였으며, 입찰 대행 기구 간의 합법적인 경쟁을 제한하였다.

따라서 이러한 행위는 법 제37조가 규정한 "행정기관이 행정권력을 남용하여 경쟁을 배제·제한하는 내용을 함유하는 규정을 제정하는 행위"로서 행정독점행위에 해당한다.

3. 시정조치

산동성 구 공상행정관리국은 2018.7월 하순 쥐난현 인민정부와 센터를 면담(约谈)하여 이 문제를 지적하였다. 이에 따라 센터는 관련 문건의 조항을 수정하고, 2018.9월 그 결과를 공상행정관리국에 보고하였으며, 현 정부의 승인을 거쳐 이를 공지(印发)하였다.

---

14 시장관리총국 2018년 행정독점행위 조치 전형사례 공고[市场监管总局关于发布2018年市场监管部门制止滥用行政权力排除、限制竞争行为典型案例的公告(2018.12.29.) 사례 8 山东省纠正临沂市莒南县公共资源交易服务中心行政性垄断行为]

제3절 행정독점행위에 대한 법률규제

행정독점행위에 대한 법률규제 문제는 반독점법의 탄생 및 발전과정과 밀접한 연관성을 지니고 있다. 그 발전과정은 일반적으로 정책·문건 위주의 행정독점 규율(規范) 단계(1978년~1992년), 『반부정당경쟁법(反不正当竞争法)』 위주의 규율단계(1993년~2007년), 『반독점법』 위주의 규율단계(2008년~2015년), 『반독점법』과 공정경쟁 심사제도의 규율단계(2016년~현재)로 분류할 수 있다. 그중 반독점법 시행 이후의 현행 제도를 중심으로 행정독점행위에 대한 법률규제 문제를 살펴보면 다음과 같다.

1. 안건의 관할범위

행정독점행위에 대한 법집행업무는 시장관리총국이 담당하나, 그 업무 수요에 따라 성급 시장관리부서(省级市场监管部门)에 위임(授权)하여 소관 행정구역 내의 행정독점행위에 대한 법집행업무를 담당케 하고 있다. 이에 따라 반독점법집행기구인 시장관리총국과 성급 시장관리부서 간의 행정독점행위안건에 대한 관할범위는 다음과 같다.

먼저 시장관리총국에서 직접 담당하여 "조사한 후, 법에 근거한 처리를 건의(이하 조사처리로 약칭함)"하는 행정독점행위 안건은 3가지 부류이다. 즉, ① 전국적(全国范围)으로 영향을 미치는 경우, ② 성급 인민 정부가 실시한 경우, ③ 안건의 내용(案情)이 비교적 복잡하거나 시장관리총국이 직접 조사 처리할 필요가 있다고 인정하는 경우이다. 반면, 성급 시장관리부서는 시장관리총국에서 조사처리하는 안건을 제외한 소관(管辖) 행정구역 내의 행정독점행위안건을 담당하고 있다(행정독점규정 제2조~제3조 제1항).

다만, 시장관리총국은 행정독점안건에 대한 조사처리 시 소관 범위 내의 안건인 경우에도 성급 시장관리부서를 지정하여 조사 처리케 할 수 있다. 반면, 성급 시장관리부서는 행정독점행위 안건을 조사 처리하는 과정에서 그 관할범위에 속하지 아니하거나, 비록 관할범위에 속하는 경우라도 시장관리총국에서 조사 처리할 필요가 있는 경우에는 즉시 시장관리총국에 보고하여야 한다(행정독점규정 제3조 제2항~제3항).

한편, 소관 사건에 대한 신고 수리(受理)는 반독점법집행기구(즉, 시장관리총국과 성급 시장관리부서)가 담당한다. 따라서 성급 아래의 시장관리부서는 수리기관에 속하지 아니하므로 신고인의 편의를 위하여 신고서류를 접수하거나 사건의 단서(线索)를 인지(发现案件)한 경우, 7근무일 이내에 관련 자료를 성급 시장관리부서에 송부(报送)하여야 한다(행정독점규정 제13조).

2. 행정독점행위에 대한 조사처리

반독점법집행기구의 행정독점행위에 대한 조사처리(查处)는 "조사를 진행하여 법에 의거 처리를 건의"[15]하는 절차를 의미한다. 즉, 행정독점행위에 대해서는 반독점법집행기구가 직접 행정처벌을 부과하는 게 아니라, 단지 관련 상급기관에 법에 의거 처리를 건의하는 방식이어서 집행권의 한계를 지니고 있다. 그 조사처리 절차(查处程序)는 다음과 같다.

2.1. 입안 및 조사

반독점법집행기구의 행정독점 혐의에 대한 인지(发现)는 직권인지(职权) 또는 신고(举报)·상급 기관의 이첩(交办)·타 기관의 이송(移送)·하급 기관 보고 등의 경로를 통해 이루어진다. 안건 인지 후, 반독점법집행기구는 행정독점행위 혐의사실에 대한 필요한 조사를 거쳐 입안 여부를 결정한다. 다만, 당사자가 위 조사 기간에 이미 관련 행위에 대한 중지조치를 채택하고 관련 부작용을 해소한 경우, 반독점법집행기구는 입안하지 않을 수 있다.

입안(立案) 후, 반독점법집행기구는 즉시 조사를 진행하여 법에 의거 관련 단위 또는 개인으로부터 상황을 파악하고, 증거를 수집 및 확보(调取)하여야 한다. 이 경우 피조사 단위 및 개인은 의견을 진술할 권리가 있으며, 이에 대해 반독점법집행기구는 당사자가 제출한 사실과 이유 및 증거에 대해 사실확인(核实)을 진행하여야 한다.

한편, 시장관리총국은 행정독점행위 혐의를 조사 처리할 때, 성급 시장관리부서에

---

15 행정독점규정 제3조 및 "市场监管总局法规司主要负责人就 《禁止垄断协议暂行规定》 等三部 《反垄断法》 配套规章答记者问"(中国市场监管报, 2019.7.2.).

위탁하여 조사를 진행할 수 있으며, 성급 시장관리부서도 하급 시장관리부서에 위탁
하여 조사를 진행할 수 있다. 이 경우 위탁받은 시장관리부서는 위탁범위 내에서 위
탁기관의 명의로 조사를 진행하며, 다른 행정기관·조직 또는 개인에게 재위탁하여
조사를 진행할 수 없다(행정독점규정 제16조).

성급 시장관리부서는 행정독점행위 혐의를 조사 처리할 때, 업무 수요에 따라 관
련 성급 시장관리부서와 협의(商请)하여 협조 조사(协助调查)할 수 있으며, 관련 성
급 시장관리부서는 이에 협조하여야 한다(행정독점규정 제17조).

2.2. 행정독점행위 여부 판단

행정독점행위는 일종의 특수한 위법행위로서 일반 위법행위나 범죄의 구성요건과
는 다른 측면이 있으나, 『반독점법』에는 그 구성요건 및 판단기준이 명시되어 있지
않다. 따라서 행정독점행위 여부는 법률이론 및 실제 상황을 종합하여 판단할 필요
가 있다. 일반적으로 행정독점행위 여부를 판단하기 위해서는 ① 행정독점행위 주체
(즉, 행정기관과 공공조직)의 행위 여부, ② 행정권력 남용행위 여부, ③ 경쟁을 배제·
제한하는 효과(이하 경쟁제한효과라 함) 여부를 동시에 고려하여야 한다.

2.2.1. 주체의 행위 여부

행정독점행위의 주체로는 행정기관과 공공조직이 있다. 그중 공공조직은 다시 ①
법률·법규로부터 권한을 부여받은 조직과 ② 행정기관이 위탁한 조직으로 세분할
수 있다. 그중 전자는 관리 직능을 보유한 사회조직이나 단체, 기업과 사업 단위(企
事业组织[16]), 말단 국민자치조직(基层群众自治组织), 각종 기술 검사 및 감정 기구,
일부 업종감독기구(行业监管机构)를 포함한다. 후자는 행정기관의 위탁에 근거하여
그 기관의 명의로 수행하며, 그 결과에 대한 법적 책임도 행정기관이 부담하여야 한
다.[17]

---

16 이는 기업과 사업 단위의 약칭이다. 그중 전자는 관리 권한이 부여된 기업(具有授权管理性的企业)으
로서 일반적으로는 사기업을 제외한 국유기업을 의미한다. 후자는 행정기관은 아니나 관리권이 부여
(被授予管理权)된 주체(예, 증권감독관리위원회)로서 정부 직능이나 공익서비스를 주요 목적으로 하
는 일부 공익성 단위 또는 공익성 직능부서 등을 의미하며, 정부가 국유자산으로 설립한 교육·과학 기
술·문화·위생 등의 활동에 종사하는 사회서비스기구가 여기에 해당한다.

17 刘继峰·刘丹 共著, 竞争法学, 中国政法大学出版社, 2017年 8月, p. 135.

2.2.2. 행정권력 남용행위 여부

행정독점에서의 행정권력의 남용 여부는 행정기관과 공공조직의 행위가 법률이 규정한 권한을 초과하여 권력을 행사한 행위(즉, 구체적 행정독점행위) 또는 입법 권한을 초과하여 규장(規章) 등을 제정한 행위(즉, 추상적 행정독점행위)에 해당되는지 여부를 판단하는 것이다. 한편, 행정권력의 남용은 작위 및 부작위방식의 법률 위반행위를 포함하고 있다.

2.2.3. 경쟁제한효과 여부

경쟁제한효과 여부는 행정독점행위가 행정기관이 직권을 남용한 다른 행위와 구별되는 주된 요건이다. 즉, 행정독점이 침해하는 것은 다른 경쟁 주체의 경영권 또는 경쟁 기회이다. 따라서 비경영권 침해행위(예, 권력을 남용하여 신체의 자유를 제한하는 행위)는 행정독점에 속하지 아니한다. 또한, 행정주체의 권력 남용행위가 경쟁제한효과를 초래하거나 초래할 가능성이 있어야 한다. 따라서 행정독점행위가 인정되기 위해서는 경쟁자의 경영권 침해행위와 경쟁제한효과가 동시에 충족되어야 한다.[18]

2.3. 행정처리 건의

반독점법집행기구가 행정독점행위로 인정한 경우에는 관련 상급 기관에 법에 의거 처리를 건의할 수 있으며, 관련 내용을 사회에 공표한다. 이 경우 반독점법집행기구는 행정건의서(行政建议书)를 작성(制作)하여야 하며, 행정건의서에는 "피조사 단위의 명칭, 위법사실, 피조사 단위의 진술 의견 및 채택상황, 처리 건의 및 근거" 등을 명기하여야 한다. 그중 처리 건의는 구체적이고 명확해야 하며, "관련 행위 실시 중지, 관련 문건의 폐지 및 사회공개, 수정문건의 관련 내용 및 사회에 공개하는 문건의 수정현황 등"을 포함할 수 있다.

2.4. 조사종결

반독점법집행기구는 피조사자가 조사 중 위반행위를 자발적으로 시정하거나, 조사 결과 위반행위로 인정되지 아니한 경우(즉, 무혐의)에는 조사를 종결할 수 있다.

---

18 刘继峰 著, 竞争法学(第三版), 北京大学出版社, 2018年 7月, p. 240

즉, ① (자진 시정) 조사 기간에 당사자가 자발적(主动)으로 관련 행위에 대한 중지 조치 및 관련 부작용을 해소한 경우, 반독점법집행기구는 조사를 종결(结束)할 수 있다. ② (무혐의) 조사 후, 반독점법집행기구가 행정독점행위로 인정하지 아니한 경우 조사를 종결하여야 한다.

2.5. 보고 및 등록

시장관리총국은 행정독점행위 집행의 통일성을 유지하기 위하여 성급 시장관리부서에 대해, 처리 전후에 사전보고 의무와 사후등록 의무를 동시에 부과하고 있다. 즉, "성급 시장관리부서가 법에 의거 처리를 건의하거나 조사를 종결하기 전에 시장관리총국에 보고(报告)하여야 하며, 입안 또는 그 처리를 건의한 후 7 근무일 내에 시장관리총국에 등록(备案)하여야 한다(행정독점협의규정 제14조 제3항 및 제21조)."

3. 법률규제의 실효성 여부

행정독점행위에 대한 법률규제와 관련하여 우리가 유의할 사항은 반독점법 집행기구는 관련 상급 기관에 법에 의거 처리를 건의할 수 있을 뿐이며, 직접 시정조치를 부과하거나 법원에 소송을 제기할 수 없다. 즉, 상급 기관에서 시정을 명령하고, 직접적인 관리책임자(主管人员)와 담당자(责任人员)에 대해 법에 의거 행정처분[19]을 하고 있다. 이는 반독점법집행기구가 행정독점행위에 대한 실질적인 처리 권한이 없어 단지 관련 상급 기관에 자체 시정(自我纠正或自主解决)을 독촉(督促)하는 일종의 외부 감독 형태의 간접적인 규제방식을 채택하고 있음을 의미한다.

아울러 법률 및 행정법규가 행정독점행위의 처리에 대해, 별도로 규정한 경우에는 그 규정에 따라야 한다. 이는 증권·금융 등과 같은 특정업종에 대한 소관 부처별 감독의 특수성을 고려하여 반독점법집행기구에 의한 통일적인 관리 감독의 예외사항을 규정한 것이다. 이에 따라 반독점법집행기구의 통일적인 관리 감독의 기초하에 소관 부처 감독권의 남용을 관리 감독하고 방지하는 것이 행정독점을 유효하게 규제

---

19 행정처분은 법에 의거 경고(警告, 처분 기간 6개월), 경과실기록(记过, 처분 기간 12개월), 중과실기록(记大过, 처분 기간 18개월), 강등(降级, 처분 기간 24개월), 파면(撤职, 처분 기간 24개월), 해임(开除) 등을 하게 된다.

하는 데 있어 중요한 선결과제가 되고 있다.

이처럼 행정독점행위에 대해 반독점법집행기구의 직접적인 시정조치 권한이 없고, 법 적용상 예외규정을 두고 있어 이를 실효성 있게 규제하는 데는 일정한 한계가 있다. 따라서 이러한 문제를 해소하기 위하여 시장관리총국이 2020.1.2. 공표한 『반독점법 수정 초안』에는 반독점법집행기구에 행정독점행위에 대한 직접 처리 권한을 부여하는 동시에 관련 행정기관의 협조 의무를 명시하고 있다.

제4절 공정경쟁 심사제도

1. 도입 배경 및 의의

공정한 경쟁은 시장경제의 기본원칙이며, 시장 메커니즘의 고도의 효율적 운영에 중요한 기초가 되고 있는데, 그동안 중국은 경제체제개혁의 부단한 심화에 따라 전국적으로 통일된 시장이 기본적으로 형성되고, 공정한 경쟁 환경도 점차 갖추어져 가는 것으로 평가하고 있다. 그러나 "지방 보호, 지역봉쇄(区域封锁), 업계의 진입장벽(行业壁垒), 기업독점, 위법한 특혜정책의 부여 또는 시장경제 주체의 이익 훼손" 등과 같이 전국적으로 통일된 시장의 건설 및 공정경쟁에 부합되지 않는 현상이 여전히 존재하는 것으로 인식하고 있다.

따라서 중국 정부는 국가의 전면적인 개혁 심화를 추진하고자 '중공 18기 3중전회(中共十八届三中全会)[20]'의 결정을 통해 "전면적인 개혁 심화의 약간의 중대한 문제에 관한 결정(中共中央关于全面深化改革若干重大问题的决定)"을 하게 되었다. 이 회의에서는 전국적으로 통일된 시장과 공정한 경쟁을 방해하는 각종의 규정 및 행태(做法)를 정비 및 폐지하며, 위법하게 실행하는 각종의 우대 정책적 행위를 엄금 및 처벌하고, 지방 보호·독점 및 부당한 경쟁을 반대한다는 점을 명확히 적시(指出)하

---

[20] 중국 공산당 제18기 중앙위원회 제3차 전체회의(中国共产党第十八届中央委员会第三次全体会议)의 약칭으로서 2013.11.9.~11.12까지 북경에서 개최되었다. 이 회의에서는 전면적인 개혁 심화를 위하여 5대 체제개혁(즉, 경제체제, 정치체제, 문화체제, 사회체제, 생태 문명체제)의 요점을 명확히 결의하였다. 그중 경제체제 개혁은 전면적인 개혁 심화의 중점사항이며, 그 핵심문제는 정부와 시장의 관계를 어떻게 잘 처리하며, 시장이 자원 배분(资源配置)에 있어 결정적인 역할(决定性作用)을 하고, 정부 역할을 더 잘 발휘토록 하는 것이다.

였다.

이에 따라 정부의 관련 행위를 규범하고, 경쟁을 배제·제한하는 정책 조치의 시행을 방지하며, "전국적인 통일시장 및 공정경쟁"을 방해하는 규정 및 행태(做法)를 단계적으로 정비하여 폐지하고자 국무원은 2016.7월부터 공정경쟁 심사제도를 도입하여 운영하고 있다. 이에 따라 국무원의 각 부처 및 각 직속 기관과 각 성·자치구·직할시 인민 정부 및 소속 부서는 관련 정책 조치를 제정하는 과정에서 공정경쟁 심사를 진행하여야 한다. 이러한 공정경쟁 심사제도는 행정독점행위 규제가 지니는 사후적인 감독 및 구제조치의 한계를 보완해 주는 사전적인 예방 및 통제하는 역할을 지니고 있다.

공정경쟁 심사제도(公平競爭審査制度)란 정부의 산업주관부처 또는 경쟁 주관기관이 분석 또는 평가를 통하여 입안 중이거나 현재 시행하는 공공정책이 경쟁에 미치는 영향을 초래할 가능성이 있거나 이미 초래한 경우, 정책목표의 실현을 방해하지 않으면서 시장경쟁에 미치는 피해를 최소화하는 대체 방안을 제출하는 제도를 의미한다.[21]

이러한 공정경쟁 심사제도의 수립은 정부의 시장에 대한 과도하고 부당한 간여(干預)를 방지하고, 자원배치가 시장 규칙 또는 시장가격에 따라 이루어지며, 시장경쟁이 효익 극대화(效益最大化) 및 효율성 최적화(效率最优化)를 실현하는 데에 유리하다. 따라서 공정경쟁 심사제도는 "경제체제개혁의 심화추진, 전면적인 의법치국의 추진, 혁신촉진발전(創新驱动发展)의 실현, 시장경제 주체의 활력을 유도(釋放)하는 유효한 조치"로 이해되고 있다.

이와 관련하여 법 제37조는 경쟁제한적인 규제 창설을 금지하는 선언적인 규정을 두고 있는데, 이 규정이 공정경쟁 심사제도의 주요근거가 되고 있다. 즉, 행정기관은 행정권력을 남용하여 경쟁을 배제·제한하는 내용을 포함하는 규정을 제정할 수 없다. 이에 근거하여 국무원은 범정부 차원에서 신설 규제를 억제하는 정책을 추진하고자 『국무원의 시장체계건설 중 공정경쟁 심사제도 수립에 관한 의견(国务院关于在市场体系建设中建立公平竞争审查制度的意见, 国发[2016]34号, 2016.6.1, 이하 '공정경쟁 심사의견'으로 약칭함)을 공포하여 2016.7월부터 시행하고 있으며, 그 후속 조치로 국가발전개혁위원회 등 5개 부처가 공동으로 『공정경쟁 심사제도 실시세칙([公平竞争

---

21 孟雁北 著, 反垄断法(第二版), 北京大学出版社, 2017年 2月, p. 243.

審査制度实施细则(暂行)], 发改价监[2017]1849号, 2017.10.23. 이하 '공정경쟁 심사세칙으로 약칭함)』을 제정하여 공포일부터 시행하고 있다.

2. 심사대상 및 심사기준

2.1. 심사대상

행정기관과 법률·법규가 권한을 위임하여 공공사무 관리 직능을 보유한 조직(이하 정책제정기관으로 통칭함)이 "시장진입(市场准入), 산업발전, 투자유치(招商引资), 입찰(招标投标), 정부구매, 경영행위 규범, 품질 표준(资质标准) 등" 시장경제 주체(市场主体)의 경제활동과 관련되는 규장(规章[22])·규범성 문건 및 기타 정책 조치(이하 정책 조치로 통칭함)를 제정(制定)할 때에는 공정경쟁 심사를 진행하여야 하며, 시장경쟁에 미치는 영향을 평가하여 시장경쟁을 배제·제한하는 행위를 방지하여야 한다(공정경쟁 심사세칙 제2조).

한편, 행정법규 및 국무원이 제정하는 정책 조치와 정부 부처가 입안(起草)을 담당하는 지방성 법규는 입안부서가 그 입안과정에서 공정경쟁 심사를 진행하며, 심사하지 않는 경우 심의(审议)에 제출할 수 없다(공정경쟁 심사세칙 제3조).

2.2. 심사기준

공정경쟁 심사세칙은 제3장에서 공정경쟁 심사기준(审查标准)으로 "시장진입 및 퇴출 기준(제14조), 상품 및 요소의 자유로운 이동 기준(제15조), 생산경영비용에 영향을 미치는 기준(제16조), 생산경영 행위에 영향을 미치는 기준(제17조)"을 규정하고 있다.

2.2.1. 시장진입 및 퇴출 기준

시장진입 및 퇴출 기준(市场准入和退出标准)은 다음과 같다. ① 불합리하고 차별적인 진입 및 퇴출 조건을 설정(设置)할 수 없다. 예를 들면, 현저하게 불필요하거나

---

22 규장은 행정적 법률규범 문건(行政性法律规范文件)으로서 행정규장(行政规章), 조직규장(组织规章), 업무규장(业务规章) 및 일반규정(一般规章)으로 분류할 수 있다. 그중 행정규장은 국무원부문규장(国务院部门规章)과 지방정부규장(地方政府规章)으로 분류되며, 통상 규정(规定)·방법(办法)·세칙(细则) 등의 명칭을 사용하고 있다.

실제 수요를 초과하는 진입 및 퇴출 조건을 설정하여 경영자가 시장경쟁에 참여하는 것을 배제·제한하는 행위 등이다. ② 공정한 경쟁을 거치지 아니하고 경영자에게 특허경영권(特许经营权; 즉, 프랜차이즈 경영권)을 부여(授予)할 수 없다. 예를 들면, 입찰·경쟁적 협상(谈判) 등의 경쟁방식을 채택하지 아니하고 특허경영권을 특정 경영자에게 직접 부여하는 행위 등이다. ③ 특정 경영자가 제공하는 상품 및 서비스를 경영·구매·사용하도록 제한(限定)할 수 없다. 예를 들면, 명시적 요구·암시·행정 인허가(行政审批[23])의 거절 또는 지연·중복검사·플랫폼(平台) 또는 인터넷 등의 접속 차단 등의 방식으로 특정 경영자가 제공하는 상품 및 서비스를 경영·구매·사용 하도록 제한하거나 변형적으로 제한하는 행위 등이다. ④ 법률 법규에 근거가 없는 심사승인(审批) 또는 행정허가(行政审批) 성격을 지닌 사전등록 절차(事前备案程序)를 설정할 수 없다. 예를 들면, 법률 법규의 근거 없이 행정허가사항을 증설하거나 행정허가단계·조건 및 절차를 추가하는 행위 등이다. ⑤ 시장진입에 있어 네거티브 리스트(负面清单) 이외의 업종·영역·업무 등에 대하여 심사승인 절차(审批程序)를 설정할 수 없다. 이는 주로 법률 법규의 근거나 국무원의 결정 없이 진입 금지·시장 경제 주체의 자질 제한·지분 비율(股权比例)의 제한·경영범위 및 상업모델 등을 제한하는 방식을 채택하여 직접 또는 변형적으로 시장진입을 제한하는 것을 의미한다.

2.2.2. 상품 및 요소의 자유로운 이동 기준

상품 및 요소의 자유로운 이동 기준(商品和要素自由流动标准)은 다음과 같다. ① 외지 및 수입하는 상품 또는 서비스에 대하여 차별적인 가격 및 차별적인 보조금 정책을 시행할 수 없다. ② 외지 및 수입하는 상품 또는 서비스에 대하여 현지(本地) 시장의 진입을 제한하거나, 현지상품의 반출(运出) 또는 서비스 수출을 방해할 수 없다. 예를 들면, 외지의 상품 또는 서비스에 대하여 현지의 동류 상품 또는 서비스와 다른 기술의 요구 또는 검사기준을 규정하거나, 중복검사 또는 중복인증 등 차별적인 기술조치를 채택하는 행위 등이다. ③ 외지경영자가 현지의 입찰 활동에 참여하는 것을 배척·제한할 수 없다. 예를 들면, 외지경영자에 대하여 현지 경영자보다 현저하게 높은 자질의 요구 또는 심사기준(评审标准)을 설정하는 행위 등이다. ④ 외지 경영자가 현지에 투자하거나 지점(分支机构)을 설립하는 것에 대해 배척·제한 또는

---

23 行政审批是行政审核和行政批准的合称, 行政审核又称行政认可, 行政批准又称行政许可。

강제할 수 없다. 예를 들면, 법률 법규의 근거 없이 현지에서의 투자 또는 지점설립을 현지의 입찰 참여나 보조금(补贴) 및 우대정책 등을 누리는 필요조건으로 함으로써 외지경영자의 현지 투자 또는 지부설립을 변형적으로 강제하는 행위 등이다. ⑤ 외지경영자가 현지에서의 투자 또는 설립한 지점에 대하여 차별적인 대우(歧视性待遇)를 실행할 수 없다. 예를 들면, 외지경영자가 현지에서 설립한 지점에 대하여 경영 규모·경영방식·세비 납부 등의 방면에서 현지 경영자와 다른 요건(要求)을 규정하는 행위 등이 있다.

2.2.3. 생산경영비용에 영향을 미치는 기준

생산경영비용에 영향을 미치는 기준(影响生产经营成本标准)은 다음과 같다. ① 위법하게 특정 경영자에게 우대정책(优惠政策)을 부여(给予)할 수 없다. 예를 들면, 법률 법규의 근거 또는 국무원의 규정 없이, 특정 경영자에게 재정적인 장려 및 보조금을 주거나, 우대가격 또는 원가 수준(零地价[24])에서 토지를 양도하는 행위 등이다. ② 재정지출의 배분은 일반적으로 기업이 납부한 세수 또는 세외수입(非税收入)과 연계(挂钩)할 수 없다. ③ 법규를 위반하여 특정 경영자가 당연히 납부해야 하는 사회보험비용(즉, 기본양로보험비, 기본의료 보험비, 실업 보험비, 공상 보험비, 생육보험비 등)을 감면하거나 징수를 연기(缓征)할 수 없다. ④ 경영자에게 법률 규정 이외의 '각종 보증금'을 제공하거나 압류하도록 요구할 수 없다. 예를 들면, 경영자가 관련 절차를 이행하거나 관련 사항을 완성한 후, 경영자가 납부한 보증금을 적시에 반환하지 않는 행위 등이 있다.

2.2.4. 생산경영행위에 영향을 미치는 기준

생산경영 행위에 영향을 미치는 기준(影响生产经营行为标准)은 다음과 같다. ① 경영자에게 『반독점법』이 규정한 독점행위에 종사하도록 강제할 수 없다. 이는 주로 행정명령, 행정위임(行政授权), 행정지도 또는 경영자단체(行业协会) 등을 통하는 방식으로 경영자가 독점협의 또는 시지 남용행위를 실시하도록 강제·조직 또는 유도(引导)함을 의미한다. ② 경영자가 독점행위를 실시하는데 편리한 조건을 제공하기

---

24 零地价是指除支付农民的土地转让金和上缴省级财政的税金外, 本级财政不再多收一分钱, 即本级政府不要投资者一分钱的零地价。

위하여, 생산경영에 민감한 정보를 위법하게 공표(披露)하거나 위법하게 경영자에게
공표하도록 요구할 수 없다. 여기에서 '생산경영에 민감한 정보'란 법률 법규 또는
국무원 규정에 의거 공개가 필요한 것 외에 생산경영자가 주도적으로 공개하지 아니
하거나, 공개적인 경로를 통하여 수집(采集)할 방법이 없는 생산경영데이터(生产经营
数据)를 의미한다. 이러한 '생산경영에 민감한 정보'에는 주로 예정가격(拟定价格),
원가, 생산 수량, 판매 수량, 생산판매계획, 중개상(经销商) 정보, 최종소비자(终端客
户) 정보 등을 포함한다. ③ 가격결정권(定价权限)을 초월하여 정부 가격을 결정할
수 없다. 예를 들면, 현지 정부의 가격제정목록 범위에 속하지 않는 상품 또는 서비
스에 대하여 정부지정가격(政府定价) 또는 정부 지도가격(政府指导价[25])을 제정하는
행위, 가격법 등의 법률 법규를 위반하여 가격 간여 조치(价格干预措施)를 채택하는
행위 등이다. ④ 시장가격(市场调节价[26])을 실행하는 상품 및 서비스의 가격수준을
위법하게 간여할 수 없다. 여기에는 상품 및 서비스의 통일적인 집행가격·참고가격
을 제정하여 공포하는 행위, 상품 및 서비스의 최고 또는 최저가격을 제한하여 규정
하는 행위, 상품 및 서비스 가격수준에 영향을 미치는 수수료(手续费)·할인 또는 기
타 비용을 간여하는 행위를 포함한다.

2.2.5. 기타 기준(兜底条款)

법률 법규의 근거 없이 시장경제 주체의 합법적인 권익을 감소(减损)하게 하거나
그 의무를 증가시켜서는 아니 되며, 반독점법을 위반하여 경쟁을 배제·제한하는 내
용을 포함하는 정책 조치를 제정할 수 없다.

2.3. 적용 예외

정책제정기관이 정책 조치에 대하여 공정경쟁 심사를 진행할 때, 그 정책 조치가
비록 경쟁을 배제·제한하는 효과가 있다 하더라도 "공정경쟁 심사의견[三−(四) 예
외규정(例外规定)]이 규정한 예외상황(이하 '예외 요건'이라 함)"에 속하는 동시에 "다음

---

25 政府定价指依照《中华人民共和国价格法》规定, 由政府价格主管部门或者其他有关部门, 按照定
    价权限和范围制定的价格。政府指导价指依照《中华人民共和国价格法》规定, 由政府价格主管部
    门或者其他有关部门, 按照定价权限和范围规定基准价及其浮动幅度, 指导经营者制定的价格。
26 市场调节价(Market Regulation Price), 是指由经营者(从事生产、经营商品或者提供有偿服务的法
    人、其他组织和个人)自主制定, 通过市场竞争形成的价格。

조건에 부합하는 상황(이하 '상황 요건'이라 함)"에서는 이를 실시할 수 있다. 따라서 정책 조치가 이러한 적용 예외규정에 해당하기 위해서는 예외 요건 및 상황 요건을 동시에 충족하여야 한다.

먼저 구체적인 '예외 요건'은 다음과 같다. ① 국가 경제의 안전 및 문화의 안전을 유지 보호하거나 국방건설과 관련되는 경우, ② 빈곤 구제의 개발(扶贫开发)·재난 구조(救灾救助) 등 사회보장목적을 실현하기 위한 경우, ③ 에너지자원(能源资源)의 절약·생태환경 보호 등 사회공공이익을 실현하기 위한 경우, ④ 법률·행정법규가 규정한 기타 상황이다.

아울러 '상황 요건'을 충족하기 위해서는 ① 관련 정책 조치가 정책 목적을 실현하는 데에 필수 불가결(不可或缺)하고, ② 시장경쟁을 심각(严重)하게 배제 및 제한하지 아니하며, ③ 그 실시기한이 명확하여야 한다.

한편, 정책제정기관은 예외 요건과 관련되는 정책 조치의 시행 효과를 매년 평가(逐年评价)하여야 하며, 실시기한이 만료되거나 기대효과에 미달하는 정책 조치는 즉시 집행을 정지하거나 조정해야 한다.

3. 심사체계 및 절차

3.1. 심사 및 감독체계

정책제정기관은 자체심사체제(自我审查机制)를 수립하여 책임 부서(责任机构) 및 심사 절차를 명확히 해야 한다. 이 경우 자체심사(自我审查)는 정책제정기관의 소관 부서(具体业务机构)가 담당하거나 정책제정기관이 지정하는 특정 기구가 통일적으로 담당할 수 있으며, 기타 방식을 채택하여 실시할 수도 있다(공정경쟁 심사세칙 제5조).

정책제정기관이 단일 기관일 경우 그 기관이 심사를 담당하나, "여러 부처(多个部门)의 명의로 연합하여 제정 시행하는 정책 조치는 주관부서(牵头部门)가 공정경쟁 심사를 담당하며, 다른 부처는 각자의 직책 범위 내에서 공정경쟁 심사에 참여한다(공정경쟁 심사세칙 제2조 제3항)."

공정경쟁 심사업무의 원활한 추진을 위하여 중앙에는 '공정경쟁 심사업무 부처연석회의제도(部际联席会议制度; 이하 부처연석회의로 통칭함)'를, 지방에는 '공정경쟁 심사 연석회의 또는 상응한 업무협조체제(이하 연석회의로 통칭함)'를 각각 수립(建立)하여 통솔 및 협조체계를 유지하고 있다.

먼저 '부처연석회의'는 국가발전개혁위원회, 국무원 법제부서(法制办), 재정부, 상무부, 시장관리총국이 관련 부처와 회동하여 공정경쟁 심사 관련 업무를 통솔 및 협조하여 추진함으로써 공정경쟁 심사제도를 거시적으로 지도(宏观指导)하는 역할을 담당하고 있다. '연석회의'는 지방의 각급 인민 정부가 수립하여 본 지역의 공정경쟁 심사업무를 통솔하고 협조하는 역할을 담당하고 있다. 아울러 각급 공정경쟁 심사 연석회의는 매년 상급의 공정경쟁 심사 연석회의에 본 지역 공정경쟁 심사제도의 시행 상황을 보고하여야 한다(공정경쟁 심사세칙 제4조).

만약, 정책제정기관이 공정경쟁 심사를 진행하지 아니하고 정책 조치를 시행한 경우, 즉시 추가심사(补做审查)를 진행하여야 한다. 그 결과 심사기준을 위반한 것으로 인지(发现)한 경우, 관련 절차에 따라 집행정지 또는 관련된 정책 조치를 조정하여야 한다. 이 경우『정부정보공개조례(政府信息公开条例)』에 의거 사회에 공개하여야 한다(공정경쟁 심사세칙 제22조).

3.2. 미심사 시 법률책임

정책제정기관이 공정경쟁 심사를 진행하지 아니하였거나 심사기준을 위반하여 정책 조치를 시행한 경우 상급 기관이 시정(改正)을 명령하며, 시정을 거절하거나 즉시 시정하지 아니한 경우에는 그 책임자와 담당자에 대하여『공무원법』및『행정기관 공무원처분 조례』등의 법률 법규에 의거 처분한다. 다만,『반독점법』을 위반한 경우, 반독점법집행기구는 정책제정기관 또는 그 상급 기관에 집행정지 또는 정책 조치의 조정을 건의할 수 있다. 아울러 관련 처리 결정 및 건의는 법률 법규에 의거 사회에 공개하여야 한다(공정경쟁 심사세칙 제24조).

3.3. 심사방식 및 심사 절차

정책제정기관이 공정경쟁 심사를 진행(开展)할 때에는 심사 기본절차(审查基本流程)를 준수해야 하며, 공정경쟁심사표(公平竞争审查表)를 참고하여 명확히 서면심사 결론을 도출(形成)하여야 한다. 만약에 서면심사 결론 없이 시행하는 정책 조치에 대해서는 공정경쟁 심사를 진행하지 않는 것으로 간주한다(공정경쟁 심사세칙 제6조).

정책제정기관이 진행하는 공정경쟁 심사의 주요 절차는 다음과 같다. ① 시장경제 주체의 경제활동 관련 여부를 판단한다. ② 심사기준에 의거 축조 심사(逐条进行审查)하여 위반 여부 및 시장경쟁에 미치는 영향을 분석한다. 이 경우 정책제정기관은 이해관계자 의견 또는 사회에 공개적으로 의견을 수렴하여야 한다. 아울러 필요한 경우 전문가의 의견을 수렴할 수 있으며, 반독점법집행기구의 자문이나 연석회의등의 협조를 구할 수 있다. ③ 예외규정 부합 여부를 심사한다. ④ 공정경쟁 심사결과에 따라 정책 시행 여부를 결정한다. 즉, ⓐ (시행) 정책 조치가 경쟁을 배제·제한하는 효과를 구비하지 않는다고 판단한 경우 시행한다. ⓑ (시행 불가 또는 조정 시행) 경쟁을 배제·제한하는 효과를 지니는 경우, 시행하지 않거나 관련 요구에 적합하게 조정한 후 시행하여야 한다. 이에 따라 관련 정책 조치를 시행한 후에는 『정부정보공개조례(政府信息公开条例)』에 의거 사회에 공개하여야 한다.

4. 경쟁영향평가 — 제3자평가

정책 조치 시행 후, 정책제정기관은 시행한 정책 조치에 대해 정기 평가(定期评估)를 진행하여야 한다, 그 결과 전국적인 통일시장 및 공정경쟁을 저해한다고 판단할 경우 그 정책 조치를 즉시 폐지하거나 수정하여 개선(修改完善)해야 한다. 이러한 정기 평가는 3년마다 1차례 진행할 수 있으나, 정책제정기관이 실제 상황에 따라 이를 자체 결정할 수도 있다. 후자와 같이 평가기한을 자체 결정(自行决定)한 경우에는 정책제정기관이 정책 조치를 시행할 때 이를 명확히 제시하여야 한다.

한편, 정책제정기관은 전문적인 정기평가시스템(定期评估机制)을 구축할 수 있으며, 각 지역 또는 각 부서가 "제3의 전문기관(第三方专业机构)에 위탁하여 정책 조치에 대한 공정경쟁 심사 및 정기 평가(이하 제3자평가로 약칭함)"를 진행하는 것을 권장(鼓励)하고 있다(공정경쟁 심사세칙 제12조~제13조). 이에 따라 시장관리총국은 공정경쟁 심사 제3자평가시스템(第三方评估机制)을 구축(建立)하고, 정책제정기관이 공정경쟁 심사업무에 제3자평가를 도입하도록 격려 및 지지하며, 심사의 품질과 효율성을 제고함으로써 공정경쟁 심사제도의 철저한 시행을 촉진하고자 '공정경쟁 심사의견'에 의거 부처연석회의 제2차 전체회의의 심의를 거쳐 『공정경쟁심사 제3자평가실시지침(公平竞争审查第三方评估实施指南, 2019年 第6号, 이하 제3자평가지침이라 함)을 제정하여 2019.2.13.부터 시행하고 있다. 그 주요 내용은 다음과 같다.

4.1. 적용 범위 및 평가내용

제3자평가(第三方评估)란 정책제정기관의 위탁을 받아 이해관계자 이외의 기구(组织机构)에서 일정한 기준과 절차에 의거 과학적·체계적(系统)·규범적인 평가 방법을 운용하여 관련 정책 조치에 대해 공정경쟁 평가를 진행하거나, 공정경쟁 심사의 기타 관련 업무에 대해 평가한 후, 평가보고서(评估报告)를 마련(形成)하여 정책제정기관에 제공함으로써 정책(决策)에 참고하는 활동을 의미한다(제3자평가지침 제2조).

이러한 제3자평가는 정책제정기관이 공정경쟁 심사업무를 전개하는 단계 및 절차에 모두 채택할 수 있다. 즉, ① 시행 예정인 정책 조치에 대한 공정경쟁 심사, ② 공정경쟁 심사를 거쳐 시행한 정책 조치에 대한 정기 평가의 진행, ③ 예외규정을 적용하여 시행한 정책 조치에 대한 연도별(逐年) 평가의 진행, ④ 공정경쟁 심사제도실시 이전에 이미 시행한 정책 조치에 대한 정비작업(清理)의 진행, ⑤ 공정경쟁 심사제도실시상황에 대한 종합평가 진행, ⑥ 공정경쟁 심사업무와 관련한 기타 단계 및 절차이다(제3자평가지침 제5조).

그중 시행 예정인 정책 조치에 대한 공정경쟁 심사를 진행하는 과정에서 다음과 같은 상황 중 어느 하나에 속하는 경우 제3자평가의 도입을 권장한다. 즉, ① 정책제정기관이 예외규정을 적용하고자 하는 경우, ② 사회여론이 보편적으로 주시하고 사회공공이익에 미치는 영향이 중대한 경우, ③ 비교적 큰 논쟁이 존재하고, 부처의견이 일치(协调一致)되기 어려운 경우, ④ 다수의 단위 또는 개인에 의해 제기(反映) 또는 신고되어 공정경쟁 심사기준을 위반한 혐의가 있는 경우이다(제3자평가지침 제6조).

아울러 시행 예정인 정책 조치에 대한 공정경쟁 심사에서 제3자평가를 도입할 경우 다음 내용을 중점적으로 평가해야 한다. 즉, ① 시장경제 주체의 경제활동 관련 여부이다. ② 공정경쟁 심사기준 위반 여부이다. 이 경우 만약에 기준을 위반한 경우에는 시장경쟁에 미치는 구체적인 영향을 분석하여 조정의견(调整建议)을 제출한다. ③ 예외규정을 적용한 상황 및 조건의 부합 여부이다. 이 경우 상술한 요건에 부합되지 아니한 경우에는 조정의견을 제출한다(제3자평가지침 제7조).

그 밖에 공정경쟁 심사를 거쳐 시행한 정책 조치에 대한 정기 평가에서 제3자평가를 도입할 경우 다음 내용을 중점적으로 평가해야 한다. 즉, ① 이전에 도출한 심사 결론이 '공정경쟁 심사의견' 요구에 부합하는지 여부, ② 정책 조치 시행 후 경쟁을 배제·제한하는 새로운 문제가 발생하였는지 여부, ③ 법률 법규 정책변동상황이 정책 조치 시행에 미치는 영향, ④ 평가 결과, 경쟁을 배제·제한하는 정책 조치를 발견한 경우에는 조정의견을 제출한다(제3자평가지침 제8조).

한편, 공정경쟁 심사제도실시상황에 대하여 종합평가를 할 때, 제3자평가를 채택할 경우 다음 내용을 중점적으로 평가해야 한다. ① 업무처리의 실시상황(工作部署落实情况)이다. ② 정책 조치 심사의 증가상황이다. 여기에는 심사범위가 전면적(全面)인지 여부, 심사 절차가 규범적(规范)인지 여부, 심사 결론이 정확(准确)한지 여부 등을 포함한다. ③ 현존(存量)하는 정책 조치의 정비현황이다. ④ 제도 시행 효과이다. 여기에는 심사를 거쳐 조정된 정책 조치의 현황, 정비작업을 통해 폐지 조정된 정책 조치의 현황, 공정경쟁 심사가 행정독점의 예방 및 시정(纠正), 시장의 공정한 경쟁 보호, 경제의 높은 질적 성장촉진 등의 방면에서의 작용 등을 포함한다. ⑤ 제도 시행 중 존재하는 문제에 대한 총괄적인 분석(总结分析)이다(제3자평가지침 제11조).

4.2. 평가기관

제3자평가기관(第三方评估机构)은 정책제정기관 및 평가사항과 이해관계가 없고 상응한 평가능력을 갖춘 실질적 자문 연구기관(实体性咨询研究机构)을 의미한다. 여기에는 정부의 정책 자문 및 평가기구, 대학(高等院校[27]), 과학연구기관(科研院所[28]), 전문 자문회사, 법률사무소 및 기타 사회조직 등을 포함한다.

4.3. 평가 절차 및 방법

제3자평가의 주요 진행 절차는 다음과 같다. ① 정책제정기관 공정경쟁 심사부서의 위탁평가 진행 여부 결정, ② 정부조달을 통한 평가기관의 선택, ③ 제3자평가기관의 평가방안 수립 및 정책제정기관의 동의, ④ 제3자평가기관의 평가 업무의 진행 및 평가보고서 작성, ⑤ 정책제정기관의 평가보고서 및 기타 평가업무상황에 대한

---

[27] 高等学校是大学、专门学院、高等职业技术学院、高等专科学校的统称, 简称高校。从学历和培养层次上讲, 包括专科、本科、硕士研究生、博士研究生。

[28] 一般是指为解决某些方面科学及实践问题而开展研究的科学院、研究院、研究所等科研单位。

평가 결과의 검수 순이다.

아울러 제3자평가는 '공정경쟁 심사의견'이 규정한 명확한 기본 분석의 틀(分析框架)과 심사기준을 준수하며, 평가 및 분석 방법을 종합적으로 운용하여 전면적·객관적·체계적이고 심도있는 평가를 진행하여야 한다. 이 경우, 평가 및 분석 방법으로는 정성평가·정량평가·비교분석·비용효과분석(成本效益分析) 등이 활용되고 있다.

4.4. 평가 결과의 운용

평가 결과(评估成果)는 정책제정기관이 공정경쟁 심사를 진행하고, 제도효과를 평가하며, 업무추진방안을 마련하는 데에 있어 중요한 참고자료가 된다. 따라서 각 정책제정기관이 적당한 방식으로 평가성과를 공유(共享)하는 것을 격려한다.

한편, 시행 예정인 정책 조치에 대하여 제3자평가를 진행한 경우, 정책제정기관은 서면심사 결론 중에 평가 관련 상황을 설명하여야 한다. 만약에 최종도출한 심사 결론과 제3자평가 결과가 불일치하거나, 제3자평가의 관련 의견에 대한 건의를 채납(采纳)하지 아니한 경우, 서면심사 결론에 그 이유를 설명하여야 한다.

부당한 경쟁행위
(不正当竞争行为)

제1절   부당한 경쟁행위 개관

제2절   시장혼동행위

제3절   허위 또는 오도성 상업 홍보행위

제4절   상업적 비방 행위

제5절   상업뇌물 행위

제6절   부당한 경품제공 판매행위

제7절   상업비밀 침해행위

제8절   인터넷상의 부당한 경쟁행위

제9절   부당한 경쟁행위에 대한 법률책임

제 7 장

부당한 경쟁행위
(不正当竞争行为)

제1절 부당한 경쟁행위 개관

1. 부당한 경쟁행위의 의의

부당한 경쟁행위(不正当竞争行为)란 우리나라의 공정거래법에서 규율하고 있는 불공정거래행위와 유사한 개념으로서 "경영자가 생산 경영활동 중에 『반부정당경쟁법(反不正当竞争法, 이하 이 장에서 법이라 함)』의 규정을 위반하여 시장의 경쟁 질서를 어지럽히고, 다른 경영자 또는 소비자의 합법적인 권익을 침해(损害)하는 행위"(법 제2조 제2항)를 의미한다. 여기서 경영자(经营者)란 우리의 사업자 개념보다는 넓은 의미로서 "상품의 생산·경영에 종사하거나 서비스(이하 상품은 서비스를 포함함)를 제공하는 자연인·법인 및 비법인 조직을 의미"(같은 조 제3항)하고 있다.

이러한 부당한 경쟁행위의 의미는 광의의 개념과 협의의 개념으로 나누어 볼 수 있다. 광의의 부당한 경쟁행위는 독점행위·경쟁제한행위 및 불공정거래행위 등 모든 경쟁 질서를 파괴하는 행위를 포함하는 개념으로서 경쟁법의 규율대상을 포괄하는 의미이다. 협의의 부당한 경쟁행위는 독점행위와 경쟁제한행위를 제외한 기타 경

쟁 질서를 저해하는 불공정거래행위만을 의미한다. 일반적으로 대다수 국가는 입법
상 협의의 개념을 채택하고 있다.

중국의 경우, 1993년 12월 1일부터 시행된 구법에서는 광의의 개념을 채택하였으
나, 1차 개정(2018.1.1. 시행) 시부터는 『반독점법』과의 상충 문제를 해소하기 위하여
협의의 개념을 채택하여 일부 독점행위 및 경쟁제한행위는 모두 삭제하였다. 즉, 신
법은 구법에서 규율하던 독점 또는 경쟁제한행위에 속하는 "공용기업의 경쟁제한행
위, 행정독점행위, 부당한 염매행위, 끼워팔기 또는 구속 조건부 거래행위, 입찰 담
합행위"는 삭제하고, 새로운 형태의 인터넷 영역에서의 부당한 경쟁행위를 추가하였
다. 이에 따라 법이 규정하고 있는 부당한 경쟁행위는 "시장혼동행위, 허위 또는 오
도성 상업 홍보행위, 상업적 비방 행위, 상업뇌물 행위, 부당한 경품제공 판매행위,
상업비밀 침해행위, 인터넷상의 부당한 경쟁행위", 총 7종으로 분류하고 있다. 그 구
체적인 내용은 아래 제2절~제8절에서 상술하고자 한다.

2. 부당한 경쟁행위의 적용대상

이 법은 부당한 경쟁행위의 적용대상을 규율하면서, '경영자의 기본원칙 준수 의
무를 명시한 조항(이하 원칙조항이라 함)'과 '구체적인 부당한 경쟁행위의 유형을 열거
하는 조항(이하, 열거조항이라 함)'을 유기적으로 결합하는 독특한 법률체계를 지니고
있다. 그중 열거조항은 법 적용 시 기본적인 역할을 하고, 원칙조항은 보충적인 역할
을 하고 있다. 즉, 법 제2조 제1항(원칙조항)은 '경영자의 기본원칙(즉, 신의성실과 상도
덕) 준수 의무'로서 "경영자는 생산 경영활동 중에 자원(自愿)·평등(平等)·공평(公
平)·신의성실의 원칙(诚信原则)을 따라야 하며, 법률 및 상도덕(商业道德; 이는 경영
윤리와 유사함)을 준수하여야 한다"라고 규정하고 있다. 그리고 같은 조 제2항에서는
부당한 경쟁행위의 개념을 정의하면서 상술한 바와 같이 "이 법의 규정을 위반한 행
위"로 포괄적으로 규정하고 있다. 이에 따라 일반적으로는 '경영자의 기본원칙 준수
의무 조항'과 '부당한 경쟁행위의 정의조항'이 합해져 보충적 조정기능을 수행하는
것으로 보고 있다.

결론적으로 부당한 경쟁행위의 적용대상인 "이 법의 규정을 위반한 행위"에는 열
거된 7가지의 부당한 경쟁행위뿐만 아니라 명확히 열거되지 않은 '경영자의 기본원

칙 준수 의무'를 위반한 행위도 부당한 경쟁행위에 포함되는 의미로 해석하고 있다.

실제로 법원에서는 수년간 '경영자의 기본원칙 준수 의무 조항'을 적용하여 부당
한 경쟁행위로 인정한 안건이 상당수 존재한다. 그 위반유형으로는 구법에서 규정되
지 않았던 인터넷 영역에서의 부당한 경쟁행위가 대부분을 점하고 있다. 관련 안건
을 종합해 볼 때, 법원은 제2조 제1항(경영자의 기본원칙 준수 의무)을 적용할 경우 다
음 조건을 동시에 갖춰야 하는 것으로 판단하고 있다. ① 법률이 그 유형의 경쟁행
위에 대하여 특별히 규정하지 않아야 한다. ② 다른 경영자의 합법적인 권익이 확실
히 그 경쟁행위로 인하여 실제 손해를 입어야 한다. ③ 그 유형의 경쟁행위가 확실
히 신의 성실의 원칙과 상도덕(公认的商业道德)을 위반하였으며, 부당성을 갖춰야 한
다.[1]

다만, 행정주관부서의 법 집행 측면에서는 상응한 행정제재조항이 없어 경고 조치
나 일정액의 과징금 부과 외에는 실질적인 조치가 곤란[2]하게 되어 실효적인 법 집행
에는 일정한 한계가 있다.

3. 부당한 경쟁행위에 대한 집행체계 및 처리 절차

3.1. 집행체계

부당한 경쟁행위는 시장관리총국의 가격감독검사및반부정당경쟁국(价格监督检查
和反不正当竞争局, 简称为价监竞争局)에서 관장한다. 다만, 시장관리총국에서는 부당
한 경쟁행위와 관련한 정책적인 기능과 조정역할을 담당하며, 그 실제 집행업무는
지방의 공상 행정관리부서에서 담당하고 있다.

따라서 시장관리총국에서는 부당한 경쟁행위와 관련한 업무의 협조체제를 구축하
고, 중요정책을 연구 및 결정하며, 시장의 경쟁 질서를 유지 보호하는 데 필요한 중
요문제를 협조하여 처리하는 기능을 수행하고 있다.

그리고 각급 인민 정부에서는 부당한 경쟁행위를 제지하고 공정한 경쟁과 양호한
환경 및 조건을 조성하는 데 필요한 조치를 채택하여야 하며, 현급 이상 인민 정부의

---

1 刘继峰 著, 竞争法学, 北京大学出版社, 2018年, pp. 280~282 참조.
2 『행정처벌법(行政处罚法)』제12조에 의거, 아직 법규가 제정되지 않는 경우, 행정기관이 규장(规章)
    에 의거 행정관리 질서 위반행위에 대해 경고 또는 일정액의 과징금(단, 한도는 국무원이 정함)을 부과
    할 수 있다.

공상 행정관리직책을 수행하는 부서가 부당한 경쟁행위에 대한 조사처리업무를 담
당하고 있다. 다만, 관련 법규에 다른 부서에서 조사 처리토록 규정하고 있는 경우에
는 그 규정에 따라 처리하여야 한다(법 제3조~제4조).

3.2. 사건의 조사처리 절차

부당한 경쟁행위 사건에 대한 조사처리는 시장관리총국이 독점행위를 제외한 일
반사건을 조사 처리할 때 적용하는 『시장감독관리행정처벌절차규정(市場監督管理行
政处罚程序暂行规定, 2019.4.1.부터 시행)』과 『시장감독관리행정처벌청문방법(市場監督
管理行政处罚听证暂行办法, 2019.4.1.부터 시행)』에 의거 진행된다. 다만, 상술한 규정
과 방법에서 규정하지 아니하는 "위법행위에 대한 시효(时效)[3]" 등과 관련한 사항은
『행정처벌법(行政处罚法), 2017.9.1. 제2차 수정, 2018.1.1.부터 시행)』을 적용하여 집행
한다.

이러한 부당한 경쟁행위 사건에 대한 조사처리 절차는 '제8장(전담기구 및 집행)'에
서 기술하는 독점행위 사건의 조사처리 절차와 대체로 유사하다. 다만, 독점행위 사
건의 경우, 사건처리의 전문성과 복잡성을 고려하여 "안건처리기한(时限)·입안(立
案)·안건 관할(案件管轄)"과 관련한 사항에 대해서는 별도의 전문규정에 의거 집행
하고 있다.

제2절 시장혼동행위

1. 시장혼동행위의 의미

시장혼동행위(市場混淆行为)는 상업표지혼동행위(商业标志混淆行为) 또는 모방행
위(仿冒行为或仿冒混淆行为)·기만적인 거래행위(欺骗性交易行为)로 칭하기도 하는
데, "경영자가 타인이 일정한 영향을 가지는 표지 또는 명칭 등을 임의로 사용하는

---

3 행정처벌법 제29조에 의하면, 위법행위가 2년 이내에 인지(发现)되지 아니한 경우에는 행정처벌을 할
수 없다. 그 기한은 위법행위가 발생할 날부터 계산하며, 위법행위가 연속 또는 계속되는 상태에 있는
경우에는 그 행위 종료일부터 계산한다.

부당한 경쟁 수단을 채택하여 자신의 상품·영업 또는 서비스를 타인의 상품·영업 또는 서비스와 서로 혼동하게 함으로써 구매자의 오인을 초래 또는 초래하기에 충분한 부당한 경쟁행위"[4]를 의미한다. 이러한 시장혼동행위는 결과적으로 모방상품 등을 타인의 유명상품과 서로 혼동하게 함으로써 구매자에게 해당 유명상품으로 오인하게 하는 행위로서 소비자의 바른 선택권을 제한하고 시장에서의 경쟁 질서를 어지럽히게 된다.

이러한 시장혼동행위의 의미에 대해, 신법은 그동안 구법을 적용하는 과정에서 제기된 문제를 현저히 개선(改进)하였다. 즉, ① 구법에서 규정하던 "유명상품(知名商品) 대신 일정한 영향 있는 상품"으로 개정함으로써 상업표지(商业标识)의 범위를 더욱 확대하였다. 즉, 타인이 일정한 영향을 지니는 상업표지(예, 상품의 명칭·포장·장식·기업 명칭·상호·웹사이트 명칭 등)를 임의로 사용하여 발생하는 어떠한 시장혼동행위라도 모두 이 법의 규제를 받도록 함으로써 시장혼동행위에 대한 단속이 더 전면적이고 완전하도록 규율하였다. ② 혼동행위의 범위를 더욱 합리적으로 규정하였다. 즉, 사람들에게 타인의 상품으로 오인하는 행위뿐만 아니라 타인과 특정한 관계가 존재하는 것으로 오인하는 행위를 모두 혼동행위에 포함하고 있다.

2. 시장혼동행위의 종류

신법은 구법[5]에서 규정하던 "타인의 등록상표를 사칭(假冒)하는 행위"와 "상품의 인증 또는 품질 표지 등을 위조·도용함으로써 상품의 품질에 대하여 사람을 오해(误解)하게 하는 허위표시행위"를 삭제하는 대신에 "인터넷표지(互联网标志) 임의 사용행위"를 추가하였다. 이에 따라 법 제6조는 경영자가 타인의 상품 또는 타인과

---

4 徐孟洲·孟雁北 共著, 竞争法(第三版), 中国人民大学出版社, 2018年 6月, p. 221.
5 구법 제5조는 허위표시행위의 유형을 다음과 같이 4가지 종류로 규정하였다. ① 타인이 등록한 상표를 사칭(假冒)하는 행위이다. ② 유명상품(知名商品) 고유의 명칭·포장·디자인(装潢)을 모조(仿冒)하는 행위이다. 즉, 유명상품 고유의 명칭·포장·디자인을 임의로 사용하거나, 유명상품과 유사한 명칭·포장·디자인을 사용하여 타인의 유명상품과 서로 혼동하게 함으로써 구매자에게 유명상품으로 오인하게 하는 행위이다. ③ 타인의 기업 명칭 또는 성명을 임의로 사용하는 행위이다. 즉, 경영자가 자기의 상품을 판매하면서 타인의 기업 명칭 또는 성명을 임의로 사용하여 소비자에게 타인의 상품으로 오인하게 하는 행위이다. ④ 사람을 오해(引人误解)하게 하는 허위표시행위(虚假表示行为)이다. 즉, 상품의 인증 표지를 위조·도용하거나 우량품질 등의 표지·생산지 위조 등의 방법을 통하여 상품의 품질에 대해 사람을 오해하게 하는 허위표시행위이다.

특정한 관계가 존재하는 것으로 사람을 오인하게 하는 혼동행위를 금지하면서, 그 구체적인 금지유형으로 4가지 종류의 시장혼동행위를 열거하고 있다. 이러한 시장혼동행위는 "객체성 표지, 주체성 표지, 인터넷표지, 기타 표지" 행위[6]로 분류할 수 있다. 그 구체적인 내용은 다음과 같다.

2.1. 객체성 표지(客体性标志) 행위

상품의 명칭·포장·장식은 상품의 외부특징이자 상품의 근원(来源)을 구별하고 구매자가 상품을 식별하는 작용을 하는 동시에 상품경영자의 상업적인 신용과 상품의 명성을 반영하기 때문에 법률의 보호를 받아야 한다. 신법은 구법에서 규정하던 상업표지의 '유명상품(知名商品) 특유성' 요건을 삭제하여 '일정한 영향(有一定影响) 여부'로 그 요건을 완화함으로써 상품의 적용 범위를 확대하였다. 즉, 객체성 표지(客体性标志) 행위란 경영자가 "타인과 일정한 영향이 있는 상품의 명칭·포장·장식(裝潢) 등과 서로 같거나 비슷한 표지를 임의로 사용하는 행위"(법 제6조 제1호)를 의미한다. 이러한 객체성 표지 행위는 '타인과 일정한 영향이 있는 상품의 명칭·포장·장식 등'을 사용하는 표현형식에 따라, ① 상호 동일하게 사용하는 방식과 ② 상호 비슷하게 사용하는 방식으로 분류할 수 있다.

2.2. 주체성 표지(主体性标志) 행위

주체성 표지(主体性标志) 행위란 경영자가 "타인이 일정한 영향을 가지고 있는 기업 명칭(약칭·상호 등을 포함함), 사회조직 명칭(약칭 등을 포함함), 성명(필명·예명·번역명 등을 포함)을 임의로 사용하는 행위"(법 제6조 제2호)를 의미한다. 일반적으로 '기업 명칭·사회조직 명칭·성명'은 상품 또는 서비스의 근원을 구별하는 영업표지로서 경영자의 상업적인 신용과 명예를 나타내고 있다. 따라서 타인의 기업 명칭 등을 임의로 사용하는 행위는 타인의 상업적인 신용과 명예를 도용하는 행위로서 전형적인 부당한 경쟁행위에 해당된다.

2.3. 인터넷표지(互联网标志) 행위

인터넷표지(互联网标志) 행위란 경영자가 "타인이 일정한 영향을 가지고 있는 도

---

6 刘继峰 著, 竞争法学, 北京大学出版社, 2018年, p. 283.

메인네임(域名)의 주요 부분(主体部分), 웹사이트 명칭(网站名称), 인터넷 홈페이지(网页) 등을 임의로 사용하는 행위"(법 제6조 제3호)를 의미한다. 이 유형은 인터넷 영역의 상업표지 행위로서 경영자가 타인의 허가를 거치지 아니하고 시장거래에서 타인이 일정한 영향을 가지고 있는 도메인네임의 주요 부분·웹사이트 명칭·인터넷 홈페이지 등을 임의로 사용하여 사람들에게 타인의 상품 또는 서비스로 오인하게 하는 부당한 경쟁행위를 의미한다.

2.4. 기타 표지(其他标志) 행위

기타 표지(其他标志) 행위란 경영자가 "타인의 상품 또는 타인과 특정한 관계가 있는 것으로 충분히 사람을 오인하게 하는 기타 혼동행위"(법 제6조 제4호)를 의미한다. 이러한 기타 표지 행위는 상술한 세 가지 유형의 범주에 속하지 않는 장래에 출현할 수 있는 기타 혼동행위를 규율하기 위한 보충적 성격(兜底条款)을 지니고 있다. 다만, 학계에서는 본 조항의 적용에 대해서는 신중한 접근이 필요한 것으로 보고 있다.

3. 시장혼동행위의 판단

시장혼동행위 여부를 판단하는 데 필요한 요건은 모든 유형에 적용되는 공통요건과 유형별로 적용되는 유형별 구성요건으로 나누어 볼 수 있다.

3.1. 공통요건

시장혼동행위를 구성하는 핵심요건은 오인(误认)과 혼동(混淆)의 존재 여부이다. 일반적으로 오인(误认)과 혼동(混淆)은 법 집행 또는 판례상 광의의 개념으로 이해되고 있다. 이를 반영하여 법 제6조는 시장혼동행위로 열거하는 4가지 유형 모두 "타인의 상품 또는 타인과 특정한 관계가 존재하는 것으로 사람을 오인하게 하는 혼동행위"를 시장혼동행위 판단에 필요한 요건으로 규정하고 있다.

위와 같이 광의의 혼동행위 개념에 의하면, "상업표지의 등록 여부나 상업표지의 형식(예, 상품표지·경영자표지·상업활동 중에 사용하는 표지)과 관계없이 그 상업표지가 일정한 영향이 있고, 다른 경영자가 그 상업표지를 사용한 행위가 사람을 오인(단,

오인할 수 있는 고도의 개연성을 포함)하게 하는 혼동행위"[7]는 부당한 경쟁행위로 인정된다.

이러한 시장혼동행위가 부당한 경쟁행위로 인정되기 위해서는 다음과 같은 구성요건을 충족하여야 하는 것으로 보고 있다. ① 행위자가 혼동행위를 실시하여야 한다. 즉, 혼동행위를 한 주체가 경영자이어야 한다. 여기서 '혼동'이란 "전통적인 법학 이론에 의하면, 대체성을 지니거나 경쟁 관계에 있는 상품의 브랜드(品牌)·명칭·포장·장식과 서로 같거나 비슷하게 하여 모조품(仿冒品)을 정품(正品商品)으로 오인하여 잘못 구매하는 결과를 초래하는 경우"[8]를 의미한다. 실무적으로는 혼동 여부를 판단할 때, 종종 상표법의 관련 규정을 참고하고 있다. 즉, ⓐ 먼저 같거나 비슷하게 사용한 상업표지를 보고, 일반 구매자가 보통의 주의력을 기울이는 상황에서 여전히 오인하는지 여부이다. ⓑ 그 밖에 보호받는 표지(标识)의 식별성 정도·그 소유자의 경영 규모 또는 기업의 명성·상업표지의 지명도·관련 소비자의 식별능력 및 상품 또는 서비스의 유사(相似) 정도 등의 요소를 종합적으로 분석하여 판단할 수 있다. ② 혼동행위를 실시하는 행위자의 "주관적인 잘못(过错)이 존재하고, 일반적으로 '타인의 상품 또는 타인과 특정한 관계가 있는 것으로 사람을 오인'하게 하는 고의성(故意)"[9]이 있어야 한다. ③ 행위자가 실시하는 혼동행위가 시장의 경쟁 질서를 문란케 하고, 다른 경영자 또는 소비자의 합법적인 권익을 침해하여야 한다. 예를 들면, 다른 경영자의 상업적인 신용과 명예를 실추시키는 경우이다.

3.2. 행위 유형별 요건

3.2.1. 객체성 표지(客体性标志) 행위

"타인과 일정한 영향이 있는 상품의 명칭·포장·장식 등과 서로 같거나 비슷한 표지를 임의로 사용"하는 객체성 표지 시장혼동행위를 구성하는 요건은 다음과 같다. ① 사용되는 상품의 명칭·포장·장식이 타인의 것인 동시에 일정한 영향이 있는 상품이어야 한다. 여기서 "상품은 광의의 개념으로서 서비스와 영업 등을 포함하

---

7 王先林 著, 竞争法学(第三版), 中国人民大学出版社, 2018年 8月, pp. 109~110.
8 徐孟洲·孟雁北 共著, 竞争法(第三版), 中国人民大学出版社, 2018年 6月, p. 223.
9 王先林 著, 竞争法学(第三版), 中国人民大学出版社, 2018年 8月, p. 110.

며, 명칭이란 통용되는 명칭과 현저하게 구별되는 상품 고유(独有)의 명칭으로서 등
록상표를 제외"10하는 의미이다. '일정한 영향이 있는(有一定影响)'이란 "하나의 상
대적인 개념으로서 관련 대중들에게 알려져 있고, 일정한 시장에서 지명도 및 호감
도를 가지고 있는 것을 의미한다. 구체적으로는 상업표지 최초 사용 시간 및 지속사
용현황, 상품의 광고·홍보 및 실제 판매, 업계순위, 수상 현황 등의 요소를 종합하
여 사안별로 판단하여야 한다.11 ② 임의로 사용하는 표지 행위가 타인의 상품과 상
호 혼동을 조성하여 구매자에게 그 상품으로 오인하게 하는 경우이다. ③ 경영자가
사용하는 표지 행위가 타인 상품에 대한 관련 표지의 임의사용이어야 한다. 따라서
경영자가 적법한 절차를 거쳐 표지사용권을 획득한 경우, 부당한 경쟁행위를 구성하
지 아니한다.

3.2.2. 주체성 표지(主体性标志) 행위

시장 주체성(市场主体性) 표지와 관련한 시장혼동행위의 구성요건은 다음과 같다.
① 사칭(冒用)의 대상은 '타인이 일정한 영향을 가지고 있는 기업 명칭·사회조직 명
칭·성명'이다. 여기서 "기업 명칭이란 하나의 기업이 다른 기업과 구별되는 문자표
기(文字符号)로서 배타성을 지니는 무형자산이다. 사회조직 명칭이란 사회조직이 운
영 과정에서 사용하는 명칭으로서 일정한 시장지명도를 지니고 있다. 성명이란 일개
국민(公民)이 다른 국민과 구별되는 문자표기인데, 민법 통칙에 의거 국민은 성명권
을 향유 하며, 타인의 간섭·도용·사칭(假冒)이 금지된다."12 ② 행위자가 권리자의
허가를 거치지 아니하고 '타인이 일정한 영향을 가지고 있는 기업 명칭·사회조직
명칭·성명'을 객관적으로 임의 사용한 경우이다. ③ 임의사용한 행위가 사람들에게
타인의 상품 또는 타인과 특정한 관계가 존재하는 것으로 오인하게 하는 경우이다.
즉, 시장거래 중 상품 근원의 혼동을 초래하여야 한다.

3.2.3. 인터넷표지(互联网标志) 행위

인터넷표지 시장혼동행위의 구성요건은 다음과 같다. ① 사칭(冒用)의 대상은 '타

---

10 徐孟洲·孟雁北 共著, 竞争法(第三版), 中国人民大学出版社, 2018年 6月, p. 230.
11 总局反垄断与反不正当竞争执法局局长就新 《反不正当竞争法》 接受记者专访(中国工商报, 2017.11.
    9.).
12 徐孟洲·孟雁北 共著, 竞争法(第三版), 中国人民大学出版社, 2018年6月, p. 231.

인이 일정한 영향을 가지고 있는 도메인네임의 주요 부분·웹사이트 명칭·인터넷 홈페이지 등'이다. ② 행위자가 권리자의 허가를 거치지 아니하고 '타인이 일정한 영향을 가지고 있는 도메인네임의 주요 부분·웹사이트 명칭·인터넷 홈페이지' 등을 임의 사용한 경우이다. ③ 임의사용한 행위가 사람들에게 타인의 상품 또는 타인과 특정한 관계가 존재하는 것으로 오인하게 함으로써 시장혼동의 부작용을 초래하여야 한다.

3.2.4. 기타 표지(其他标志) 행위

기타 표지 시장혼동행위를 판단하는 데 있어서의 관건은 기타 표지 행위가 구매자에게 타인의 상품 또는 타인과 특정한 관계가 있는 것으로 "충분히 사람을 오인"하게 하는지와 그 결과 구매자의 "혼동"을 초래하는지 여부에 달려있다.

그중 '충분히 사람을 오인'하게 하는지 여부는 일반적으로 관련 대중(즉, 관련 영역의 보통 소비자)으로서 상품 가치와 서로 상응하는 일반주의력을 가지고 상품이 형성하는 전체 이미지(整体印象)에 대하여 판단하여야 한다. 그리고 혼동의 결과는 '상품 공급원의 혼동'과 '특정한 관계의 혼동'으로 구분할 수 있다. 그중 전자는 경영자의 상품을 타인의 상품으로 오인하는 것이다. 후자는 그 경영자 또는 그 상품이 혼동되는 대상과 "상업적인 연합·허가사용·상업적인 타이틀(商业冠名)·광고모델(广告代言)" 등의 특정한 관계가 존재하는 것으로 오인하는 것이다.[13] 또한, 여기서 '충분(足以)'의 의미는 "일반적인 가능성이 아니라, 비교적 높은 정도의 혼동과 오인 개연성을 지니는 경우"[14]이다.

4. 상표법 등 타법률의 적용 여부

구법 제21조는 시장혼동행위의 유형 중 "타인의 등록상표를 모방하는 행위"와 "상품상에 인증 표지·우량표지 등의 품질 표지를 위조·도용하거나 원산지를 위조함으로써 상품의 품질에 대하여 사람을 오인(误解)하게 하는 허위표시행위"에 대해서는 『반부정당경쟁법』이 아닌 『상표법』과 『상품품질법』을 각각 적용하여 처벌하도

---

13 李曙光 主编, 经济法学(第三版), 中国政法大学出版社, 2018年 8月, p. 282.
14 王先林 著, 竞争法学(第三版), 中国人民大学出版社, 2018年 8月, p. 114.

록 규정하였다.

그러나 신법에서는 이러한 위반유형을 모두 삭제하여 법 적용 문제를 명확히 함으로써 타 법률과의 중복문제를 해소하였다. 따라서 개정 후에는 상술한 행위에 대해서는 각각 『상표법(商标法)』과 『상품품질법(产品质量法)』·『소비자권익보호법(消费者权益保护法)』을 적용하여 규율하게 되었다.

다만, 타인이 등록한 상표 또는 미등록한 유명상표(驰名商标)를 기업 명칭 중의 상호(字号)로 사용함으로써 대중을 오도하는 부당한 경쟁행위에 대해서는 상표법이 아닌 이 법의 규정을 적용하여 처리한다.[15]

제3절 허위 또는 오도성 상업 홍보행위

1. 허위 또는 오도성 상업 홍보행위의 의의

1.1. 허위 또는 오도성 상업 홍보의 의미

상업상의 홍보(商业宣传)는 광고 또는 자료의 인터넷 게시나 우송 등 다양한 형식으로 표현되고 있으며, 그 홍보내용에는 상품의 용도 또는 기능·상품의 원료·상품의 원산지(来源)·상품의 가격·사용자 평가 및 판매 상황 등 다양한 정보가 포함된다. 그중 법적 규제대상인 '허위 또는 사람을 오해하게 하는 상업 홍보(虚假或者引人误解的商业宣传, 이하 허위 또는 오도성 상업 홍보로 약칭함)'란 일반적으로 경영자가 상업활동 중 광고 또는 기타의 방법을 이용하여 상품 또는 서비스에 대한 성능·품질·판매 상황·품평 등에 대하여 실제 내용과 부합하지 않거나, 고객 또는 소비자를 오인하게 표현하는 상업상의 정보를 의미한다. 이처럼 상업 홍보는 명칭에서도 알 수 있듯이 '허위 상업 홍보'와 '오도성(误导性) 상업 홍보'를 모두 포함하고 있다.

이러한 '허위 또는 오도성 상업 홍보(虚假或者引人误解的商业宣传)'에 대해, 신법은 ① 광고법(广告法)에 별도 규정된 허위광고(虚假广告)[16] 내용을 삭제함으로써 타

---

15 总局反垄断与反不正当竞争执法局局长就新 《反不正当竞争法》 接受记者专访(中国工商报, 2017. 11.9.).

16 『광고법(广告法)』 제28조에 의하면, 광고가 허위 또는 사람을 오해하게 하는 내용으로 소비자를 기만·오도하는 경우, 허위광고를 구성한다. 이와 관련 구법 제9조는 "경영자는 광고 또는 기타 방법을

법률과의 중복문제를 해소하였으며, ② 전자상거래영역에서의 허위거래 등을 통한 허위홍보 문제를 새로이 규정함으로써 소위 신용조작((刷单炒信[17])의 방식을 통하여 고객을 유인하여 부당하게 거래 기회나 경쟁우위를 획득하려는 온라인거래상의 부당한 경쟁행위에 대한 규제를 강화하였다.

이를 반영하여 법 제8조는 "경영자가 그 상품의 성능·기능·품질·판매 상황·고객평가(用户评价)·수상실적(曾获荣誉) 등에 대하여 소비자를 기만하거나 오도하는 허위(虛假) 또는 사람을 오해(引人误解)하게 하는 상업 홍보행위"를 금지하고 있다. 아울러 "경영자가 허위거래 등을 조직(组织)하는 방식을 통하여 다른 경영자가 허위 또는 사람을 오해하게 하는 상업 홍보를 진행하는 것을 돕는 행위" 역시 금지하고 있다. 따라서 '허위 또는 오도성 상업 홍보행위'의 적용대상에는 경영자가 직접 상업 홍보를 하는 경우뿐만 아니라 다른 경영자를 돕는 경우도 포함됨을 알 수 있다.

1.2. 시장혼동행위(市场混淆行为)와의 차이

'허위 또는 오도성 상업 홍보행위'와 시장혼동행위는 "① 상품의 품질 등에 대하여 사람을 오인하게 하는 허위표시를 금지한다는 법률적 성질과 ② 상품의 품질·성능 및 용도 등 그 표시내용이 대체로 일치한다는 측면"에서는 비슷한 특성을 지니고 있다. 그러나 양자는 손해대상·정보전달 수단·홍보형식에 있어 차이가 있다. 이를 구체적으로 살펴보면 다음과 같다.[18]

1.2.1. 손해대상(损害对象)의 차이

양자는 손해를 보는 대상이 다르다. '허위 또는 오도성 상업 홍보행위'는 고객 또는 소비자의 이익에 직접적인 손해를 미치지만, 특정한 경쟁상대의 이익에는 직접적

이용하여 상품의 품질·제작 성분·성능·용도·생산자·유효기한·생산지 등에 대하여 오도성의 허위홍보(引人误解的虚假宣传)를 할 수 없다"라고 규정하였다.

17 刷单炒信是指在网络交易平台上通过刷单方式炒作商家信用的行为，属于《电子商务法》、《反不正当竞争法》等法律中禁止的以虚构交易、编造用户评价等方式进行虚假或者引人误解的宣传，欺骗、误导消费者的行为。它分为"正向刷单炒信"和"反向刷单炒信"。"炒信"是指在电子商务及分享经济领域以虚构交易、好评、删除不利评价等形式为自己或他人提升信用水平，包括但不限于因恶意注册、刷单炒信、虚假评价、刷单骗补以及泄露倒卖个人信息、合谋寄递空包裹等违法违规行为。

18 刘继峰 著, 竞争法学, 北京大学出版社, 2018年, p. 327.

인 영향을 미치지 않는다. 그러나 시장혼동행위는 일반적으로 표지혼동(标识混同)의 방법을 채택하여 경쟁상대의 상업신용(商业信誉)과 상품의 명성(商品的声誉) 도용함으로써 고객이나 소비자의 이익뿐만 아니라 특정한 경쟁상대(즉, 상업표지 권리인)의 이익까지 직접적인 손해를 미치게 된다.

1.2.2. 정보전달 수단의 차이

양자는 정보를 전달하는 수단이 다르다. '허위 또는 오도성 상업 홍보행위'는 광고 또는 기타 방법을 통하여 관련 상품 또는 서비스의 정보를 전달한다. 그러나 시장혼동행위는 상품·포장·장식·설명서 또는 상품의 기타부착물에 관련 상품 또는 서비스의 정보를 표시(标注)하는 방법으로 전달한다. 이에 따라 상대방이 획득하는 정보의 질적인 면에서도 차이가 있다. 즉, 전자는 단방향(单向度)의 정보획득으로 실물을 볼 수 없는 반면, 후자는 쌍방향 교류식(双向交互式)으로 관련 표시내용과 실물을 볼 수가 있어 양자의 일치 여부를 확인할 수 있다. 이러한 측면에서 볼 때, 전자의 경우 정보과장(信息夸大) 및 사실과의 차이가 발생할 가능성이 크다고 할 수 있다.

1.2.3. 홍보형식의 차이

양자는 홍보의 형식이 다르다. '허위 또는 오도성 상업 홍보행위'는 통상 문자·도안·음성(声音)·언어·색채 또는 형상으로 상품 또는 서비스에 대하여 진실과 다르게 설명(陈述)하는 정적·동적인 면이 상호결합하는 형식이다. 그러나 시장혼동행위는 규범화된 문자·색채·도안 및 그 조합의 형식을 통하여 상품을 홍보하는 일종의 상대적으로 안정되고 정태적인 홍보이다.

2. 허위 또는 오도성 상업 홍보행위의 규제유형

'허위 또는 오도성 상업 홍보행위'는 상술한 바와 같이 '경영자 자신이 직접 상업 홍보를 하는 경우'와 '다른 경영자의 상업 홍보를 돕는 경우'로 분류할 수 있다. 그 구체적인 내용은 다음과 같다.

2.1. 경영자 자신이 직접 상업 홍보를 하는 경우

이는 경영자가 자기 상품에 대하여 허위 또는 오도성 상업 홍보를 직접 하는 경우이다. 즉, "경영자가 자기 상품의 성능·기능·품질·판매 상황·고객평가(用户评价)·수상실적(曾获荣誉) 등에 대하여 소비자를 기만하거나 오도하는 허위(虛假) 또는 사람을 오해(引人误解)하게 하는 상업 홍보행위"(제8조 제1항)이다.

2.2. 다른 경영자의 상업 홍보를 돕는 경우

이는 경영자가 다른 경영자의 허위 또는 오도성 상업 홍보를 돕는 경우이다. 즉, "경영자가 허위거래 등을 조직(组织)하는 방식을 통하여 다른 경영자가 허위 또는 사람을 오해하게 하는 상업 홍보를 진행하는 것을 돕는 행위"(제8조 제2항)이다.

이 유형이 신설됨에 따라 경영자가 자기 상품에 대하여 '허위 또는 오도성 상업 홍보행위'를 하는 경우 외에, "ⓐ 타인(즉, 다른 경영자)의 신용조작(刷单炒信)·악평삭제(删除差评)·가공거래(虚构交易) 등을 돕는 행위와 ⓑ 인터넷 댓글(网络水军)이나 전문 악평(职业差评师) 등을 하는 행위도 새로이 법적 규제를 받게 되었다."[19]

3. 허위 또는 오도성 상업 홍보행위의 판단

3.1. 허위홍보의 판단

허위홍보(虛假宣传)를 판단하는 기준의 핵심은 허위 여부인데, 허위(虛假)란 일반적으로 진실(真实)이 아니라는 의미로 이해되고 있다. 따라서 허위홍보의 인정요건으로서의 허위에 대해서는 다음 몇 가지 측면에서 살펴볼 수가 있다.[20]

3.1.1 표현(表述)하는 상황이 진실과 다른 경우

광고의 설명은 상품 또는 서비스의 내용과 서로 일치하여야 한다. 허위광고의 판단기준 중의 하나가 바로 양자의 일치 여부를 보는 것이다. 만약에 검사를 통하여

---

19 "总局反垄断与反不正当竞争执法局局长就新 《反不正当竞争法》 接受记者专访"(中国工商报, 2017. 11.9).

20 刘继峰 著, 竞争法学, 北京大学出版社, 2018年, pp. 334~335.

광고의 설명과 상품 또는 서비스의 실제상황이 부합하지 않음을 증명하게 되면, 그 광고를 바로 허위광고로 판단할 수 있다.

여기서 광고의 설명과 실제 상품이 부합하지 않는 경우란, ① 광고에서 설명하는 상품을 실제로는 판매할 수 없는 경우, ② 광고에서 설명하는 상품이 실제로는 아주 소량(즉, 한정공급)임에도 불구하고, 이러한 사실을 분명히 밝히지 않는 경우, ③ 일정한 판매기한이 있는데도, 이를 분명히 밝히지 않는 경우를 포함하고 있다.

3.1.2. 과학적인 결론을 위배한 경우

홍보하는 모종 사실이나 현상이 과학적인 연구성과나 과학지식과 배치되거나 연구 수치 또는 통계적 검증(支持)이 부족한 결론을 홍보한 경우에는 모두 허위홍보에 속하게 된다.

3.1.3. 데이터(数据)가 진실하지 않은 경우

아무 근거 없이 각종 수치나 백분율(百分比) 등을 사용하여 홍보한 경우, 그 내용과 사실이 부합하지 않은 때에는 허위홍보에 속하게 된다.

3.1.4. 공리 또는 관련 지식을 왜곡하는 경우

광고 중에 관련 공리(公理) 또는 지식을 왜곡하여 삽입할 경우, 그 상품에 대한 우량한 인상을 주게 되어 관련 상품에 대한 인지의 진실성이나 객관성에 변화를 초래하게 됨으로써 고객의 오인을 유발할 수 있다.

3.2. 오도성 상업 홍보의 판단

'오도성 상업 홍보(引人误解的商业宣传)'란 경영자가 광고 또는 기타형식을 이용하여 상품 내용에 대하여 실행한 홍보가 관련 대중의 인식에 착오(错位)를 일으켜 잘못된 선택을 할 수 있는 정보전달형식을 의미한다. 일종의 정보전달이 사람을 오해(误解)하게 하는지에 대한 판단은 주체인 관련 대중의 주관적인 인식을 판단의 근거로 하고, 전달의 수단·용어 등의 객관적인 요소를 기초로 하여 종합적으로 평가한다. 일반적으로 '오도성 상업 홍보' 해당 여부는 다음 몇 가지 측면에서 판단할 수 있다. ① 과학적으로 정론(定论)이 아닌 관점·현상 등을 정론인 사실로 홍보하는 경우이

다. 이는 홍보에 대한 질적인 평가를 진행하여 판단한다. ② 다의적(歧义性) 언어 또
는 기타 사람을 오해하게 하는 개념으로 상품을 홍보하는 경우이다. 일반적으로는
다의적인 언어로 전달(传导)하는 정보가 소비자의 인식 착오를 일으키지는 않는다.
그러나 현저하게 과장된 다의적인 언어로서 상품을 홍보한 경우에는 구매행위에 실
질적인 영향을 미치게 되어 오도성 홍보행위에 속하게 된다. ③ 명인이나 전문가 등
의 권위를 이용하여 오도(误导)하는 경우이다.[21]

　이러한 '오도성 상업 홍보' 여부의 판단과 관련하여, 『최고인민법원의 부당한 경
쟁 민사안건 심리 약간의 법률응용 문제에 관한 해석(最高人民法院关于审理不正当竞
争民事案件应用法律若干问题的解释, 2007.1.12. 공표, 2007.2.1. 시행, 이하 부당한 경쟁안
건해석이라 함)』 제8조 제3항은 "인민법원은 일상생활 경험·관련 대중의 일반주의
력·오해가 발생한 사실 및 피선전대상의 실제상황 등의 요소에 근거하여 오도성 허
위홍보행위(引人误解的虚假宣传行为)를 인정하여야 한다"라고 규정하고 있다. 아울
러 광고 등 상업 홍보가 사람을 오해(引人误解)하게 하는지에 대한 판단기준에 대해
서는 미국학자 Callmann의 학설이 법 집행 및 법원의 판결에 큰 영향력을 미치고
있다. 즉, ① 보통의 주의력을 가진 일반소비자가 통상적인 이해에 의거 판단하고,
② 전체적인 관찰(整体观察)과 홍보 요소 중 가장 사람의 눈에 띄거나 주의를 끄는
주요 부분을 파악(把握)하여야 하며, ③ 서로 다른 시간과 장소에서 분리 관찰하는
원칙(隔离观察原则)을 채택하여 판단하여야 한다.[22]

　한편, '사람을 오해하게 하는(즉, 오도하는) 허위홍보행위(引人误解的虚假宣传行为)'
여부를 판단하는 데 있어, 사람을 오해하게 하는(引人误解) 것과 허위표시(虚假表示)
의 관계는 다음과 같다. 즉, 오도행위(误导行为)의 핵심은 사람을 오해하게 하는 것
이며, 허위표시는 단지 사람을 오해(误解)하도록 표시하는 것(情形) 중의 하나에 불
과하다. 따라서 '허위표시이지만 사람을 오도하지 않는 경우'의 법률 적용은 현저하
게 과장하여 상품을 홍보한 경우라도 법률해석의 논리(逻辑)상 관련 대중의 오해를
초래하기에 부족하다고 인정될 경우, 사람을 오해하게 하는 허위홍보행위(引人误解
的虚假宣传行为)에는 해당하지 아니한다.[23]

21　刘继峰 著, 竞争法学, 北京大学出版社, 2018年, pp. 333~334.
22　徐孟洲·孟雁北 共著, 竞争法(第三版), 中国人民大学出版社, 2018年 6月, pp. 250~251.
23　王先林 著, 竞争法学(第三版), 中国人民大学出版社, 2018年 8月, p. 137.

▌〈사례 1〉 허위 또는 오도성 상업 홍보행위(신용조작) 건[24]

1. 법 위반 사실

무한의 JSJZ 전자상거래회사(武汉JSJZ电子商务有限公司, 이하 JSJZ라 함)는 2018.1월~3월까지 모 신용조작 플랫폼(刷单平台)을 통해 정기적으로 관련 상품의 순위를 추적(跟踪服务)하여 그 순위가 낮아지면 즉시 신용조작(刷单炒信)을 진행하는 방식으로 총 1,861건의 허위거래(관련 사례금은 건당 12元~16元으로 총 22,898元을 지급함)를 하였다.

JSJZ는 이러한 불법적인 신용조작 플랫폼(刷单平台)을 통해 그 온라인 쇼핑몰(网店) 상품의 거래 수량 및 고객의 평가를 가공하여 소비자에게 그 전문매장 및 관련 상품에 대한 잘못된 인식을 초래하였다. 그 결과 신용조작을 통한 JSJZ의 전자상거래플랫폼 전문매장에서의 매출액은 19.38만元에 달하였다.

2. 위법성 판단

무한시(武汉市) 공상국은 JSJZ가 전자상거래플랫폼운영규칙(电商平台运营规则)을 위반하여 허위거래(虛假交易)를 통해 가상의 판매량과 호평으로 전자상거래플랫폼평가시스템을 기만하여 유동량을 편취하고 점포순위를 올려 불법적으로 동일 업종의 경쟁상대를 배제하는 동시에 소비자의 구매의사결정(购买决策)에 실질적인 오도를 초래한 것으로 판단하였다.

따라서 이러한 행위는 법 제8조 제1항이 규정한 "경영자가 그 상품의 성능·기능·품질·판매 상황·고객평가·수상실적 등에 대하여 허위(虛假) 또는 사람을 오해(引人误解)케 하는 상업 홍보를 함으로써 소비자를 기만·오도하는 행위"에 해당하는 것으로 인정하였다.

3. 시정조치

무한시(武汉市) 공상국은 법 제20조의 규정에 의거 2018.5.16. JSJZ에 대해 위법행위의 중지명령과 과징금 30만元을 부과하였다.

▌〈사례 2〉 허위 또는 오도성 상업 홍보행위(신용조작) 건[25]

1. 법 위반 사실

합비역로전자상거래회사(合肥驿路电子商务公司), 이하 합비역로라 함)는 주로 전자상거래 훈련 및 자문업무에 종사하면서 2017.11월부터 12.31까지 총 117명의 수강생(상점)을 도와서 총 4,658건의 신용조작(刷单服务) 서비스를 제공하여 56만여元의 매출액과 2만여元의 이익을 취하였다.

2. 위법성 판단

안휘성 합비시(安徽省合肥市) 공상국은 당사자가 그 학원의 수강생(상점)을 위해 신용조작 서비스를 제공하여 허위거래하는 방식으로 상점의 거래량을 늘리고 호평해주는 방식으로 상

24 武汉适用新 《反不正当竞争法》 查处首起刷单案(中国工商报, 2018.6.6.).
25 한중 지식재산권법과 경쟁법 2017 연차보고서 제2권(China－Korea IP & Competition Law Annual

가의 신용과 명예를 높여준 행위는 소비자를 오도할 뿐만 아니라 다른 경영자의 합법적인 권
익을 침해하고 사회주의 시장경제 질서를 문란케 하는 부당한 경쟁행위로 판단하였다.
　따라서 이러한 행위는 법 제8조 제2항에서 규정한 "경영자가 허위거래 등을 조직하는 방식을
통하여 다른 경영자가 허위 또는 사람을 오해하게 하는 상업 홍보를 진행하도록 돕는 행위"에
해당하는 것으로 인정하였다.
3. 시정조치
　안휘성 합비시(安徽省合肥市) 공상국은 법 제20조의 규정에 의거 2018.3.5. 합비역로에 대
해 위법행위의 중지 명령과 과징금 5만元을 부과하였다.

제4절 상업적 비방 행위

1. 상업적 비방 행위의 의의

1.1. 상업적 비방 행위의 개념

　상업적 비방 행위(商业诽谤行为,也称为商业诋毁行为)란 일반적으로 경영자가 직접
또는 타인을 이용하여 허위사실 등을 날조하거나 유포하는 등의 부당한 수단을 통하
여 경쟁상대의 상업적인 신용과 명예(商业信誉) 또는 상품의 명성(商品声誉)을 악의
적으로 비방 또는 폄하함으로써 경쟁상대의 시장경쟁력을 훼손하여 자신이 부당한
이익을 얻는 행위를 의미한다. 여기서 "상업적인 신용과 명예(商业信誉)란 경영자가
공정한 경쟁 및 성실한 경영을 통하여 취득한 양호한 사회적 종합평가를 의미하며,
상품의 명성(商品声誉)이란 경영자가 제조 또는 위탁하여 판매(经销)하는 특정한 상
품 또는 서비스에 대한 양호한 사회평가를 의미한다."[26]
　이러한 상업적 비방 행위는 경쟁상대의 상업적인 신용과 명예를 손상하는 전형적
인 부당한 경쟁행위로서 법 제11조에 의거 금지되고 있다. 즉, 경영자는 경쟁상대의
상업적인 신용과 명예(信誉)·상품의 명성(声誉)을 훼손하는 허위정보 또는 오도성
정보를 조작(编造)·유포(传播)하여서는 아니 된다.

　Report 2017 Volume Ⅱ), 한-중 시장과 규제법센터(MRLC), 2018.11.30. pp. 95~96.
26 徐孟洲·孟雁北 共著, 竞争法(第三版), 中国人民大学出版社, 2018年 6月, p. 280.

1.2. 상업적 비방 행위의 주요 특징

상업적 비방 행위의 주요 특징은 다음과 같다. ① 상업적 비방 행위는 경쟁 관계에 있는 경영자가 실시하는 부당한 경쟁행위이다. 따라서 비경영자(예, 소비자) 또는 경쟁 관계가 아닌 경영자가 실시하는 모욕·비방·폄하행위는 일반적인 명예침해행위로서 상업적 비방 행위에는 속하지 아니한다. ② 주관적인 측면에서 경영자의 상업적 비방 행위는 "주로 고의성을 구비하여야 하나, 결코 과실을 배제하는 것은 아니다. 따라서 전파자(传播人)가 주관적으로 고의 없이 과실로 허위정보 또는 오도성 정보를 전파한 경우, 과실책임의 원칙(过错原则)에 의거 그 책임을 면할 수 없으며, 상업적 비방 행위를 구성할 수 있다."[27] ③ 상업적 비방 행위는 주로 "브리핑(新闻发布会)·허위 또는 비교광고·상품설명서" 등을 통하여 허위정보 또는 오도성 정보를 날조하거나 유포(散布)하는 등의 부당한 방식으로 표현된다. ④ 상업적 비방 행위는 경쟁상대에 대한 상업적인 신용과 명예 및 상품의 명성(商品声誉)을 손상하며, 나아가 경쟁 질서를 파괴하거나 파괴할 수 있다.

2. 상업적 비방 행위의 판단

상업적 비방 행위 여부를 판단할 때 필요한 구성요건은 "행위의 주체·주관상태·객관적 행위·행위의 부작용(后果)" 측면에서 살펴볼 수가 있다. 즉, ① (행위의 주체) 행위 주체는 경영자이며, 행위자(즉, 실시 주체)와 피해자(즉, 피 침해 주체) 간에는 경쟁 관계가 존재하여야 한다. ② (주관상태) 주관상태 측면에서, "상업 비방 행위는 행위자의 고의성을 전제로 한다. 즉, 자기가 실시하는 정보의 허위성 또는 오도성에 대하여 명확히 알고 있어야 한다."[28] 다만, 결코 과실을 배제하는 것은 아니다.[29] ③ (객관적 행위) 객관적 행위 측면에서, 행위자가 객관적으로 허위정보 또는 오도성 정보를 조작 또는 유포하는 비방 행위를 실시해야 한다. ④ (행위의 부작용) 행

---

[27] 徐孟洲·孟雁北 共著, 竞争法(第三版), 中国人民大学出版社, 2018年 6月, p. 280.

[28] 刘继峰 著, 竞争法学(第三版), 北京大学出版社, 2018年 7月, p. 364.

[29] 고의와 과실의 상업적 비방 행위 주관요건 구성 여부에 대해서는 학자 간의 주장이 다르게 나타나고 있다. 그러나 상당수의 학자는 상업상의 신용과 명예에 대한 권리침해는 과실추정원칙(过错推定原则)에 근거하여 그 책임을 면할 수 없는바, 과실 역시 허위사실을 유포하는 상업적 비방 행위에 해당할 수 있다는 견해를 나타내고 있다(① 徐孟洲·孟雁北 共著, 竞争法(第三版), 中国人民大学出版社, 2018年 6月, p. 280. ② 王先林 著, 竞争法学(第三版), 中国人民大学出版社, 2018年 8月, p. 177).

위의 부작용 측면에서, 피침해자의 상업적 신용과 명예 및 상품의 명성에 대한 사회적 평가가 저하되거나 저하될 가능성이 있어야 한다.

3. 다른 부당한 경쟁행위와의 관계

3.1. 상업적 비방 행위와 허위 또는 오도성 상업 홍보행위

상업적 비방 행위와 '허위 또는 오도성 상업 홍보행위'는 모두 상업 홍보(商业宣传)를 통한 부당한 경쟁행위에 속하지만, 그 침해대상이나 침해영향 측면에서 큰 차이가 있다. 즉, ① **(침해대상)** 침해대상 측면에서 볼 때, '허위 또는 오도성 상업 홍보'는 주된 선전대상이 자기의 상품 또는 서비스이기 때문에 타인의 상업적인 신용과 명예 또는 상품의 명성과는 관계가 없다. 그러나 상업적 비방 행위는 자기의 상품 또는 서비스가 아닌 타인의 기업·상품 또는 서비스 등에 대하여 허위 또는 오도성 정보를 전파함으로써 경쟁상대를 비방하는 행위이다. ② **(침해영향)** 침해영향 측면에서 볼 때, '허위 또는 오도성 상업 홍보행위'는 대중을 상대로 하는 홍보(宣传)이기 때문에 고객이나 소비자의 이익에는 직접적인 손해를 미치지만, 특정한 경쟁상대의 이익에는 영향을 미치지 않는다. 그러나 상업 비방 행위는 특정 경쟁자의 상업적인 신용과 명예 또는 상품의 명성에 직접적인 손해를 미치게 된다.

3.2. 상업적 비방 행위와 허위표시행위

상업적 비방 행위와 허위표시행위의 차이는 전자가 경쟁상대의 상업적인 신용과 명예를 실추시키는 행위인 데 반하여, 후자는 자기의 상품에 대한 신용과 명예를 진실과 다르게 과장하는 행위이다.

〈사례〉 텐센트-360 간의 부당한 경쟁행위(상업적 비방) 분쟁 건[30]

> 북경시 조양구(北京市朝阳区) 인민법원은 "텐센트(腾讯)가 Qihoo(奇虎)360을 상대로 제기한 부당한 경쟁행위 분쟁 사건"에 대해, 다음과 같이 판단하였다.
>
> 피고의 '360 사생활 보호기(隐私保护器)'는 원고의 QQ 소프트웨어만을 대상으로 감시(监测)하는 유일한 맞춤형(针对性)이며, 양측의 고객군이 동일하므로 경쟁 관계가 존재한다. 피고

---

30 腾讯诉360不正当竞争案(人民法院报, 安平, 2019.8.28.).

가 '360 사생활 보호기'를 통해 QQ 소프트웨어의 운용에 대하여 감시하고, 그 결과를 표현(表述) 및 평가할 때에는 신의성실의 준칙을 준수하고, 공정하고 객관적으로 표현 및 평가하여야 한다. 그러나 '360 사생활 보호기'가 감시하여 제시한 용어와 사용자 인터페이스(界面) 용어 및 360망(网)'에 존재하는 평가와 표현은 "텐센트 QQ 사용자의 사생활 침범(侵犯)"이라는 비교적 강한 감정적인 색채와 부정적인 평가 효과를 지니며, 오도성 부작용을 초래하고 있다.

피고의 이러한 행위는 신의성실의 상업준칙(诚实信用的商业准则)에 부합하지 아니하는 부당한 평론행위로서 경쟁상대의 상업적 신용과 상품의 명성을 손상하는 상업적 비방 행위에 해당하는 것으로 인정된다.

이에 따라 법원은 2011.4.26. 피고에 대하여 다음과 같이 선고하였다. ① '360 사생활 보호기 V1.0Beta판 소프트웨어'의 사용을 중지하고, ② 360망의 권리침해내용을 삭제하며, ③ 360망의 홈페이지 및 법제일보(法制日报)에 공개적인 성명 발표와 관련 부정적인 평가를 삭제하고, ④ 원고의 경제손실 40만元을 배상해야 한다.

한편, 피고는 1심판결에 불복하여 북경시 제2 중급인민법원에 항소하였으나, 법원은 구법 제2조·제14조·제20조 및 『민사소송법(民事诉讼法)』 제153조 제1항 제1호[31]의 규정에 의거 2011.9.14. 상소를 기각(驳回上诉)하고 원심판결을 유지하였다.

제5절 상업뇌물 행위

1. 상업뇌물 행위의 의의

상업뇌물 행위(商业贿赂行为)란 일반적으로 경영자가 거래 기회 또는 그 경쟁상대보다 유리한 경쟁상의 우위를 획득하고자 재물 또는 다른 수단을 이용하여 특정한 경영자 또는 경영활동과 밀접한 관련이 있는 단위(즉, 기관·단체·법인·기업 등) 또는 개인에게 뇌물을 주는 행위를 말한다. 여기서 "재물(财物)이란 현금 및 실물을 의미하며, 경영자가 상품을 판매 또는 구매하기 위하여 판촉비·선전비·찬조비·연구비(科研费)·노무비·자문비·수수료 등의 명목 또는 각종 비용 등을 보상(报销)하는

---

31 『民事诉讼法』第一百五十三条第一款：第二审人民法院对上诉案件, 经过审理, 按照下列情形, 分别处理：(一) 原判决认定事实清楚, 适用法律正确的, 判决驳回上诉, 维持原判决; (二) 原判决适用法律错误的, 依法改判; (三) 原判决认定事实错误, 或者原判决认定事实不清, 证据不足, 裁定撤销原判决, 发回原审人民法院重审, 或者查清事实后改判; (四) 原判决违反法定程序, 可能影响案件正确判决的, 裁定撤销原判决, 发回原审人民法院重审。

방식으로 거래상대방인 단위 또는 개인에게 급부(給付)하는 것(財物)을 포함한다. 다른 수단(其他手段)이란 국내외 각종 명의의 여행·시찰(考虑) 등을 제공하여 재물 이외의 기타이익을 급부(給付)하는 것(手段)을 의미한다."[32] 아울러 기타이익은 실무상 이견이 존재하지만, 일반적으로 "경제적 이익 또는 금전으로 전환하여 평가(衡量)할 수 있는 이익으로 한정"[33]하여야 한다.

이러한 상업뇌물 행위는 경영자가 상품의 품질·가격·서비스 등을 통한 공정한 경쟁이 아닌 뇌물에 의한 부정한 수단을 이용하여 부당하게 이익을 취하는 행위로서 시장의 공정한 경쟁 질서를 훼손하고 사회 풍조를 문란케 하는 부작용을 초래한다. 따라서 중국을 비롯한 미국·독일 등에서도 이를 엄격히 규제하고 있다.

신법에서는 '상업뇌물 행위'의 범주를 더욱 합리적으로 설정하여 거래 기회 및 경쟁우세를 도모하고자 하는 상업뇌물 행위의 목적성과 함께 수뢰자의 범위를 명확히 규정하고 있다. 즉, 법 제7조 제1항은 경영자가 거래 기회 또는 경쟁우세를 도모(谋取)하고자 재물 또는 다른 수단을 채택(采用)하여 단위 또는 개인에게 뇌물을 주는 행위를 금지하고 있다. 아울러 그 수뢰자의 범위(즉, 단위 또는 개인)를 다음과 같이 명시하고 있다. ① 거래상대방의 근무자(工作人员), ② 거래상대방의 위탁을 받아 관련되는 사무를 처리하는 단위 또는 개인, ③ 직권 또는 영향력을 이용하여 거래에 영향을 미치는 단위 또는 개인이다.

2. 상업뇌물 행위의 판단

상업뇌물 행위 여부를 판단할 때, 필요한 주요 구성요건은 "주체 요건, 목적 요건, 수단 및 방식 요건"으로 나누어 살펴볼 수가 있다.

2.1. 상업뇌물 행위의 주체 요건

상업뇌물 행위의 주체는 다시 상업뇌물을 주는 주체와 상업뇌물을 받는 주체로 분류할 수 있다. 즉, 상업뇌물 행위는 뇌물을 제공하는 자와 뇌물을 수수하는 자(즉,

---

32 『**상업뇌물 행위 금지에 관한 규정**(关于禁止商业贿赂行为的暂行规定, 1996.11.15. 공포·시행, 이하 **상업뇌물규정**이라 약칭함)』 제2조.
33 王先林 著, 竞争法学(第三版), 中国人民大学出版社, 2018年 8月, p. 127.

수뢰자) 모두를 적용대상으로 하고 있다.

2.1.1. 상업뇌물의 제공 주체

상업뇌물의 제공 주체(行贿主体)는 경영자이다. 즉, 상품의 생산·경영에 종사하거나 서비스를 제공하는 자연인·법인 및 비법인 조직이다. 여기에서 경영자의 범위는 매우 광범위하여 경영자 본인뿐만 아니라, 그 이익대표자인 직원·대리인 등을 포함하고 있다.[34]

그중 경영자의 직원(工作人员)이 뇌물을 제공한 경우, 법 제7조 제3항은 직원 행위에 대한 경영자 책임 원칙을 특별히 규정하는 동시에 경영자의 항변권을 보장할 수 있는 면책 근거를 신설하여 경영자의 규범준수를 촉진하고 있다. 즉, 경영자의 직원이 뇌물을 제공한 경우, 경영자의 행위로 인정하여야 한다. 다만, 경영자가 그 직원의 행위가 경영자의 거래 기회나 경쟁우세를 도모하기 위한 것과 무관함을 입증하는 경우에는 예외를 인정하고 있다. 이와 관련 경영자가 이를 입증하기 위해서는 "경영자가 이미 적법하고 합리적인 대책을 마련하고 유효한 조치를 채택하여 감독관리를 시행함으로써 직원이 뇌물을 제공하는 것을 방임하거나 변칙적으로 방임하지 않아야 한다."[35]

2.1.2. 상업뇌물의 수수 주체

상업뇌물의 수수 주체(受贿主体)는 3가지 부류로 나눌 수 있다. 즉, ① 거래상대방의 직원(工作人员)이다. ② 거래상대방의 위탁을 받아 관련 사무를 처리하는 단위 또는 개인이다. 예를 들면, "학교에서 학생들의 위탁을 받아 교복 공급업체와 교복구매계약을 체결할 경우, 거래당사자는 공급업체와 학생이다. 이때 만약에 공급업체가 학교에 재물 또는 기타 경제적인 이익을 주었다면 상업뇌물혐의가 구성된다."[36] ③ 직권 또는 영향력을 이용하여 거래에 영향을 미치는 단위 또는 개인이다.

---

34 그 범주에는 부당한 이익을 도모하기 위하여 국가근무자의 가까운 친척(亲属) 또는 기타 그와 밀접한 관계가 있는 자 등에게 뇌물을 주는 자도 해당한다[刑法第三百九十条之一(对有影响力的人行贿罪)].

35 总局反垄断与反不正当竞争执法局局长就新 《反不正当竞争法》 接受记者专访(中国工商报, 2017. 11. 9.).

36 总局反垄断与反不正当竞争执法局局长就新 《反不正当竞争法》 接受记者专访(中国工商报, 2017. 11. 9.).

여기서 '거래에 영향을 미치는 자'의 범주는 실무적으로 "주로 거래상대방의 종업원·관리인·대리인·수탁인 등을 포함하는 넓은 의미로 사용되고 있다. 아울러 거래참여자 외에 특정 항목의 거래성사(成交)에 영향을 미치는 단위 또는 개인(예, 거래와 독립되고 이해관계가 없는 제삼자로서 행정관리 관계에 있는 자)의 경우에도 거래상대방의 결정에 특수한 영향력을 가지기 때문에 수뢰 주체에 포함될 수 있다."[37]

2.2. 상업뇌물 행위의 목적 요건

상업뇌물 행위의 제공목적 및 의도는 동종업계의 경쟁자를 배제하고, 경영자 자신이 더 많은 거래 기회나 경쟁우세를 획득하고자 하는 데 있다. 따라서 상업뇌물 행위는 "주관적인 측면에서 과실이 아닌 직접적인 고의성"을 전제로 한다. 아울러 상업뇌물의 특수성은 그 목적이 거래 기회 또는 경쟁우세를 도모하고자 한다는 점에서 일반적인 뇌물의 특성과 구별된다. 여기서 '경쟁우세 도모'란 "상업활동 중 재물 또는 다른 수단을 통하여 수뢰자가 그 직무상의 청렴성 또는 기타 일반상도덕을 위배하도록 유혹하여 부당한 경쟁우세를 도모하는 것을 의미한다."[38]

2.3. 상업뇌물 행위의 수단 및 방식 요건

상업뇌물 행위의 수단은 다양하다. 일반적으로는 재물 또는 다른 수단을 이용하여 거래상대방 또는 그와 관련되는 자를 매수(买通)하는 것으로 표현되고 있다. 그 재물 또는 수단에 대한 구체적인 내용은 상술한 바와 같다.

상업뇌물 행위는 갈수록 남의 이목을 피하는 은폐된 방식(예, 은행 비밀계좌, 유령회사계좌, 가계정 등)으로 진행되는 은밀한 성격을 지니고 있다. 이러한 상업뇌물 행위는 부당한 경쟁행위일 뿐만 아니라 형사 범죄와 관련되는 문제인데, 그 행위가 상업뇌물로 인정되기 위해서는 그 제공방식이 명시적인 방식(明示方式)이 아닌 은폐된 방식(隐蔽方式)으로 이루어져야 한다.

이에 대해, 법 제7조 제2항은 경영자가 명시적인 방식으로 상업뇌물을 제공한 경우에는 정상적인 시장경쟁행위로 보아 적법행위로 규정하고 있다. 즉, 경영자는

---

37 王先林 著, 竞争法学(第三版), 中国人民大学出版社, 2018年 8月, p. 127.
38 总局反垄断与反不正当竞争执法局局长就新 《反不正当竞争法》 接受记者专访(中国工商报, 2017. 11. 9.).

거래(交易活動) 중 명시적인 방식으로 거래상대방에게 할인(折扣)해주거나, 중개인에게 수수료(佣金)를 지급할 수 있다. 이 경우 경영자는 사실대로 장부에 기재(如實入账)하여야 하며, 할인이나 수수료를 받은 경영자 역시 사실대로 기장하여야 한다.

3. 다른 유사 행위와의 관계

상업뇌물 행위의 구체적인 형태는 다양하게 나타나고 있다. 다만, 중국에서 가장 전형적이고 자주 발생하는 형식은 리베이트 제공행위(回扣行为)이다. 따라서 리베이트 제공행위와 유사 행위인 할인행위(折扣行为), 수수료 제공행위(佣金行为), 무상제공행위(附赠行为)를 서로 구별하는 것은 상업뇌물 행위를 판단하는 데 있어 아주 중요한 문제이다.

3.1. 리베이트와 상업뇌물의 관계

리베이트(回扣; rebate)란 경영자가 상품을 판매할 때 '장부에 기재하지 않고 은밀히(帐外暗中)' 현금·실물 또는 기타 방식으로 거래상대방인 단위 또는 개인에게 반환(退给)하는 일정 비율의 상품 대금을 의미한다. 여기서 '장부에 기재하지 않고 은밀히(帐外暗中)'란 경영자가 생산 경영활동 또는 행정사업경비의 수입과 지출을 법에 의거 반영하는 재무장부상에 『재무회계제도(财务会计制度)』규정에 의거 명확하게 사실대로 기재하지 않는 것을 말하며, 이는 재무 장부 미기재·다른 재무 장부에 전입하거나 거짓으로 기장하는 것 등을 포함한다(상업뇌물규정 제5조 제2항 및 제3항). 일반적으로 리베이트는 현금·실물 또는 기타 방식으로 제공되나, 실제로는 제재를 회피하기 위하여 할인·광고비·선전비·포장비·회의비 등 다양한 명목으로 나타나고 있으며, 그 지급방식도 갈수록 은밀해지고 있다.

리베이트 제공행위가 상업뇌물로 인정되기 위해서는 그 지급이 은밀한 방식으로 이루어져야 한다. 즉, "상대방인 단위 또는 개인에게 장부에 기재하지 않고 은밀히 리베이트를 제공하는 경우 뇌물을 제공(行贿)한 행위로 처리하며, 상대방인 단위 또는 개인이 장부에 기재하지 않고 은밀히 리베이트를 수수한 경우 뇌물을 수수(受贿)한 행위로 처리한다(상업뇌물규정 제5조 제1항)."

한편, 리베이트 제공행위는 주로 판매자와 구매자 간에 발생한다. 따라서 구매자와 소비자를 소개하여 중개인이 특정 경영자로부터 얻은 이익은 리베이트에 속하지 않고 중개 수수료(佣金) 또는 용역보수라 칭한다.

3.2. 할인과 상업뇌물의 관계

할인(折扣)이란 상품의 구매와 판매과정에서의 이윤반환(让利)[39]행위로서 경영자가 상품을 판매할 때 명시적이고 사실대로 장부에 기재하는 방식으로 상대방에게 주는 가격 우대를 의미한다. 할인에는 2가지 종류가 있는데, ① 대금을 지급할 때 그 대금총액에서 일정 비율에 따라 즉시 공제(扣除)해주는 형식과 ② 대금총액을 지급한 후 다시 일정 비율에 따라 환급(退还)해 주는 형식이 있다(상업뇌물규정 제6조 제2항).

이러한 할인은 상업 관례상 보편적으로 인정되고 있는 일종의 마케팅전략이다. 다만, 그 방식은 공개적이고 명시적이어야 한다. 즉, 경영자는 거래 중 명시적인 방식으로 거래상대방에게 할인해 줄 수 있다. 다만, 이 경우 경영자는 '사실대로 장부에 기재'하여야 하며, 할인받은 경영자 역시 사실대로 장부에 기재하여야 한다. 여기서 '명시적 장부 기재(明示和入帐)'란 계약상 약정한 금액 및 지급방식에 근거하여 경영자가 생산 경영활동 또는 행정사업경비의 수입과 지출을 법에 의거 반영하는 재무장부상에 『재무회계제도(财务会计制度)』규정에 따라 명확하게 사실대로 기재하는 것을 의미한다(상업뇌물규정 제6조 제3항).

따라서 할인행위가 상업뇌물로 인정되기 위해서는 그 지급이 은밀한 방식으로 이루어져야 한다.

3.3. 리베이트와 할인의 차이

리베이트(回扣)와 할인(折扣)은 비록 형식상으로는 서로 비슷한 면이 있으나, 양자는 본질적인 면에서 차이가 있다. 양자의 주요 차이를 살펴보면 다음과 같다. ① (제공방식) 양자는 제공방식이 다르다. 즉, '명시적이고 사실대로 장부에 기재(明示如实

---

39 让利是指企业以减少产品销售利润为代价, 使顾客从购买本企业产品中得到更多的实惠, 以促进产品销售的一种特别优惠促销法. "让利"和"打折"的换算关系：打折是用几几折的说法, 如打9折就是按原价的90％交款, 对应的就是让利10％. 让利则是用百分之几代表, 如让利25%的意思是在总价的基础上减让25%, 对应的是75折.

入帐)'하는 방식은 할인행위로서 일종의 정상적인 상업 판촉 행위 및 상업 관례에 해당하여 법률의 보호를 받는다. 반면에 '장부에 기재하지 않고 은밀히(帐外暗中)' 지급하는 방식은 리베이트로서 일종의 전형적인 상업뇌물에 해당하여 법률의 엄격한 규제를 받는다. 따라서 형식은 할인이나 실제는 리베이트인 경우, 당연히 상업뇌물 행위에 속하게 된다. ② (제공대상) 양자는 제공대상이 다르다. 할인은 구매와 판매의 쌍방 당사자 간에 발생한다. 따라서 이는 단지 거래상대방에게 줄 수 있으며, 그 담당자(经办人员[40])에게는 줄 수가 없다. 반면에 리베이트는 거래 상대인 당사자에게 줄 수 있을 뿐만 아니라, 상대방 단위의 책임자 또는 담당자에게도 줄 수가 있다. ③ (제공이유) 양자는 제공하는 이유가 다르다. 경영자가 할인을 제공하는 데는 일반적으로 정당한 이유(예, 명절 맞이 할인, 개점 할인, 이월상품할인 등)가 존재한다. 반면에 리베이트는 표면상 충분한 이유가 없으며, 그 실질적인 이유는 거래 기회 또는 경쟁우세를 획득하기 위한 것이다. ④ (제공영역) 양자는 제공하는 영역이 다르다. 할인은 통상적으로 일상 소비품 영역에서 발생한다. 반면에 리베이트는 각 분야(领域) 및 각 경제단계(经济层次)에서 발생할 수 있다.

3.4. 수수료와 상업뇌물의 관계

수수료(佣金)란 경영자가 시장거래 중에 그를 위하여 서비스를 제공하는 합법적인 경영 자격을 갖춘 중개인(中间人)에게 주는 용역보수(劳务报酬)를 의미한다(상업뇌물 규정 제7조 제2항). 여기서 중개인은 반드시 합법적인 경영 자격을 갖추어야 하며, 그렇지 않으면 일반적인 의미에서의 상업뇌물을 구성하게 된다. 이것이 수수료와 리베이트의 가장 큰 차이점이다.

이러한 수수료(佣金) 자체는 상업활동에 있어 일종의 합법적인 지급방식으로서 경영자가 거래를 성사시킨 경영자격을 갖춘 중개인에게 명시적이고 사실대로 장부에 기재[41]하는 방식으로 지급하는 경우, 상업뇌물에 속하지 않게 된다. 즉, "경영자는 거래 중 명시적인 방식으로 중개인에게 수수료를 줄 수 있다. 이 경우 경영자는 '사

---

40 经办人员不一定是会计, 就是亲手办理某个业务的人员。

41 수수료는 계정(账目)상 영업수익의 공제항목(抵减项目)으로 기재한다. 한편, 수수료 지급방법에는 일반적으로 2가지 종류가 있다. ① 중개인이 직접 상품 대금의 총액에서 비율에 따라 수수료를 공제하는 방법이다. ② 위탁자가 거래상대방과 결산한 후 사전에 약정한 기한 및 비율에 따라 중개인에게 사례금을 주는 방법이다.

실대로 장부에 기재(如实入帐)'하여야 하며, 수수료를 받은 경영자 역시 사실대로 장부에 기재하여야 한다(법 제7조 제2항)."

다만, 명시적이고 사실대로 장부에 기재하지 않고 수수료를 받는 상황에 대해서는 법률상 명확한 설명이 없다. 실제 이러한 정황은 비교적 복잡한 문제로서 상업뇌물 행위를 구성할 수도 있고, 재경규율(财经纪律)을 위반한 행위일 수도 있어 구체적인 분석이 필요하다.[42] 실제로 불법적인 수수료 행위는 다음과 같이 2가지 상황에서 발생한다. 즉, ① 중개인이 합법적인 경영 자격을 갖추지 못한 경우이다. ② 수수료 비율이 법률 규정이나 상업 관례를 위배한 경우이다.[43]

3.5. 증정과 상업뇌물의 관계

증정(附贈)은 경영자가 상품거래 중 부수적으로 거래상대방에게 일정 수량의 현금 및 물품을 무상으로 제공하는 행위이다.[44] 증정품은 불특정한 모든 거래상대방에게 제공되며, 거래상대방이 누구인가와 관계없이 그와 거래가 발생하기만 하면 증정품을 제공한다, 이러한 점이 추첨식 경품 판매 및 상업뇌물과 구별되며, 상업뇌물의 액수는 상대방에 따라 다르나 증정은 같다는 점에서 차이가 있다.

이러한 증정은 일종의 판촉 수단으로서 원칙적으로는 적법한 행위이다. 그러나 상업 관례를 벗어난 과다한 증정의 경우, 상업뇌물에 속할 수 있다. 즉, "경영자는 상품거래 중 상대방인 단위 또는 그 개인에게 현금 또는 물품을 증정하여서는 아니 된다. 다만, 상업 관례에 따라 소액의 홍보선물(小额广告礼品)을 증정하는 경우에는 제외한다. 만약 이 규정을 위반한 경우에는 상업뇌물 행위로 간주한다(상업뇌물규정 제8조)." 그러나 그 구체적인 허용범위에 대해서는 명확히 규정하지 않고 있다.

일반적으로 증정 행위에 대한 상업뇌물 적용 여부를 판단할 때, 고려할 요건은 다음과 같다. ① (증정 대상) 증정의 대상은 경영자가 다른 경영자에 대하여 제공하는 증정과 경영자가 소비자에게 제공하는 증정으로 나눌 수 있다. 이 경우 전자는 상업뇌물 행위로 적용될 수가 있다. 그러나 후자의 경우에는 일반적으로 증정품의 가치가 높지 않고, 그 대상이 분산되며, 증여형식이 공개적으로 이루어지는 특징 등이 있어 상업뇌물 행위에 속하지 않고, 부당한 경품 행위의 적용을 받는다. ② (증정 가

---

42 王先林 著, 竞争法学(第三版), 中国人民大学出版社, 2018年 8月, p. 129.
43 徐孟洲·孟雁北 共著, 竞争法(第三版), 中国人民大学出版社, 2018年 6月, p. 242.
44 徐孟洲·孟雁北 共著, 竞争法(第三版), 中国人民大学出版社, 2018年 6月, p. 242.

치) 증정하는 금전 또는 물품의 가치이다. 증정품의 가치가 소액의 홍보선물의 범위
를 벗어나 너무 높거나 합리적인 금액을 초과할 경우 사실상 같은 업종의 정상적인
거래에 영향을 미치기 때문에 부당한 경쟁행위에 해당할 수가 있다.[45]

▛ 〈사례〉 GSK의 상업뇌물 행위 건[46] ▟

1. 법 위반 사실

2013년 상반기 공안기관은 업무 중 GSK(GlaxoSmithKline; 葛兰素史克)중국투자회사(이
하 'GSK'라 함)[47]의 일부 고위 관리자(高管) 및 관련 여행사 고위 간부(高层人员)에 대한 상
업뇌물 및 탈세 범죄혐의를 직권 인지하였다.

조사한 결과, GSK의 일부 고위 관리자와 다수의 여행사가 합작(合作)하여 GSK의 일부 회
의 · 훈련 등의 프로젝트를 여행사가 담당하는 것으로 위조(造假)하였다. 그리고 여행사는 관
련 프로젝트 및 비용을 허위보고하고 영수증 등을 허위발행하는 수단을 통하여 GSK로부터
현금을 수취한 후, 다시 GSK의 일부 고위 관리자에게 이를 반환하였다. 이렇게 조성된 자금
은 GSK 고위 관리자가 일부는 착복하고, 일부는 정부의 관계자 · 의약협회 · 기금회 · 병원 ·
의사 등에게 뇌물을 제공하는 데에 사용되었다.

2. 법원의 판결

호남성 장사시(湖南省长沙市) 중급인민법원은 2014.9.19. 비공개심리를 거쳐 다음과 같이
판결하였다. GSK는 약품 판매량을 늘리고 부당한 이익을 도모(谋取)하고자 뇌물제공 판매
모델(贿赂销售模式)을 채택하여 다양한 형식으로 전국 각지 의료기구에서 의료업무에 종사
하는 비국가근무자에게 거액의 뇌물을 제공하였다. 또한, 마모 등 회사의 고위 관리자는 직접
담당하는 주관자로서 뇌물제공 판매를 적극적으로 조직 · 추진 및 실행하였다.

이러한 GSK 및 그 관계자의 행위는 모두 비국가근무자에 대한 뇌물제공죄에 해당한다. 아울
러 피고인 황모는 직무상의 편리를 이용하여 타인의 재물을 불법적으로 수수하였고, 타인을
위해 이익을 도모하였는바, 그 행위는 비국가근무자의 뇌물수수죄에 해당한다.

따라서 법원은 비국가근무자에 대한 뇌물제공죄에 대해서는 GSK에 벌금 30억元을 선고하였
으며, 그 관계자에게는 위반 정도에 따라 유기징역 3년 이하 · 집행유예(缓刑) 4년 이하 및 국
외추방(驱逐出境)을 선고하였다. 한편, 비국가근무자의 뇌물수수죄에 대하여는 유기징역 3
년과 집행유예 4년을 선고하였다.

---

45 种明钊 主编, 竞争法, 法律出版社, 2008년, p. 172.

46 王先林 著, 竞争法学(第三版), 中国人民大学出版社, 2018年 8月, pp. 130~131. 참고로 이 사례는
    공안기관이 직접 조사하여 처리한 사건이다.

47 GSK의 본사는 영국에 있으며, 당시 최대규모의 다국적제약회사 중의 하나이다. 당사는 2001년부터 중
    국에서 주로 처방약(전문의약품) · 비처방약(일반의약품) · 백신(疫苗) 및 소비보건품을 취급하고 있다.

제6절 부당한 경품제공 판매행위

1. 경품제공 판매행위의 의미

경품제공 판매행위(有奖销售行为)란 경영자가 상품을 판매하거나 서비스를 제공하면서 구매자에게 물품·금전 또는 기타 경제상의 이익을 부수적으로 제공하는 행위를 말한다. 이는 경품제공방식에 따라 모든 구매자에게 제공(奖励)하는 증정식 경품 판매와 일부 구매자(즉, 당첨자)에게 제공하는 추첨식 경품 판매로 분류할 수 있다.[48]

그중 증정식 경품 판매(附赠式有奖销售)는 경영자가 상품을 판매하거나 서비스를 제공할 때, 일정한 조건(예, 구매 수량 또는 가치)을 충족하는 소비자 또는 관련 대중에게 물품·금전 또는 기타 경제상의 이익을 부수적으로 제공하는 행위를 말한다. 추첨식 경품 판매(抽奖式有奖销售)는 경영자가 추첨(抽签)·번호 뽑기(摇号)·번호 대조(对号码) 등의 우연성을 지니는 방법으로 소비자 또는 관련 대중의 당첨 여부를 결정하는 행위를 의미한다. 따라서 양자의 차이점은 경품대상자를 확정하는 방식이 전자는 확정성을 지니나, 후자는 우연성과 임의성을 지닌다는 데 있다.

한편, 정부 또는 정부의 유관부서에서 법에 의거 승인한 경품제공모금(有奖募捐) 및 기타 복권 판매(彩票发售) 활동은 경품제공 판매에 속하지 아니한다.

2. 부당한 경품제공 판매행위의 유형

부당한 경품제공 판매행위(不正当有奖销售行为)란 경영자가 경품제공 판매 활동을 진행하면서 관련 법률 및 규정을 위반하여 구매자와의 거래를 유혹함으로써 시장의 경쟁 질서를 문란케 하고, 다른 경영자 또는 소비자의 합법적인 권익을 침해하는 행위를 의미한다.

관련 법규 및 그동안 중국의 시장경제발전과정에서 출현한 경품제공방식 및 위법 사례를 종합해 볼 때, 부당한 경품제공 판매행위의 유형은 다음과 같이 분류할 수

---

48 『경품제공판매활동 중 부당한 경쟁행위 금지에 관한 약간의 규정(关于禁止有奖销售活动中不正当竞争行为的若干规定, 1993.12.24., 공상관리국 영 제19호, 이하 **경품제공규정**이라 함)』 제2조; 현재 이 규정은 신 『반부정당경쟁법』 제10조 등 경품 관련 규정의 개정에 따라, 시장관리총국에서 개정안을 마련하여 의견수렴 후, 개정 절차를 진행하고 있다.

있다.

2.1. 불명확한 경품정보 제공행위

불명확한 경품정보 제공행위란 "경영자가 경품제공 판매를 진행할 때, 경품개설현황(设奖的种类)·경품교환조건(兑奖条件)·경품의 금액 또는 경품 등의 경품제공 판매정보가 불명확하여 경품교환에 영향을 미치는 행위"이다(법 제10조 제1호).

따라서 경영자가 경품제공 판매를 진행할 경우, 구매자에게 경품개설현황(设奖的种类)·당첨 확률(中奖概率)·경품 금액 또는 경품 종류(奖品种类)·경품교환시간(兑奖时间) 및 방식 등의 사항을 분명하게 밝혀야 한다. 다만, 비현장에서 즉시 경품을 추첨(开奖) 하는 추첨식 경품판매인 경우에는 그 고지사항에 추첨 시간·장소·방식과 당첨자에게 통지하는 시간 및 방식을 포함하여 안내하여야 한다. 또한, 경영자는 대중에게 이미 명시한 상술한 사항을 변경할 수 없다.

그 밖에 경영자가 판매 현장에서 즉시 당첨자를 발표하는 경품 판매행사를 하는 경우, 500元 이상을 초과하는 경품의 교환상황에 대해서는 수시로 구매자에게 알려야 한다.

2.2. 기만성 경품제공 판매행위

기만성 경품제공 판매행위(欺骗性有奖销售行为)란 경영자가 거짓경품제공(谎称有奖) 또는 고의로 내정자가 당첨되는 기만적인 방식을 채택하여 경품제공 판매를 하는 행위이다. 그 구체적인 세부 유형은 다음과 같다.[49]

첫째, 경품제공 판매를 사칭(谎称)하거나, 경품개설현황(设奖的种类)·당첨확률(中奖概率)·경품 최고금액(最高奖金额)·총금액 및 경품의 종류·수량·품질·제공 방법 등에 대하여 사실과 달리 허위로 표시하는 경우이다.

둘째, 부당한 수단을 채택하여 고의로 내정자가 당첨되는 경우이다.

셋째, 조작성 경품 판매(操纵有奖销售)행위이다. 이는 다시 2가지 유형으로 분류할 수 있다. ① 고의로 당첨 표지가 되어있는 상품·추첨권(奖券)을 시장에 투입하지 아니하거나, 시장에 그 전부를 투입하지 않는 경우 또는 상품·추첨권을 동시에 시장에 투입하지 않는 경우이다. ② 고의로 경품 금액 또는 경품표지가 다르게 표시(带

---

49 법 제10조 제2호, 경품제공규정 제3조 및 제5조.

有)된 상품과 추첨권을 시간을 달리하여 시장에 투입하는 경우 등이다.

넷째, 경영자가 경품제공 판매 수단을 이용하여 저질상품을 고가로 판매하는 행위이다. 이 경우 저질 고가(质次价高) 여부는 시장관리총국이 동일시기 시장의 같은 종류의 상품가격·품질 및 구매자의 신고에 근거하여 판단한다.

다섯째, 기타 기만적인 경품제공 판매행위(欺骗性有奖销售行为)이다.

2.3. 거액경품제공 판매행위

거액의 경품제공 판매행위(巨奖销售行为)는 소비자를 부당하게 유혹하며, 소비자의 투기심리를 조장하는 동시에 공정한 경쟁 질서를 훼손하기 때문에 법의 규제를 받게 된다.

법 제10조 제3호는 거액의 경품제공 판매행위를 금지하기 위하여 법정 최고경품한도액을 규정하고 있다. 즉, 경영자가 추첨식 경품제공 판매를 진행할 경우, 그 경품의 최고가액(最高奖的金额)은 5만元을 초과할 수 없다. 만약, 경영자가 경품제공 판매 활동을 하면서 경품 또는 증정품을 현금이 아닌 물품 또는 기타 경제적인 이익으로 제공(奖励)할 경우, 그 경품의 가치는 동일시기 시장의 같은 종류의 상품 또는 서비스의 정상가격을 그 금액으로 환산한다.

제7절 상업비밀 침해행위

1. 상업비밀의 의의

1.1. 상업비밀의 의미

혁신성장의 핵심요소 중의 하나인 지식재산권 보호를 강화하기 위하여 신법은 상업비밀에 대한 보호 범위를 확대하였다. 즉, 상업비밀의 정의에서 구법에서 규정하던 "권리자를 위하여 경제적인 이익을 가져오고 실용성을 구비하는"을 "상업적 가치를 구비하는"으로 개정함으로써 소위 '영리성' 표현을 삭제하였다. 그 결과, 실패한 실험 결과 보고 또는 설계도 등도 상업비밀의 보호 대상에 포함하게 되었다. 또한, 권리자가 채택하는 "비밀 보호조치"를 "상응한 비밀 보호조치"로 규정하여 보안 조치 요구수준을 완화함으로써 침해행위에 대한 피해구제를 용이하게 하였다.

즉, 상업비밀(商業秘密)이란 "대중에게 알려지지 아니하고(즉, 비밀성), 상업적 가치를 구비하며(즉, 가치성), 권리자가 상응한 비밀 보호조치를 채택(즉, 보안성)한 기술정보 · 경영정보 등의 상업 정보"를 의미한다(법 제9조 제4항). 여기서 '대중에게 알려지지 아니한(不为公众所知悉)'이란 그 정보가 공개적인 경로로부터 직접 획득할 수 없는 경우를 의미하며, '권리자(权利人)'란 법에 의거 상업비밀에 대한 소유권 또는 사용권을 향유 하는 국민(公民) · 법인 또는 기타조직을 의미한다. 그리고 '비밀 보호조치(保密措施) 채택'이란 권리자가 비밀유지협약체결, 비밀보호제도 수립 및 기타 합리적인 비밀 보호조치를 채택하는 것을 포함"하며, '기술정보(技术信息) · 경영정보(经营信息)'란 설계 · 절차 · 제품배합 방법(产品配方) · 제조공정(制作工艺) · 제작 방법 · 관리비법(管理诀窍) · 고객명단 · 거래처 정보(货源情报) · 생산 판매 전략(产销策略) · 최저입찰가(招投标中的标底) 및 입찰문서 내용(标书内容) 등의 정보를 포함한다.[50] 여기서 고객명단(客户名单)이란 "일반적으로 고객의 명칭 · 주소 · 연락방식 및 거래의 습관 · 의향 · 내용 등으로 구성되어 관련 공지정보와 구별되는 특수 고객정보를 의미하며, 수많은 고객을 모은 고객명부(客户名册) 및 장기적으로 안정된 거래 관계를 유지하는 특정 고객을 포함한다(부당한 경쟁안건해석 제13조)." 따라서 상업비밀의 개념에는 기술 비밀 · 경영 비밀 · 관리 비밀이 모두 포함됨을 알 수 있다.

1.2. 상업비밀의 구성요건

상업비밀 여부를 판단하는 데 필요한 주요 구성요건으로는 "비밀성 · 상업 가치성 및 보안성"을 들 수 있다. 그 요건을 구체적으로 살펴보면 다음과 같다.

1.2.1. 비밀성

비밀성(秘密性)은 공개되지 않은 비밀상태의 정보로서 공유된 정보(公知或共知信息)와 상대적인 개념이다. 즉, "공개적인 경로로부터 직접 획득할 수 없는 정보"를 의미하는데, 이에 대해 『부당한 경쟁안건해석』 제9조는 "그 소속 영역의 관계자가

---

50 『상업비밀 침해행위 금지에 관한 약간의 규정(关于禁止侵犯商业秘密行为的若干规定, 1998.12.3. 이하 상업비밀규정이라 함)』 제2조.

보편적으로 알지 못하고, 쉽게 획득하지 못하는 관련 정보"로 해석하고 있다. 아울러 '대중에게 알려지지 아니한(不为公众所知悉) 관련 정보(有关信息)'를 구성하지 아니하는 상황(즉, 비밀성이 없는 정보)을 다음과 같이 열거하고 있다. ① 당해 정보가 그가 소속한 기술 또는 경제영역에 있는 사람들의 일반상식 또는 업계 관례(行业惯例)인 경우, ② 그 정보가 단지 제품의 크기(尺寸)·구조·재료·부품의 간단한 조합 등과 관련된 내용이고, 시장진입 후 관련 대중이 제품의 관찰을 통하여 바로 직접 획득할 수 있는 경우, ③ 그 정보가 이미 공개 출판물 또는 다른 매체에 공개적으로 공표된 경우, ④ 그 정보가 이미 공개된 보고회·전람회 등의 방식을 통하여 공개된 경우, ⑤ 그 정보가 다른 공개된 경로로부터 획득할 수 있는 경우, ⑥ 그 정보가 일정한 대가를 지급할 필요 없이 쉽게 획득할 수 있는 경우이다.

1.2.2. 상업 가치성

상업 가치성(商业价值性)이란 "상업비밀이 실제 생산 또는 경영관리 중 반드시 응용될 수 있고, 경제적 가치가 있어 그 권리자를 위하여 실제적 또는 잠재적인 경제이익과 경쟁우세를 충분히 가져올 수 있는 정보"[51]를 의미한다. 즉, 상업비밀의 가치성은 권리자에게 가져올 수 있는 경제이익과 경쟁우세로 표현되고 있다.

이러한 상업 가치성에 대해, 법 제9조 제4항은 상업비밀의 개념 정의에서 "상업적 가치를 구비"하는 것을 그 요건으로 규정하고 있으며, 『부당한 경쟁안건해석』제10조는 ① 관련 정보가 현실적 또는 잠재적 상업 가치를 지니며, ② 권리자를 위하여 경쟁우세를 가져올 수 있는 것으로 규정하고 있다. 그중 전자는 상업비밀의 가치성은 현실적인 가치성과 잠재적인 가치성을 포괄하는 것을 의미한다. 즉, 현실적이고 직접 응용할 수 있는 정보와 비록 현실적으로 응용할 수는 없으나 장래에 응용할 수 있는 정보(예, 단계적 연구성과 등)를 모두 포함하는 의미이다. 후자는 적극 정보(즉, 직접적인 응용 가치를 지니는 정보)이든 소극 정보(즉, 권리자에 대해 새로운 가치를 추가로 창조할 수 없는 정보)이든 간에 경쟁우세를 유지하는 데 있어 의미를 지니기만 하면, 모두 상업비밀로서 보호를 받을 수 있음을 의미한다.

따라서 상업비밀이 법률보호를 받는 상업적 가치에는 다음 요소를 모두 포함하여야 한다. ① 상업비밀의 개발비용, ② 현실적인 경제 효익, ③ 현재 및 장래의 경쟁

---

51 王先林 著, 竞争法学(第三版), 中国人民大学出版社, 2018年 8月, p. 152.

우세, ④ 비밀 보호 비용(즉, 상업비밀을 보호하기 위하여 대중이 알지 못하도록 지출하는 물질 및 노무)이다.[52]

1.2.3. 보안성

보안성(保密性)이란 관리성(管理性)이라고도 하는데, "권리자가 정보누설을 방지하기 위하여 취하는 그 상업적 가치 등 구체적인 상황에 상응한 합리적인 보호조치를 의미한다."[53] 이러한 보호조치는 제도적인 조치와 물리적인 조치로 나누어 볼 수 있다. 그중 전자는 비밀유지계약 체결, 비밀보호제도의 수립, 기밀 표시, 문서의 발송범위 및 수량 제한, 보안 교육 강화 등을 포함한다. 후자는 기계설비의 분리, 경비 (门卫) 강화, 자료 봉인(资料锁定) 등을 포함한다.

이러한 상업비밀의 보안성에 대해, 법 제9조 제4항은 상업비밀의 개념 정의에서 "권리자가 상응한 비밀 보호조치를 채택"할 것을 그 요건으로 하고 있다. 이는 상업비밀에 대한 보호조치가 합리적이며, 상대방이 객관적으로 식별할 수 있으면 충분한 것으로 이해되고 있다. 이에 대해, 상업비밀규정 제2조 제4항은 권리자가 채택하는 비밀 보호조치의 범위에 "비밀유지협약체결, 비밀보호제도 수립 및 기타 합리적인 비밀 보호조치를 채택"하는 내용을 포함하고 있다.

그리고 『부당한 경쟁안건해석』 제11조는 비밀 보호조치(保密措施)를 "권리자가 정보누설을 방지하기 위하여 채택하는 그 상업 가치 등 구체적인 정황과 서로 상응 (适应)하는 합리적인 보호조치"로 해석하고 있다. 또한, 비밀 보호조치의 합리성을 인정할 때에는 "관련 정보보관시설(信息载体)의 특성·권리자의 비밀 보호 의지(意愿)·비밀 보호조치를 식별할 수 있는 정도·타인이 정당한 방식을 통하여 획득하는 데 있어서의 난이도" 등의 요소를 고려하여야 한다. 아울러 다음 요건 중의 하나를 구비하며, 정상적인 상황에서 비밀과 관련되는 정보의 누설을 충분히 방지한 경우, 권리자가 비밀 보호조치를 채택한 것으로 인정하고 있다. 즉, ① 비밀과 관련되는 정보의 인지 범위(知悉范围)를 한정하여 단지 필수인지 관계자에 대하여 그 내용을 고지한 경우. ② 비밀과 관련되는 정보의 보관시설에 대한 잠금장치(加锁) 등의 방범 조치를 채택하거나, 보관시설 위에 비밀 보호 표지를 한 경우, ③ 비밀과 관련되

---

52 王先林 著, 竞争法学(第三版), 中国人民大学出版社, 2018年 8月, pp. 152~153.
53 刘继峰 著, 竞争法学, 北京大学出版社, 2018年, p. 338.

는 정보에 대하여 비번이나 코드(代码) 등을 부여(采用)한 경우, ④ 비밀유지협약(保密协议)을 체결한 경우, ⑤ 비밀과 관련되는 기계·공장건물(厂房)·작업장(车间) 등의 장소에 내방자 제한 또는 비밀 보호를 요구한 경우, ⑥ 정보의 비밀에 대한 다른 합리적인 조치를 확보한 경우이다.

2. 상업비밀 침해행위에 대한 법률규제

2.1. 상업비밀 침해행위 판단요건

상업비밀 침해행위(侵犯商业秘密行为)[54]란 영업비밀침해행위로 부르기도 하는데, 경영자 또는 개인이 경쟁 또는 개인의 목적을 위하여 부당한 방법으로 권리자의 상업비밀을 획득·사용·공표 또는 타인의 사용을 허락하는 행위를 의미한다.

이러한 상업비밀 침해행위(侵犯商业秘密行为) 여부를 판단하는 데 필요한 주요 구성요건은 "주체 요건·주관요건·행위요건"으로 분류할 수 있다. 그 요건을 구체적으로 살펴보면 다음과 같다.[55]

2.1.1. 주체요건

상업비밀 침해행위의 주체는 대략 세 부류이다. 즉, ① 단위 내부의 근무자(특히, 관련 기술자와 관리자), ② 계약상 비밀 보호 의무자, ③ 권리를 침해한 제3자이다. 그 중 제3자는 타인의 상업비밀권리를 침해한 경우로서 특별히 비밀보호의무 약정이 없는 제3자를 의미한다. 이에 대해 법 제9조 제2항은 제3자가 상업비밀 권리자의 직원·전 직원 또는 다른 부서나 개인이 상업비밀 침해행위를 실시한 것을 분명히 알거나 응당 알면서도 그 상업비밀을 계속하여 획득·공표·사용하거나 타인의 사용을 허락한 경우, 상업비밀을 침해한 것으로 보고 있다. 이 경우 그 행위의 주체는 직원 등이 아닌 제3자를 의미한다.

---

54 상업비밀 침해행위는 우리나라 하도급법상의 '기술자료 제공 요구·유용행위', 공정거래법상의 불공정거래행위 중 '사업 활동 방해행위(기술의 부당이용)'와 유사하다.
55 王先林 著, 竞争法学(第三版), 中国人民大学出版社, 2018年 8月, p. 155.

2.1.2. 주관요건

상업비밀 침해행위를 인정할 때에는 주관적으로 권리 침해자의 잘못(过错)이 응당 존재하여야 하며, 고의 및 과실을 포함한다. 따라서 행위자의 주관적인 잘못이 있으면, 그것이 고의이든 과실이든 일반과실이든 중대과실이든 간에 관계없이 모두 배상 책임을 부담하여야 한다.

2.1.3. 행위요건

상업비밀 침해행위를 인정할 때에는 객관적인 면에서 행위자가 법률이 금지하는 위반행위를 실시하여야 한다. 즉, 부당한 수단으로 권리자의 상업비밀을 획득·사용·공표(披露) 또는 타인의 사용을 허락한 경우 등이다.

2.2. 상업비밀 침해행위의 세부유형

상업비밀 침해행위는 그 권리자에게 직·간접적인 경제적 손실을 초래할 뿐만 아니라, 시장의 경쟁 질서 및 공정한 경쟁환경을 심각하게 훼손할 수 있다. 따라서 법은 경영자의 상업비밀 침해행위를 엄격히 금지하고 있는데, 그 구체적인 금지유형을 살펴보면 다음과 같다(법 제9조 제1항 및 제3항).

① 부당한 상업비밀 획득행위이다. 즉, 절도·뇌물·사기·협박·전자 침입(电子侵入) 또는 기타 부당한 수단으로 권리자의 상업비밀을 획득하는 행위이다.

② 부당하게 상업비밀을 공표·사용 또는 타인사용을 허락하는 행위이다. 즉, 제①항의 수단으로 획득한 권리자의 상업비밀을 공표·사용 또는 타인의 사용을 허락하는 행위이다.

③ 성실의무 위배행위이다. 즉, 상업비밀을 적법하게 보유하고 있으나, 비밀 보호 의무를 위반하거나 권리자의 상업비밀 준수(保守)와 관련한 요구를 위반하여 그가 장악한 상업비밀을 공표·사용 또는 타인의 사용을 허락하는 행위를 의미한다. 그 주요 유형으로는 외부인(즉, 권리자와 업무 관계가 있는 외부의 단위 및 개인)이 위반한 경우와 내부인(즉, 권리자의 직원)이 위반한 경우로 분류할 수 있다.

④ 타인의 상업비밀침해를 교사·유혹·돕는 행위이다. 즉, 타인이 비밀 보호 의무를 위반하거나 권리자의 상업비밀 준수와 관련한 요구를 위반하여 권리자의 상

업비밀을 취득·공표·사용 또는 타인의 사용을 허락하도록 교사·유혹·돕는 행위이다.

⑤ 비선의(非善意) 제3자의 간접 침해행위이다. 즉, 제3자가 상업비밀 권리자의 직원·전 직원 또는 다른 부서나 개인이 상술한 제①항부터 제④항까지의 위법행위를 실시한 것을 분명히 알거나 응당 알면서도 그 상업비밀을 계속하여 획득·공표·사용하거나 타인의 사용을 허락한 경우, 상업비밀을 침해한 것으로 간주하고 있다. 이 행위는 직원 등이 참여하는 상업비밀침해 문제를 규율하고자 1차 개정(2017.11.4.) 시에 기존규정을 보완한 것으로서 경쟁업무 제한(竞业限制, 又称为竞业禁止或竞业避让) 또는 기술인력 스카우트와 관련하여 제기되는 상업비밀 침해행위를 규제하는 유효한 법적 근거가 되고 있다. 다만, 본 행위는 제3자의 악의(恶意)[56]를 전제로 하는바, "만약에 제3자가 상업비밀 출처(来源)의 부당성에 대하여 결코 그 상황(知情)을 알지 못하는 경우(즉, 선의의 제3자인 경우), 그 행위는 상업비밀 침해행위에 속하지 않는다."[57]

한편, 경영자 이외의 기타 자연인·법인 및 비법인 조직이 상술한 제①항부터 제④항까지의 위법행위를 실행한 경우, 상업비밀을 침해한 행위로 간주한다(법 제9조 제2항).

2.3. 상업비밀 침해행위에 대한 구제조치

상업비밀침해사건의 신속한 구제를 위하여 상업비밀규정 제5조는 당사자 증거제공(举证) 의무 및 "일정한 조건을 만족한 경우 추정방식에 의한 권리침해인정방식[즉, 접촉(接触) + 동일(相同) − 합리적 출처(合理来源)]"[58]을 규정함으로써 실효적인 피해구제를 도모하고 있다. 즉, 상업비밀 권리자(신청인)가 그 권리침해에 대한 조사처리를 신청할 때에는 상업비밀과 권리침해행위 관련 증거자료를 응당 제공하여야 하지만, 피조사 대상자(즉, 단위·피신청인·이해관계자·증명인)도 사실대로 관련 증거를 제공해야 한다. 또한, 권리자(权利人)가 피신청인(被申请人)이 사용하는 정보와 자신

---

56 악의(恶意)의 전제는 분명히 알거나 응당 아는 것이다. 그중 전자(明知)가 표명하는 주관상태는 고의(故意)이며, 후자(应知)의 주관상태는 응당 알아야 하지만 아직 모르는 상태, 즉 과실(过失)을 의미한다.

57 徐孟洲·孟雁北 共著, 竞争法(第三版), 中国人民大学出版社, 2018年 6月, p. 267.

58 王先林 著, 竞争法学(第三版), 中国人民大学出版社, 2018年 8月, p. 159.

의 상업비밀이 일치성(一致性) 또는 동일성(相同性)을 지닌다는 사실을 증명할 수 있고, 동시에 그 상업비밀을 피신청인이 획득한 조건(条件)을 증명할 수 있는 반면에, 피신청인은 자신이 사용하는 정보가 합법적으로 획득 또는 사용한 증거를 제공할 수 없거나 제공을 거절한 경우, 시장관리기관은 관련 증거에 의거 피신청인의 권리침해 행위를 인정할 수 있다. 따라서 이 규정에 의거 상업비밀 권리자의 입증책임이 상대적으로 경감되게 되었다.[59]

한편, 권리침해로 인한 신청인의 피해를 최소화하기 위하여 시장관리기관은 동 규정 제6조에 의거, 사건심사과정에서 권리자의 보증하에 사전적인 강제조치를 취할 수 있다. 즉, 피신청인이 상업비밀을 위법하게 공표·사용·타인의 사용을 허용한 행위가 장차 권리자에게 회복(挽回)할 수 없는 손실을 초래하고, 권리자의 요청과 그가 자원하여 강제조치의 부작용(后果)을 책임진다는 서면 보증을 한 경우, 시장관리기관은 다음과 같은 조치를 채택할 수 있다. ① 피신청인이 부당한 수단으로 획득한 권리자의 상업비밀이 담긴 도면(图纸), 소프트웨어 및 기타 관련 자료를 압류(扣留)한다. ② 피신청인이 권리자의 상업비밀을 사용하여 생산한 제품의 판매 중지를 명령한다.

▌〈사례〉 남경시 소수묘(小树苗)회사의 상업비밀 침해행위 건[60]

1. 법 위반 사실

2018년 초 북경동령통지식재산권서비스회사(北京东灵通知识产权服务有限公司, 이하 '동령통'으로 약칭함) 남경지사의 직원 모두가 돌연 집단사직한 후, 동종업계의 신설회사인 남경소수묘지식재산권서비스회사(南京小树苗知识产权服务有限公司, 이하 '소수묘'로 약칭함)로 이직하였을 뿐만 아니라, 이전 회사의 기존 고객 자료를 도용하였다.

조사한 결과, 동령통은 회사 자체적으로 완벽한 비밀 보호 규정과 조치(이직 시 문서 및 자료의 인계인수 등을 포함)를 마련하였으며, 이직한 직원들과 회사근무 시 비밀 보호 조항을 포함한 노동계약(劳动协议)과 비밀보호협약(保密协议)을 각각 체결하였다. 그러나 이직한 소수묘의 직원 다수의 컴퓨터와 업무채팅방(工作QQ群)에서 이전 회사의 '남경 고객서비스 문건(南京客户档案客服; 이 문건은 계약번호·고객연락인·연락방식·담당자 명단 등이 포함

---

59 다만, 「부당한 경쟁안건 해석」 제14조는 입증책임에 대해 "주장하는 자가 입증(谁主张,谁举证)하는 민사소송의 일반 입증 원칙(一般举证原则)"을 규정하고 있다. 이에 따라 행정기관과 사법기관의 입증책임제도가 다르게 되어 있어, 향후 제도개선이 필요하다.

60 新修订《反不正当竞争法》施行后 南京市首件侵犯商业秘密案办结开出50万罚单(남경일보, 2019. 5.17.).

된 정리된 고객 자료임)'이 발견되었다. 더구나 2019.1.7. 기준 시장관리총국 상표국의 홈페이지에 게시된 소수묘의 상표등록정보 1,506가지 중 456종의 상표등록정보와 관련된 118명의 고객은 동령통의 기존고객이었다.

2. 위법성 판단

먼저 고객 자료(客戶資料)의 상업비밀 여부에 대해, 소수묘는 고객 자료가 공공소프트웨어에서 공개적인 경로(公共渠道)를 통하여 취득할 수 있어 상업비밀에 속하지 않는다고 주장하였으나, 남경시 시장관리국은 그 문건이 서비스 계약체결(服務签约) 후 고객이 기재한 고객의 상세한 정보로서 확정성·진실성 및 집중성을 지니고 있으며, 다른 회사와 개인은 공개적인 경로를 통해 상술한 전체적인 정보를 획득할 방법이 없는바, 그 문건 중의 고객정보(客戶信息)는 비밀성을 지니는 것으로 판단하였다.

따라서 상술한 행위는 법 제9조 제3항이 규정한 "제3자가 상업비밀 권리자의 직원·전 직원 또는 다른 부서나 개인이 위법행위를 실시한 것을 분명히 알거나 응당 알면서도 그 상업비밀을 계속하여 획득·공표·사용하거나 타인의 사용을 허락한 경우(즉, 비선의 제3자의 간접 침해행위)"로서 상업비밀 침해행위에 해당하는 것으로 인정하였다.

3. 시정조치

남경시 시장관리국은 소수묘의 상업비밀 침해행위에 대해, 같은 법 제21조에 의거 위법행위의 중지 명령과 과징금 50만元을 부과하였다.

제8절 인터넷상의 부당한 경쟁행위

1. 인터넷상의 부당한 경쟁행위의 의의

최근 들어 인터넷 기술의 발달과 이를 이용한 새로운 형태의 다양한 상업모델이 출현함에 따라 인터넷 영역에서의 새로운 부당한 경쟁행위도 대폭 증가하고 있다. 특히, 최근에는 인터넷 업계의 경쟁이 치열하고 상업모델(商業模式)이 동조화되는 추세에 기초하여 인터넷기업들이 각종 부당한 수단을 통하여 고객 쟁탈 또는 접속기록(流量)을 쟁취하는 현상이 빈번하게 발생하고 있다.

이처럼 악의적으로 기술을 이용한 부당한 경쟁행위가 갈수록 증가함에 따라 신법에서는 이를 규제하고자 기술 수단을 이용한 인터넷 영역 특유의 부당한 경쟁행위에 대한 별도 규정을 신설하였다. 이에 따라 그동안 인터넷상의 부당한 경쟁행위에 대해서는 입법불비로 행정적인 제재가 불가하여 법 제2조(경영자의 신의성실원칙과 상도

덕 준수 의무)에 근거한 단편적인 민사적 구제에만 의존하였으나, 앞으로는 더욱 신속
하고 실효적인 행정조치가 가능하게 되었다.

인터넷상의 부당한 경쟁행위(互联网不正当竞争行为)란 경영자가 기술 수단을 이용
하여 사용자의 선택에 영향을 미치거나 다른 방식을 통하여 다른 경영자가 합법적으
로 제공하는 인터넷 상품 또는 서비스의 정상 운영을 방해하거나 훼손하는 행위를
의미한다.

이러한 새로운 유형의 인터넷상의 부당한 경쟁행위는 다음과 같은 특징을 지니고
있다. ① 인터넷 경영은 전통적인 시장대비 시공의 제한이 없고 진입장벽(进入门槛)
이 비교적 낮아, 경쟁에 참여하는 기업의 수가 많고 경쟁이 치열하다. ② 인터넷 기
술의 발달에 따라 기술성이 강하고, 인터넷 정보의 풍부성과 인터넷 세계의 가상적
(虚拟性)인 특성으로 인하여 경영자 간의 경계가 매우 불분명하여 은폐성이 높고 발
견이 쉽지 않다. ③ 인터넷 참여자는 인터넷이 제공하는 플랫폼을 이용하여 쉽게 상
호 정보를 교환하고 자원을 공유할 수 있게 되었다. ④ 인터넷 공간의 무한성과 인
터넷 정보전달의 즉시성으로 인하여 부당한 경쟁행위로 야기된 손해나 영향이 크다.

2. 인터넷상의 부당한 경쟁행위의 규제유형

인터넷상의 부당한 경쟁행위에 대한 규제는 ① 포괄적인 부당한 경쟁행위 금지규
정과 ② 새로운 유형의 인터넷상의 부당한 경쟁행위 금지규정으로 나누어 볼 수 있
다. 즉, ① (포괄적인 금지규정) 법 제12조 제1항은 포괄적인 부당한 경쟁행위 금지
조항으로서 "경영자가 인터넷(网络)을 이용하여 생산 경영활동에 종사하는 경우, 이
법의 각 규정을 준수"하도록 규정하고 있다. 이에 따라 법이 규정한 상술한 6종의
전통적인 유형의 부당한 경쟁행위도 당연히 적용되어 금지된다. ② (새로운 유형의
금지규정) 동조 제2항에서는 경영자의 기술 수단을 이용하여 사용자의 선택에 영향
을 미치거나 다른 방식을 통하여 다른 경영자가 합법적으로 제공하는 인터넷 상품
또는 서비스의 정상 운영을 방해 또는 훼손(破坏)하는 행위를 금지하면서, 그 구체적
인 금지유형으로 인터넷상의 부당한 경쟁행위를 열거하고 있다. 이에 따라 인터넷상
의 부당한 경쟁행위는 전자인 전통적인 유형의 부당한 경쟁행위와 후자인 새로운 유
형의 부당한 경쟁행위로 분류할 수 있다. 여기에서는 후자인 새로운 유형의 부당한

경쟁행위에 대해 살펴보고자 한다.

2.1. 인터넷 접속(网络链接) 중의 부당한 경쟁행위

이는 '링크 삽입 또는 강제연결행위(插入链接, 强行跳转行为)'로 부르기도 하는데, 경영자가 "다른 경영자의 동의 없이 그가 합법적으로 제공하는 인터넷 상품 또는 서비스에 링크를 삽입(插入链接)하거나 강제로 목표를 건너뛰게 하는(强制进行目标跳转) 행위(이하 인터넷접속방해행위라 함)"를 의미한다(법 제12조 제2항 제1호). 이러한 인터넷접속방해행위(流量劫持)는 다음과 같이 3가지 형태로 나눌 수 있다.[61]

한편, 인터넷접속방해행위에 대한 위법성 판단의 핵심요소는 강제성 유무이다. 따라서 고객의 사전동의 없이 검색내용과 무관한 각종 광고화면이나 정보를 강제로 팝업 처리(强行弹出)하는 현상 등은 부당한 경쟁행위로 인정된다.

2.1.1. 고객접속방해

고객접속방해(客户端劫持)는 악의적인 삽입(插件), 바이러스(木马病毒) 또는 정상 소프트웨어의 악의적인 기능을 통해 실행된다. 이러한 고객접속방해행위는 ① 고객(用户)이 웹사이트(网站)를 정상적으로 방문하지 못하도록 방해하는 행위와, ② 고객이 웹사이트를 정상적으로 방문할 때 각종 광고 또는 정보를 팝업(弹出) 처리하는 행위로 나눌 수 있다.

2.1.2. DNS 접속방해

도메인네임 시스템(DNS; Domain Name System) 접속방해(域名系统劫持)는 기술 수단을 통해 도메인네임(域名解析)의 IP주소를 수정하여 사용자가 본래의 웹사이트를 방문할 수 없게 하거나 허위웹사이트를 방문하게 함으로써 자료절취(窃取资料) 또는 웹사이트 본래의 정상 서비스를 훼손하는 행위이다.

2.1.3. 인터넷서비스 운용업체의 접속방해

인터넷서비스 운용업체의 접속방해(运营商劫持)는 운용업체가 기초네트워크 시설 운영·네트워크 데이터 전송(网络数据传输) 또는 접근(接入) 등이 편리한 점을

61 刘继峰 著, 竞争法学(第三版), 北京大学出版社, 2018年 7月, pp. 382~384.

이용하여 고객이 방문한 제3자의 웹사이트 접속기록을 자기 또는 자기가 지정하는 웹사이트로 이전(劫持)시키거나, 제3자의 웹사이트 페이지에 자기 또는 자기가 지정하는 광고 또는 기타 정보를 팝업 처리하는 행위를 의미한다. 이러한 행위는 제3자의 웹사이트 접속기록을 무단이용한 것일 뿐만 아니라 사용자의 혼란을 초래함으로써 결과적으로 제3자 웹사이트의 운영과 고객평가에 중대한 영향을 미치게 된다.

2.2. 사용자 의사에 반하는 인터넷상의 부당한 경쟁행위

'사용자의 의사에 반하는 인터넷상의 부당한 경쟁행위(违背用户意愿的网络不正当竞争行为)'란 경영자가 "다른 경영자가 합법적으로 제공하는 인터넷 상품 또는 서비스를 오도·기만·사용자 수정 강요(强迫)·폐쇄·삭제(卸载)하는 행위"를 의미한다(법 제12조 제2항 제2호). 그 행위의 부당성은 크게 세 가지 측면에서 살펴볼 수가 있다. ① 사용자의 의사를 위배한 경우이다. ② 오도·기만·강박 등의 수단을 통한 경우이다. ③ 타인이 합법적으로 제공하는 인터넷 상품 또는 서비스의 정상 운영을 방해 또는 훼손(破坏)하는 경우이다.

이러한 부당한 경쟁행위의 전형적인 유형 중의 하나가 '악의적인 고객소프트웨어 방해행위(恶意干扰客户端[62]软件行为)'이다. 여기서 '악의적인 고객 방해(恶意干扰客户端)'란 경영자가 "고객소프트웨어(客户端软件)가 지니는 사용자(用户端)를 통제할 수 있는 우월한 지위를 이용하여 오도·기만·강박 등의 수단을 통해 사용자(用户)로 하여금 경쟁상대의 상품 또는 서비스를 수정·차단(拦截)·저지(屏蔽)·삭제(卸载)토록 함으로써 경쟁상대에 피해를 주는 행위를 의미한다. 이러한 방해행위는 고객소프트웨어의 우월성(底层优势)과 통제력에 의존하기 때문에, 가장 기초적(最底层)인 보안소프트웨어(安全软件) 서비스 영역에서 빈번하게 나타나고 있다."[63] 그 대표적인 사례가 '3Q 안건'이다.

---

62 客户端是与服务器相对应, 为客户提供本地服务的程序。
63 刘继峰 著, 竞争法学(第三版), 北京大学出版社, 2018年 7月, p. 384.

▌〈사례〉 텐센트-360 간의 부당한 경쟁행위(고객 방해) 분쟁 건[64] ◢

2013년 4월 광동성고급인민법원은 "텐센트가 360을 상대로 제기한 부당한 경쟁행위 분쟁소송안건(腾讯诉360不正当竞争纠纷案, 속칭 3Q안건)"의 1심판결에서 원고(텐센트)가 주장하는 피고(360)의 고객 방해행위(客户端干扰行为)에 대해, 피고의 QQ보안보조제품(扣扣保镖)[65]이 원고의 QQ 소프트웨어를 직접 겨냥하여 사용자의 이익을 보호한다는 명목하에 그 기능을 모독(污蔑)·훼손·수정한 행위는 원고의 합법적인 경영모델을 파괴하여 원고의 상품과 서비스의 완전성 및 안전성을 심각하게 파괴하는 결과를 초래한 것으로 판단하였다.

이에 따라 법원은 피고의 행위가 부당한 경쟁행위에 해당하는 것으로 인정하고, 피고에게 원고의 경제손실금액으로 500만元을 배상하도록 판결하였다. 그러나 피고는 이에 불복하여 최고인민법원에 상고하였으나, 2013.12.4. 최고인민법원은 구법 제2조·제14조(상업적 비방 행위)·제20조 및 『민사소송법』 제170조 제1항 제1호의 규정에 의거 상고를 기각(驳回上诉)하고, 원심판결을 유지하였다.

2.3. 악의적인 비호환행위

악의적인 비호환행위(恶意不兼容行为)란 경영자가 "다른 경영자가 합법적으로 제공하는 인터넷 상품 또는 서비스에 대하여 악의적으로 호환(兼容)하지 않는 행위"를 의미한다(법 제12조 제2항 제3호). 이러한 악의적인 비호환행위는 경영자가 자신의 기술적인 우위를 이용하여 다른 보조성 소프트웨어(辅助性软件)의 추가 설치(加载) 또는 적용을 배척하는 행위이다.

인터넷상의 비호환행위(不兼容行为)에 대한 위법성 판단의 관건은 악의(恶意)의 존재 여부에 있다. 일반적으로는 다음과 같은 경우에 악의의 존재를 인정할 수 있다. ① 기술적인 증거 또는 증명 없이 사용하는 소프트웨어가 장차 위험한 부작용을 초래한다는 내용(즉, 위험의 존재)을 제시한 경우이다. ② 사용자가 모종의 행위를 한 결과가 직·간접으로 다른 경영자 소프트웨어의 적용과 그 권익을 침해한다는 사실을 미리 알아야 한다.[66] 아울러 비호환행위에 대한 합리성 여부는 소프트웨어 상호배척

---

64 텐센트-360 간의 부당한 경쟁행위 분쟁안건 최종심 판결문[腾讯与360不正当竞争纠纷案终审判决书, 最高人民法院(2013)民三终字第5号判决书, 2014.2.25. 东方法眼].

65 360扣扣保镖(QQ保镖)是360全新推出的针对QQ安全的QQ保镖辅助产品, 360扣扣保镖(QQ保镖)号称能全面保护QQ用户的安全, 给QQ加速。360扣扣保镖完全免费。360扣扣保镖是一款小巧的安全工具, 可全面保护QQ用户的安全, 包括防止隐私泄漏、防止木马盗取QQ帐号以及给QQ加速等功能。

66 刘继峰 著, 竞争法学(第三版), 北京大学出版社, 2018年 7月, p. 385.

의 불가피성, 코드 삽입 배척의 비특정성(排斥代码嵌入的非针对性) 등을 고려하여 판
단하여야 한다.

2.4. 기타 정상 운영 방해행위

기타 정상 운영 방해행위(其他妨碍正常运行的行为)란 경영자가 "다른 경영자가 합
법적으로 제공하는 인터넷 상품 또는 서비스의 정상 운영을 방해하거나 훼손하는 기
타 행위를 의미한다(법 제12조 제2항 제4호). 기존의 사례를 살펴볼 때, 이러한 기타 정
상 운영 방해행위의 전형적인 유형으로는 소프트웨어 끼워팔기 행위(软件捆绑行为)
등을 들 수 있다.

제9절   부당한 경쟁행위에 대한 법률책임

경영자가 부당한 경쟁행위를 할 경우, 그 위반 유형 및 정도에 따라 그에 상응한
행정 책임과 민·형사책임이 부과된다. 법 제4장(제17조~제32조)에서 규정하고 있는
법률책임을 구체적으로 살펴보면 다음과 같다.

1. 행정 책임

시장관리총국(감독검사부서)은 부당한 경쟁행위에 대하여 그 위반 유형 및 정도에
따라 다음과 같이 다양한 행정조치를 부과할 수 있다. 그 구체적인 조치 유형으로는
경고, 위법행위 중지, 과징금 부과, 위법소득 몰수, 영업 또는 생산 중지, 영업허가증
(营业许可证) 또는 영업등록증(营业执照)의 정지(暂扣)·취소(吊销), 행정구류(行政拘
留) 등이 있다. 이러한 행정조치와 관련하여 신법은 부당한 경쟁행위에 대한 법률보
호 및 행정집행력을 강화하고자 과징금 부과 한도를 종전의 최고 20만元 이하에서
최고 500만元 이하로 대폭 상향 조정하였다.

한편, 당사자가 시장관리총국(감독검사부서)의 결정에 불복할 경우, 법에 의거 행
정 재심의(行政复议)를 신청하거나 행정소송(行政诉讼)을 제기할 수 있다(법 제29조).

이 경우 행정 재심의는 그 구체적인 행정행위를 안 날부터 60일 이내에 신청[67]할 수 있으며, 그 재결에 불복할 경우 재심의결정서를 받은 날부터 15일 이내에 인민법원에 행정소송을 제기할 수 있다. 다만, 곧바로 인민법원에 행정소송을 제기할 경우 행정처분을 안 날부터 6개월 이내에 소송을 제기할 수 있다.[68]

1.1. 시장혼동행위

경영자가 부당한 시장혼동행위(市場混淆行为)를 한 경우, 그 위반 정도에 따라 위법행위 중지, 위법상품 몰수, 과징금 부과, 영업등록증 취소조치를 부과할 수 있다. 즉, "경영자가 법 제6조의 규정을 위반하여 혼동행위(混淆行为)를 한 경우, 감독검사부서는 위법행위 중지·위법상품 몰수조치를 할 수 있다. 또한, 위법경영액(违法经营额[69])이 5만元 이상인 경우, 그 위법경영액의 5배 이하의 과징금을 병과(并处)할 수 있다. 다만, 위법경영액이 없거나 그 금액이 5만元 미만인 경우에는 25만元 이하의 과징금을 병과할 수 있다. 그리고 사안이 엄중한 경우에는 영업등록증(营业执照)을 취소한다. 한편, 경영자가 등기한 기업 명칭이 법 제6조의 규정을 위반한 경우, 즉시 명칭변경등기를 하여야 한다(법 제18조)."

1.2. 허위 또는 오도성 상업 홍보행위

경영자가 허위 또는 오도성 상업 홍보행위를 한 경우, 그 위반의 정도에 따라 위법행위 중지, 과징금 부과, 영업등록증 취소조치를 부과할 수 있다. 즉, "경영자가 법 제8조의 규정을 위반하여 그 상품에 대하여 허위 또는 사람을 오해하게 하는 상업 홍보행위를 하거나, 경영자가 허위거래 등을 조직하는 방식을 통하여 다

---

67 이 경우 행정 재심의는 신청수리일부터 60일 이내에 재결하여야 하나, 최장 30일까지는 연장할 수 있다. (행정 재심의법 제31조).

68 『행정 재심의법(行政复议法)』 제9조, 『행정소송법(行政诉讼法)』 제45조 및 제46조.

69 위법경영액(违法经营额)은 상표·특허 등 지재권 분야에서 주로 쓰이는 불법경영금액(非法经营数额)과 유사한 개념으로서 매출액보다는 넓은 의미이다. 참고로 《最高人民法院、最高人民检察院关于办理侵犯知识产权刑事案件具体应用法律若干问题的解释》 제12조에 의하면, 불법경영금액(非法经营数额)이란 행위자가 지재권 침해행위 과정에서 제조·보관·운송·판매하는 '권리침해상품(이하 상품으로 약칭함)'의 가치를 의미한다. 이미 판매한 상품의 가치는 실제 판매한 가격으로 계산하고, 제조·보관·운송 및 미판매한 상품의 가치는 입찰가 또는 이미 조사하여 밝혀진 상품의 실제 판매 평균가격으로 계산한다. 만약에 상품의 입찰가 또는 그 실제 판매가격을 확인할 방법이 없는 경우에는 그 상품의 시장 중간가격으로 계산한다.

른 경영자가 허위 또는 사람을 오해시키는 상업 홍보를 진행하도록 돕는 경우, 감독검사부서는 위법행위 중지를 명령하며, 20만元 이상 100만元 이하의 과징금을 부과한다. 사안이 엄중한 경우에는 100만元 이상 200만元 이하의 과징금을 부과하며, 영업등록증을 취소할 수 있다. 다만, 경영자가 법 제8조의 규정을 위반한 행위가 허위광고(虛假广告) 공표행위에 해당되는 경우에는 광고법의 규정에 의거 처벌한다(법 제20조)."

1.3. 상업적 비방 행위

상업적 비방 행위에 대해서는 그 위반의 정도에 따라 위법행위 중지 또는 영향 해소 명령과 과징금이 부과된다. 즉, "경영자가 법 제11조의 규정을 위반하여 경쟁상대(竞争对手)의 상업적 신용과 명예(商业信誉) 또는 상품의 명성(商品声誉)을 손상한 경우, 감독검사부서는 위법행위의 중지나 그 영향의 해소를 명령하며, 10만元 이상 50만元 이하의 과징금을 부과한다. 사안이 엄중한 경우에는 50만元 이상 300만元 이하의 과징금을 부과한다(법 제23조)."

1.4. 상업뇌물 행위

경영자가 상업뇌물 행위 관련 규정을 위반한 경우, 그에 상응한 과징금 부과와 위법소득 몰수조치 등을 한다. 통상적으로는 뇌물제공자에 대한 처벌은 과징금이 부과되며, 수뢰자에 대한 처벌은 수수한 재물을 몰수하는 방식으로 이루어진다. 즉, 경영자가 법 제7조의 규정을 위반하여 타인에게 뇌물을 제공한 경우, 감독검사부서는 위법소득을 몰수하며, 10만元 이상 300만元 이하의 과징금을 부과한다. 사안이 엄중한 경우에는 영업등록증을 취소한다(법 제19조).

1.5. 부당한 경품제공 판매행위

부당한 경품제공 판매행위에 대해서는 그 위반유형 또는 위반 정도에 따라 위법행위 중지 조치와 과징금이 부과된다. 즉, "경영자가 법 제10조의 규정을 위반하여 경품제공 판매행위(有奖销售行为)를 한 경우, 감독검사부서는 위법행위 중지를 명령하며, 5만元 이상부터 50만元 이하의 과징금을 부과한다(법 제22조).

한편, '경품 판매 수단을 이용하여 저질의 고가상품(质次价高的商品)을 판촉한 행위'에 대해서는『상품품질법(产品质量法)』제50조[70]에 의거 생산·판매중지명령, 위법상품 몰수, 과징금 부과, 영업등록증 취소조치 등을 부과할 수 있다.

1.6. 상업비밀 침해행위

상업비밀 침해행위에 대해서는 민법·계약법·노동법·형법·반부정당경쟁법 등의 규정을 각각 적용할 수 있다. 그중『반부정당경쟁법』은 상업비밀 침해행위에 대해, 위법행위 중지 명령·위법소득 몰수 및 과징금 부과조치를 규정하고 있다. 즉, "경영자 및 기타 자연인·법인 및 비법인 조직이 이 법 제9조의 규정을 위반하여 상업비밀을 침해한 경우, 감독검사부서는 위법행위의 중지를 명령하고, 위법소득을 몰수하며, 10만元 이상 100만元 이하의 과징금을 부과한다. 다만, 사안이 엄중한 경우에는 50만元 이상 500만元 이하의 과징금을 부과한다(법 제21조)."

아울러 감독검사부서는 법 집행의 실효성을 높이기 위하여 행정적인 제재와 동시에 권리침해 물품(예, 도면·소프트웨어 등)에 대한 반환 명령이나 관련 제품의 소각(销毁)처리를 할 수 있다. 또한, 권리 침해자가 처벌에 불응하여 위반행위를 계속할 경우 새로운 위법행위로 간주하여 가중처벌(从重处罚)하며, 권리자가 손해배상 문제로 조정을 요청할 경우 중재(调解)를 진행할 수 있다(상업비밀규정 제7조~제9조).

1.7. 인터넷상의 부당한 경쟁행위

인터넷상의 부당한 경쟁행위에 대해서는 위법행위 중지 명령과 과징금이 부과된다. 즉, "경영자가 법 제12조의 규정을 위반하여 다른 경영자가 합법적으로 제공하는 인터넷 상품 또는 서비스의 정상 운영을 방해하거나 훼손하는 경우에는 감독검사부서에서 위법행위의 중지를 명령하며, 10만원元 이상부터 50만元 이하의 과징금을 부과한다. 사안이 엄중한 경우에는 50만원元 이상부터 300만元 이하의 과징금을 부과한다(법 제24조)."

---

[70] 『产品质量法』第五十条 在产品中掺杂、掺假, 以假充真, 以次充好, 或者以不合格产品冒充合格产品的, 责令停止生产、销售, 没收违法生产、销售的产品, 并处违法生产、销售产品货值金额百分之五十以上三倍以下的罚款; 有违法所得的, 并处没收违法所得; 情节严重的, 吊销营业执照; 构成犯罪的, 依法追究刑事责任。

2. 민사책임

2.1. 민사책임의 의의

부당한 경쟁행위로 피해를 본 경우, 피해자는『반부정당경쟁법』과『민법통칙(民法通則)』등 관련 법률에 근거하여 손해배상(赔偿损失)·침해정지(停止侵害)·명예회복(恢复名誉) 등의 민사구제를 받을 수 있다.[71] 이러한 부당한 경쟁행위에 대한 법률구제는 사회공공이익의 보호를 주목적으로 하지만 침해를 받은 다른 경영자의 사적인 권리를 보호하는 측면도 있다. 후자와 관련하여 법 제17조는 경영자가 부당한 경쟁행위를 할 경우, 그에 상응한 민사책임을 부과할 수 있는 근거를 포괄적으로 규정하고 있다. 즉, "경영자가 이 법의 규정을 위반하여 타인에게 손해를 초래한 경우에는 법에 의거 민사책임을 부담하여야 한다. 이에 따라 경영자의 합법적인 권익이 부당한 경쟁행위로 인하여 손해를 본 경우 인민법원에 소송을 제기할 수 있다."

아울러 법 제27조는 법률책임 중 민사책임 우선 부담의 원칙을 규정하고 있다. 즉, 경영자가 이 법의 규정을 위반할 경우 민사책임·행정 책임 및 형사책임을 부담하여야 한다. 다만, 그 재산(즉, 지급능력)이 부족한 경우 민사책임을 우선하여 부담하여야 한다.

2.2. 손해배상액의 계산

부당한 경쟁행위로 인한 민사책임을 실제로 규명하기 위해서는 원고와 피고의 확정, 손해의 범위 확정, 입증 문제 등의 많은 어려움이 존재한다. 특히 일정한 범위와 특정한 시기에 당해 업종의 경제적 효익에 영향을 미치는 요소는 다양하게 존재하므로 특정한 부당한 경쟁행위로 인하여 손해를 입은 피해자의 경영손실을 확정하는 것은 아주 복잡한 문제이다.

따라서 중국의 경우, 이러한 문제점을 해소하고 부당한 경쟁행위에 대한 법률보호

---

[71] 예를 들면, ① 상업비밀 침해행위에 대해서는『민법통칙(民法通則)』제118조와『계약법(合同法)』제43조(保密义务)에 의거 침해정지·영향 해소 및 손해배상(赔偿损失)을 요구할 수 있다. ② 상업적 비방 행위의 경우, 일종의 법인의 명예권(名誉权)을 침해한 행위에 해당하여『민법통칙(民法通則)』제101조 및 제120조의 규정에 의거 권리 침해자에 대해, 침해정지·명예회복·영향 해소 및 사과(赔礼道歉)를 요구할 수 있다.

및 권리침해에 대한 구제역량(救济力度)을 현저히 강화하고자, 권리침해로 야기된 실제 손실과 권리침해로 얻은 이익에 근거하여 손익을 계산하는 방법으로서 "일종의 손실변통계산방식(损失变通计算的方式)"[72]을 재산손실의 배상원칙으로 채택하고 있다. 즉, "부당한 경쟁행위로 인하여 손해를 입은 경영자의 배상액은 그가 권리침해로 받은 실제 손실에 따라 확정한다. 다만, 실제 손실을 계산하기 곤란한 경우에는 권리 침해자가 권리침해로 인하여 획득한 이익에 따라 확정한다. 아울러 그 배상액은 경영자가 권리침해행위를 제지하기 위하여 지급한 합리적인 비용(合理开支)을 포함하여야 한다(법 제17조 제3항)."

2.3. 상업비밀 침해행위 등에 대한 피해구제

2.3.1. 징벌적 손해배상제 및 정액 배상제의 도입

신법에서는 지식재산권 보호를 강화하고자 악의적인 상업비밀 침해행위에 대한 징벌적 손해배상제를 도입하였다. 즉, 경영자가 악의로 상업비밀 침해행위를 실시하고 그 사안(情节)이 중대한 경우, 상술한 계산방식에 의거 확정된 금액의 1배 이상 5배 이하의 배상금액을 확정할 수 있다.

아울러 부당한 경쟁행위 중 시장혼동행위와 상업비밀 침해행위의 경우, 권리구제 시 그 손실액의 산정이 곤란한 점을 고려하여 정액 배상제(法定数额赔偿)를 도입하여 최고 500만元까지 배상이 가능하도록 새로이 규정하였다. 즉, "경영자가 법 제6조(시장혼동행위)와 제9조(상업비밀 침해행위)의 규정을 위반한 경우에 권리자가 권리침해로 인해 받은 실제 손실과 권리 침해자가 권리침해로 인하여 획득한 이익을 확정하기가 곤란한 경우에는 인민법원이 권리침해행위의 사안에 따라 권리자에게 500만元 이하의 배상을 지급하도록 판결한다(법 제17조 제3항~제4항)."

2.3.2. 권리자의 입증책임 완화

상업비밀 침해행위에 대해, 소송을 제기하는 경우, 일반적으로 권리자는 그가 보유한 상업비밀에 대하여 ① 법정조건(法定条件)에 부합하고, ② 상대방(对方当事人)의 정보와 그 상업비밀이 일치(相同) 또는 실질적으로 일치하며, ③ 상대방이 부당

---

72 种明钊 主编, 竞争法, 法律出版社, 2008年, p. 166.

한 수단을 채택한 사실을 입증할 책임을 부담한다.

이에 대해, 법 제32조는 상업비밀 침해행위 관련 소송에서의 권리자의 입증책임(擧证责任)부담을 완화함으로써 신속하고 효율적인 피해구제를 촉진하고자 다음과 같이 일정한 요건을 충족할 경우, 권리침해 혐의자가 그 증명책임을 부담하도록 규정하고 있다. 이는 그동안 권리침해행위를 인정하는 데 필요한 구성요건[즉, 권리침해행위(侵权行为)·피해(損害后果)·인과관계(因果关系)·과실(过错)]과 비교할 때, 그 요건이 대폭 간소화된 것이다.

(1) 상업비밀 여부

상업비밀 침해행위에 대한 민사재판 절차에서 상업비밀 권리자가 다음과 같은 조건을 충족한 경우, 권리침해 혐의자는 권리자가 주장하는 상업비밀이 이 법이 규정하는 상업비밀에 속하지 아니함을 증명하여야 한다. 그 조건은 다음과 같다. ① 상업비밀 권리자가 초보적인 증거를 제공하고, ② 그가 주장하는 상업비밀에 대하여 이미 비밀 보호조치를 채택하였음을 증명할 뿐만 아니라, ③ 상업비밀이 침해되었음을 합리적으로 표명"한 경우이다(법 제32조 제1항).

(2) 상업비밀 침해행위 여부

상업비밀 권리자가 제공하는 초보적인 증거가 상업비밀이 침해되었음을 합리적으로 표명할 뿐만 아니라 다음 증거 중의 하나를 제공할 경우, 권리침해 혐의자는 상업비밀을 침해한 행위가 자신에게 없음을 증명하여야 한다. 이 경우 증거자료는 다음과 같다. ① 권리침해 혐의자가 상업비밀을 획득한 경로 또는 기회가 있고, 그가 사용하는 정보와 그 상업비밀이 실질적으로 서로 같다는 것을 표명하는 증거가 있는 경우, ② 상업비밀이 이미 권리침해 혐의자에 의해 공표·사용되었거나 공표·사용될 위험이 있음을 표명하는 증거가 있는 경우, ③ 상업비밀이 권리침해 혐의자에 의해 침해되었음을 나타내는 다른 증거가 있는 경우이다(법 제32조 제2항).

3. 형사책임

부당한 경쟁행위를 한 경영자에 대한 가장 엄격한 처벌은 형사책임을 추궁하는 것이다. 이에 대해, 법 제27조 및 제31조는 "경영자가 이 법의 규정을 위반한 행위가 범죄를 구성할 경우, 법에 의거 형사책임을 추궁한다"라는 포괄적인 규정을 두고 있다.[73] 또한, 『상업뇌물 규정』 역시 제9조에서 "경영자가 본 규정을 위반하여 뇌물을 제공하는 수단으로 상품을 판매 또는 구매하는 경우 (중략) 그 행위가 범죄를 구성하는 경우, 사법기관에 이송(移交)하여 법에 의거 형사책임을 추궁한다. 아울러 유관단위 또는 개인이 상품을 구매 또는 판매할 때 뇌물을 수수한 행위가 범죄를 구성할 경우, 사법기관에 이송하여 법에 의거 형사책임을 추궁한다"라는 원론적인 규정만을 두고 있다. 따라서 구체적인 형사책임 추궁 여부는 『형법』 등의 개별규정에 따라 판단하여야 한다. 그 주요 유형을 살펴보면 다음과 같다.[74]

3.1. 상업비밀침해죄(侵犯商业秘密罪)

상업비밀 침해행위에 대해서는 『형법(刑法)』 제219조에 의거 상업비밀침해죄(侵犯商业秘密罪)를 적용하여 형사책임을 추궁할 수 있다. 즉, 상업비밀 침해행위가 그 권리자에게 중대한 손실을 초래한 경우 3년 이하의 유기징역 또는 구역(拘役[75])에 처한다. 아울러 벌금을 함께 부과하거나 벌금만을 부과할 수 있다. 다만, 특별히 심각한 부작용(后果)을 초래한 경우 3년 이상 7년 이하의 유기징역에 처하며, 벌금을 함께 부과한다. 이처럼 『형법』은 부당한 경쟁행위 중 상업비밀침해죄에 대해 가장 엄격한 형사책임을 부과하고 있다.

3.2. 상업신용 및 상품명성 훼손죄(损害商业信誉 · 商品声誉罪)

상업적 비방 행위에 대해서는 『형법』 제221조에 의거 '상업적인 신용과 명예(이하 상업신용이라 함) 및 상품명성 훼손죄(损害商业信誉 · 商品声誉罪)'를 적용하여 형사책임을 추궁할 수 있다. 즉, 허위사실을 날조 및 유포하여 타인의 상업신용 및 상품의 명성을 훼손함으로써 타인에게 중대한 손실을 초래하거나 기타 사안이 엄중한 경우, 2년 이하의 유기징역 또는 구역(拘役)에 처한다. 아울러 벌금을 함께 부과하거나 벌

---

73 구법 제21조 제2항은 시장혼동행위 중 제5조 제2항과 관련하여 경영자가 "위조상품(伪劣商品)을 판매한 행위가 범죄에 해당할 경우, 법에 의거 형사책임을 추궁한다"라고 규정하였다.

74 『형법』은 시장 질서 교란죄(扰乱市场秩序罪)의 범주에 '상업신용 및 상품명성 훼손죄(损害商业信誉, 商品声誉罪)', 허위광고죄(虚假广告罪), 입찰담합죄(串通投标罪) 등을 규정하고 있다.

75 구역은 중국의 독특한 형벌의 일종으로서 우리나라 형벌의 구금(羁押)과 유사하다. 구역은 공안기관이 근접 집행하는데, 그 형기(刑期)는 1개월 이상 6개월 이하이고, 매월 1~2일 귀가할 수 있으며, 노동에 참여할 경우. 참작하여 보수를 지급할 수 있다(형법 제42조~제44조).

금만을 부과할 수 있다.

3.3. 허위광고죄(虛假广告罪)

허위광고에 대해서는『광고법』제55조 제4항 및『형법』제222조에 의거, 허위광고죄(虛假广告罪)를 적용하여 형사책임을 추궁할 수 있다. 즉, 광고주·광고 경영자·광고 시행자(广告发布者)[76]가 국가 규정을 위반하여 광고를 이용하여 상품 또는 서비스에 대하여 허위홍보(虛假宣传)를 한 행위가 사안이 엄중한 경우, 2년 이하의 유기징역 또는 구역에 처한다. 아울러 벌금을 함께 부과하거나 벌금만을 부과할 수 있다.

3.4. 상업뇌물죄(商业贿赂罪)

상업뇌물 행위에 대해서는『형법』및『상업뇌물 규정』에 의거, 상업뇌물죄(商业贿赂罪)를 적용하여 형사책임을 추궁할 수 있다. 그 구체적인 죄형은 다음과 같다. 즉,『형법』제163조는 "비국가근무자(즉, 회사 등의 근무자)의 뇌물수수죄(非国家工作人员受贿罪), 제164조는 비국가근무자에 대한 뇌물제공죄(对非国家工作人员行贿罪), 제385조는 국가근무자의 뇌물수수죄(受贿罪), 제387조는 단위의 뇌물수수죄(单位受贿罪), 제389조~제390조는 국가근무자에 대한 뇌물제공죄(行贿罪),[77] 제391조는 단위에 대한 뇌물제공죄(对单位行贿罪), 제392조는 국가근무자에 대한 뇌물 소개죄(介绍贿赂罪), 제393조는 국가근무자에 대한 단위의 뇌물제공죄(单位行贿罪)를 각각 규정하고 있다. 다만, 그 구체적인 형량은 법 위반유형이나 정도에 따라 다양하게 부과되는데, 그 형벌유형으로는 벌금·구역·유기징역·무기징역 및 재산몰수의 처벌이 있다.

---

[76] 广告主是指为推销商品或者服务,自行或者委托他人设计、制作、发布广告的自然人、法人或者其他组织。广告经营者是指接受委托提供广告设计、制作、代理服务的自然人、法人或者其他组织。广告发布者是指为广告主或者广告主委托的广告经营者发布广告的自然人、法人或者其他组织(광고법 제2조)。

[77] 국가근무자에 대한 뇌물제공죄 중 사안이 특별히 중대하거나, 국가이익에 특별히 중대한 손실을 초래한 경우 10년 이상 유기징역이나 무기징역 및 벌금 병과 또는 재산을 몰수하도록 규정하고 있다.

전담기구 및 집행

(专门机构及执法)

제1절 전담기구

제2절 독점행위 집행 절차

제3절 역외적용과 적용제외

제4절 법률책임

전담기구 및 집행
(专门机构及执法)

제1절   전담기구

경쟁당국의 조직체계는 경쟁법 집행권(执法权)의 분권(分权) 여부에 따라 단일제 (单一制) 집행기구와 연합제(联合制) 집행기구로 분류할 수 있다. 그중 전자는 우리 나라의 공정거래위원회와 같이 단일기관에서 경쟁법을 집행하는 체제를 의미하며, 후자는 둘 또는 둘 이상의 독립된 기관이 분리 집행하거나 공동으로 협조하여 경쟁 법을 집행하는 체제를 의미한다.

중국의 경쟁당국은 『반독점법』 시행(2008.8.1) 후, 독일식 체제[1]에 가까운 국무원 반독점위원회(国务院反垄断委员会)와 국무원 반독점법집행기구(国务院反垄断执法机 构)의 복층체제(两个层次构成)로 구성·운영되고 있다. 그중 국무원 반독점법집행기 구는 출범 초기 3개 부처로 분리·운영되었으나, 2018년 국무원기구개혁방안에 따 라 국가시장감독관리총국(国家市场监督管理总局, 이하 '시장관리총국'이라 함)으로 통합 됨으로써 통일된 집행기구로 새롭게 출범하게 되었다.

---

1   독일은 자문기구 성격의 독점위원회와 집행기구인 연방 카르텔청으로 조직되어 있다.

1. 반독점위원회

1.1. 위원회의 성격 및 주요 기능

국무원 반독점위원회(이하 위원회)는 중국 특색을 지니는 반독점법 주관기관으로서 우리의 공정거래위원회와 같은 합의제 의결기구나 행정집행기구가 아닌 의사조정기구(议事协调机构) 또는 자문기구(顾问咨询性机构)로서의 성격을 지니고 있다.

따라서 반독점위원회(反垄断委员会)는 구체적인 반독점안건의 조사·집행 및 안건 심결에 참여하는 게 아니라, 반독점 업무를 조직(组织)·조정(协调)·지도(指导)하는 기능(职能)을 수행한다. 이에 따라 반독점위원회가 수행하는 주요 직책(职责)은 다음과 같다. ① 유관 경쟁정책의 연구 및 입안, ② 시장의 총체적인 경쟁상황의 조사·평가 및 그 평가보고서 발표, ③ 반독점지침의 제정 및 공표, ④ 반독점법집행 업무의 조정(协调), ⑤ 기타 국무원이 규정하는 직책이다(법 제9조). 이러한 반독점위원회의 기능은 다음과 같이 세 가지 측면에서 살펴볼 수가 있다.

1.1.1. 지도 기능

반독점위원회는 지도 기능(指导职能)을 수행한다. 즉, 반독점위원회는 "① 유관 경쟁정책의 연구 및 입안, ② 반독점지침(反垄断指南)의 제정, ③ 반독점법을 적용하는 각종 상황에 대한 분석의 진행, ④ 반독점법의 일부 개념에 대한 해석"[2]을 통하여 시장 주체(市场主体) 및 집행기구에 대한 반독점 업무를 지도하는 기능을 수행한다.

1.1.2. 조직 기능

반독점위원회는 조직 기능(组织职能)을 수행한다. 즉, 반독점위원회는 인원을 조직하여 시장의 총체적인 경쟁상황을 조사 및 평가하며, 그 평가보고서를 발표하는 기능을 수행한다. 위와 같이 반독점법집행기구가 정확한 경제 현상에 대한 분석을 통해 시장의 전체적인 경쟁상황을 파악(掌握)하는 일은 국가의 경쟁정책을 제정하거나 반독점법을 타당(恰当)하게 집행하는 데 있어서 중요한 기초 및 전제조건이 되고

---

2 孟雁北 著, 反垄断法(第二版), 北京大学出版社, 2017年 2月, p. 331.

있다.

1.1.3. 조정 기능

반독점위원회는 조정 기능(协调职能)을 수행한다. 즉, 반독점위원회는 "중앙의 반독점법집행기구와 지방정부 간의 업무조정, 지역별 반독점법 집행력의 조정, 반독점법집행기구와 관련 업종(예, 전신·전력·우정·철도·은행·보험 등)의 감독기관과의 반독점법집행업무의 조정"[3] 등을 수행하고 있다.

1.2. 위원회의 구성 및 운영

1.2.1. 위원회의 구성

반독점위원회는 2018년 국무원기구개혁방안에 따라 그 구성인원이 조정되어, 주임 1인·부주임 2인·위원 14인·비서장 1인으로 구성(组成)되어 있다. 그중 주임은 국무위원이 담당하며, 부주임은 장관급인 "시장관리총국 국장, 국무원 부비서장"이 담당하며, 위원은 차관급인 "국가발전개혁위원회 부주임, 공업정보화부 부부장, 사법부의 당조직구성원(党组成员), 재정부 부부장, 교통운수부 부부장, 상무부 부장조리, 인민은행 행장조리, 국유자산감독관리위원회 부주임, 시장관리총국 부국장, 통계국 부국장, 은행보험감독관리위원회 부주석, 증권감독관리위원회 부주석, 에너지국 부국장, 지식재산권국 부국장"이 담당하며, 비서장은 위원인 시장관리총국 부국장이 겸임하고 있다.[4]

한편, 반독점위원회의 사무실은 시장관리총국(반독점국 반독점협조처)에 설치되어 있으며, 주로 반독점위원회의 일상 업무를 담당하고 있다.

1.2.2. 위원회의 운영

『국무원반독점위원회 업무 규칙(国务院反垄断委员会工作规则, 이하 위원회규칙이라 함) 제7항에 의하면, 반독점위원회는 주로 위원회 전체회의(全体会议)·주임 회의(主任会议) 및 전문과제 회의(专题会议)를 통해 그 직책을 수행하고 있다. 그중 위원회

---

3 孟雁北 著, 反垄断法(第二版), 北京大学出版社, 2017年 2月, p. 333.
4 『国务院办公厅关于调整国务院反垄断委员会组成人员的通知(国办发[2018]51号, 2018.7.11.)』.

전체회의 및 주임 회의는 위원회의 주임이 소집하여 회의를 주재하며, 전문과제 회의는 위원회의 주임 또는 그가 위탁하는 부주임이 소집하여 회의를 주재한다. 단, 회의 개최 및 회의 의제는 위원회의 주임이 결정한다. 각 회의의 구성인원 및 임무는 다음과 같다.

(1) 전체회의

전체회의(全体会议)는 전체 구성원으로 구성(组成)되며, 필요한 경우 소집되는데, 일반적으로 매 반기별 1회 개최된다. 그 주요임무는 다음과 같다. ① 관련 경쟁정책의 연구 및 국무원에 대한 건의이다. ② 시장의 총체적인 경쟁상태평가보고서(竞争状态评估报告) 및 반독점지침의 심의 및 발표이다. ③ 반독점 업무 중 중대한 문제에 대한 조정(协调)이다. 여기에는 중대한 반독점안건의 처리 및 반독점법집행기구의 업무 중 의견 불일치(分歧)된 문제를 포함한다. ④ 반독점 관련 중요업무의 연구 및 배치(部署)이다(위원회규칙 제8항).

(2) 주임 회의

주임 회의(主任会议)는 주임·부주임·비서장으로 구성되며, 필요(适时)한 경우 소집되는데, 그 주요임무는 다음과 같다. ① 반독점법집행업무의 조정, ② 반독점법집행업무 중 중대한 사항의 토론 및 결정, ③ 기타 반독점 업무의 중요사항에 대한 통보 및 토론이다(위원회규칙 제9항).

(3) 전문과제 회의

전문과제 회의(专题会议)는 위원회의 주임·부주임·비서장 및 회의의 전문과제와 관련되는 위원회 위원으로 구성되며, 그 주요임무는 반독점 업무와 관련되는 특별과제(专项事宜)에 대하여 토론하며, 관련 업무를 연구하고 안배하는 것이다(위원회규칙 제10항).

1.2.3. 전문가 자문그룹의 운영

위원회는 법률·경제 등 분야의 전문가 및 관련 인사를 초빙하여 전문가 자문그룹(专家咨询组)을 구성하고, 전문가 자문그룹은 위원회가 연구할 필요가 있는 중대 문제에 대하여 과학적인 자문을 제공한다. 그 구성원은 위원회를 구성하는 기관에서 추천하며, 선임 방법은 위원회가 규정한다(위원회규칙 제13항).

1.2.4. 안건 제청 및 비밀준수 의무

위원회 구성기관이 위원회에 중대한 사항의 토론을 제청할 때에는 충분한 조사연구와 과학적인 논증을 거쳐야 한다. 아울러 관련 부처와 관련되는 경우 충분히 협의(协商)하여야 하며, 지방과 관련되는 경우에는 사전에 의견을 청취하여야 한다. 특히 중대한 공공이익 및 국민 다수(人民群众)의 직접적인 이익(切身利益)과 관련되는 경우에는 사회에 공개적으로 의견을 구하여야 한다(위원회규칙 제12항).

한편, 위원회와 그 구성기관은 응당 『국가비밀보호법(保守国家秘密法)』 및 관련 규정을 성실하게 준수해야 하고, 반독점 업무 중에 국가 비밀·업무 비밀 및 상업 비밀을 지켜야 하며, 국가의 안전과 이익을 보호해야 한다(위원회규칙 제17항).

2. 반독점법집행기구

2.1. 3개 부처 분담체제

반독점법 제정 당시 관계부처 간의 역할 갈등이 심각하여 국무원의 기능조정이 곤란해지자 미봉책으로 각 부처에서 기존에 담당하던 업무를 그대로 승계하는 형태로 기능조정이 이루어지게 되었다. 이에 따라 국무원 반독점법집행기구(이하 '반독점법집행기구'라 함)는 '독일식 행정부 연합형'과 유사한 형태인 상무부(商务部), 국가발전개혁위원회(国家发展和改革委员会, 약칭 발개위), 구 국가공상행정관리총국(国家工商行政管理总局, 약칭 공상총국)이 각각 반독점 업무를 분담하여 집행하는 소위 3개 부처 분담체제(三家分别执法, 也称为多头执法; 三定方案)로 운영되었다.

그중 상무부는 반독점국(反垄断局)을 신설(2008.7.11)하여 반독점위원회의 운영업무와 독점행위 중 경영자집중행위에 대한 반독점심사업무를 주로 담당하였다. 그 밖에도 『대외무역법(外贸法)』에 의거 대외무역의 독점행위(카르텔, 시지 남용행위)에 대한 조사처리업무를 담당하였다.

발개위의 경우, 반독점법을 시행한 초기에는 '가격감독검사사(价格监督检查司)'에서 담당(2008.7.15.)하다가, 업무량 증가에 따라 '가격감독검사및반독점국(价格监督检查与反垄断局)'으로 확대 개편하여 독점행위(즉, 카르텔·시지 남용행위 및 행정독점행위) 중에서 가격과 관련되는 독점행위(价格垄断行为)를 담당하였다. 그 밖에도 『가격법』

에 의거 가격 관련 위반행위(즉, 제품·서비스가격 또는 요금의 부과·징수와 관련되는 위법
행위)를 담당하였다.

구 공상총국은 '반독점및반부정당경쟁법집행국(反壟斷与反不正当竞争执法局)을 신
설(2008.7.11)하여 독점행위 중에서 가격과 관련되지 않는 독점행위(예, 거래 제한·시
장 분할행위 등)를 담당하였다. 그 밖에도 『반부정당경쟁법』에 의거 부당한 경쟁행위
업무와 『소비자권익보호법』에 의거한 소비자권익 보호 업무를 담당하였다.

위와 같이 '3개 부처 분담체제'로 운영한 결과, 독점행위안건에 대한 관할권이 양
부처(발개위와 구 공상총국)에 중첩되어 있어, 독점행위안건의 특성상 그 내용이 복잡
하고 여러 유형이 혼재된 경우가 많아 양 부처 간에 가격 관련 독점행위와 비가격
관련 독점행위안건을 명확히 구분하기가 현실적으로 곤란하여 직능교차 문제(职能交
叉问题)가 대두되었다. 비록 이러한 문제를 해소하기 위하여 당시 양 부처가 안건의
배분 기준(谁先立案谁查处的原则, 먼저 안건조사에 착수한 기관에서 안건을 조사·처리하는
원칙)"을 마련하여 업무처리를 하였으나, 법 집행의 실효성 확보 측면에서 문제점으
로 지적되었다.

구 전담기구의 반독점 업무 분담기준

구분		주요 기능
반독점위원회		◦ 의사조정기구(→ 비의결기구) ◦ 경쟁정책의 연구 및 입안, 반독점지침의 제정, 부처간 반독점법집행업무의 지도·조정
반독점법 집행기구	상무부(반독점국)	◦ 반독점위원회 운영 ◦ 경영자집중 반독점심사
	국가발전개혁위원회 (가격감독검사및반독점국)	◦ 가격독점행위(가격과 관련한 카르텔·시지 남용행위, 행정독점행위)
	국가공상행정관리총국 (반독점반부정당경쟁집행국)	◦ 비가격독점행위(가격 부문을 제외한 카르텔·시지 남용행위, 행정독점행위) ◦ 부당한 경쟁행위

2.2. 통합집행기구(시장관리총국)의 출범

상술한 '3개 부처 분담체제'에 대해서는 학계 등으로부터 경쟁정책의 수립이나 법
집행과정에서 부처 간의 역할조정이나 통일성 확보 등 여러 가지 문제점이 제기되어

기능이 단일화된 독립기구의 출범이 오랜 과제로 대두되었다.

다행히 중국 정부가 반독점법 시행 10주년을 즈음하여 시장의 관리 감독체제를 개선하고 공정한 경쟁의 시장환경을 수립하며 더 바람직한 시장관리 감독의 종합적인 법 집행을 추진하기 위하여 2018.3.17. 제13회 전국인민대표자대회 제1차 회의에서 의결된 국무원기구개혁방안(关于国务院机构改革方案的决定)에 의거, 구 공상총국, 국가품질감독검사검역총국(国家质量监督检验检疫总局), 국가식품약품감독관리총국(国家食品药品监督管理总局)을 통합하여 시장관리총국으로 재편하면서 기존에 3개 부처에서 분장하던 반독점 업무를 이관(整合)받음에 따라 2018.4.10. 경쟁법 분야의 업무 전체를 통일적으로 관장하는 새로운 통합기구가 출범하게 되었다.[5]

2.2.1. 주요 기능 및 편제[6]

시장관리총국(市场监管总局)은 시장관리체계의 개혁, 품질 강국 전략의 추진, 공정한 경쟁의 시장환경 조성, 통일되고 종합적인 시장관리 및 법 집행 추진, 제품의 품질에 대한 안전관리 강화 등을 위하여 통일되고 개방적이며 경쟁적인 현대시장체계를 구축하기 위한 목적으로 출범하였다. 이에 따라 시장관리총국은 통일되고 종합적인 시장규제정책 및 집행업무를 수행하는 기능을 맡고 있다. 그 구체적인 주요 직책으로는 시장의 종합적인 관리 감독 및 법집행업무, 기업·자영업자 등 시장참여자에 대한 통일된 등기등록업무와 그 '정보공개 및 공유 시스템(信息公示和共享机制)' 구축업무, 경쟁정책의 총괄 추진 및 반독점법집행업무, 시장 질서 유지 및 관리업무, 거시적인 품질관리업무, 상품의 품질 및 식품의 안전에 대한 관리 감독업무, 계량 관리업무, 표준화 관리업무, 검측(检验检测) 업무, 인증인가(认证认可) 업무, 소속기관인 '국가약품감독관리국(国家药品监督管理局)' 및 '국가지식재산권국(国家知识产权局)'에 대한 감독업무 등을 들 수가 있다.

시장관리총국의 내부조직으로는 사무국(办公厅), 종합기획사(综合规划司), 법규사(法规司), 등기등록국(登记注册局), 신용감독관리사(信用监督管理司), 반독점국(反垄断局), 가격감독검사및반부정당경쟁국(价格监督检查和反不正当竞争局), 온라인거래감

5　中共中央印发 《深化党和国家机构改革方案》 (신화사, 2018.3.21.).

6　국가시장감독관리총국의 직능배치·내부기구설치 및 인원 편제 규정(国家市场监督管理总局职能配置、内设机构和人员编制规定, 2018.7.30.).

독관리사(网络交易监督管理司), 광고감독관리사(广告监督管理司), 품질발전국(质量发展局), 국제협력사(国际合作司) 등 총 27개의 국이 설치되어 있다. 아울러 대외(对外) 조직으로는 국무원식품안전위원회(国务院食品安全委员会), 국무원반독점위원회(国务院反垄断委员会), 국가인증인가감독관리위원회(国家认证认可监督管理委员会), 국가표준화관리위원회(国家标准化管理委员会)를 두고 있다.

한편, 시장관리총국은 국무원 직속 기구(国务院直属机构)로서 장관급행정기관이며, 그 전체 정원(行政编制)은 총국 국장(장관급) 1명, 총국 부국장(차관급) 4명[7] 등 총 805명으로 구성되어있다.

2.2.2. 경쟁법 관련 업무의 분장

시장관리총국의 주요 기능 중 경쟁당국의 소관 업무를 수행하는 국 조직으로는 반독점국(反垄断局), 가격감독검사및반부정당경쟁국(价格监督检查和反不正当竞争局), 온라인거래감독관리사(网络交易监督管理司), 광고감독관리사(广告监督管理司) 등을 들 수가 있다.

(1) 반독점국

반독점국(反垄断局)은 반독점 제도·조치(反垄断制度措施) 및 지침의 입안, 반독점 법집행업무, 기업의 국외 반독점 응소(应诉) 업무의 지도, 공정 경쟁 심사업무(公平竞争审查工作)의 조직 및 지도, 반독점법집행과 관련한 국제협력 및 교류업무를 담당한다. 아울러 국무원 반독점위원회의 일상 업무를 맡아서 처리(承办)한다.

이러한 반독점국의 기능을 원활히 수행하기 위하여 내부조직으로는 종합처(综合处), 경쟁정책처(竞争政策处, 경쟁정책 및 국제협력업무), 독점협의조사처(垄断协议调查处), 남용행위조사처(滥用行为调查处), 행정독점조사처(行政性垄断调查处), 경영자집중 심사 1처(经营者集中审查一处)·심사 2처(审查二处)·심사 3처(审查三处), 법집행 감찰처(监察执法处), 공정경쟁심사처(公平竞争审查处), 반독점협조처(反垄断协调处, 반독점위원회 업무), 총 11개 처가 설치되어 있다.

그중 경영자집중 반독점심사업무는 산업별로 나누어 심사하고 있다. 즉, 심사 1처는 반도체·부동산 업종, 심사 2처는 항공·교통·자동차·화학공업 업종, 심사 3처

---

7 시장관리총국 부국장(차관급)의 정원은 4명이나, 실제로는 6명으로 운영하고 있다(시장관리총국 홈페이지 참조).

는 중형장비·광산·소매업종 등을 관장하고 있다. 그리고 법집행감찰처는 미신고 경영자집중에 대한 조사처리 및 제한조건을 부가한 경영자집중안건에 대한 이행관리업무를 담당하고 있다.

(2) 가격감독검사및반부정당경쟁국

'가격감독검사및반부정당경쟁국(价格监督检查和反不正当竞争局, 简称为价监竞争局)'은 "가격 및 비용징수에 대한 감독·검사", 부당한 경쟁행위와 관련한 제도·조치·규칙·지침의 입안, 상품·서비스가격 및 국가기관·사업성 비용징수에 대한 감독과 검사업무, 가격 및 비용징수와 관련한 법규위반행위와 부당한 경쟁행위에 대한 조사처리업무의 조직 및 지도, 직판기업·직접 판매원 및 그 직판활동과 다단계판매단속업무를 관리 감독하는 업무를 담당한다. 그 내부조직으로는 종합처(综合处), 법제및감독처(法制和监督处), 요금감독관리처(收费监管处), 가격감독관리 1처(价格监管一处)·2처(二处), 반부정당경쟁처(反不正当竞争处), 직판 감독관리처(直销监管处), 다단계판매금지처(禁止传销处), 총 8개 처가 설치되어 있다.

(3) 온라인거래감독관리사

온라인거래감독관리사(网络交易监督管理司)는 온라인상품거래 및 관련 서비스의 감독·관리제도 및 조치 입안, 온라인거래시장(网络市场)에 대한 법집행업무의 지도·협조, 가격 및 비용징수와 관련한 감독·검사계획의 입안, 반부정당경쟁과 관련한 제도·시책·규칙의 입안, 온라인거래플랫폼(网络交易平台) 및 인터넷 경영 주체(网络经营主体)의 규범관리업무, 온라인시장 모니터링(网络市场监测)업무, 계약·경매행위에 대한 감독·관리업무, 동산의 담보물(动产抵押物) 등기업무 관리, 소비환경 건설에 대한 지도업무를 담당한다.

(4) 광고감독관리사 등

광고감독관리사(广告监督管理司)는 광고업 관련 정책 및 발전계획과 광고 관리제도의 입안, 약품·보건 식품·의료기계·특수의학용 영양보조식품(特殊医学用途配方食品)의 광고에 대한 심사업무의 지도, 각종 매체의 광고상황에 대한 모니터링업무, 허위광고 등 위법행위에 대한 조사처리업무, 광고 심사기구 및 광고업계조직에 대한 지도업무를 담당한다.

그 밖에도 법규사(法规司)는 소관 법규의 초안 및 부령의 규장(规章) 입안 등 법제

업무를 담당하며, 이의신청(行政复议)과 행정소송의 응소 및 행정배상 관련 업무를
담당하거나 참여한다.

한편, 구 공상총국의 소비자권익보호국에서 관장하던 소비자권익보호업무는 중국
소비자협회(中国消費者协会)로 이관되었으며, 시장관리총국에서는 단지 이를 지도하
는 역할만을 수행하고 있다.

2.2.3. 주요 권한 및 의무

국무원 반독점법집행기구는 준사법적 기능과 준입법적 기능을 지니는 독립기구로
서 반독점 안건을 심리(審理)하여 결정(裁決)하는 권한을 지니고 있다. 그 주요 권한
(职权)으로는 일반적으로 법 위반행위에 대한 조사권, 행정 처벌권, 강제조치권(예,
봉인·압류 등), 행정재결권, 경영자집중안건에 대한 심사 승인권, 부령으로 발하는 부
문 규장(部门规章) 제정권을 들 수가 있다.

한편, 반독점법집행기구 및 그 근무자는 법 집행과정에서 알게 된 상업 비밀의 보
호와 신고인 보호 등 상응한 의무를 지니고 있다. 아울러 반독점법집행기구의 근무
자는 관련 법규를 위반하여 직권남용이나 직무 소홀(玩忽职守) 또는 정실에 얽매인
부정행위(徇私舞弊)를 하거나, 법 집행과정에서 알게 된 상업 비밀을 누설하여서는
아니 된다.

2.2.4. 집행체계·안건 관할범위 및 관리 감독

중국의 경우, 반독점법집행업무는 전문성과 일관성을 갖춰야 할 뿐만 아니라 전국
적으로 통일되고 개방되며 경쟁·질서 있는 시장체계의 확립이 필요한 현실을 고려
할 필요가 있다. 이러한 관점에서 반독점법집행업무는 중앙정부의 권한과 책무(中央
事权)로서 국무원 반독점법집행기구인 시장관리총국이 통일적으로 담당하게 하고 있
다. 이에 따라 지방 각급 인민정부 및 관련 부서는 그 집행권을 향유하지 못한다.
다만, 중국의 실제상황 및 방대한 업무량을 고려하여 『반독점법』 제10조 제2항의 규
정에 따라 그 업무 수요에 의거 "각성·자치구·직할시 인민정부의 상응한 기구인
시장감독관리부문[이하 '성급 시장관리부서(省级市场监管部门)'로 통칭함]"[8]에 그 권한을
위임(授权)하여 소관 행정구역 내의 반독점법집행업무를 담당하게 하고 있다. 따라

---

8 각성·자치구·직할시의 인민정부에 설치된 시장감독관리국(市场监督管理局)을 의미한다.

서 반독점법의 행정집행권을 가지는 주체로서의 반독점법집행기구는 "시장관리총국 (市場監管总局)과 성급 시장관리부서(省级市場監管部门)를 모두 포함"[9]하고 있다.

위와 같이 반독점법집행기구가 그 집행업무를 직접 또는 위임 처리하는 방식을 채택함에 따라 시장관리총국에서는 반독점법의 엄격하고 통일적인 집행체계를 수립하고자 성급 시장관리부서에 대한 지도와 감독을 강화하는 한편, 위임 처리하는 안건에 대한 상응한 등록 및 보고제도(备案报告制度)를 운영하고 있다.

(1) 보편적인 권한위임 및 안건 관할범위

시장관리총국은 법집행기능을 강화하고 성급 시장관리부서의 집행역량을 확충하고자 안건위임방식(授权模式)을 반독점법집행기구 통합 이전의 '안건별 위임원칙(个案授权原则)'에서 '보편적인 위임원칙(普遍授权原则)'으로 전환하였다. 이에 따라 성급 시장관리부서는 규정된 범위 내에서 독점행위를 직권으로 조사처리(自行查处) 할 수 있으며, 그 집행권(즉, 조사권)을 다시 하급 시장관리부서에 위탁(委托)할 수 있게 되었다.[10] 그 결과 반독점법 집행의 행정주체가 성급 이하 기관으로 확대되게 되었다.

이에 따라 반독점법집행기구는 시장관리총국에서 직접 처리하는 안건과 성급 시장관리부서에 위임 처리하는 안건에 대한 관할 원칙(管辖原则)을 수립하여 운영하고 있다. 먼저 시장관리총국에서 직접 담당하는 독점행위 안건의 범위는 다음과 같다. ① 복수의 성·자치구·직할시와 관련되는 경우, ② 안건의 내용(案情)이 비교적 복잡하거나 전국에 중대한 영향을 미치는 경우, ③ 시장관리총국이 직접 조사 처리할 필요가 있다고 인정하는 경우이다. 다만, 이 경우라도 시장관리총국은 성급 시장관리부서를 지정하여 조사 처리케 할 수 있다.[11]

반면에 성급 시장관리부서는 상술한 요건을 제외한 소관 행정구역 내의 독점행위 안건을 주로 담당하고 있다. 즉, 관할범위 내의 독점행위 안건에 대해서는 관련 규정에 의거 당해 기관의 명의로 신고접수·입안조사(立案调查) 및 안건처리 등의 제반 업무를 수행한다.

---

9   독점협의규정 제2조 제3항.
10 다만, 이 경우 위탁받은 시장관리부서는 위탁범위 내에서 위탁기관의 명의로 조사를 진행하며, 재위탁할 수는 없다(독점협의규정 제18조).
11 市場監管总局关于反垄断执法授权的通知(国市监反垄断[2018]265号, 2018.12.28.); 독점협의규정 제3조 제1항~제2항, 시지남용행위규정 제3조 제1항~제2항; 단, 행정독점행위 안건에 대한 관할범위는 "제6장 제3절 1. 항목"에서 설명한다.

(2) 등록보고 및 감독제도

시장관리총국은 성급 시장관리부서(省級市場監管部门)에 대한 지도와 감독을 강화하고 각 지역의 법 집행기준의 통일성을 확보하기 위하여 등록·보고(备案报告) 및 감독제도(監督制度)를 운영하고 있다. 그 구체적인 운영기준은 다음과 같다. ① 성급 시장관리부서가 권한위임에 근거하여 반독점법집행업무를 수행할 때, 그가 조사 처리하는 위임안건이 "관할범위에 속하지 아니하거나, 관할범위에 속하는 경우라도 시장관리총국이 조사 처리할 필요가 있는 경우"에는 즉시 시장관리총국에 보고하여야 한다. ② 성급 시장관리부서가 소관 안건에 대해 입안한 경우, 입안한 날부터 7근무일 내에 시장관리총국에 보고(备案12)하여야 한다. ③ 성급 시장관리부서가 조사중지(中止调查) 또는 조사종결(终止调查)의 결정, 행정처벌의 고지(行政处罚告知), 행정독점에 대한 처리를 건의 또는 조사를 종결(结束)하고자 할 경우, 사전에 시장관리총국에 각각 보고해야 한다. ④ 성급 시장관리부서가 피조사 경영자에게 조사중지결정서·조사종결결정서 또는 행정처벌결정서를 송달하거나, 행정독점에 대한 처리를 건의한 경우, 그날부터 7근무일 이내에 시장관리총국에 보고하여야 한다. ⑤ 시장관리총국은 성급 시장관리부서가 조사 처리하는 안건에 대한 지도와 감독을 강화하고 통일적인 집행기준을 수립하여야 한다. 반면에 성급 시장관리부서는 관련 규정에 의거 안건을 엄격하게 조사 처리하여야 한다.

그 밖에도 반독점법집행기구는 안건처리의 통일성을 유지하기 위하여 "위법행위에 대한 안건의 인지 방법(发现途径), 신고자에 대한 서면신고 요구, 하급 기관에 대한 조사 위탁(委托调查) 또는 성급 시장관리부서 간의 조사 협조, 행정처벌 정보 공시(公示)" 등에 대해 통일된 기준을 마련하여 운영하고 있다.

(3) 기타 안건처리 절차 등의 문제

독점행위(즉, 독점협의 및 시지 남용행위)의 조사 및 처벌 절차(调查处罚程序)[13]에 대하여는 '독점협의규정 및 시지남용행위규정(이하 전문규정이라 함)'을 적용하되, 전문

---

12 备案是指向主管机关报告事由存案以备查考。(种类)一般称为网站备案、域名备案、ICP备案、网络备案等。(方式)网站备案可以自主通过官方备案网站在线备案或者通过空间商两种方式来进行网站的备案。

13 독점협의 및 시지 남용행위에 대한 안건의 조사처리 절차는 후술하는 "제2절 독점행위 집행 절차"에서 상세히 설명한다.

규정에서 규정하지 아니한 사항에 대해서는 『시장감독관리행정처벌절차규정(市场监督管理行政处罚程序暂行规定, 2018.12.21. 공포, 2019.4.1.부터 시행, 이하 절차규정이라 함)』에 의거 집행하여야 한다. 다만, 절차규정 중 "안건처리의 시한(时限)·입안(立案)·안건 관할(案件管辖)"규정에 대해서는 비록 전문규정에서 규정하지 아니한 사항이라도 절차규정을 적용하지 아니한다.[14] 이는 절차규정에 의거 시장관리총국에서 처리하는 일반안건 대비 독점행위 안건의 전문성과 복잡성(예, 처리 기간이 상대적으로 길고, 사안이 복잡하며 고도의 전문성이 필요한 점)을 고려한 조치이다.

한편, 반독점법집행기구가 행정처벌에 대한 청문회(行政处罚听证)를 조직할 경우, 『시장감독관리행정처벌청문방법(市场监督管理行政处罚听证暂行办法, 2018.12.21. 공포, 2019.4.1.부터 시행, 이하 청문방법이라 함)』에 의거 집행한다. 다만, 행정독점행위는 행정처벌에 속하지 아니하므로 절차규정 및 청문방법을 적용하지 아니한다.[15]

2.2.5. 정보공개

반독점법집행기구는 행정처리를 결정한 후, 그 결정내용을 법에 의거 사회에 공표하여야 한다. 그중 행정처벌 정보는 법에 의거 '국가의 기업 신용정보 공시시스템(国家企业信用信息公示系统)'을 통하여 사회에 공시하여야 한다.[16] 따라서 시장관리총국은 안건처리정보에 대한 공개를 강화하고자 홈페이지상의 동 시스템과 '정부 정보공개(政府信息公开)'메뉴를 통하여 관련 정보를 공개하고 있으며, 성급 시장관리부서에서도 반독점법집행정보를 사회에 동시(同步) 공표하고 있다.

2.3. 중국 경쟁당국의 특성 및 향후 과제

각국의 정부조직의 형태나 기능은 그 나라의 정치경제체제나 발전단계에 따라 다를 수밖에 없어 보편적이고 일반적인 경쟁당국의 모델을 준거로 하여 중국 경쟁당국의 조직이나 기능을 비교하는 것이 부적합한 측면도 있지만, 한중 양국의 제도를 비교해 볼 때 새로 출범한 중국의 전담기구가 지니는 기능상의 특성과 향후 과제를 살펴보면 다음과 같다.

---

14 독점협의규정 제35조, 시지남용행위규정 제38조, 절차규정 제77조 제3항.
15 《禁止垄断协议暂行规定》 等三部反垄断法配套规章权威解读 : 保障反垄断统一执法 促进市场公平竞争(二. 第四. 与相关规章的衔接问题, 2019.7.2.).
16 독점협의규정 제30조, 시지남용행위규정 제35조.

2.3.1. 반독점위원회

반독점위원회는 의결기관이 아닌 의사조정기구이다. 우리나라의 공정거래위원회는 경쟁정책을 수립하고 집행하는 기능을 수행하는 일반행정기관의 지위를 가지는 동시에 공정거래법 위반사건을 심리·의결하는 의사결정기구로서의 독립규제위원회의 지위를 함께 지니고 있다. 그러나 반독점위원회는 반독점 사건에 대한 심리·의결을 하는 합의제 의결기구가 아닌 의사조정기구로서 경쟁정책을 입안하고, 관련 지침을 제정하며, 반독점 업무를 지도 및 조정하는 기능을 수행하고 있다. 아울러 그 구성인원도 경쟁법 분야의 전문지식이나 경험을 가진 전문가가 참여하는 것이 아니고, 각 부처의 장·차관급으로 구성되어 있어 경쟁정책을 추진하는 데 있어 관련 부처의 협조가 쉬운 측면도 있지만, 각 부처의 이해관계나 관련 산업에 대한 정책적인 고려가 개입될 소지가 있다.

따라서 반독점위원회의 독립성과 전문성을 높이기 위해서는 그 위원의 자격을 경쟁법 분야의 전문지식과 경험을 갖춘 전문가로 구성하고, 그 기능도 반독점 사건에 대한 심결 기능을 갖춘 합의제 성격의 독립규제위원회로 개선할 필요가 있다.

2.3.2. 시장관리총국

반독점법집행기구로서의 시장관리총국이 지니는 기능상의 특성과 향후 과제를 살펴보면 다음과 같다. ① (독임제 행정기관) 시장관리총국은 독임제 행정기관이다. 우리나라의 공정거래위원회는 사무처에서 공정거래법 등 관련법 위반사건을 조사하여 공정거래위원회에 안건을 상정하는 일종의 소추 역할만을 수행하고, 공정거래위원회에서 이를 심리·의결함으로써 소추와 심결 기능이 분리되어 있는 합의제 독립규제위원회이다. 그러나 시장관리총국은 소추와 심결하는 기능을 동일 기관에서 함께 수행하는 독임제 행정기관이다. 따라서 피심인의 권리 보호와 사건처리의 객관성과 공정성을 확보하기 위해서는 피심인에 대한 충분한 의견진술 기회나 대심제 도입 등 피심인에 대한 항변권을 강화할 필요가 있다. ② (일반 중앙행정기관) 시장관리총국은 일반부처 성격의 중앙행정기관이다. 우리나라의 공정거래위원회가 국무총리 산하의 중앙행정기관에 속하는 것과 같이 시장관리총국은 국무원 직속 기구로서 장관급 중앙행정기관이다. 그러나 우리나라의 공정거래위원회가 경쟁정책을 수립하고 공정거래법 등 관련법을 집행하는 경쟁당국의 역할을 독립적으로 수행하고 있는 반면에, 시장관리총국은 경쟁정책을 추진하고 반독점법 등 관련법을 통일적으로 집행하는 기능을 수행하기도 하지만, 다양한 시장관리기능을 종합적으로 수행하고 있어 경쟁당국 본연의 역할을 충실히 수행하기에는 일정한 한계가 있다고 본다. 따라서 경쟁당국으로서 완전한 독립성과 전문성을 확보하기 위해서는 조직과 기능상으로도 별도의 독립된 규제기관으로서의 위상 정립이 필요하다.

제2절 독점행위 집행 절차

독점행위에 대한 조사 및 위반 사실의 인정은 매우 복잡하고 전문성이 강하며 오랜 시간과 비용이 소요될 뿐만 아니라, 그 처리 결과는 경제·사회적으로 중대한 영향을 미치고 있다. 중국에서도 그 집행 절차는 사법절차에서 적용하는 일반원칙(즉, 공개·공평·공정 등)을 준용하여 채택하고 있다. 본 절에서는 독점행위 안건 중 경영자집중안건의 경우 그 처리 절차나 시정조치 방식이 다른 독점행위와 상당한 차이가 있는바, 경영자집중행위를 제외한 독점행위(즉, 독점협의 및 시지 남용행위)를 중심으로 그 행정적인 집행 절차[17]에 대하여 살펴보고자 한다.

1. 일반절차

1.1. 안건의 인지

반독점법집행기구의 위법혐의에 대한 인지(发现)는 직권인지(职权) 또는 신고(举报)·상급기관의 이첩(交办)·타 기관의 이송(移送)·하급기관의 보고, 경영자 자진신고(主动报告) 등의 경로를 통해 이루어진다. 그중 신고는 어떠한 단위(즉, 기관·단체·법인·기업 등) 및 개인 모두가 할 수 있으며, 반독점법집행기구는 신고자에 대한 비밀을 유지하여야 한다. 그 신고내용에는 "신고인의 기본현황·피신고자의 기본현

---

17 관련 규정으로는 ① 독점협의규정, ② 시지남용행위규정, ③ 절차규정, ④『행정처벌법(行政处罚法)』 등이 있다. 한편, 『반독점법』의 규정을 위반한 행위에 대한 행정처벌을 실시하는 절차는 제①항 및 제 ②항의 전문규정(专项规定)에 의거 집행하되, 전문규정에서 규정하지 아니한 경우, 절차규정 및 『행정 처벌법』에 의거 집행한다.

황·위법혐의 관련 사실 및 증거·동일 사안(事实)에 대한 타 행정기관 신고 또는 소송제기 여부" 등이 포함되어야 하며, 신고한 내용이 서면형식을 갖추고 관련 사실 및 증거를 제공한 경우 반독점법집행기구는 필요한 조사를 진행하여야 한다.

한편, 독점행위안건에 대한 인지 시효는 원칙적으로 2년이며, 그 처분시효에 대해서는 명시적인 규정이 없다. 즉, 행정처벌법 제29조에 의하면, 위법행위가 2년 이내에 인지(发现)되지 아니한 경우에는 행정처벌을 할 수 없다. 아울러 그 기한은 위법행위가 발생할 날부터 계산하며, 위법행위가 연속 또는 계속되는 상태에 있는 경우에는 그 행위 종료일부터 계산한다.

1.2. 안건조사착수(立案)

반독점법집행기구는 위법혐의를 인지한 경우, 필요한 사전 조사를 거쳐 입안 여부를 결정한다. 이 경우 성급 시장관리부서는 입안한 날부터 7 근무일 이내에 시장관리총국에 보고(备案)하여야 한다.[18]

1.3. 조사 및 증거수집(调查取证)

1.3.1. 조사공무원의 주요 의무 및 권한

반독점법집행기구는 입안 후, 즉시 조사하여 법에 의거 관련 단위 및 개인으로부터 상황을 파악하고 증거를 수집·확보하여야 한다. 이 경우 반독점법집행기구는 주요 책임자에게 서면 보고 및 그의 승인을 거쳐 독점행위에 대한 조사를 진행하여야 한다. 조사하는 경우 조사공무원(执法人员)은 2명 이상이어야 하며, 법 집행 증명서(执法证件)를 제시하여야 한다. 아울러 조사공무원이 의견을 듣거나 조사를 하는 경우, 관련 내용을 기록한 후 그 의견을 진술하거나 조사를 받는 사람의 서명을 받아야 한다. 또한, 조사 시 "당사자로부터 최초로 증거를 수집(收集、调取证据)하는 경우 당사자에게 그가 진술권(陈述权)·변론권(申辩权) 및 기피신청(申请回避)할 권리를 향유한다는 사실을 알려야 한다(절차규정 제18조)."

반독점법집행기구가 독점행위 혐의를 조사할 경우, 관련 자료 요구·증거자료에 대한 봉인 및 압류·금융거래정보요구 등의 조치를 채택할 수 있다. 그 구체적인 조

---

18 독점협의규정 제17조, 시지남용행위규정 제25조.

사 권한은 다음과 같다. "① 조사받는 경영자(즉, 피조사인)의 영업장소 또는 기타 관련 장소에 진입 및 조사(检查), ② 조사받는 경영자·이해관계인 또는 기타 유관단위·개인에 대한 질문(询问) 및 관련 정황에 대한 소명(说明) 요구, ③ 조사받는 경영자·이해관계인 또는 기타 유관단위 및 개인에 대한 관련 증거(单证)·협의 내용(协议)·회계장부·업무 서한(业务函电)·전자 데이터(电子数据) 등 문서 및 자료에 대한 열람(查阅) 및 복사, ④ 관련 증거에 대한 봉인(查封) 및 압류(扣押), ⑤ 경영자의 은행 계좌 조회(查询)이다(법 제39조)." 그 밖에 반독점법집행기구는 독점혐의를 조사할 때, 피조사자에 대해, 규정 시간 내에 피조사자의 기본현황 및 재무 현황, 독점혐의 관련 회의자료나 문서 및 그에 대한 소명 등을 요구할 수 있다.

한편, 시장관리부서에서는 안건처리의 공정성을 확보하기 위하여 "행정처벌을 할 때 회피제도를 채택하고 있다. 이에 따라 안건처리에 참여하는 공무원(有关人员)이 당사자와 직접적인 이해관계가 있는 경우, 당해 안건에 대한 처리를 회피(回避)하여야 하며, 당사자도 기피를 신청할 권리가 있으며, 그 여부는 관련 책임자가 결정한다(절차규정 제4조 및 제18조)."

1.3.2. 피조사자의 권리와 의무

반독점법집행기구의 조사와 관련하여 피조사자는 의견을 진술(陈述意见)할 권리와 조사에 협조할 의무를 동시에 가지고 있다. 그 구체적인 내용은 다음과 같다. ① 조사받는 경영자·이해관계인은 의견을 진술할 권리를 가지며, 반독점법집행기구는 조사받는 경영자·이해관계인이 제출한 사실·이유 및 증거에 대해 확인(核实)하여야 한다. ② 조사받는 경영자·이해관계인 또는 기타 유관단위·개인은 반독점법집행기구의 법에 근거한 직무수행에 협조하여야 하며, 반독점법집행기구의 조사를 거절 또는 방해하여서는 아니 된다. 즉, 조사와 관련한 자료 또는 정보의 제공을 거절하거나, 허위 자료 또는 정보를 제공하거나, 증거를 은닉·소각·이전하여서도 아니 된다.[19]

---

[19] 반독점법 제42조~제43조 및 제52조.

▶ 조사방해 사례 ◀

① TOYOTA(丰田) 판매회사의 반독점 조사 거절 및 방해건[20]

광저우 TOYOTA 판매회사(广州丰田经销商)는 조사공무원이 독점행위혐의와 관련한 컴퓨
터 증거를 수집(提取)하고 있는 상황에서, 회사의 감사를 시켜 USB를 제거하였을 뿐만 아니
라, 이를 돌려달라는 요구를 거절했고, 심지어는 그에게 조사할 권리가 없다고 하면서 욕설까
지 퍼부었으며, 직원들을 시켜서 인터넷 선(网线) 및 컴퓨터 전원(电源线)을 뽑기까지 하였
다. 아울러 조사공무원이 요구하는 자료제공을 거절하였으며, 송달하는 문서 등에 대한 수령
사인(签收)을 거절하였다.

이러한 조사방해행위에 대해, 구 광동성 발개위(原广东省发改委)는 2018.9.3. 시정명령과
함께 그 회사의 법정 대표자와 사장 두 사람 모두에게 1.2만元의 과징금을 부과하였다.

② XINYADA(信雅达)의 반독점 조사 관련 자료제공 거절행위[21]

안휘성(安徽省)의 XINYADA엔지니어링회사(信雅达工程公司, 자본금 2억元 이상의 상장
회사)는 반독점법집행기구의 두 차례의 반독점 조사통지 및 두 차례의 전화독촉에도 불구하
고, 단지 한 차례 독점행위를 하지 않았다는 진술 의견(申述意见)만을 보냈을 뿐, 지정기한
내에 관련 자료를 제공하지 아니하였다.

이러한 당사회사의 자료제공 거절행위에 대해, 안휘성 공상국(安徽省工商局)은 2015.10.21.
즉각적인 시정명령과 함께 과징금 20만元을 부과하였다.

1.3.3. 위탁조사 및 협조

시장관리총국은 반독점 안건을 조사 처리할 때, 성급 시장관리부서에 위탁하여 조
사를 진행할 수 있으며, 성급 시장관리부서도 하급 시장관리부서에 위탁하여 조사를
진행할 수 있다. 이 경우 위탁받은 시장관리부서는 위탁범위 내에서 위탁기관의 명
의로 조사를 진행하며, 다른 행정기관이나 조직 또는 개인에게 재위탁하여 조사를
진행할 수 없다. 아울러 성급 시장관리부서는 업무 수요에 따라 관련 성급 시장관리
부서와 협조하여 조사(商请协助调查)할 수 있으며, 관련 성급 시장관리부서는 이에
협조하여야 한다.[22]

---

20 丰田经销商阻碍反垄断执法机构调查, 广东省发改委公示处罚1.2万元(经济观察报, 2018.09.04.).
21 安徽开出全国首张不配合反垄断调查罚单(中国市场监管报, 2015.10.21.).
22 독점협의규정 제18조~제19조, 시지남용행위규정 제26조~제27조.

1.4. 안건심의(案件审核)

안건부서(办案机构)는 안건에 대한 조사를 종결한 후, 조사종결보고서(调查终结报告)를 작성하여 관련 자료(案件材料)와 함께 심의기구(审核机构)에 제출하여 심의를 받아야 한다. 안건심의(案件审核, 也称案件审理)란 "안건조사 종결 후 안건조사보고에 기초하여 안건에 대한 심의(核审)를 진행하고, 그 처리의견을 제출하는 과정"[23]을 의미하는데, 시장관리부서의 법제부서(法制机构) 또는 기타 기구가 담당하며, 안건담당자(办案人员)는 심의위원(审核人员)이 될 수 없다.

심의기구(审核机构)에서 안건을 심의하는 절차는 다음과 같다. ① (안건부서의 안건종결보고서 제출) 안건부서(办案机构)는 안건을 조사하고 증거수집 및 관련 법규에 따른 검사를 진행한 후, 조사를 종결한 경우 "당사자의 기본현황, 안건의 단서(案件来源), 조사과정 및 행정 강제조치(行政强制措施) 현황, 조사 결과 인정한 사실 및 주요 증거, 위법행위의 성격(性质), 처리의견 및 그 근거 등"이 포함된 안건조사종결보고서(案件调查终结报告)를 작성하여 관련 자료(案件材料)와 함께 안건심의기구(审核机构)에 제출한다. ② (안건심의기구의 안건 심사) 안건심의기구(审核机构)는 이에 기초하여 안건심의를 진행하는데, 그 주요 내용은 다음과 같다. ⓐ 관할권 여부, ⓑ 당사자 기본상황의 명확 여부, ⓒ 안건의 사실에 대한 명확 여부와 증거 충분 여부, ⓓ 위법성 판단(定性)의 정확 여부, ⓔ 적용법조(适用依据)의 정확 여부, ⓕ 처리절차(程序)의 합법 여부, ⓖ 처리의 적정성(适当) 여부이다. ③ (안건심의부서의 의견 및 건의 제출) 안건심의부서는 안건에 대한 심의를 진행한 후, 안건부서의 안건처리의견의 타당 여부에 따라 "적합한 경우에는 동의(同意), 위법성 판단이나 적용법조 등이 부적합한 경우에는 수정 건의(建议纠正), 사실이 분명치 않고 증거가 불충분한 경우에는 보완조사 건의(建议补充调查)" 등의 서면 의견 및 건의를 안건부서에 제출한다(절차규정 제45조~제48조).

1.5. 보고 및 당사자 사전고지

안건심의(案件审核)가 완료된 후, 안건부서는 시장관리부서의 책임자에게 "안건자료, 행정처벌 건의(行政处罚建议) 및 심의의견(审核意见)"을 보고하여 승인을 거쳐

---

23 『가격행정처벌안건심리심사규칙(价格行政处罚案件审理审查规则)』 제3조.

법에 의거 고지 등의 절차를 이행하고, 당사자의 의견을 충분히 청취하여야 한다. 이에 따라 안건부서는 당사자에게 "행정처벌을 하고자 하는 사실·그 이유 및 법적 근거 등과 그에게 법적으로 향유(享有)되는 진술권(陈述权)·변론권(申辩权)·청문(听证)을 요구할 수 있는 권리를 서면으로 고지하여야 한다. 이 경우 당사자가 고지서(告知书)를 송달받은 날부터 3근무일 이내에 진술 및 항변권을 행사하지 아니하거나, 청문개최를 요구하지 아니한 경우에는 그 권리를 포기(放弃)한 것으로 간주한다. 아울러 안건부서는 당사자가 제출한 사실·이유 및 증거를 재확인(復核)하여 타당(成立)한 경우 수용(采纳)하여야 하며, 이를 이유로 가중하여 행정 처벌(加重行政处罚)할 수 없다(절차규정 제50조~제52조).

1.6. 안건 심사 및 처벌의 결정

시장관리부서의 책임자는 "안건조사종결보고서, 심의의견(审核意见), 당사자의 진술 및 항변의견(申辩意见) 또는 청문 보고" 등에 대해 심사(审查)한 후, 사안에 따라 다음과 같이 그 처벌 여부를 결정한다. ① 위법행위가 확실한 경우, 사안의 경중 및 구체적인 정황에 따라 행정처벌을 결정한다. ② 위법행위는 확실하나, 법에 의거 행정처벌을 부과하지 않는 상황에 부합하는 경우, 행정처벌을 부과하지 아니한다.[24] ③ 위법사실이 성립할 수 없는 경우, 행정처벌을 부과할 수 없다. ④ 시장관리부서의 관할권(管辖)에 속하지 않는 경우, 다른 행정관리부서에 이송 처리한다. ⑤ 위법행위에 대하여 범죄혐의가 있는 경우, 사법기관에 이송한다(절차규정 54조 제1항).

다만, 사안(情节)이 복잡하거나 중대한 위법행위로서 비교적 엄중한 행정처벌을 부과할 안건의 경우, 시장관리부서의 책임자는 집단토론(集体讨论)을 하여 결정하여야 한다. 이러한 집단토론의 대상은 다음과 같다. ① 과징금·위법소득 및 불법 재물을 몰수하는 가치액이 비교적 큰 안건, ② 생산 및 영업정지(停产停业)·영업허가증 또는 사업자등록증의 취소를 명령하는 안건, ③ 중대한 안전 문제와 관련되거나 사회에 중대한 영향을 미치는 안건, ④ 조사처리의견과 심사의견(审核意见)의 차이(分歧)가 큰 안건, ⑤ 시장관리부서의 책임자가 집단토론에 상정(提交)해야 한다고 판단하는 기타 안건이다(절차규정 54조 제2항).

---

24 『행정처벌법』 제27조 제2항에 의거 위법행위가 경미하고 즉시 시정하여 조성된 폐해나 부작용이 없는 경우에는 행정처벌을 하지 아니한다.

아울러 시장관리부서는 행정처벌을 결정할 때, "당사자가 다음과 같은 상황 중의 어느 하나에 부합되는 경우에는 법에 의거 가볍게 하거나 감경하여 행정처벌하여야 한다. 즉, ① 위법행위의 폐해(危害后果)를 자진하여 해소 또는 감소시킨 경우, ② 타인의 협박(胁迫)을 받아 위법한 행위를 한 경우, ③ 행정기관의 위법행위 조사처리에 협조하여 기여(立功表现)한 경우, ④ 기타 법에 의거 행정처벌을 가볍게 하거나 감경하는 경우이다(행정처벌법 제27조)."

1.7. 행정처벌결정서 송달

반독점법집행기구는 행정처벌을 결정한 경우, 법에 의거 행정처벌결정서(行政处罚决定书)를 작성(制作)하여 당사자에게 송달 하여야 하며, 행정처벌과 관련된 내용(信息)을 사회에 공표(社会公示)하여야 한다. 이 경우 행정처벌결정서에는 다음과 같은 내용이 포함되어야 한다. ⓐ 경영자의 성명 또는 명칭·주소 등 기본상황, ⓑ 안건의 단서(案件来源) 및 조사 경위(调查经过), ⓒ 위법사실 및 관련 증거, ⓓ 경영자의 진술(陈述) 또는 변론(申辩)에 대한 수용 여부(采纳情况) 및 이유, ⓔ 행정처벌의 내용 및 근거, ⓕ 행정처벌의 이행방식 및 기한, ⓖ 행정처벌 결정에 불복할 경우, 행정 재심의를 신청하거나 행정소송을 제기하는 절차(途径) 및 기한, ⓗ 행정처벌을 결정한 반독점법집행기구의 명칭 및 결정한 날짜이다.[25]

행정처벌결정서의 송달(送达)은 선고(宣告) 후, 당사자에게 현장 교부(当场交付)방식으로 송달하거나, 당사자가 현장에 있지 아니한 경우 행정처벌을 결정한 날부터 7일 이내에 직접송달(直接送达) 또는 우편송달(邮寄送达)·위탁송달(委托送达)·공시송달(公告送达) 방식으로 송달하여야 한다. 그중 공시송달은 공고한 날부터 60일이 지나면 송달된 것으로 간주한다(절차규정 제73조 및 제74조).

1.8. 불복절차

경영자가 반독점법집행기구의 결정에 불복할 경우, 독점행위 중 경영자집중에 대해서는 먼저 법에 의거 행정 재심의(行政复议, 공정거래법상의 이의신청에 해당)를 신청한 후 그 결정에 불복할 경우 법에 의거 행정소송을 제기할 수 있다. 기타 독점행위(독점협의 및 시지 남용행위)에 대해서는 법에 의거 행정 재심의를 신청하거나 행정소

---

25 독점협의규정 제20조, 시지남용행위규정 제28조.

송을 제기(提起行政诉讼)할 수 있다. 이 경우 행정 재심의는 그 구체적인 행정행위를 안 날부터 60일 이내에 신청[26]할 수 있으며, 그 재결에 불복할 경우 재심의결정서를 받은 날부터 15일 이내에 인민법원에 행정소송을 제기할 수 있다. 다만, 곧바로 인민법원에 행정소송을 제기할 경우 행정처분을 안 날부터 6개월 이내에 소송을 제기할 수 있다.[27]

1.9. 집행

행정처벌이 결정된 후, 당사자는 소정의 기한 내에 이를 이행하여야 한다. 반독점법집행기구가 당사자에 대해 과징금을 부과하거나 위법소득을 몰수 조치한 경우 행정처벌결정서를 받은 날부터 15일 이내에 지정은행에 이를 납부하여야 한다. 다만, 경제적인 어려움이 확실한 경우 당사자의 서면 신청 및 승인을 거쳐 연기 또는 분할납부(分期缴纳)를 할 수 있다.

그러나 당사자가 법정기한을 넘겨서도 행정처벌 결정을 불이행한 경우(즉, 과징금을 미납한 경우)에는 매일 과징금액의 100분의 3의 이행강제금을 부과(加处罚款)하거나, 최고절차를 거쳐 인민법원에 강제집행(强制执行)을 신청할 수 있다. 만약, "당사자가 행정처벌 결정에 불복하여 행정 재심의(行政复议)를 신청하거나 행정소송(行政诉讼)을 제기한 경우라도 법률에 별도의 규정이 있는 경우를 제외하고는 그 집행은 정지되지 아니한다(절차규정 제63조)."

한편, 반독점법집행기구는 그 집행이 완결(完毕)되거나 조사가 중지(终止调查)된 경우 등에는 안건을 종결(结案)하고, 안건자료를 문서관리(档案管理) 규정에 의거 서류철을 만들어 보관(立卷归档)하여야 한다.

2. 특수절차

2.1. 경영자 승낙제도

경영자 승낙제도(经营者承诺制度)는 행정 화해(行政和解)에 속하는데, 공정거래법상의 동의의결과 유사한 제도이다. 이는 반독점법집행기구가 반독점 안건을 조사하

---

26 이 경우 행정 재심의는 신청수리일부터 60일 이내에 재결하여야 하나, 최장 30일까지는 연장할 수 있다. (행정 재심의법 제31조)
27 『행정 재심의법(行政复议法)』 제9조, 『행정소송법(行政诉讼法)』 제45조 및 제46조.

는 과정에서 피조사자와의 협의(協商和解)를 통해, 피조사자가 그 행위를 중지하거나 수정하는 것에 동의하고 그러한 위반행위를 다시는 반복하지 않을 것을 보장한 경우, 반독점법집행기구가 조사를 중지하고 그 이행 결과에 따라 안건을 종결하는 제도이다. 이 제도는 비정식 처리방식으로서 정상적인 안건처리와 비교할 때, 안건처리의 효율성을 높이고, 행정비용을 절감하며, 당해 위반행위로 인한 폐해를 조기에 해소할 수 있어 각국의 경쟁당국에서 채택하고 있다.

중국의 경우 반독점법의 시행과 함께 이 제도를 도입하여 운용하고 있다. 그 주요 절차는 ① 경영자의 승낙 및 조사 중지신청 → ② 조사 중지 결정 → ③ 이행 감독 후, 조사종결 또는 조사 재개 순으로 진행되고 있다.

2.1.1. 조사 중지 신청(中止调查申请) 및 적용제외대상

독점혐의가 있는 경영자는 반독점법집행기구가 인정(认可)한 기한 내에 그 행위의 부작용(影响)을 해소(消除)할 수 있는 구체적인 조치를 채택하기로 승낙(承诺)한 경우, 피조사 기간에 조사 중지를 신청할 수 있다. 이러한 조사 중지(中止调查) 신청은 서면형식으로 제출하되, 경영자의 책임자(负责人)가 서명 및 날인하여야 하며, 그 신청서에는 다음 사항을 기재해야 한다. ① 독점혐의 또는 시지 남용행위 혐의 사실, ② 그 행위의 폐해(后果)를 해소할 수 있는 구체적 조치를 채택하고자 승낙한 내용(承诺), ③ 승낙 이행시한, ④ 승낙에 필요한 기타내용이다.

다만, 반독점법집행기구가 독점행위 혐의 사항에 대해 조사 확인(核实)한 후, 독점행위로 인정한 경우에는 법에 의거 처리를 결정하여야 하며, 경영자가 제출하는 조사 중지신청을 다시 접수(不再接受)하여서는 아니 된다.[28] 즉, 경영자가 조사 중지를 신청한 경우 그 결정 이전에는 신청을 철회할 수 있으나, 반독점법집행기구가 결정한 이후에는 철회하거나 재신청할 수 없다.

한편, 경쟁 관계에 있는 경영자의 독점협의(즉, 수평 카르텔) 중 경성카르텔(核心卡特尔)에 속(符合)하는 "상품 또는 서비스(이하 상품으로 통칭함)의 가격, 상품의 생산 또는 판매 수량의 제한, 판매시장 또는 원재료구매시장의 분할" 혐의에 대해서는 승낙제도를 적용하지 아니한다. 즉, 상술한 경성카르텔에 속하는 독점혐의에 대해서는 반독점법집행기구가 조사 중지신청을 접수할 수 없다(독점협의규정 제22조 제2항).

---

28 독점협의규정 제21조, 시지남용행위규정 제29조.

2.1.2. 조사 중지 결정(決定中止调查)

반독점법집행기구는 피조사 경영자의 조사 중지신청에 근거하여 "그 행위의 성격(性质), 지속시간, 부작용 및 사회적 영향, 경영자가 승낙한 조치 및 그 기대효과 등 구체적인 정황"을 고려한 후, 조사 중지 여부를 결정하여야 한다. 이에 따라 반독점법집행기구가 조사 중지를 결정한 경우, '조사 중지결정서(中止调查决定书)'를 작성하여야 한다. 이 경우 '조사 중지결정서'에는 "피조사 경영자의 위법혐의사실, 승낙한 구체적인 내용, 부작용(影响)을 해소하는 구체적인 조치, 승낙이행시한 및 승낙을 불이행하거나 불완전하게 이행할 경우의 법적 책임(法律后果) 등의 내용"을 명확히 기재하여야 한다.[29]

한편, 『반독점법』 시행 후 2019.12.31. 기준, 반독점법집행기구가 공포한 조사 중지안건은 총 21건이다. 그중 시지 남용행위 안건은 15건, 수평카르텔(橫向垄断协议) 안건은 3건, 수직카르텔(纵向垄断协议) 안건은 3건으로 파악되고 있다. 그중 독점협의 안건이 상대적으로 적은 이유는 경성카르텔의 경우, 승낙제도의 적용이 제외되는 게 주요 원인으로 분석되고 있다.

2.1.3. 이행관리(조사종결 또는 조사 재개)

조사 중지를 결정한 경우, 경영자는 규정한 시한 내에 승낙이행 상황을 반독점법집행기구에 서면으로 보고하여야 하며, 반독점법집행기구는 경영자가 승낙한 사항에 대한 이행상황을 감독하여야 한다. 그 결과, 경영자가 승낙사항을 이행한 경우, 반독점법 집행기구는 조사를 종결(终止调查)할 수 있다. 이 경우 조사종결결정서(终止调查决定书)를 작성하여야 하며, 그 결정서에는 "피조사 경영자의 위법혐의사실, 승낙한 구체적인 내용, 승낙이행상황, 감독상황 등의 내용"을 명확히 기재하여야 한다.

다만, 반독점법집행기구가 이행상황을 감독한 결과, 다음과 같은 상황 중 어느 하나에 속하는 경우, 조사를 재개(恢复调查)하여야 한다. ① 경영자가 승낙한 사항을 이행하지 아니하거나 불완전하게 이행한 경우, ② 조사 중지 결정한 사실근거에 중대한 변화가 발생한 경우, ③ 조사 중지 결정이 경영자가 제공한 불완전(不完整)하거

---

29 독점협의규정 제22조 제1항 및 제23조, 시지남용행위규정 제30조~제31조.

나 허위정보(不真实的信息)에 근거하여 이루어진 경우이다.[30]

▼ 〈사례〉 해창콘택트렌즈(海昌隐形眼镜) 등에 대한 독점행위조사종결 건[31]

1. 법위반혐의

◦ 당사자(海昌, 海俪恩)는 콘택트렌즈 및 관련 제품의 생산·판매기업으로서 인터넷 온라인(互联网线上)에서 관련 제품을 판매하면서 소매 약국(零售药房)에 대해 그가 제시한 최저 재판매 가격(最低转售价格)을 시행(执行)할 것을 요구하였다.

2. 승낙과정 및 종결처리

◦ (입안) 상해시 시장관리국(上海市市场监督管理局)은 2016.6월부터 당사자의 가격독점 혐의를 기초조사한 후, 발개위(반독점국) 보고를 거쳐 217.11.2. 입안조사를 결정하였다.

◦ (승낙 및 조사 중지신청) 당사자는 조사과정에서 위법사실을 인정(承认)하고, 그 행위가 경쟁에 미치는 부정적인 영향을 인식하여 즉시 시정(及时整改) 및 그 영향을 해소할 것을 표명(表示)하였다. 아울러 2017.11.13. 조사 중지 신청서를 제출하였다. 당사자가 승낙한 시정조치방안은 다음과 같다. ① (자진 시정) 당사자는 온·오프라인 판매단계에서 전면적이고 철저하게 자진 조사하여 문제점을 확실히 시정하며, 기업자율규범을 강화한다. 아울러 2017.12.31. 이전까지 회사의 각종 계약·협의 등의 문건을 심의 수정하여 관계법규에 부합하게 한다. ② (준법경영) 관계법규를 성실히 준수(执行)하며, 주도적으로 공정한 경쟁의 시장 질서를 유지 보호하고, 상품의 품질과 서비스 수준을 제고하며, 소비자에게 혜택을 주는 다양한 조치를 채택한다. ③ (교육 훈련) 전 사원(특히, 판매사원)에 대한 경쟁 법규의 교육 홍보를 강화(예, 격월마다 최소 1회, 고과 지표에 반영)하여 경쟁문화를 제창(倡导)하고 공정한 경쟁의식을 제고한다.

◦ (조사 중지 결정) 상해시 시장관리국은 심사한 결과, 당사자가 조사과정에서 적극적으로 협조하였고, 제기된 문제를 심각하게 인식하여 그가 제출한 시정조치방안이 당해 행위가 초래한 영향을 해소 및 회복하기에 충분하다고 판단하여『반독점법』제45조 제1항에 의거, 2018.3.16. 조사 중지(中止调查)를 결정하였다.

◦ (이행 감독 및 조사종결) 2018.11월 당사자는 시정상황을 보고하였다. 이에 대해, 상해시 시장관리국은 실제 조사 등을 통하여 당사자가 준법경영의식 제고와 자체 시정(즉, 관련 계약·문건의 수정, 최저 재판매가격유지행위 금지조치 등) 등 승낙조건을 전면적으로 이행한 사실을 확인하였다. 따라서 상해시 시장관리국은 2019.4.24. 당사자가 채택한 구체적인 시정조치가 승낙조건에 부합하고, 같은 조 제3항이 규정한 조사회복(恢复调查)상황이 발견되지 아니하였는바, 동조 제2항의 규정에 의거 당사자의 가격독점행위 혐의에 대한 조사종결(终止调查)을 결정하였다.

---

30 독점혐의규정 제24조~제25조, 시지남용행위규정 제32조~제33조.
31 上海市市场监督管理局 终止调查决定书[沪价检终止(2019)1号, 2019.5.20.].

2.2. 청문회(听证会)

2.2.1. 청문회 신청 및 조직

시장관리부서(市场监督管理部门)는 "생산 및 영업정지, 영업허가증 또는 사업자등록증 취소, 자연인에 대하여 1만元 이상 또는 법인이나 기타조직에 대해 10만元 이상의 과징금을 부과하거나 위법소득몰수 등"과 같은 행정처벌을 결정하기 전에 응당 청문회 개최(举行听证)를 요구할 권리가 있다는 사실과 "행정처벌하고자 하는 사실·이유 및 근거"를 당사자에게 서면으로 알려야 한다. 이 경우 당사자는 그 고지서를 송달받은 날부터 3근무일 이내에 이에 대한 의견을 제출하여야 하며, 그 기한 내에 제출하지 않는 경우 포기한 것으로 간주한다(청문방법 제5조~제6조).

시장관리부서가 청문회를 조직할 경우 공개·공정·효율의 원칙을 준수하여야 하며, 당사자의 진술권(陈述权) 및 변론권(申辩权)을 보장하여야 한다. 청문회 조직은 시장관리부서의 법제부서 또는 다른 기구에서 담당하며, 그 구성원(听证人员)은 청문관(听证主持人)과 청문원(听证员) 및 기록원으로 이루어진다. 그중 청문관은 시장관리부서의 책임자가 지정하며, 청문회 절차 중 청문회를 주재(主持)할 뿐만 아니라 청문회 개최 결정·참가자 자격심사·질서 유지 등의 직책을 수행한다. 청문원은 필요한 경우 시장관리부서의 책임자가 1~2명을 둘 수 있는데, 청문관의 청문회 진행을 보좌(协助)한다. 기록원은 청문관이 지정하는데, 구체적인 청문회 준비 및 청문회의 기록업무를 담당한다. 그리고 청문 참가자는 당사자와 그의 대리인·제3자·안건담당자·증인·통역원·감정인 등이 포함된다(청문방법 제3조, 제8조~제12조).

2.2.2. 청문회 개최(举行听证) 및 보고

당사자가 규정한 기한 내에 청문회 개최를 요구한 경우, 시장관리주관부서는 3근무일 이내에 청문관(听证主持人)을 확정하여야 하고, 청문관은 안건자료를 이관(移交)받은 후 5일 이내에 당사자에게 그 구성원 및 기피(回避) 신청 권리 등을 기재한 청문회개최통지서를 청문 7일 전에 송달하여야 한다(청문방법 제18조, 제20조).

청문회를 진행하는 절차는 다음과 같다. ① 안건 담당자(办案人员)가 당사자에 대한 위법사실 및 증거와 행정처벌 건의 및 근거 제기(提出), ② 당사자와 그 위탁 대리인의 진술 및 항변(申辯), ③ 제3자와 그 위탁 대리인의 진술, ④ 대질(质证)[32] 및 변론(辯论), ⑤ 청문관이 차례대로 각 측(제3자·안건담당자·당사자)의 최후 의견을 듣는(征询) 순이다(청문방법 제25조).

청문회는 그 구성원과 당사자가 직접적인 이해관계가 있는 경우 회피(回避)제도를 채택하고 있으며(청문방법 제4조), 국가기밀·상업 비밀 또는 개인의 사생활과 관련되는 사항 외에는 공개적으로 진행하여야 한다. "청문회 종료 후, 청문관은 5근무일 이내에 처리의견 등을 기재한 청문보고서를 작성하여 청문기록과 함께 안건부서에 송부하고, 시장관리부서의 책임자에게 보고하여야 한다(청문방법 제29조)."

제3절 역외적용과 적용제외

1. 역외적용제도

역외적용(域外适用)이란 역외효력(域外效力)이라고도 하는데, 자국의 경쟁법을 국외에서 발생하는 독점행위 또는 경쟁제한행위에 대해 적용하는 것을 의미한다. 이는 국외에서 발생하는 독점행위 등이 자국 시장에 미치는 폐해를 방지하는 데 그 목적이 있다. 중국의 경우『반독점법』의 시행과 함께 이 제도를 채택하여 적용하고 있다. 즉, 같은 법 제2조는 "중국 역외의 독점행위가 국내시장에서의 경쟁을 배제·제한하는 영향을 초래한 경우, 이 법을 적용한다"라고 규정함으로써 국외의 독점행위에 대한 역외 관할권의 적용을 명시하고 있다. 다만, 미국을 포함한 다수 국가가 역외적용에 대해 직간접적인 제한과 실제 시행(操作)과정에서 신중한 입장을 견지하는 점을 고려하여『반독점법』상의 역외적용에 대해서도 "그 행위가 '직접적이고 실질적이며 합리적으로 예견할 수 있는' 제한 또는 부정적(不利)인 영향을 초래하는 경우를 그 적용의 기본요건으로 볼 수 있다는 견해를 취하고 있다. 아울러 이처럼 역외적용의 관할권을 비교적 합리적으로 결정할 때, 자국의 주권과 경제적인 이익을 유지 보호하는 한편, 타국과의 이해충돌이나 비난(质疑)을 초래하지 않을 것으

---

32 质证是指当事人、诉讼代理人及第三人在法庭的主持下，对当事人及第三人提出的证据就其真实性、合法性、关联性以及证明力的有无、大小予以说明和质辩的活动或过程。

로 보고 있다."[33]

이러한 역외 관할권의 적용 문제는 국제공조·충분한 증거자료의 수집(取证)과 시정조치 후 이행 확보가 관건인데, 각국의 이해관계가 상이할 경우 실제 실행과정에서 여러 가지의 장애 요인 또는 어려움이 발생하는 게 현실이다. 따라서 이러한 역외적용상의 이해충돌 문제를 해결하고 원활한 안건처리를 위해서는 경쟁당국 간의 국제협력이 필수적인데, 중국의 경우 미국·EU·한국을 포함한 다수 국가와 MOU 체결 또는 고위급대화 등을 통하여 특정안건에 대한 상호 정보교환(交換信息)과 법 집행상의 협조체제를 강화하고 있다.

2. 적용제외제도

적용제외제도(适用除外制度)란 국가가 경제 운영의 효율성을 높이고 국민경제의 건강한 발전과 사회의 전체적인 이익을 유지 보호하기 위하여 모종의 산업 정책적인 고려에 따라 특정한 업종이나 영역에서의 독점행위에 대하여 반독점법을 적용하지 않는 하나의 법률제도이다. 중국에서도 이 제도는 국가의 경제발전을 촉진하고 산업정책을 실현하며 사회의 공공이익을 유지 보호하는 중요한 역할을 하는 유용한 제도로 이해하고 있다. 『반독점법』상에 규정되어 있는 적용제외대상을 살펴보면 다음과 같다.

2.1. 국유경제의 특정 업종(特定行业)

국유 또는 국가가 지배하는 기업(国有控股企业)이 경영하는 일부 특정한 업종 및 영역에 대해서는 반독점법의 적용이 제외된다. 그 대상은 다음과 같다. "① 전력(电力电网)·철도(铁路路网)·장거리 석유·가스관(输油输气管道) 등과 같은 자연독점 성격의 업종, ② 국가안전 및 국민경제의 명맥(国民经济命脉)과 관련되는 중점업종 및 영역, ③ 관련 법규에 의거 국가가 전매제도(专营专卖制度)를 시행하며 공중의 건강과 국가 세수에 영향이 지대한 담배 제품(烟草制品) 및 소금업(盐业)"[34]이다.

이와 관련하여 이 법 제7조는 특정 업종 경영자의 독점행위에 대한 적용제외와 그

---

33 王先林 著, 竞争法学(第三版), 中国人民大学出版社, 2018年 8月, p. 322.
34 王先林 著, 竞争法学(第三版), 中国人民大学出版社, 2018年 8月, p. 208.

에 상응한 책무를 명시하고 있다. 즉, 국유경제가 지배적 지위(控制地位)를 점하여 국민경제의 명맥과 국가안전에 관련되는 업종 및 법에 의거 전매(专营专卖)를 시행하는 업종은 국가가 그 경영자의 합법적인 경영활동을 보호하되, 경영자의 경영행위와 그 상품 및 서비스의 가격에 대해 법에 의거 관리 감독 및 조정을 시행하며, 소비자 이익을 유지 보호하고 기술진보를 촉진한다. 반면, 관련 업종의 경영자는 법에 따라 신의성실(诚实守信)과 엄격한 자율하에 준법경영(依法经营)을 하고, 사회 대중의 감독을 받아야 하며, 그의 지배적 지위 또는 전매 지위를 이용하여 소비자의 이익을 침해할 수 없다.

그러나 이러한 국유경제의 특정 업종에 대한 적용제외 규정은 일종의 선언적인 의미를 지니는 것이며, 실제로는 그 경영자의 합법적인 독점지위는 인정하되, 그 지위를 남용한 독점행위(예, 독점적인 고가판매, 끼워팔기 등)에 대해서는 『반독점법』의 규제와 감독을 받는 것으로 보는 것이 일반적인 시각이다.

2.2. 지식재산권의 정당한 행사

지식재산권(知识产权)의 정당한 행사는 반독점법의 적용대상에서 제외하는 것이 세계적으로 통용되는 일반원칙이다. 이 법 제55조에 의하면, 경영자가 지식재산권과 관련된 법률·행정법규의 규정에 의거 지식재산권을 행사하는 행위는 이 법을 적용하지 아니한다. 다만, 경영자가 지식재산권을 남용하여 경쟁을 배제·제한하는 행위는 이 법을 적용하게 된다. 이에 따라 경영자가 지식재산권을 행사한 행위가 지식재산권 관련 법규에 적합하게 실시된 경우에는 설사 그 행위가 시장에서의 경쟁을 배제·제한할 경우라도 『반독점법』의 규제를 받지 않을 것이다. 그러나 경영자가 지식재산권을 남용하여 경쟁을 배제·제한하는 경우[35]에는 여전히 이 법의 규제를 받는다는 사실을 의미한다.

2.3. 농업생산 경영활동

중국의 경우 농업은 국민경제의 기초산업이나, 그 발전이 비교적 낙후되어 있고, 농업영역의 경영활동 본래의 특성상(예, 분산·소규모·기후 등 자연 요소의 영향을 크게 받는 점) 과도한 경쟁이 적합하지 않으며, 농업산업의 지속적인 발전을 위해서는 농

---

[35] 그 구체적인 지식재산권 남용행위에 대해서는 제5장에서 별도로 설명한다.

업 생산활동 분야에 반독점법을 적용하기가 어렵다는 정책적인 고려를 반영하고 있
다. 이에 따라 법 제56조에 의거, "농업생산자 및 농촌경제조직이 농산품의 생산·가
공·판매·운송·저장 등 경영활동 중에 실시하는 연합 또는 협동행위"는 이 법의 적
용대상에서 제외된다. 여기서 "농산품은 재배업(種植业)·임업(林业)·목축업(畜牧
业) 및 어업(漁业)을 포함하는 개념이며, '농업생산자 및 농촌경제조직'이란 농민과
농업노동자 및 농업생산경영에 종사하는 농가(农户), 농업생산경영에 종사하는 농촌
집단경제조직(农村集体经济组织), 농민전업합작사(农民专业合作社), 농업생산경영에
종사하는 농업기업 및 기타 농업생산 경영에 종사하는 조직, 농산품 관련협회(农产
品行业协会) 등을 포함"[36]하고 있다.

다만, 유의할 점은 농업영역에서 적용제외가 인정되는 주체는 농업생산자 및 농촌
경제조직이며, 그 제외대상은 농산품의 생산·가공·판매·운송·저장 등 경영활동
중에 실시하는 연합 또는 협동행위로 국한하고 있다. 따라서 농업 전체업계의 모든
행위가 그 적용제외대상이 되는 것은 아니다.

제4절   법률책임

법률책임(法律责任)이란 당사자가 위법한 행위를 함에 따라 응당 부담하게 되는
법적인 책임(法律后果)으로서 국가기관이 법에 의거 위법자에 대하여 부과하는 강제
적인 제재(强制制裁) 및 민·형사적인 조치를 포함한다. 경영자가 독점행위 등을 할
경우, 위법행위의 성격(性质) 및 정도에 따라 그에 상응한 행정책임·민사책임 및 형
사책임이 부과될 수 있다. 본 절에서는 법상 부과될 수 있는 법률책임에 대해 살펴보
고자 한다.[37]

---

36 孟雁北 著, 反垄断法(第二版), 北京大学出版社, 2017年 2月, pp. 301~304.
37 부당한 경쟁행위 및 부당한 가격행위에 대한 법률책임은 해당 분야에서 이미 기술하였으므로 이 절에서
    는 독점행위를 중심으로 기술한다.

1. 행정책임

행정책임(行政责任)은 국가행정기관이 법규를 위반한 단위 및 개인에 대해 법에 근거하여 행정절차에 따라 부과하는 행정제재를 의미한다. 그중 경쟁법을 위반할 경우의 행정책임의 표현형식으로는 주로 위법행위 중지 명령(责令停止违法行为), 부당행위 시정명령(责令纠正不当行为), 과징금 부과, 경영자단체 해산(解散行业协会) 등의 조치가 있다. 여기서는 「반독점법」을 위반할 경우의 행위유형별 행정제재에 대해 살펴보고자 한다.

1.1. 독점행위

1.1.1. 시정조치의 유형

반독점법집행기구는 독점행위에 대해 위법행위 중지(停止违法行为), 위법소득 몰수(没收违法所得), 과징금 부과(罚款), 등록취소(撤销登记) 등의 조치를 할 수 있다. 그중 위법소득(违法所得)이란 "당사자가 위법하게 생산·판매하는 상품 또는 제공하는 서비스를 통하여 획득한 전체수입에서 당사자가 경영활동에 직접적으로 사용한 적절(适当)한 합리적인 지출을 공제한 금액을 의미한다."[38]

한편, 독점행위 중 지재권남용행위는 그 위반유형(즉, 독점협의·시지 남용행위·경영자집중)에 따라 상응한 시정조치가 부과된다.

(1) 독점협의 및 시지 남용행위

독점행위 중에서 경영자의 독점협의 및 시지 남용행위에 대해서는 위법행위의 중지 명령, 위법소득의 몰수조치 및 과징금 병과 조치를 부과할 수 있다. 이 경우 과징금은 법상 피조사 경영자의 전년도 매출액(销售额)의 1%~10% 범위 이내에서 부과할 수 있으며, 그 위법행위의 정도·조사 협조 여부 등을 종합적으로 고려하여 과징금을 부과하고 있다. 다만, 독점협의를 하였으나 실행하지 않는 경우, 50만元 이하의 과징금을 부과할 수 있다.

독점협의 중 입찰 담합행위에 대해서는 『입찰법(中华人民共和国招标投标法. 2017.12.

---

[38] 『공상행정관리기관 행정처벌안건 위법소득 인정방법(工商行政管理机关行政处罚案件违法所得认定办法, 工商总局令 제37호, 2008.11.21. 공포, 2009.1.1. 시행)』제2조.

27. 개정)』제53조에 의거, 그 낙찰은 무효 처리되고, 낙찰금액(中标项目金额)의 0.5%~1%의 과징금이 부과되며, 위법소득이 있는 경우 위법소득이 몰수된다. 특히, 사안이 엄중한 경우, 입찰 참가 자격을 1년에서 2년까지 취소하는 동시에 공고하며, 영업등록증(营业执照)이 취소된다.

경영자단체의 독점협의에 대해서는 과징금 부과조치 외에 사회단체 자격을 취소할 수 있다. 즉, 경영자단체(行业协会)가 법을 위반하여 당해 업계의 경영자를 조직하여 독점협의를 한 경우 50만元 이하의 과징금을 부과할 수 있으며, 그 사안이 엄중한 경우에는 반독점법집행기구는 사회단체등록관리기관에 법에 의거 등록취소(撤销登记)를 제청(提请)할 수 있다. 이러한 경영자단체의 등록취소조치는 아주 강력한 제재 수단이라고 할 수 있다.

(2) 경영자집중

경쟁을 배제·제한하는 경영자집중 및 미신고 경영자집중에 대해서는 금지(즉, 불허 조치) 또는 다양한 형태의 구조적·행태적 조치 및 과징금 부과가 가능하다. 그 구체적인 조치 내용은 다음과 같다. ① 경영자집중행위의 중지 명령(责令停止实施集中)이다. ② 기업 분할 명령(责令拆分企业)과 같은 구조적 조치와 다양한 형태의 행태적 조치이다. 먼저 구조적 조치에는 기한 내 주식 또는 자산의 처분(限期处分股份或者资产)·영업양도(转让营业) 및 기타 집중 이전의 상태를 회복할 수 있는 조치를 부과할 수 있다. 행태적 조치에는 필수설비의 개방, 핵심기술의 허가, 배타적 계약의 중지(终止排他性协议) 등의 다양한 형태의 제한조치를 부과할 수 있다. ③ 행정 과징금(行政罚款)의 부과이다. 이 경우 50만元 이하의 과징금을 부과할 수 있다.

1.1.2. 과징금 부과 고려요인

독점행위에 대한 행정제재 중 가장 중요한 수단 중의 하나가 과징금 부과이다. 반독점법집행기구가 독점행위에 대하여 구체적인 과징금 액수를 확정할 때에는 위법행위의 성질(性质), 사안의 경위(经过)·과오(错误) 및 범행의 구체적인 정황(情节), 위반의 정도 및 지속시간 등의 요소를 고려하여 결정하고 있다.

한편, 소위 '행정지도'에 의한 독점행위에 대해서는 경영자가 이를 입증할 경우 가벼운 처벌이 가능하다. 즉, "경영자가 행정기관 및 공공조직의 행정권력 남용으로 인하여 독점협의 또는 시지 남용행위를 한 경우, 상술한 요소를 고려하되, 그 행위가 피동적으로 행정명령(行政命令)을 준수하기 위하여 초래된 것임을 경영자가 증명할 수 있는 경우에는 법에 의거 가벼운 처벌(从轻) 또는 감경(减轻)하여 처벌할 수 있다."[39]

1.2. 행정독점행위

행정기관 및 법률·법규상 권한을 위임받은 공공사무관리 직능을 지니는 조직이 행정권력을 남용하여 경쟁을 배제·제한하는 행위(이하 '행정독점행위'로 약칭함)를 하는 경우, 반독점법집행기구는 관련 상급 기관에 법적인 처리를 건의할 수는 있으나, 직접적인 시정조치는 할 수 없다. 즉, 행정독점행위에 대해서는 "상급 기관이 그 시정을 명령(责令改正)하며, 그 행위와 관련된 직접주관책임자(直接负责的主管人员) 및 담당자(其他直接责任人员)에 대해서는 법에 의거 처분한다. 다만, 법률이나 행정법규에 '행정독점행위'의 처리에 대해 별도 규정된 경우에는 그 규정을 따라야 한다(법 제51조)."

1.3. 조사방해행위(妨碍调查行为)

반독점법집행기구가 법에 의거 실시하는 조사 또는 심사에 대하여 "관련 자료 및 정보제공을 거절하거나, 허위 자료 및 정보의 제공, 증거의 은닉·소각·이동, 기타 조사를 거절·방해하는 행위"(이하 '조사방해행위'로 약칭함)를 하는 경우, 반독점법집행기구는 시정을 명령(责令改正)하고, 개인에 대해서는 2만元 이하의, 단위에 대해서는 20만元 이하의 과징금(罚款)을 각각 부과할 수 있다. 다만, 사안이 엄중한 경우에는 개인에 대해서는 2만元 이상 10만元 이하의, 단위에 대해서는 20만元 이상 100만元 이하의 과징금(罚款)을 각각 부과할 수 있다(법 제52조).

2. 민사책임

반독점법상의 민사책임(民事责任)은 그 성질상 경영자가 실시한 독점행위로 인하여 야기된 타인의 합법적인 권익을 침해한 데 따른 일종의 권리침해책임(侵权责任)이며, 그 책임 형식으로는 주로 손해배상(损害赔偿)·침해 중지(停止侵害) 및 계약(协

---

[39] 독점협의규정 제32조 제4항, 시지남용행위규정 제37조 제3항.

议) 무효확인 등의 구제조치가 있다. 그중 "손해배상 민사책임은 일반적으로 실손배
상원칙(实际损害赔偿原则)을 채택하고 있다. 즉, 피해자에게 실제로 발생한 손실의
범위 내에서 배상하거나 권리 침해자가 권리침해행위로 인하여 획득한 이윤으로 계
산한다."[40]

이러한 독점행위로 인한 민사책임에 대해, 같은 법 제50조는 "경영자가 독점행위
를 실시하여 타인에게 손실을 초래한 경우, 법에 의거 민사책임을 부담한다"라는 원
론적인 근거 규정만을 두고 있을 뿐 손실배상범위에 대해서는 명시하고 있지 않다.
다만, 최고인민법원의 『독점행위로 야기된 민사분쟁안건의 심리에 대한 약간의 법률
문제 응용에 관한 규정(最高人民法院 《关于审理因垄断行为引发的民事纠纷案件应用法
律若干问题的规定》, 法释[2012]5号, 简称为垄断纠纷司法解释)』제14조 및 제15조는 피
해구제조치 및 손실배상범위에 대하여 다음과 같이 규정하고 있다. 즉, 피고가 독점
행위를 하여 원고에게 손실을 초래한 경우, 원고의 소송청구 및 입증(查明)된 사실에
근거하여 법에 의거 피고에게 침해정지·손실 배상 등의 민사책임을 부담하도록 판
결(判决)할 수 있다. 또한, 원고의 청구에 근거하여 원고가 독점행위를 조사 또는 제
지하는 데 지출한 합리적인 비용(合理开支)을 손실배상범위(损失赔偿范围)에 계산(计
入)할 수 있다. 아울러 피소된 계약 내용이나 관련 협회(行业协会)의 정관(章程) 등이
반독점법 또는 다른 법규의 강제성 규정을 위반한 경우, 법에 의거 그 무효(无效)를
인정하여야 한다.

한편, 반독점 안건과 관련한 각종 민사안건은 중급인민법원의 지식재산권 재판정
(中级人民法院知产庭)에서 담당하고 있다. "『반독점법』시행 후 2020.1.2. 기준 반독
점 민사소송 안건은 약 600여 건이 제기되었는데, 그중에서 반독점법집행기구의 조
사를 거쳐 위법한 행위로 인정된 200여 안건 중 승소 안건은 4건에 불과한 것으로
나타나고 있다. 이는 원고의 입증책임(举证责任)이 과중한데 기인"[41]한 것으로 보고
있으며, 법조계에서는 이러한 원고의 부담을 완화하기 위해서는 반독점법집행과정에
서 획득한 증거를 원고가 법원에서 증거로 활용할 수 있는 방안을 모색해야 한다는
의견을 제기하고 있다.

---

40 孟雁北 著, 反垄断法(第二版), 北京大学出版社, 2017年, p. 376.
41 반독점법 개정 초안 변호사 실무 평술[反垄断法修订草案律师实务评述：6大方面 ＋ 18处调整(原文：
邓志松 戴健民, 反垄断实务评论 1/6, 2020.1.6.)].

3. 형사책임

3.1. 독점행위

반독점법상의 형사책임(刑事責任)은 민사 및 행정 수단의 보충적 성격을 지니고 있으며, 그 주요 형식으로는 일반적으로 유기징역·벌금 또는 재산몰수 등의 조치가 있다. 이러한 형사책임에 대해, 『반독점법』은 독점행위에 대한 직접적인 형사책임을 규정하고 있지 않으며, 현행 형법에서도 경쟁범죄(竞争犯罪)에 대한 전문규범은 아직 규정하고 있지 않다.

다만, 독점협의 중 입찰 담합행위(串通招投标行为)에 대해서는 『입찰법(招标投标法)』 제53조와 『형법(刑法)』 제223조에 의거 입찰담합죄(串通投标罪)를 적용하여 3년 이하의 유기징역 또는 구역에 처하거나, 벌금을 병과 또는 벌금만을 부과할 수 있다.

3.2. 조사방해행위 등

피조사자가 반독점법 집행과정에서 조사를 거절 또는 방해할 경우, 법에 의거 형사책임을 추궁할 수 있다. 즉, "반독점법집행기구가 진행하는 조사 및 심사에 대한 '조사방해행위'가 범죄(예, 위증죄나 폭력으로 공무집행을 방해하는 죄)에 해당할 경우, 법에 의거 형사책임을 추궁한다(법 제52조)."

한편, 반독점법집행기구 근무자의 행위가 범죄에 해당할 경우, 법에 의거 형사책임을 추궁할 수 있다. 즉, "반독점법집행기구의 근무자가 직권을 남용하는 행위, 직무 소홀 또는 정실에 얽매여 부정행위를 하는 행위, 법을 집행하는 과정에서 알게 된 상업 비밀을 누설하는 행위가 범죄에 해당하는 경우에는 법에 의거 형사책임을 추궁하며, 범죄에 해당하지 않는 경우 법에 의거 처분(处分)한다(법 제54조)."

부 록

[참고문헌]

杜爱武·陈云开 共著, 反垄断诉讼典型案例评析, 中国法制出版社, 2017年 3月

李曙光 主编, 经济法学(第三版), 中国政法大学出版社, 2018年 8月

刘继峰 著, 竞争法学(第三版), 北京大学出版社, 2018年 7月

刘继峰·刘丹 共著, 竞争法学, 中国政法大学出版社, 2017年 8月

孟雁北 著, 反垄断法(第二版), 北京大学出版社, 2017年 2月

史际春 主编, 经济法(第三版), 中国人民大学出版社, 2017年 3月

王先林 著, 竞争法学(第三版), 中国人民大学出版社, 2018年 8月

徐孟洲·孟雁北 共著, 竞争法(第三版), 中国人民大学出版社, 2018年 6月

种明钊 主编, 竞争法, 法律出版社, 2008年

김건식·정영진 편저, 중국회사법(中国公司法), 박영사, 2018.2월

정호열 저, 경제법(전정 제5판), 박영사, 2016.2월

한철수 저, 공정거래법(시장과 법원리)(증보판), 공정경쟁연합회, 2017.10월

한중 지식재산권법과 경쟁법 2017 연차보고서 제2권(China-Korea IP & Competition
    Law Annual Report 2017 Volume II), 한-중 시장과 규제법센터(MRLC),
    2018.11.30

박제현, "중국의 반부정당경쟁법(反不正当竞争法)에 대한 고찰", 한중법학회, 중국법연
    구 제9집, 2008.6월

박제현, "중국의 기업결합제도 및 사례 연구(中国的经营者集中法律制度和案例研究)",
    한중법학회, 중국법연구 제11집, 2009년 6월

박제현, "중국, 최근의 반독점사건 사례분석", 공정경쟁연합회, 경쟁저널 제177호,
    2014.11월호

박제현, "중국 발개위, '퀄컴의 지재권 남용행위' 과징금 부과사건 분석", 공정경쟁연합
    회, 경쟁저널 제179호, 2015.1월호

总局反垄断与反不正当竞争执法局局长就新《反不正当竞争法》接受记者专访(中国工
    商报, 2017. 11. 9.)

市场监管总局法规司主要负责人就《禁止垄断协议暂行规定》等三部《反垄断法》配套
    规章答记者问(中国市场监管报, 2019.7.2.)

转售价格维持行为合法性的行政与司法判定标准 — 解读最高院驳回海南裕泰再审裁定
　　　(百度, 竞争法与商业战略, 2019.7.16.)
反垄断法修订草案律师实务评述：6大方面＋18处调整(2020.1.6.)
吴振国：致力公平竞争服务改革发展 — 2019年反垄断工作综述(中国市场监管报,
　　　2020.2.20.)
我见 | 2019年反垄断法立法、执法与司法大盘点(詹昊、宋迎, 2020.3.17.)

[심결자료]

中华人民共和国商务部公告2009年第22号(2009.3.18.)，商务部新闻发言人姚坚就可口
　　　可乐公司收购汇源公司反垄断审查决定答记者问(2009.3.25.)，法学专家纵论可
　　　口可乐并购汇源案(中国人民大学法学院、法制日报周末、德恒律师事务所联合
　　　举办的专题研讨会, 2009.3.23.)
关于附加限制性条件批准日本三菱丽阳公司收购璐彩特国际公司审查决定的公告(商务
　　　部公告2009年第28号, 2009－04－24)
竞争执法公告2014年第13号, 广东惠州大亚湾溢源净水有限公司涉嫌滥用市场支配地位
　　　案(广东省工商行政管理局, 行政处罚决定书, 粤工商经处字(2013)第2号, 2014.
　　　1.6.)
腾讯与360不正当竞争纠纷案终审判决书[最高人民法院(2013)民三终字第5号判决书,
　　　2014.2.25. 东方法眼]
商务部召开"反垄断工作"专题新闻发布会(2014.4.8.)；商务部公告2014年第24号, 关于
　　　附加限制性条件批准微软收购诺基亚设备和服务业务案经营者集中反垄断审
　　　查决定的公告(2014.4.8.)
商务部反垄断局负责人解读马士基等3家航运企业设立网络中心经营者集中审查案
　　　(2014.6.17.)；商务部公告2014年第46号, 商务部关于禁止马士基、地中海航运、
　　　达飞设立网络中心经营者集中反垄断审查决定的公告(2014.6.17.)
浙江保险业被罚1.1亿, 发改委认定保险业协会是垄断行为组织者(百度, 2014.9.4.)
河北省人民政府纠正交通运输厅等部门违反《反垄断法》滥用行政权力排除限制竞争行
　　　为(2014.9.26.)；许昆林局长参加国务院新闻办公室反垄断执法工作情况新闻吹
　　　风会实录(2014.9.15.)
中华人民共和国国家发展和改革委员会行政处罚决定书(发改办价监处罚〔2015〕1号,
　　　2015.2.9.)；国家发展改革委对高通公司垄断行为责令整改并罚款60亿元(2015.
　　　2.10.)

安徽开出全国首张不合反垄断调查罚单(中国市场监管报, 2015.10.21.)

竞争执法公告2016年10号, 利乐滥用市场支配地位案(国家工商行政管理总局行政处罚
　　　　决定书, 工商竞争案字〔2016〕1 号, 2016.11.9.)

惠普(HP)收购三星部分业务案, 中华人民共和国商务部公告2017年第58号(商务部, 2017.
　　　　12.29.)

淮南市货运商会垄断协议案, 安徽省工商行政管理局行政处罚决定书(皖工商竞争处字
　　　　〔2017〕1号, 2017.12.29.)

未依法申报违法实施的经营者集中案(益海嘉里－希杰第一制糖), 商务部行政处罚决定
　　　　书(商法函[2018]32号, 商务部条约法律司, 2018.2.6.)

武汉适用新《反不正当竞争法》查处首起刷单案(中国工商报, 2018.6.6.)

丰田经销商阻碍反垄断执法机构调查 广东省发改委公示处罚1.2万元(经济观察报, 2018.
　　　　09.04.)

市场监管总局关于发布2018年市场监管部门制止滥用行政权力排除、限制竞争行为典
　　　　型案例的公告(2018.12.29.)

新修订《反不正当竞争法》施行后　南京市首件侵犯商业秘密案办结开出50万罚单(南京
　　　　日报, 2019.5.17.)

海昌、海俪恩 终止调查决定书(上海市市场监督管理局, 沪价检终止[2019]1号, 2019.
　　　　5.20.)

未依法申报违法实施的经营者集中案(辽宁港口集团－大连港集团), 市场监管总局行政
　　　　处罚决定书(国市监处[2019]48号, 2019.12.30. 公布)

[법률]

반독점법(中华人民共和国反垄断法)
  * http://gkml.samr.gov.cn/nsjg/fgs/201908/t20190819_306107.html

반독점법 개정 초안(의견수렴안)[市场监管总局就反垄断法修订草案
　　(公开征求意见稿)公开征求意见的公告, 2020.1.2.]
  * http://www.samr.gov.cn/hd/zjdc/202001/t20200102_310120.html

반부정당경쟁법(中华人民共和国反不正当竞争法)
  * http://gkml.samr.gov.cn/nsjg/fgs/201906/t20190625_302771.html

가격법(中华人民共和国价格法)

계약법(中华人民共和国合同法)

광고법(中华人民共和国广告法)

외상투자법(中华人民共和国外商投资法)

입찰법(中华人民共和国招标投标法)

제품품질법(中华人民共和国产品质量法)

조합기업법(中华人民共和国合伙企业法)

행정처벌법(中华人民共和国行政处罚法)

행정재심의법(中华人民共和国行政复议法)

민법통칙(中华人民共和国民法通则)

민사소송법(中华人民共和国民事诉讼法)

행정소송법(中华人民共和国行政诉讼法)

형법(中华人民共和国刑法)

[사법해석]

최고인민법원의 독점행위로 야기된 민사분쟁안건의 심리에 대한 약간의 법률응용 문제
에 관한 규정(最高人民法院《关于审理因垄断行为引发的民事纠纷案件应用法
律若干问题的规定》(法释[2012]5号)

최고인민법원의 부당한 경쟁 민사안건 심리 약간의 법률응용 문제에 관한 해석(最高人
民法院关于审理不正当竞争民事案件应用法律若干问题的解释, 약칭 부당한 경
쟁안건해석)

최고인민법원의 특허권 침해 분쟁안건의 심리 약간의 법률응용 문제에 관한 해석(2)[最
高人民法院关于审理侵犯专利权纠纷案件应用法律若干问题的解释(二)]

최고인민법원·최고인민검찰원의 지식재산권 침해 형사안건 처리 구체적인 약간의 법률
응용 문제에 관한 해석(最高人民法院、最高人民检察院关于办理侵犯知识产权
刑事案件具体应用法律若干问题的解释)

[행정법규·부문규장·규범성 문건 등]
① 독점행위

독점협의금지규정(禁止垄断协议暂行规定, 약칭 독점협의규정)

시장지배적 지위 남용행위 금지 규정(禁止滥用市场支配地位行为暂行规定, 약칭 시지
남용행위규정)

지식재산권을 남용하여 경쟁을 배제·제한하는 행위 금지에 관한 규정(关于禁止滥用知
识产权排除·限制竞争行为的规定. 약칭 지재권남용행위규정)
지식재산권을 남용하여 경쟁을 배제·제한하는 행위 금지에 관한 규정 해석(解读 关于
禁止滥用知识产权排除·限制竞争行为的规定)
국무원반독점위원회의 지식재산권 남용에 관한 반독점지침(의견수렴안)[国务院反垄断
委员会关于滥用知识产权的反垄断指南(征求意见稿), 약칭 지침안]

② 경영자집중
국무원의 경영자집중 신고기준에 관한 규정(国务院关于经营者集中申报标准的规定, 약
칭 신고기준)
금융업 경영자집중 신고매출액 계산 방법(金融业经营者集中申报营业额计算办法)
경영자집중 간이안건 적용기준에 관한 규정(关于经营者集中简易案件适用标准的暂行
规定, 약칭 간이심사기준)
경영자집중 간이안건 신고에 관한 지도의견(关于经营者集中简易案件申报的指导意见)
경영자집중 반독점심사 사무처리지침(经营者集中反垄断审查办事指南)
경영자집중 신고 방법(经营者集中申报办法)
경영자집중 신고에 관한 지도 의견(关于经营者集中申报的指导意见, 약칭 신고지도의견)
경영자집중안건 신고 명칭에 관한 지도의견(关于规范经营者集中案件申报名称的指导
意见)
경영자집중 신고서류에 관한 지도의견(关于经营者集中申报文件资料的指导意见)
경영자집중 반독점심사 신고서의 설명(关于施行《经营者集中反垄断审查申报表》的说明)
경영자집중 심사 방법(经营者集中审查办法)
경영자집중 신고 방법 및 심사 방법에 관한 해석(商务部反垄断局关于经营者集中申报
办法和经营者集中审查办法的解读)
경영자집중 심사 규정(의견수렴안) [市场监管总局关于《经营者集中审查暂行规定(征求
意见稿)
경영자집중 경쟁영향평가에 관한 규정(关于评估经营者集中竞争影响的暂行规定)
경영자집중 제한조건 부가에 관한 규정(시행)[关于经营者集中附加限制性条件的规定
(试行), 약칭 제한조건 부가규정]
경영자집중 제한조건 부가에 관한 규정(시행)에 대한 해석[关于经营者集中附加限制性
条件的规定(试行)的解读]

법에 의거 신고하지 아니한 경영자집중 조사처리 방법(未依法申报经营者集中调查处理
暂行办法, 약칭 미신고 조사처리 방법); 商务部反垄断局负责人就《未依法申报
经营者集中调查处理暂行办法》答记者问
국무원의 외국 투자자의 국내기업 인수 안전심사제도 수립에 관한 통지[国务院办公厅
关于建立外国投资者并购境内企业安全审查制度的通知, 약칭 안전심사통지]
외국 투자자의 국내기업인수에 관한 규정(关于外国投资者并购境内企业的规定)
외국 투자자의 국내기업 인수 안전심사제도 시행 규정(商务部实施外国投资者并购境内
企业安全审查制度的规定, 약칭 안전심사규정)
외상투자 방향 지도 규정(指导外商投资方向规定)』

③ 행정독점
국무원의 시장체계건설 중 공정경쟁 심사제도 수립에 관한 의견(国务院关于在市场体系
建设中建立公平竞争审查制度的意见, 약칭 공정경쟁 심사의견)
공정경쟁 심사제도 실시세칙[公平竞争审查制度实施细则(暂行), 약칭 공정경쟁 심사세칙]
공정경쟁심사 제3자평가실시지침(公平竞争审查第三方评估实施指南, 약칭 제3자평가
지침)
행정권력을 남용하여 경쟁을 배제·제한하는 행위의 제지 규정(制止滥用行政权力排除、
限制竞争行为暂行规定, 약칭 행정독점규정)

④ 부당한 경쟁행위
경품제공판매활동 중 부당한 경쟁행위 금지에 관한 약간의 규정(关于禁止有奖销售活动
中不正当竞争行为的若干规定, 약칭 경품제공규정)
상업뇌물 행위 금지에 관한 규정(关于禁止商业贿赂行为的暂行规定, 약칭 상업뇌물규정)
상업비밀 침해행위 금지에 관한 약간의 규정(关于禁止侵犯商业秘密行为的若干规定,
약칭 상업비밀규정)

⑤ 전담기구 및 집행
국무원반독점위원회 업무규칙(国务院反垄断委员会工作规则, 약칭 위원회규칙)
국무원반독점위원회의 관련시장 획정에 관한 지침(国务院反垄断委员会关于相关市场
界定的指南, 약칭 시장획정지침)
국무원반독점위원회의 구성인원 조정에 관한 통지(国务院办公厅关于调整国务院反垄
断委员会组成人员的通知)

당과 국가기구의 개혁방안(中共中央印发《深化党和国家机构改革方案》)

시장관리총국의 직능배치·내부기구설치 및 인원 편제 규정(国家市场监督管理总局职
　　　能配置、内设机构和人员编制规定)

시장관리총국의 반독점법집행 권한위임에 관한 통지(市场监管总局关于反垄断执法授
　　　权的通知)

시장감독관리행정처벌절차규정(市场监督管理行政处罚程序暂行规定, 약칭 절차규정)

시장감독관리행정처벌청문방법(市场监督管理行政处罚听证暂行办法, 약칭 청문방법)

가격위법행위행정처벌규정(价格违法行为行政处罚规定, 약칭 가격행위처벌규정)

가격행정처벌안건심리심사규칙(价格行政处罚案件审理审查规则)

공상행정관리기관 행정처벌안건 위법소득 인정방법(工商行政管理机关行政处罚案件违
　　　法所得认定办法)

찾아보기

【ㄱ】

가격 기만(价格欺诈; 诱骗)　12

가격 차별(价格歧视)　12

가격감독검사및반부정당경쟁국(价格监
督检查和反不正当竞争局, 简称为价
监竞争局)　229, 290, 291

가격담합(相互串通; 操纵市场价格)　11

가격담합사례　41

가격법(价格法)　10

가격선동(哄抬价格)　11

가격의 고정 또는 변경(固定或变更价格)
40

가격의 합리성 여부 판단　82

가격의 합리성 여부 판단 사례　83

가상적 독점사업자 테스트(假定垄断者测
试; SSNIP test)　71, 72

가중처벌(从重或加重行政处罚)　274,
302

간이심사(경영자집중)　112

간이심사 적용기준　112

간이심사 신고서류　115

간이심사 인정철회　114

간이심사 적용대상　112

간이심사 절차　114

간이심사제도　98, 112

간이심사안건(简易案件)　114

감독제도(监督制度)　294

강제조치　265

강제집행(强制执行)　304

개인독자기업(个人独资企业)　26

객체성 표지(客体性标志) 행위　232,
234

거래거절(拒绝交易)　84

거래제한(限定交易; 独家交易)　86,
174, 199

거래상의 의존도(交易上的依赖程度)　77

거액의 경품제공 판매행위(巨奖销售行为)
258

결정(决定或决议)　35

경성카르텔(核心卡特尔)　305

경영자(经营者)　25, 227

경영자단체(经营者团体; 行业协会)　28,
314

경영자단체의 독점협의(行业协会垄断协
议)　55, 314

경영자단체의 독점협의 사례　57

경영자단체 해산(解散行业协会)　313

경영자 승낙제도(经营者承诺制度)　304

경영자의 기본원칙 준수 의무　228

경영자집중(经营者集中)　95, 314

경영자집중 금지(불허) 사례   126, 130

경영자집중 신고제도   101

경영자집중 심사 절차   100

경영자집중 심사제도   112

경영자집중 심사종료(신고철회) 사례
   111

경영자집중 제한조건 부가 사례   131,
   136

경영자집중행위의 중지 명령(责令停止实
   施集中)   314

경영정보(经营信息)   259

경쟁범죄(竞争犯罪)   317

경쟁영향평가   221

경쟁법(竞争法)   3

경쟁법 관련 업무의 분장   290

경쟁법의 범주   4

경쟁법의 기본원칙   4

경쟁법의 역할   8

경쟁법의 적용대상   25

경쟁법의 지위(地位)   9

경쟁업무 제한(竞业限制, 又称为竞业禁
   止或竞业避让)   264

경쟁정책의 기초지위(竞争政策基础地位)
   9

경쟁제한성 판단   117

경쟁제한적규정 제정행위   202

경제 안전분야(국가안전심사)   150

경품 판매 수단을 이용하여 저질의 고가
   상품(质次价高的商品)을 판촉한 행위
   273

경품제공 판매행위(有奖销售行为)
   256, 273

계약(协议) 무효확인   315

계약법   15

고객명단(客户名单)   259

고객접속방해(客户端劫持)   268

공공이익 등에 미치는 영향   121

공급(供给)   67

공급 대체(供给替代)   72

공동연구개발(联合研发)   166

공동의 거래 거절(联合抵制交易, 又称为
   集体拒绝交易)   45

공시   115

공용사업경영자의 남용행위   89

공용사업영역 경영자의 경영행위(公用事
   业领域经营者的经营行为)   89

공정경쟁 심사기준(审查标准)   215

공정경쟁 심사대상   215

공정경쟁 심사방식 및 심사 절차   220

공정경쟁 심사제도(公平竞争审查制度)
   213, 214

공정경쟁 심사체계 및 절차   219

과징금 부과(罚款)   271, 304, 313

과징금 부과 고려요인   314

관련 기술시장(相关技术市场)   70

관련 상품시장(相关商品市场)   66

관련 시간시장(相关时间市场)   69

관련 시장(相关市场)   66

관련 시장의 획정(界定相关市场)   65, 163

관련 시장의 획정 방법   71

관련 지역시장(相关地域市场)   68

광고법(广告法)   15

광고주·광고 경영자·광고 시행자(广告
   发布者)   279

구매자의 상쇄역량   121

구역(拘役)   278

구조적 조건(结构性条件)   138, 177

구체적 행정독점행위   199

국가공상행정관리총국(国家工商行政管理
总局, 약칭 공상총국)   287

국가발전개혁위원회(国家发展和改革委
员会, 약칭 발개위)   287

국가시장감독관리총국(国家市场监督管
理总局, 약칭 시장관리총국)   283

국가안전심사(国家安全审查)   148,
149, 153

국가안전심사의 적용대상   149

국가안전심사제도   99

국가안전심사체계   151

국가의 기업 신용정보 공시시스템(国家企
业信用信息公示系统)   295

국무원기구개혁방안(关于国务院机构
改革方案的决定)   289

국무원 이외의 행정주체   28

국민 경제발전에 미치는 영향   121

국방 안전분야(경영자집중)   150

국유경제   310

권리자의 입증책임   276

권리침해인정방식   264

규모의 경제효과(规模经济效应)   120

그랜트 백(回授; Grant Back)   167

금융업종의 매출액 계산기준   105

금지(禁止)   125, 126

금지명령 청구(禁令救济)   181

기만성 경품제공 판매행위(欺骗性有奖销
售行为)   257

기술시장   164

기술정보(技术信息)   259

기술진보에 미치는 영향   120

기업 명칭   235

기업 분할 명령(责令拆分企业)   314

기초심사(初步审查)   100, 116

기초조사(初步调查)   145

기타 독점협의(其他垄断协议)   47

기타 시지 남용행위   89

기타 일치된 협동행위(协同行为)   35

기타 정상 운영 방해행위(其他妨碍正常
运行的行为)   271

기타 표지(其他标志) 행위   233, 236

기타 협동행위(其他协同行为)   34

기피(回避)   308

기피신청(申请回避)   298

기한 내 주식 또는 자산의 처분(限期处
分股份或者资产)   314

끼워팔기(搭售)   87, 174

【ㄴ】

농민전업합작사(农民专业合作社)   312

농산품   312

농산품 관련협회(农产品行业协会)   312

농업생산 경영활동   311

농업생산자 및 농촌경제조직   312

뇌물수수죄(受贿罪)   279

뇌물제공죄(行贿罪)   279

【ㄷ】

다수 연속 거래의 매출액 계산   105

단독효과 또는 협조 효과   118

당사자 항변 및 이해관계자 의견수렴
   122
당사자의 진술 및 항변의견(申辯意见)
   302
당연위법의 원칙(本身违法原则, 或称为
   当然违法原则)   36
대중에게 알려지지 아니한(不为公众所知
   悉) 관련 정보(有关信息)   259, 260
대질(质证)   309
대체성 분석   71
도메인네임 시스템(DNS) 접속방해(域名系
   统劫持)   268
독점적 가격 설정(垄断性定价)   81
독점적인 그랜트 백(独占性回授)   167
독점행위   313
독점행위 강제(强制经营者从事垄断行为)
   202
독점행위 집행 절차   297
독점행위 조사종결 사례   307
독점협의(垄断协议)   34, 166, 313
독점협의 규제모델(规制模式)   36
독점협의 분석원칙 적용사례   38
독점협의 적용면제제도(豁免制度)   58
독점협의의 구성요건   34
둘 이상의 경영자   78
등록취소(撤销登记)   313, 314

【ㄹ】
리베이트(回扣)   251
리베이트와 상업뇌물의 관계   251
링크 삽입 또는 강제연결행위(插入链接,
   强行跳转行为)   268

【ㅁ】
매각(剥离)   138
매각방식 및 매수인의 조건   139
매각수탁자(剥离受托人)   141
매각의무자   138
매각의무자의 의무   140
매각 절차   139
매수인의 자격   139
명시적 장부 기재(明示和入帐)   252
명시적이고 사실대로 장부에 기재(明示
   如实入帐)   252
명예회복(恢复名誉)   275
묶음 판매(捆绑销售)   174
미신고 경영자집중   143
미신고 경영자집중 사례   147
미신고 경영자집중 조사처리 절차   144
민사소송 안건   316
민사책임(民事责任)   275, 315
민사책임 우선 부담의 원칙   275

【ㅂ】
반독점과 지식재산권 보호   159
반독점국(反垄断局)   290
반독점법(反垄断法)   20, 22
반독점법집행기구(国务院反垄断执法机
   构)   283, 287
반독점심사(反垄断审查)   100
반독점위원회(国务院反垄断委员会)
   283, 284, 290, 296
반부정당경쟁법(反不正当竞争法)   17,
   18
범위 경제효과(范围经济效应)   120

법률책임(法律责任)　312

변론(辩论)　309

변론권(申辩权)　298, 302, 308

보안성(保密性)　261

보편적인 위임원칙(普遍授权原则)　293

봉인(查封)　299

부당 염매(低价倾销)　11

부당한 가격 행위　11

부당한 경쟁행위(不正当竞争行为)　227

부당한 경쟁행위에 대한 법률책임　271

부당한 경쟁행위의 집행 절차　229

부당한 경쟁행위의 적용대상　228

부당한 경품제공 판매행위　273

불공정한 고가의 지식재산권 허가　172

불명확한 경품정보 제공행위　257

불복절차　303

불합리한 거래조건 부가(附加不合理交易
　条件)　87

비밀 보호조치(保密措施)　259

비밀성(秘密性)　259

【ㅅ】

사업부서(事业单位)　30

사용자의 의사에 반하는 인터넷상의 부당
　한 경쟁행위(违背用户意愿的网络不正
　当竞争行为)　269

사전신고제도　101

사회공공이익　122

사회조직 명칭　235

사회주의 시장경제(社会主义市场经济)
　16

3개 부처 분담체제(三家分别执法, 也称

为多头执法; 三定方案)　287

상담(商谈)제도　97

상도덕(商业道德)　228

상무부(商务部)　287

상쇄 효과(抵消效果)　119

상업 가치성(商业价值性)　260

상업뇌물 행위(商业贿赂行为)　247,
　248, 273

상업뇌물 행위 사례(GSK)　255

상업뇌물의 수수 주체(受贿主体)　249

상업뇌물의 제공 주체(行贿主体)　249

상업뇌물죄(商业贿赂罪)　279

상업비밀 침해행위　14, 262, 274, 276

상업비밀 침해행위 사례　265

상업비밀 침해행위 구제　264

상업비밀(商业秘密)　259

상업비밀의 구성요건　259

상업비밀침해죄(侵犯商业秘密罪)　278

상업신용 및 상품명성 훼손죄(损害商业
　信誉·商品声誉罪)　278

상업적 비방 행위(商业诽谤行为, 也称为
　商业诋毁行为)　244, 246, 273

상업적 비방 행위 사례(텐센트-360)
　246

상업적 비방 행위와 허위표시행위　246

상업적 비방 행위의 판단　245

상업적 신용과 명예(商业信誉)　244,
　273

상업표지혼동행위(商业标志混淆行为)
　13, 230

상품 및 요소의 자유로운 이동 기준(商品
　和要素自由流动标准)　216

상품시장   163

상품의 명성(商品声誉)   244, 273

상품의 자유로운 유통 방해행위(妨碍商品自由流通行为)   200

상호실시허락(交叉许可; Cross License)   167

생산경영 행위에 영향을 미치는 기준(影响生产经营行为标准)   217

생산경영비용에 영향을 미치는 기준(影响生产经营成本标准)   217

생산·판매 수량의 제한(限制生产销售数量)   44

설비에 대한 지재권 허가 거절   173

성급 시장관리부서(省级市场监管部门)   292, 293

성명권   235

소비자 이익 또는 다른 경영자에게 미치는 영향   120

손실배상범위(损失赔偿范围)   316

손실변통계산방식(损失变通计算的方式)   276

손해배상(损害赔偿; 赔偿损失)   275, 315

손해배상액의 계산   275

수수료(佣金)   253

수요 대체(需求替代)   67, 68, 71

수정방안(备选方案或称皇冠剥离)   124

수직적 독점협의(纵向垄断协议, 也称为垂直限制协议)   48

수탁 감독자(监督受托人)   141

수탁 매각(受托剥离)   139

수탁자   141

수탁자의 요건 및 직무   141

수평적 독점협의(横向垄断协议)   39

시장관리부서(市场监督管理部门)   308

시장관리총국(市场监管总局)   283, 289, 296

시장 분할(分割市场)   45

시장점유율(市场份额)   76, 118

시장지배력(市场控制力)   118

시장지배적 지위 남용행위   65

시장지배적 지위 여부의 판단(认定)   74

시장지배적 지위 추정제도(推定制度)   78

시장지배적 지위(市场支配地位)   74

시장지배적 지위 판단사례   79

시장지배적 지위의 인정기준(认定标准)   75

시장진입 및 퇴출 기준(市场准入和退出标准)   215

시장진입 제한(限制市场准入)   201

시장진입 난이도(市场进入的难易程度)   77, 119

시장집중도(市场集中度)   119

시장혼동행위(市场混淆行为)   230, 238, 272, 276

시정명령(责令纠正或改正)   313, 315

시지 남용행위   65, 80, 313

시지 남용행위(끼워팔기 등) 사례   90

신고(申报)   100

신고기준   101, 102

신고매출액 계산기준   103

신고서(申报书)   108

신고서류   107

신고서류의 보정   109

신고 수리   110

신고 시한   107

신고 의무자   106

신고 제외대상   103

신고철회(撤回)   110

신기술(제품) 구매 또는 개발 제한(限制购买或者开发新技术与新商品)   45

신의성실의 원칙(诚信原则)   228

실손배상원칙(实际损害赔偿原则)   316

심사(审查)   302

심의의견(审核意见)   302

심층심사(进一步审查)   100, 116

심층조사(进一步调查)   145

【ㅇ】

악의적인 고객소프트웨어 방해행위(恶意干扰客户端 软件行为)   269

악의적인 비호환행위(恶意不兼容行为)   270

안건 관할범위   293

안건 관할원칙(管辖原则)   293

안건 등록·보고(备案报告)   294

안건심사(案件审查)   302

안건심의(案件审核; 案件审理)   301

안건의 배분 기준(谁先立案谁查处的原则)   288

안건의 인지   297

안건조사종결보고서(案件调查终结报告)   301

안건조사착수(立案)   298

안전심사 신청   152

안전심사 절차   152

안전지대(安全港规则)   169

안전지대 적용요건   170

압류(扣押)   299

약탈적 가격 설정행위(掠夺性定价, 也称为不当贱卖)   83

업계협회(行业协会)   28

역외적용(域外适用; 域外效力)   309

연기 또는 분할납부(分期缴纳)   304

연장심사(延长审查)   100

영업등록증(营业执照)   271, 314

영업양도(转让营业)   314

영업허가증(营业许可证)   271

예외인정(豁免)   121

오도성(误导性) 상업 홍보   237, 241

오인(误认)   233

외상투자기업(外商投资企业)   27

위법경영액(违法经营额)   272

위법소득 몰수(没收违法所得),   271, 304, 313

위법행위 중지 명령(责令停止违法行为)   271, 313

위탁조사 및 협조   300

유효한 해결방안 125

은행 계좌 조회(查询)   299

이의제기 금지조항(不质疑条款)   168

이행 감독   142

이행강제금 부과(加处罚款)   304

이행관리   306

인터넷 등 신경제 업태(互联网等新经济业态)   78

인터넷 접속(网络链接) 중의 부당한 경쟁

행위   268

인터넷상의 부당한 경쟁행위(互联网不正
  当竞争行为)   267, 274

인터넷상의 부당한 경쟁행위(고객 방해)
  사례   270

인터넷상의 부당한 경쟁행위의 규제유형
  267

인터넷서비스 운용업체의 접속방해(运营
  商劫持)   268

인터넷표지(互联网标志) 행위   232, 235

일반상사기업(普通商事企业)   26

일반심사(경영자집중)   116, 153

일반업종의 매출액 계산기준   103

일정한 영향이 있는(有一定影响)   235

입안(立案)   97, 100

입증책임(举证责任)   59, 265, 276,
  277, 316

입찰담합(串通招投标)   46, 313, 317

입찰담합죄(串通投标罪)   317

입찰제한(招投标限制)   201

입찰자 간의 입찰 담합행위   47

입찰자와 발주자 사이의 상호 결탁행위
  (相互勾结行为)   47

【ㅈ】

자료보정   109

자영업자(个体工商户)   28

자유로운 유통 방해행위(妨碍商品自由流
  通行为)   200

자진신고(自愿申报)   110

자진신고자 감면제도(宽大或宽恕制度;
  Leniency Program)   61

자체매각(自行剥离)   139

장부에 기재하지 않고 은밀히(帐外暗中)
  251, 253

재물(财物)   247

재산손실의 배상원칙   276

재신고(重新申报)   115

재판매가격 유지행위(维持转售价格行为)
  49, 51

재판매가격 유지행위 사례   51, 53

재판매하는 상품의 가격 고정행위   51

재판매하는 상품의 최저가격 유지행위
  51

저작권집단관리조직(著作权集体管理组
  织)   182

저작권집단관리조직 관련 독점행위   182

적용면제 입증책임   59

적용제외제도(适用除外制度)   310

전년도 매출액(销售额)   313

전문가 자문그룹(专家咨询组)   286

전문과제 회의(专题会议)   286

전체회의(全体会议)   286

정관(章程)   316

정보공개   295

정액 배상제(法定数额赔偿)   276

정지(暂扣)   271

정책 조치   215

정책제정기관   215

제3자평가(第三方评估)   221, 222

제3자평가기관(第三方评估机构)   223

제3자평가진행 절차   223

제한조건 부가건의   124

제한조건 부가건의 최초방안(首先方案)

124

제한조건 부가 승인(附加限制性条件批准) 125

제한조건 부가조치 138, 177

제한조건의 변경 및 해제 142

제한조건의 이행관리 138

제한조치 협의(协商) 98, 101, 123

조건부 승인 125

조건 없는 승인(无条件批准) 125

조사 및 증거수집(调查取证) 298

조사 재개(恢复调查) 306

조사 종결(终止调查) 306

조사 중지결정(决定中止调查) 306

조사 중지결정서(中止调查决定书) 306

조사 중지신청(中止调查申请) 305

조사공무원의 주요 의무 및 권한 298

조사방해 사례 300

조사방해행위(妨碍调查行为) 315, 317

조사종결결정서(终止调查决定书) 306

조사종결보고서(调查终结报告) 301

조합기업(合伙企业) 26

조합판매(组合销售) 174

종상품(被搭售品) 174

주상품(搭售品) 174

주임 회의(主任会议) 286

주체성 표지(主体性标志) 행위 232, 235

준법경영(依法经营) 311

중국 경영자집중제도의 주요 특징 97

중국 경쟁당국의 특성 및 향후 과제 295

중국소비자협회(中国消费者协会) 292

중급인민법원의 지식재산권 재판정(中级人民法院知产庭) 316

중앙행정기관 29

중재(调解) 274

증정(附赠) 254

증정식 경품 판매(附赠式有奖销售) 256

지방행정기관 29

지배권(控制权) 95, 96

지식재산권(知识产权) 311

지식재산권과 관련한 불합리한 제한조건의 부가 175

지식재산권 관련 거래제한 174

지식재산권 관련 경영자집중 176

지식재산권 관련 끼워팔기 174

지식재산권 관련 독점협의 166

지식재산권 관련 시장지배적 지위 남용행위 171, 172

지식재산권 관련 시장지배적 지위 남용행위의 유형 172

지식재산권 관련 시장지배적 지위의 인정 171

지식재산권 관련 차별대우 175

지식재산권 관련 특수유형의 독점행위 178

지식재산권법(知识产权法) 13

지식재산권 영역의 경영자 78

지역봉쇄(地区封锁, 又称地区壁垒) 200

지역시장 164

지재권남용행위 14, 160, 313

지재권남용행위 분석 절차(分析思路)
  162
지재권남용행위 사례(퀄컴; IDC)   172,
  183
지재권남용행위의 분석원칙   161
지재권남용행위의 유형   165
진술 및 항변(申辯)   309
진술권(陈述权)   298, 302, 308
진입장벽 증대 효과   119
집단토론(集体讨论)   302
징벌적 손해배상제   276

【ㅊ】
차별대우(差別待遇, 又称为歧视待遇)
  88, 175
처분(处分)   317
청문(听证)   302
청문관(听证主持人)   308
청문회 개최(举行听证)   308
청문회(听证会)   123, 308
추상적 행정독점행위   202
추첨식 경품 판매(抽奖式有奖销售)
  256
취소(吊销)   271
침해정지(停止侵害)   275, 315

【ㅌ】
특별심사(국가안전심사)   153
특수기업(特殊企业)   27
특정 매수인에게 매각하는 건의안(俗称交
  割前剥离方案)   125
특허경영권(特许经营权)   216

특허 매복행위(Patent Ambush)   181
특허 억류(专利劫持)   180
특허 연합경영(专利联营)   178
특허 풀(专利池; 专利联营)   178
특허 풀 관련 독점행위   178
특허 풀 관련 독점행위의 유형   179

【ㅍ】
파산에 직면한 기업   121
판매 또는 원재료구매시장의 통제능력
  76
평균 가변비용(平均可变成本)   84
폭리 도모(牟取暴利)   12
표준설정기구   180
표준 제정(标准制定)   168
표준 필수특허(标准必要专利)   180
표준 필수특허 관련 독점행위   180
피조사자의 권리와 의무   299
피해구제조치   316
필수설비(关键设施; 必需设施)   77,
  85, 173
필수설비의 사용(허가) 거절   85, 173

【ㅎ】
할인(折扣)   252
합리의 원칙(合理原则; rule of reason)
  36
합리적인 비용(合理开支)   316
핵심시설(关键设施)   119
행정구류(行政拘留)   271
행정기구   30
행정독점규제의 실효성 여부   212

행정독점행위   195, 315

행정독점행위 사례   203, 205, 206

행정독점행위 여부 판단   210

행정독점행위에 대한 조사처리   209

행정독점행위의 안건의 관할범위   208

행정독점행위의 유형   198

행정독점행위의 특징   196

행정독점행위의 폐해   197

행정소송(行政诉讼)   271, 303, 304

행정 재심의(行政复议)   271, 303

행정지도   314

행정책임(行政责任)   271, 313

행정처벌 건의(行政处罚建议)   301

행정처벌 당사자 사전고지   301

행정처벌결정서(行政处罚决定书)   303

행정처벌결정서의 송달(送达)   303

행태적 조건(行为性条件)   138, 177

허가 거절(拒绝许可)   173

허위광고(虚假广告)   273

허위광고죄(虚假广告罪)   279

허위 또는 오도성 상업 홍보(虚假或者引人误解的商业宣传)   237, 238, 246, 272

허위 또는 오도성 상업 홍보행위(신용조작) 사례   243

허위 또는 오도성 상업 홍보행위의 규제 유형   239

허위 상업 홍보   237

허위홍보(虚假宣传)   240, 279

허핀달－허쉬만 지수   119

협의(协议)   35

형사책임(刑事责任)   277, 317

혼동(混淆)   233

혼합적 조건(综合性条件)   177

혼합적 조치   138

회사기업(公司企业)   26

회피(回避)제도   299, 309

효율성 증대 효과   121

【C】

CRn지수(行业集中度指数)   119

【F】

FRAND 조건 위반행위   181

【H】

HHI지수   119

저자소개

박제현(朴济炫)

● 현 고려대학교 법학전문대학원 ICR센터 연구위원, 엠디엠 경영고문
● 한국상조공제조합 이사장
● 공정거래위원회 제조하도급개선과장 외(7급~3급; 1991.4월~2016.9월)
  * 기업결합과, 제조업/서비스업감시과, 하도급과, 기업집단과, 유통거래과, 운영지원과 등 근무
● 외교부 주중한국대사관 참사관(공정거래관)
● 고려대학교 일반(법무)대학원 중국경쟁법 겸임교수
● 중국인민대학 법학원 경제법학과 졸업(법학박사)
● 전북대학교 행정대학원 행정학과 졸업(석사)
● 한국방송통신대학교 행정학과 졸업(학사)
● 전북대학교 총무과 외(9급~7급; 1978.11월~1991.3월)

● 수상 : 홍조근정훈장(2017), 이달의 공정인 상(2회) 등
● 저서 : 알기 쉬운 중국경쟁법(简明中国竞争法, 2011, 공정거래위원회)
● E-mail : ftcpark59@hanmail.net

중국경쟁법

초판발행	2020년 7월 20일
지은이	박제현
펴낸이	안종만
편 집	심성보
기획/마케팅	조성호
표지디자인	벤스토리
제 작	우인도·고철민·조영환
펴낸곳	(주) **박영사**
	서울특별시 종로구 새문안로3길 36, 1601
	등록 1959. 3. 11. 제300-1959-1호(倫)
전 화	02)733-6771
f a x	02)736-4818
e-mail	pys@pybook.co.kr
homepage	www.pybook.co.kr
ISBN	979-11-303-3653-4 93360

* 파본은 구입하신 곳에서 교환해 드립니다. 본서의 무단복제행위를 금합니다.
* 저자와 협의하여 인지첩부를 생략합니다.

정 가   30,000원